W I Z A R D

M&A

買収者の見解、経営者の異論

Merger Masters

リスクアービトラージの実務と戦略と規律

Tales of Arbitrage

by Kate Welling and Mario Gabelli

ケイト・ウェリング／マリオ・ガベリ［著］
長岡半太郎［監修］ 藤原玄［訳］

Pan Rolling

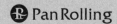

監修者まえがき

本書はバロンズの編集長を務めたジャーナリストであるケイト・ウェリングが、ガムコ・インベスターズの会長兼CEO（最高経営責任者）であるマリオ・ガベリの指南と協力によって著した〝Merger Masters : Tales of Arbitrage〟の邦訳である。ここで扱われているのは、企業の合併アービトラージ（リスクアービトラージ）である。一般にこの投資戦略はアウトライトの株式投資とは独立したリスク・リターン特性を示し、収益の絶対値はそれほど高いわけではないものの、優れたシャープレシオを持ったパフォーマンスを投資家に提供してきた。一方で、その考え方自体はそれほど難しいものではないが、実際のポジションに落とし込むには複雑なパズルを解く必要があり、従来、それを実践できるのは少数の投資家に限られてきた。このため、リスクアービトラージの詳細は、これまであまり一般になじみのないものであったが、本書は、一八人のアービトラージャーおよび三人の企業CEOにインタビューすることによって、その世界を分かりやすく知らしめるものである。

読者は本書を興味深く読まれることと思う。インタビュイーの語る事案の経緯をこの分野の歴史物語として楽しむこともできるし、そこからリスクアービトラージの哲学や理論を読み取ることに価値を見いだす人もいるだろう。私自身は、これを高度に洗練されたアメリカの金融制度・金融市場のダイナミズムの表現の一つとして読んだ。ガベリがまえがきで、ボブ・ディランのノーベル文学賞に絡めて、金融、政治、および国際関係の変化と機会について書いているが、システムのなかに改革を所与のこととして受け入れる仕組みが備わっている社会は時代に合わせて進化していくことができる。私たち日本の社会は、変化をもたらすものを称賛する社会とそれを拒絶し排除しようとする社会のどちらだろうか。本書は投資戦略としてのリスクアービトラージに興味のある人だけではなく、日本の金融エコシステムにかかわる幅広い人々に読んでもらいたいと考えるものである。

翻訳にあたっては以下の方々に心から感謝の意を表したい。まず藤原玄氏には正確で読みやすい翻訳を、そして阿部達郎氏は丁寧な編集・校正を行っていただいた。また本書が発行される機会を得たのはパンローリング社社長の後藤康徳氏のおかげである。

二〇一九年一二月

長岡半太郎

目次

謝辞

本書はまさにマリオ・J・ガベリのひらめきをきっかけとして生まれたものである。本書のコンセプトもガベリによるもので、彼は私に筆を執るよう説得したばかりか、GAMCO（ガムコ・インベスターズ）からあり余る支援を得られるようにもしてくれた。この経験のおかげで、私はもはやガベリに足を向けて眠れないのである。今日、バリュー投資の原理は広く知られるようになったが、それはウォーレン・バフェットの偉大なる成功がその時代精神に燦然と輝いていることが大きいであろう。本書は、わが旧友マリオがもう一つの極めて重要な投資手法である合併アービトラージに光を当てたものだが、彼はこの手法によって、やむことのない案件に熱中するウォール街において、リスクが低く、安定し、市場と相関関係がない複利リターンを顧客にもたらしてきたのである。かつては謎に包まれていたこの手法は、その取引事例が説明されるにしたがい、いまや容易に理解でき、またはるかに適用性の高いものとなっている。私が本書をしたためている間にも、投資機会は増大しているのだ。

さらに、文中で紹介するアービトラージャーや企業家たちの寛大な協力がなければ、本書が世に出ることはなかったであろう。これらすべての傑出した人々が、時間を割いて自らの投資に対する考えを説明してくれたことに感謝している。

また、リスクアービトラージについて分かりやすく説明してくれたレジーナ・ピタロ、絶えず励ましてくれたパオロ・ビシネリ、ラルフ・ロッコ、ウィリス・ブルッカー、ガベリの合併アービトラージのチームには心から感謝している。また、親友であり、優れたバリュー投資家であるクリストファー・P・ブルームストランには原稿に有益なコメントを寄せてくれたことを感謝する。

金融ジャーナリズムのノウハウ、また物書きとしての技術は、私の師であるコラムニストにして編集者のアラン・アベルソンから学んだものである。なお、本書のいかなる誤りもすべて私の責任である。

最後になるが、四〇年にわたり夫として私を愛し、支えてくれたドン・ボイル、そしてブライアンとトムの二人の息子たちの存在なくしては、本書は生まれなかったことであろう。

略語およびウォール街用語

10－K　SEC（証券取引委員会）に提出される企業の年次報告書。

10－Q　SECに提出される企業の四半期報告書。

13D　SECの開示書類で、企業の株式を五％以上取得した個人または組織は、その一〇日以内に提出することが定められている。

13F　SECの開示書類で、一億ドル以上の運用資産を有する機関投資家は四半期ごとにその保有銘柄および保有数量を報告することが定められている。

AUM（assets under management）　運用資産。

BA（Bachelor of Arts）　学士号。

ベーシスポイント（Basis point）　一％の一〇〇分の一、おもに金利差を表現するために用いられる。

ベア・ハグ（Bear hug）　買収ターゲットとなった企業の株主にとってはあらがい難い魅力となる可能性のある、一方的かつ高値の買収提案であり、経営陣は自社の株主にその提案を受け入れるよう勧告せざるを得ないもの。

ビッグボード（Big Board）　NYSE（ニューヨーク証券取引所）のニックネーム。

ビップス（Bips） ベーシスポイントに対するウォール街のスラング。

ＢＫＮ ＡＵ オーストラリアの鉱山設備メーカーであるブラッドケンのティッカー。

ＣＥＯ（chief executive officer） 最高経営責任者。

ＣＦＡ（chartered financial analyst） 公認証券アナリスト。

ＣＦＯ（chief financial officer） 最高財務責任者。

ＣＩＯ（chief investment officer） 最高投資責任者。

ＣＬＯ（collateralized loan obligation） ローン担保証券。ＣＬＯはデリバティブ商品の一種で、複数の中・大規模事業会社に対する貸し付けをプールし、さまざまな種類の債券に証券化したもの。

コンバージェンス・トレード（Convergence trade） アービトラージの一種で、最終的に価格が収束することから利益を得ることを期待して、ある資産を前もって買い、同種の資産をより高い価格で売ること。

ＣＯＯ（chief operating officer） 最高執行責任者。

ＤＡ（district attorney） 地区検事長。

ＤＩＰローン（DIP Loan） 通常、破産申請期間において占有継続債務者は、当該企業のほかのあらゆる債券・株式などの権利を有する者に対して優先するものと考えられる。言い換えれば、破産した企業の債務が返済された、または清算された場合、通常ＤＩＰ債権の保有者は、優先的に分配を受けることになる。

DIY（**do it yourself**） 日曜大工。

DJIA（**Dow Jones Industrial Average**） ダウ・ジョーンズ工業株平均または「ダウ」「ダウ平均」、今日では「市場」を表すものとされる。

DLJ（**Donaldson, Lufkin & Jenrette**） ドナルドソン・ラフキン・ジャンレット。

DOJ（**Department of Justice**） 米司法省。

EBITDA（**earnings before tax interest, taxes, depreciation, and amortization**） 利払い・税金・償却前利益。

ETE エネルギー・トランスファー・エクイティ（Energy Transfer Equity）のティッカー。

ETF（**exchange traded fund**） 上場投資信託。

EU（**European Union**） 欧州連合。

FCC（**Federal Communications Commission**） 米連邦通信委員会。

FDA（**Food and Drug Administration**） 米食品医薬品局。

フィンコ（**Finco**） 金融会社や企業の金融子会社に対する総称。

FTC（**Federal Trade Commission**） 米連邦取引委員会　企業による取引の多くを監視する連邦機関。

GAAP（**generally accepted accounting principles**） 一般に公正妥当と認められた会計原

則。ＦＡＳＢ（米財務会計基準審議会）によって定められた標準的な会計規則で、当然ながら企業が「調整後利益」として公表するいかなる数値よりも厳格である。

グリーンメール（Greenmail）　ブラックメールに由来する言葉で、企業は潜在的な敵対的買収者から自社株を買い戻すためにプレミアムを支払わなければならない。

ＧＭ（General Motors）　ゼネラルモーターズ。

ＧＭＡＣ（General Motors Acceptance Corp）　ゼネラルモーターズ・アクセプタンス・コーポレーション。

ハイリー・コンフィデント・レター（Highly confident letter）　一九八三年にドレクセル・バーナムが開発した攻撃的な資金調達方法で、これによって乗っ取り屋は債券による資金調達が完了する前にＬＢＯ（対象企業の資産を担保とした借入金による買収）を仕掛けることが可能となる。

ＨＮＧ　ヒューストン・ナチュラル・ガス（Houston Natural Gas）のニックネームで、同社が上場していた際のティッカー。

ＩＦＢ　アイバン・Ｆ・ボウスキー（Ivan F. Boesky）のＩＦＢ・マネジング・パートナーシップ。

ＩＰＯ（initial public offering）　新規株式公開。

ＩＳＳ（Institutional Shareholder Services,）　インスティテューショナル・シェアホルダー・

サービシーズ、議決権行使助言会社。
JD（**Juris Doctor**）法務博士。
LBO（**leveraged buyout**）レバレッジド・バイアウト（対象企業の資産を担保とした借入金による買収）。
LTV（**Ling-Temco-Vought**）一九六〇年代にコングロマリットとなったリング・テムコ・ボートは、一九八六年に破産申請する際には全米第二位の鉄鋼会社であった。
M&A（**mergers and acquisitions**）買収合併。
MBA（**Master of Business Administration**）経営学修士。
MO（**modus operandi**）やり方、手口。
NYSE（**New York Stock Exchange**）ニューヨーク証券取引所。
NYU（**New York University**）ニューヨーク大学。
ODP オフィス・デポ（Office Depot）のティッカー。
PER（**P/E, price/earnings ratio**）株価収益率。ファンダメンタルズ指標のひとつで、企業の利益に対する株価の割合を表す。
P&G プロクター・アンド・ギャンブル（Procter & Gamble）。
パックマン・ディフェンス（**Pac-Man defense**）テレビゲームと同様に、買収対象となった企業が敵対的買収を仕掛ける企業を逆に買収しようとする対応策のこと。

ＰＥ（private equity）　プライベートエクイティ。

ＰＭ（portfolio manager）　ポートフォリオマネジャー。

ポイズンピル（Poison pill defense）　株主ライツプランであり、買収に対する防衛策のひとつである。企業の取締役会は潜在的な買収者が一定数の株式を取得した場合に、割安で株式を追加取得する権利を株主に付与するものである。これによって、潜在的買収者の持ち分は希薄化し、合併にかかる費用が増大する。

プロップ・デスク（prop desk）　銀行や証券会社などの自己勘定売買部門。

委任状（Proxy Statement）　企業は最終的な委任状をＳＥＣに提出し、また合併やその他コーポレートイベントにかかる株主投票に先立って、それを配布しなければならない。委任状には、取引の詳細のほか、合併、経営陣、取締役報酬、および潜在的な利益相反にかかる情報が記載されている。

ＱＥ（quantitative easing）　量的金融緩和政策。

Ｒ&Ｄ（research and development）　研究開発。

ＲＥＩＴ（real estate investment trust）　不動産投資信託。

Ｓ&Ｐ５００（S&P 500）　スタンダード・アンド・プアーズ５００指数、しばし「Ｓ＆Ｐ」と呼ばれ、「市場」を表すものとされる。

ＳＥＣ（Securities and Exchange Commission）　米証券取引委員会。ウォール街を監督する

連邦機関。

サブス（subs） 企業の子会社。

Tビル（T-Bill） 米財務省短期証券はアメリカ政府が保証する満期一年以内の短期債券で、一〇〇〇ドル単位、最大五〇〇万ドルの額面で発行される。また、その利回りはウォール街では「リスクフリーレート」として参照される。

TIG（Tiedemann Investment Group） ティーデマン・インベストメント・グループ。

TWC（Time Warnner Cable） タイム・ワーナー・ケーブル。

UAL ユナイテッド航空（United Airlines）およびその前身となった企業の親会社であるユナイテッド・コンチネンタル・ホールディング（United Continental Holdings）のティッカー（およびウォール街での略称）。アリージャス・コーポレーションと名乗っていた一九八七年の短期間を除き、かつてはＵＡＬの名称が用いられていた。

ホワイトナイト（White knight） 敵対的買収から企業を守るために、より高く、受け入れやすい条件で当該企業を買収しようとする企業のこと。

ホワイト・シュー・ファーム（White shoe firm） 最も伝統ある老舗法律事務所や投資銀行に対する略称。

WMB ウィリアムズ・カンパニー（Williams Companies）のティッカー。

（アルファベット順）

まえがき

なぜ本書か

投資の世界でキャリアを築くにあたり合併アービトラージ以上に優れた分野があるとするならば、五〇年あまり金融業界に身を置く私は、それを見つけられなかったことになる。合併アービトラージは取引を行うときに必要となるテクニックのほとんどを教えてくれるのだ。

永久に自己更新する取引プロセス、ウォール街の鼓動を考えてみてほしい。取引をしようとしている経営陣は企業や業界の調査を行っている。彼らは助言者を得ようとする。彼らは投資銀行家を雇い、取引に必要な資金をどのように調達するか、どのようなストラクチャーを構築するか、国内およびグローバルのダイナミクスをどのようにとらえるか、そしてアメリカのFTC（連邦取引委員会）のみならず、欧州連合、中国、ブラジル、その他世界の規制当局とどう向き合うかの意見を仰ぐ。法律顧問団に相談する。そして、候補となった案件がこれらのハードルをクリアし、価格が妥当だと思われるならば、経営陣はさまざまな資産のストラクチャーに目を向け、無限ともいえる税務面の検討を行うことになるが、その一方で、事業を統合するためにターゲットとなる企業の既存の経営陣たちとうまく付き合っていかなければならない。

そして、何かうまくいかないことがあったり、経済が一時的に低迷期に突入したりすれば、以上のようなスキルの多くが必要となるリストラクチュアリングの機会が発生することになる。その繰り返しだ。

一般に「アーブス（Arbs）」と呼ばれるリスクアービトラージャーたちには、これらの取引に伴うあらゆるリスクを評価する能力が必要となる。それゆえ、投資事業に足を踏み入れたい、つまり現代のM&Aの手法について学びたいと本当に考えている者たちにとって、合併アービトラージという領域は素晴らしい出発点となるのだ。だれあろうウォーレン・バフェットが投資家に宛てた一九八八年の手紙のなかで記しているように、「人に魚をあげれば、彼は一日食べていけるだけだが、アービトラージの方法を教えれば、一生食べていけることができる」のだ。

リスクアービトラージとは何か

では、アービトラージとは何か。その起こりは古代よりも昔にまでさかのぼることができようが、一人の商人が、同じ商品が異なる（しばし地理的には離れた）市場で（たいていの場合わずかながらも異なる価格で売られていることに気づき、一つの市場で安く買い、ほかの市場で高く売ることで、その価格差を利用しようとしたことが始まりである。何千年にもわたり、この取引に従事する鋭敏なトレーダーたちは、当然のように自らを、英語の平易な話し言葉である「スキャルパーズ」ではなく、フランス語の「アービトラージャー」と呼ぶようになったのだ。

アメリカでは、とりわけ歴史家が「第二の波」と呼ぶウォール街が主導した合併が、第一次世界大戦後の産業の垂直統合を進めるようになると、「リスクアービトラージ」または「合併アービトラージ」という言葉が生み出されるようになった。これらの言葉は主にウォール街の住人たちが、合併や資本再構成、資産売却、企業の再編成、自社株買い、清算など公表されたコーポレートイベントに関連する有価証券を、期待されるイベントが発生しなかった場合にトレーダーのリスクが制限されるような方法で取引することで利益を得ようとする方法を説明するために用いている。合併の結果と株式市場の動きとに相関関係はなく、市場リスクを制限することで彼らのポジションはヘッジされることになるので、アービトラージは現代風に言えば、マーケットニュートラルな戦略だということになる。

ベンジャミン・グレアムとどんな関係があるのか

コロンビア大学の経営大学院に入るにあたり、私は投資業界に身を投じたいと考えていたのだが、どのような素養が必要となるのか分からなかった。そこで、ロジャー・マレーが講師を務める証券分析という講座を選択した。マレー教授は、投資の世界の教祖的存在であるベンジヤミン・グレアムとデビッド・ドッドのコロンビア大学における後継者だったのだ。ウォーレン・バフェットが投資家としての自らの成功は彼のおかげだとしているグレアムであることは言うまでもない。バフェットは、『証券分析』（パンローリング）を手にする以前にも投資家としてそれなりの成功を収めてはいたと認めているが、グレアムの言うミスター・マーケットの、時に強烈な気まぐれをどのように利用するかを学んだことが、自らの比類なき成功につながったと付け加えている。このような感情的な市場の行きすぎが、辛抱強い投資家が安全域を確保して（本源的価値を大幅に下回る価格で）株式を買い、そして一時的な熱狂が株価をその価値を大幅に上回るまでにつり上げたときに売却する機会を生み出すのだ。入念な証券分析と資産評価の知識とが道筋を指し示す。私は夢中になった。

今日、私はテレビの金融番組の視聴者たちにディール・インベスティングの権威として紹介されることが多い。つまり、四〇〇億ドル以上の資産を持つ、上場している資産運用および投資信託会社の創業者であり、その成功が私独自のＰＭＶ（Private Market Value with a Catalyst）法を標準的な分析方法にした、というわけだ。ＧＡＭＣＯ（ガムコ・インベスターズ）が運用する顧客口座は四〇年間にわたり一五・五％の年複利利回りを達成し、その間マイナスのパフォーマンスとなったのは四～五年にすぎない。

さほど広く知られていないのだが、私は最初の投資信託を組成する一年前の一九八五年に最初のアービトラージ・ヘッジファンドを立ち上げた。名前はシンプルに、ガベリ・アービトラージ・ファンドであるが、運用資金はたった九〇〇万ドルであった。ちなみにGAMCOが現在アービトラージ戦略に投じている資金は五〇億ドルに迫ろうとしている。当初のガベリ・アービトラージ・ファンドはその後、GAF（ガベリ・アソシエーツ・ファンド）と名を変え、二億三〇〇〇万ドル超にまで成長し、われわれがアービトラージ・ヘッジファンド戦略に投じている一四億ドルの一部をなしている。一九八七年の手痛い教訓を受けたことで、レバレッジを用いずに運用しているGAFは組成以来三三年にわたり年利七・六％の成長を達成している。

また、しばし見落とされていることだが、私のPMV法は実のところグレアムの古典的なバリュー投資戦略の延長線上にあるのだ。つまり、バリュー投資に案件のダイナミズム、リスク分析、資金の時間価値に対する感応性がオーバーレイされているわけだが、それはリスクアービトラージという手法が生み出す一貫して市場とは相関関係がないリターンを複利で運用することの魅力を私が高く評価しているがゆえである。それゆえ、われわれが当初から運用しているアービトラージ・ヘッジファンドの年複利リターンは、われわれが一般的に長期の株式戦略の目標としている一〇％＋インフレ率よりも明らかに低いものであるが、同時にリスクもほかの多くの株式戦略より低いのである。実際に、われわれのように保守的に実行する合併アービトラージ戦略は、低コストのマネーファンドを上回る絶対リターンを低いリスクで稼ぎだす方法である。長期的には、われわれはリスクアービトラージのプレミアムを手にすることを目指しているが、それは歴史的にTビル金利を四〇〇～五〇〇ベーシスポイントほど上回るもので

この発表は、記録にとどめることのみを目的としたものである

ガベリ・アービトラージ・ファンド

ニューヨーク州法に基づき組成された

プライベート・アービトラージ・パートナーシップ

9,175,000 ドル

下記の署名は当該有価証券の割り当てに合意するものである

ガベリ・アンド・カンパニー

1985年1月31日

GAFのツームストーンから、GAMCOの好意により掲載

ある。

アービトラージファンドの組成以来、われわれはリミテッドパートナーたちに、われわれが行った個別案件の詳細、つまりなぜ買ったのか、ハードルレートはどれほどか、リスクとリターンはどの程度か、投資の合理性などについて記した手紙を送ってきた。私は常にガラス張りの状態で、率直にあるべきだと考えている。顧客はわれわれがどのように仕事をしているかを知るべきなのだ。それゆえ、われわれはファンドのパイプラインにある案件について対話を行う。月刊レターでは、成功につながる可能性が高いと思われる案件の詳細な例を少なくとも一つ掲載している（直近の取引例のサンプルを本書後半の付録2に抜き出しておいた）。一九八五年にはすでに情報開示を求めるSEC（米証券取引委員会）の規則が存在していた。つまり、一億ドル以上の運用資産を持つ機関投資家に、四半期ごとに保有残高を公表することを求める13Fや、五％以上を保有した場合に提出を求められる13Dなどであるが、それゆえにわれわれは顧客に宛てた手紙のなかで秘伝のソースを漏らしていたわけではない。付け加えれば、われわれは、アービトラージについて投資家を教育するのは適切なことだとするバフェットと同意見だったのだ。

ベールを取り払う

今も続けるこの努力は、一九九九年にガベリ・ユニバーシティ・プレスが発行した、レジーナ・M・ピタロとパオロ・ビシネリによる『アービトラージの極意――M&Aの舞台裏で取り組む賢明な運用術とは?』(ガベリ・ジャパン)がその頂点をなす。簡潔で、多くの取引例を掲載した『アービトラージの極意』は英語で三刷を数え、中国語、日本語、イタリア語にも翻訳された。この権威に満ちた一冊は、今世紀に入ってなお、ウォール街のM&Aアービトラージの構造を包み隠していたミステリーのベールを見事に、完璧に取り払うものである。

この本において、GAMCOのマネジングディレクターであるピタロ(私は彼女を妻と呼べる幸運に恵まれている)は、人類学の修士号とコロンビア大学のMBA(経営学修士)、そしてリーマン・ブラザーズでのリサーチの経験を総動員して、さまざまな文化に存在する古代の寓話を見事に用いて、複利が持つ真の数学的奇跡を描きだしている。そうすることで、彼女はそれがリスクアービトラージの「黒魔術」の起源であることを明らかにしているのだ。物語には、善行を施し、そして一カ月後には地主を破産させた農民の話が出てくる。彼は慎ましくも一粒の米を褒美として求めたのであるが、この褒美の量が毎日二倍になるというおまけがついていた。日々複利で増大することで、一粒の米はあっという間に日に何十億粒もの米粒となってしまったのだ。『アービトラージの極意』にあるとおり、「リスクアービトラージ以上に複利の魔法が明白となる投資スタイルは存在しない。それゆえ、投資家のポートフォリオには不可欠の要素なのだ」。実に、絶対リターンを生み出し、そのリターンを複利で膨らませていくという成功の鎖を断ち切らなければ、たとえわずかばかりの米粒のようなものから始めようとも、長期的には合併アービトラージで巨額のお金を稼ぐことができる、ということはどれほど強調しても足らないくらいなのである。

『アービトラージの極意』は、われわれのリスクアービトラージグループ全体の知恵と協力に多くを負ったもので、何百もの案件にかかる独自の調査がおおいに利用されている。われわれは、ギ・ワイザー・プラットがNYU（ニューヨーク大学）で書いた画期的な論文である『リスクアービトラージ（Risk Arbitrage）』を下敷きにしたつもりであった。一九六九年に書かれたこの論文が初めてアービトラージャーたちの「黒魔術」を、当時のリスクアービトラージの実践者たちからなる固い絆で結ばれたクラブ組織の外側にいる専門家たちに公開したのである。アイバン・ボウスキーの一九八五年の著書『マージャー・マニア――ウォール街の新錬金術』（日本経済新聞社）は、原書のサブタイトルにおいて「ウォール街最大の秘密の儲け話」を開陳すると大げさにうたったことで、この投資分野が一般の投資家たちに広まることの一助とはなった。しかし、ボウスキーが彼の秘密、つまりインサイダー取引に関する記述を省いていたことが分かると、この本は完全に信用を失ってしまった。

ピタロはまったく異なる方法をとった。二〇世紀後半またはあらゆる時代の最大の案件を専門的に調査・分析するために必要となる作業をまとめた「パイロットのチェックリスト」を通して、一歩一歩、明解かつ冷静に読者を導いていったのである（付録1で改訂している）。さらに、この極めて分かりやすい文書は、すべてのタイプの投資家にガベリ・アービトラージ・チームがM&Aアービトラージで実証した戦略を明らかにしている。つまり、秘伝のソースの中身を教えているのだ。公表された案件において、どのようにしてリスクを抑えてお金を稼ぐことができるか、実際にスプレッドはどの程度か、そしてリスクアービトラージで安定的に、市場と相関関係がない、絶対リターンを生み出すために必要となる段取りを説明するといった具合である。

複雑ではない

背景はこうだ。私がこの新しい書物を著したいと思った理由も複雑なものではない。私は、リスクアービトラージで長年にわたり成功を収めてきた人々のエッセンスを抽出したかった。そして、どのような案件が失敗に終わるのか、どのようにしてお金を稼ごうとしてきたか、時にはどのようにして損を出したか、案件がダメになるならばどのように対処するのかなど、彼らが日々追及している、または追及していたアートとサイエンスの要素について語ることで、その技能を伝えてもらいたいと考えたのだ。また、問題の反対側を描き出す一助となるよう、リスクアービトラージャーやアクティビスト投資家と時に手を結び、また時にはターゲットとされてきた企業の優秀な経営陣にスポットライトを当てたいと考えたのである。彼らは案件が進行するなかで、アービトラージのコミュニティーにどのように対応したのか、リスクアービトラージャーたちが提示する多種多様な疑問にどのように答えるのか、どう守り、どう攻めるのか、時に企業のさらなる目標を達成するためにどのようにアービトラージャーたちを利用し、また時には企業経営者の長期的な目標とは対立するであろう短期的なインセンティブを持ったアービトラージャーたちにどのようにして対抗してきたのかを探りたかったのだ。

そして次なる問題は、どうして自分たちで筆を執るのではなく、独立系の投資ジャーナルであるウェリング・オン・ウォール・ストリートを編集・発行するケイト・ウェリングに書いてもらったかである。その答えは、今日ウォール街に足を運ぶ多くの人々にとっては古代とも言える歴史にまでさかのぼるものだ。私が会社を起こした直後の一九七〇年代後半にウェリングとは何度か会っていた。彼女の上司であるアラン・アベルソンとはすでに面識があり、私は自身が行った前例のない取引を一から一〇まで記したリポートを彼に送っていた。私の新しい会社でのリサーチに対する関心を呼び起こそうとしたのである。そして一九七九年が幕を開けるころ、アベルソンにクリス・クラフトに関する調査リポートを送った。そこには次のようなメモを記しておいた。

アラン、私の直近の取引、ナンバー7をお送りします。クリス・クラフトです。これを公開してもらいたい。第一に、これは素晴らしいバリュー投資です。次に私の顧客たちは買いを入れております。第三に、おそらくこれが一番の理由ですが、公開されればあなたは「寄稿者」に五〇ドル支払うものと理解しています。そうすれば、私はそのお金が使えますからね。

一九七〇年代後半には、タクシーの免許が三万五〇〇〇ドル、ついでに言えば、NYSE（ニューヨーク証券取引所）の会員権も同様の値段で手に入ったことを思い出してほしい。

私は運が良かった。当時バロンズの編集長を務めていたアベルソンは、クリス・クラフトに関する私のリポートをベースとした記事を発行し、その後、コルトランド通り二二番地にある、出版社のかなり古ぼけたマンハッタン事務所で昼食をとりながらインタビューをしたいと誘ってくれた。驚いたことに、アベルソンだけでなく、ケイト・ウェリング、ラリー・アーマー、シャーリー・ラゾなど五～六人のバロンズの記者がテーブルに陣取り、サラダにコショウを振りかける私に、質問をふっかけてきたのだ。ケイト・ウェリングがまとめたこのインタビューは一九七九年三月に記事となり、私の狙いはどうにか実った。その後、アベルソンは一九八〇年一月の初めに行われたバロンズの年次円卓会議に私を招き、以来、ケイトと私は頻繁に交流するようになったのである。

私は、ケイトが市場を理解し、そのダイナミズムを即座に把握し、どの銘柄が上昇しそうか分かっていることに気づいた。彼女はごく一般的なウォール街の記者ではなかったのだ。彼女は世相に敏感で、また自ら調査を行ってもいた。彼女は当時も今も、市場の世界に造詣が深く、また正しかった。一九九九年に彼女がウィーデン・アンド・カンパニーのパートナーとなり、Welling@Weeden を始めたあとも連絡を保っていた。というのも、彼女は私がオフィスを構えていたグリーンウイッチにいたので、頻繁に朝食や昼食をともにするようになったのである。二〇一二年に彼女は独立し、ロングアイランド東部に拠点を移したが、私はウェリング・オン・ウォール・ストリートの定期会員にして、断固たる支持者となったのだ。それゆえ、市場においてM&Aの次なる大きな波が訪れるであろうことに備え、本書を検討し始めたとき、私は市場を知悉している優秀な書き手を採用したいと考えたが、彼女がこの話を受けるかどうかは分からないと私は思っていた。しかし、私が「やぁ、ケイト、リスク・アーブに関する本を書いてみないか」と言うと、彼女はこう言ったのだ。「わぉ、面白いじゃない」

本書に書いてあること

実のところ、ケイトは自分の記憶は少々異なると主張する。しかし、私は粘り強いのが取り柄である。また寛大でもある。そこで私は、合併アービトラージに関する本は、あまりに長い間、無意味な謎に包まれていた投資ビジネスの一つにおける戦略や戦術、とりわけ人間的側面に関する物語や内省や見識が含まれるものになると説得したのだ。ここで取り上げる一八人の今なお成功を収めるアービトラージャーたちは魅力的で、さまざまな特徴を持っている。二つとして同じものは存在しないディール・ビジネスの計り知れない多様性と複雑さはあらゆる人々を魅了するものだ。さらに、リスクアービトラージの実践方法も、公表された案件に投資する、リスクが低く、保守的なものから、攻撃的なアクティビスト投資まで多岐にわたる。それでも、ヨーク・キャピタル・マネジメントのジェームズ・ディナンが後に（14章で）語る、「投資が好きで、人間心理に強い関心があるならば、リスクアービトラージは面白いビジネスだ」という言葉は正しい。

同様に、特筆すべきは本書の最後に登場する三人の企業経営者たちである。彼らの示唆に富むインタビューは、案件が実行される過程とリスクアービトラージを「反対側」からとらえることを可能としている。また、彼らは資本市場の現状と、現代社会における金融資本主義の進化しつつある役割について深遠な疑問を提起してもいる。合併買収の第五の大きな波――私が駆け出しのアナリストとして追いかけていた一九六〇年代のコングロマリットの向こう見ずな経営者が起こした波から数えている――がグローバル市場を洗い流し始めた今、これらは極めてタイムリーである。私の見立てでは、向こう一〇年間で株式市場は年に六、七、八％程度のトータルリターンをもたらし、金利もおそらくは適度に上昇するであろう。そのような環境下、

合併件数

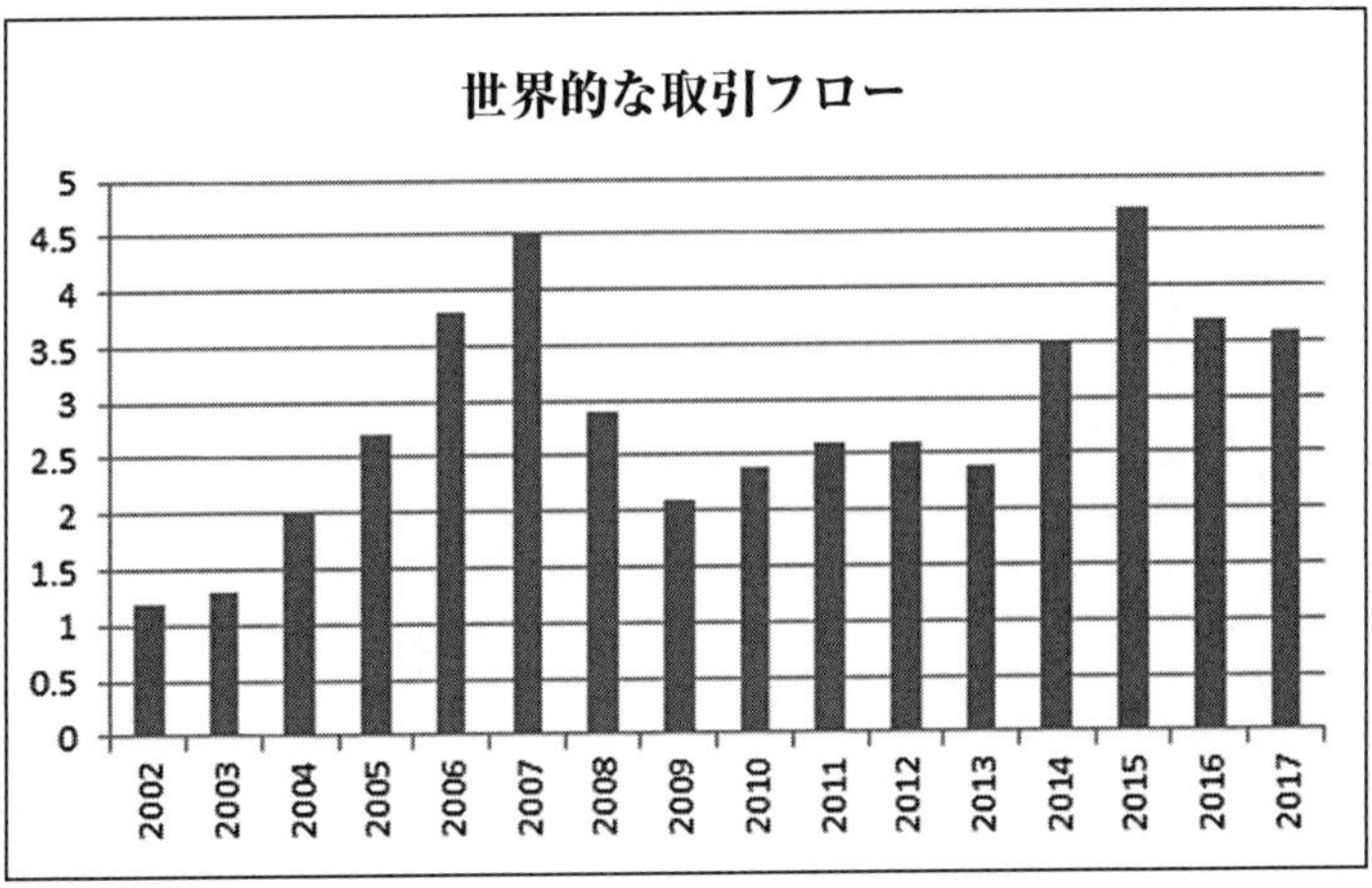

出所＝ザ・マニュアル・オブ・アイデア

リスクアービトラージは名目値でも絶対値でも良好なリターンをもたらすであろう。

一方で、われわれは金融エンジニアリングのダイナミズムによって駆り立てられた合併買収を目にすることになると考えている。アメリカの法人税法の変更に伴い、企業は何ができるかを知り、どれだけのレバレッジを用いることができるかを理解し、非上場企業は事業資金を調達する術を見いだすことであろう。さらに、今回のよりグローバルに展開するであろう合併買収の波のなかで、向こう数年のうちにプライベート・エクイティ・ファームや戦略的買い手たちがこぞって市場に戻ってくることであろう。つまり、投資家がアービトラージの世界に注目するにまたとない機会になり得るのだ。個人投資家がアービトラージャーとなるために必要な知識や道具をもたらすウォーレン・バフェットの思慮深い考察が、これまでにないほど時機を得たものとなっているのだ。

企業は本質的に拡大を望み、大企業はいまや自社株という強力な手段を用いて買収に当たることができる。すでにさまざまなセクターでそのような取引が行われており、今後ますます加速していくことであろう。確かに、「この取引は買収対象となった企業にとって良いことなのか、従業員たちにとって良いことなのか」という疑問を耳にする。これは別問題であり、株主以外の企業の利害関係者を考慮すればなおさらである。しかし、買収対象となった企業の既存株主たちは現金または買収用の資金を手にすることになり、その資金はアーブ・アウト、つまり売却することができる。それゆえ、ターゲット企業の既存株主は買収によって良い結果を得ることになるのだ。つまるところ、お金は交換可能だ、ということだ。ほかに比べてより良いリターンをもたらすことができると投資家が考えれば、資金はその戦術や戦略に流入するのである。

過ちは起こる

だが、避けては通れない。あらゆる案件をその真価に基づいて評価しなければならない。二〇〇〇年のインターネットバブルの頂点で行われたAOLによるタイム・ワーナーの買収は、AOLによる高いバリュエーションゆえに、ターゲット企業の既存株主にとっては有効でなかったかもしれない古典的な例であった。私の記憶によれば、この注目すべき発表がなされたのは一月の月曜日で、そのときわれわれはバロンズの円卓会議に参加しており、私は買収対象となる大企業のタイム・ワーナーをロングしていたのだ。「あぁ、僕は遠慮しとくよ」と言った。だが、タイム・ワーナー株が案件の発表を受けて上昇したので、われわれは同社に対する大きなポジションを解消する機会を得ることになった。私はファンダメンタルの調査に基づいて、タイム・ワーナーの売りに回ったのである。

その後、われわれは下落したタイム・ワーナー株でポジションを再構築した。経営陣が交代し、ジェフ・ビューケスが長きにわたるリストラクチュアリングに着手した。つまり、タイムの分離、タイム・ワーナー・ケーブルの分離、ＡＯＬとの合併解消とＡＴ＆Ｔのランデール・スティーブンソンという潜在的買い手との再婚の取り組み、である。今日、世界には七五億の人々が生活している。六〇年前、この惑星にはたった二五億人しかいなかったのだ。今日、人々の多くがスマートフォンを持ち歩いている。そして、デバイスに入れたアプリでポッドキャストを視聴したり、短編小説を読んだり、ビデオクリップを見たりしている。テレビは移動型（携帯電話）になったのだ。それならば、コンテンツとトランスミッションが縁組しないわけはないではないか。このような新しい「歩き回る視聴者」に向けたストーリーはまったく異なるものとならざるを得ない。三〇分も一時間もゾンビのように歩き回る人などいない。一〇分でストーリーを語るようにしなければならない。世界は変化しているのだ。

ＧＡＭＣＯのマネジングパートナーであるラルフ・ロッコが四半世紀近く主導しているガベリの合併アービトラージのチームは、割安資産に対するＧＡＭＣＯの深遠な調査に相乗りできる状況で取引を行うことが多いので、案件の最終的な価値を評価するに際して優位性を手にしている。『アービトラージの極意』に詳しいが、一九九九年のハドソン・ジェネラルの買収が好例である。手短に記せば、ガベリ・アセットマネジメントではハドソン・ジェネラルは割安であり、プライベート・マーケット・バリューから大幅に割り引かれて取引されていると考えていたので、買い付けが発表されるずっと以前から、顧客の口座を通じて合計四九・五％ものポジションを構築していたのである。一九九八年一一月にハドソン・ジェネラルの経営陣が一億ドル、つまり一株当たり五七・二五ドル――それ以前の同社の株価水準に対してたった五％のプレミアムに相当する――の買い付けを発表したとき、ガベリのアービトラージ・チームは即座にこの買い付け価格は安すぎると認識した。そして、まれに見る魅力的なリスク・リターンの機会を考えれば、買い付け発表によって上昇した五六・三七五ドルという株価でも、リスクアービトラージの口座で追加取得すべきだと考えたのである。ダウンサイドは案件公表前の五四・六二五ドルまで、つまり一・五〇ドルほどの低い水準に限られており、アップサイドは大きなものであったのだ。

実際に、ハドソン・ジェネラルの貸借対照表に計上されている三つの主要な資産を分析した結果、ガベリのアナリストたちは一株当たり七五ドルの価値があると結論していた。それゆえ、アービトラージチームはポジションを構築し、買収合戦が始まるのを待っていたのである。そして一九九九年二月にその火ぶたは切って落とされた。ハドソン・ジェネラルは最終的に四社を引きつけたが、一株当たり七六ドルを付けたドイツの航空会社ルフトハンザが勝利を得ることになった。ちなみに、この価格はガベリ・アービトラージ・チームが三カ月前に取得した際の価格に対して三五％のプレミアムとなる。この結果は、経営陣によるＬＢＯ（レバレッジド・バイアウト）こそがもっとも悪質なインサイダー取引であると考える理由を見事に描きだしている。経営者が買収グループに加担しているとしたら、彼らが隠し財宝を手にしていることが分かるだろう。

理論よりまず経験

一九七〇年代初頭にギ・ワイザー・プラットの画期的なＭＢＡ論文がウォール街に出回り始めるまで、私はリスクアービトラージに関する標準的な理論を目にしたことがなかったが、証券会社で初めて職を得た直後に実際の取引に直面したことを覚えている。私は一九六七年にコロンビア大学の経営大学院を卒業したあと、ローブ・ローデスでアナリストとして働いていた。マイケル・スタインハルトが、その黎明期にもっとも高いパフォーマンスを示したヘッジファンドの一つであるスタインハルト・ファイン・ベルコウィッツ・アンド・カンパニーを設立するために退社したので、私が彼の調査対象を引き継いだのだ。ファイルは薄っぺらだった、とだけ言っておこう。

だが、私はスタインハルトの業界、つまり自動車などの耐久消費財、農機具などの生産者耐久財、そしてコングロマリットをカバーしていたのだ。ガルフ・アンド・ウエスタン、ＩＴＴ、テキストロンといった企業では、彼らがどのように取引を行うかが観察の鍵であった。一年ほどが過ぎた一九六八年七月二八日の日曜日、ＭＣＡのウェスティングハウスへの合併が発表され、シニアパートナーのジョン・ローブが取引に目を配るよう私に指示を出した。これが、私がローブ・ローデスのアービトラージ部門と緊密に連携するようになった始まりである。一九七〇年代前半に私がウィリアム・Ｄ・リッターに転職したあとも、われわれはコンタクトを続けていた。カール・アイカーンなど当時のアービトラージャーのすべてが私に電話をかけてきて、案件について尋ねたものである。アイバン・ボウスキーさえも、である。

個人投資家を取り込め

戦略としてのリスクアービトラージの魅力は、一九七五年のメーデーにＳＥＣが証券手数料の自由化を解禁したことで、おおいに広がりを見せた。それまで、アービトラージャーは狭いスプレッドに頼らざるを得ないことが多かったので、リスクアービトラージ戦略は手数料を支払うことのない取引所の会員でなければ割に合わなかったのだ。メーデー後、手数料体系が急速に引き下げられたことで、個人投資家やわれわれのような小規模企業もスプレッド取引に参加することが可能となり、その後、名目金利が上昇するにつれて、一九七〇年代の終わりまでにはスプレッドもかなり大きなものとなっていた。それゆえ、一九七七年にガベリ・アンド・カンパニーを創業したとき、安定的に、ボラティリティが低く、市場と相関関係がない、個別案件に付随したリターンを獲得する手段として、アービトラージに会社の資本の一部を割り当てた。これは、われわれがリサーチに優位性を持っていたこと、そしてコングロマリットがどのように動くかを私が理解していたことが一因となってもいる。幸運にも、これが見事にうまくいき、アービトラージはリスクフリーレートよりも四～五％のプレミアムを安定的に稼げたので、資本を保全するのみならず、金利上昇に対するヘッジともなった。つまり、アービトラージのスプレッドは常に短期金利よりも四～五％ほど広いのである。それゆえ、短期金利が上昇しても、その上に四～五％のプレミアムが安定的に乗るので、アービトラージの名目リターンは金利とともに増大するのである。

一九六〇年代にコングロマリットがどのように動いたかを理解すれば、コングロマリットの経営者の傘下にある、より小規模の、積極的な企業がどのようにしてはるかに大きな企業を買収し得るのかが理解できた。彼らが取引の手段である高値の自社株式という手段をどのように扱ったか、今日同様に包括的なものもあれば、そうでないものもあった規制環境にどのように対応したか。だが、コングロマリットの時代はケミカルバンクがソウル・スタイバーグの急襲を見事にはねのけた一九六九年にはおおむね終わっていたのだ。その後、プッシュダウン会計や新しい規制が導入され、一九七〇年代初頭には市場のダイナミズムが変わってしまう。それでも、コングロマリットの時代における案件や市場のダイナミズムが、リスクアービトラージにおける行動の基礎となっている。

M&A市場がその後の数十年で様変わりしたことは明らかである。一九八〇年代には借り入れを原資とした敵対的買収がブームとなった。グリーンメールとLBOの時代である。T・ブーン・ピケンズが登場した。石油会社、銀行、製薬会社、航空会社が高いレバレッジで買収される。高利回り、または「ジャンクボンド」が出回り、ドレクセル・バーナムの「ハイリー・コンフィデント・レター」もあった。それが続いている間は、このディールの先駆者たちは大儲けできたわけだが、市場が高値を付けた一九八九年に行われたUAL・コープのマネジメント・バイアウトの失敗が下落相場の引き金を引いた一方で、インサイダー取引の捜査が表面化したことで、市場の熱狂は一九八〇年代の終わりには鎮静化する。だが、一九九〇年代に起こった業界の水平統合の波のなかで、アービトラージの機会が数多く姿を現し、インターネットバブルでその頂点に達する。ドットコム・バブルがはじけ、二〇〇〇年代初頭に不景気が訪れると、破産申請の有無にかかわらずリストラクチャリングを行う行き詰まった企業が増加する。この混乱のなかで、いまだ資金を豊富に持っていたアービトラージャーたちは利益を上げる方法を見いだした。直近では、金融危機後の経済を特徴づけた異常なまでの低金利下において、いわゆるイベントドリブン戦略が取引の大半を占めるようになった。

以上のような環境を通じて、GAMCOのリスクアービトラージのチームは、リスクの低いリターンを安定的に生み出すことだけに集中し続けた。また、いかなる理由にせよ、アービトラージャーたちがすべてを流動化させざるを得なくなるような特異な状況を利用すべく警戒を続けていた。一九八七年一〇月の暴落や、一九九八年のLTCM（ロング・ターム・キャピタル・マネジメント）のパニック、または二〇〇八年の巨大な金融危機のさなか、手を広げすぎたアービトラージャーたちがすべてを一時に売却せざるを得なくなると、スプレッドは五〇％、六〇％、さらには一〇〇％のリターンをもたらすほどに拡張するが、そのようなときこそ、手元資金を用いてこれらのスプレッドを取りに行く絶好の機会なのだ。

分析面での優位性

弁護士はあらゆる面で常に優位性を感じている。一方、私は自分がアナリストとしての訓練を受けているがゆえに、ある程度のバイアスを避けられないことは認めるが、アナリストにはリスクアービトラージに関して優位性があると確信している。一つの産業や企業をフォローし、知識を積み上げているアナリストは、市場が最も緊迫した状況にあっても、その株式を評価することができる。つまり、プライベートエクイティやライバル企業がその事業をどのように考えるか、どうすれば彼らがすぐにそれを買収できるか、さらには、五年または一〇年後に売却するためにどのような計画を立てるか、を理解することができるのだ。また、アナリストには戦略的な洞察力がある。彼らは費用構造の削減や相乗効果の捻出に自然と目を向ける。それぞれの産業に異なる特色があり、アナリストはそれらの特色を見事にとらえることができるのだ。彼らはスピンオフや、スピンオフした事業の買収、清算――挙げればキリがない――といった事柄への準備ができているのだ。それゆえ、われわれは調査とアービトラージとを結びつけるのである。しかし、GAMCOのアービトラージチームがけっして手をつけないリスクアービトラージ戦略が一つある。破産した企業の債権を買うことはない、つまり、格安な価格で資産を支配しようとはしないのである。われわれはこれが極めて特殊な分野であり、弁護士こそが優位性を持つ分野で、われわれが合併アービトラージと呼んでいるダイヤモンドの別のファセットであると考えている。

一方で、ガベリのアービトラージグループは特定の個人や企業を追いかけることを好む。好ましい税制を求める、または単独の資産としてならばだれかが買いそうだ、という理由からどの企業がスピンオフを行う傾向にあるか、またスピンオフされれば節税効果があるのみならず、より高いバリュエーションを得られるといったことを把握するのは有効なのだ。われわれは、デニス・コズロフスキーの騒動後にタイコーを買収し、同社を分割して、個別に売却するという見事な仕事を成し遂げたエドワード・ブリーンのような人物を追いかける。現在、ブリーンはデュポンで同様の魔法を駆使している。われわれはこの手の人物を追いかける、なぜなら彼には実績があるのだ。彼はスピンオフの価値を理解しているのだ。そして、われわれは彼がスピンオフさせた企業にも目を向ける。なぜなら、ある時点でだれかがそれを買いたがることを知っているからだ。

ジョン・マローンは、われわれが追いかける人物のもうひとりの例である。彼は企業を買い集めるだけでなく、実際に買い始める前の段階で、最終的にその資産を買うことが合理的と言える立場にある者はだれかを把握しようとするのだ。マローンは、その昔、当時のＡＴ＆Ｔに最初のケーブルテレビ会社を売却している。そのほんの一年半前には、現在「新しい」ＡＴ＆Ｔを経営しているランデール・スティーブンソンにディレクＴＶを売却していたのである。マローンが現在持っているリバティ・ラテン・アメリカというケーブル会社がまた興味深い。同社はラテンアメリカ全土にケーブルテレビの運営会社を持っているが、やがてある時点で統合されることになるだろう。

このビジネスに五〇年あまり身を置いた今でも、案件から利益を上げるチャンスに気づいて朝ベッドから飛び起きることがある。われわれが今日生活する極めて面白い世界においても、やりがいのあるものは常に存在する。もちろん、心配事も常に存在する。本書で幾人かのアービトラージャーが述べているように、彼らはポートフォリオを注意深く構築する必要に迫られている。彼らは、皆がある特定スタイルの取引をしているかどうか、高金利で資金を調達しようとしているかどうか、自分たち、またはほかの者たちがレバレッジをかけすぎていないかどうかに気を配らなければならないのだ。彼らは、ヨーロッパ勢が何をしているか、またはインバージョン（課税逆転）についても気を配らなければならない。そして、現在彼らが心配しているのが、中国に関連した案件である。かの国を運営している人物がさらに五年または一〇年その任にとどまりたいと考えているならば、彼は即座に資金の流出を止めようとするだろうか。まtたは、案件を差し止めるようなことをするだろうか。反対に、アメリカは関税で報復するだろうか。ともかく、『アービトラージの極意』の付録で紹介したリスクアービトラージの決定木を今になって見直してみても、一九九九年以降で変更すべき点は規制の問題に関する些細なことだけである（最新版は本書の付録1で紹介する）。

では、すべては不確定ながらも、興味深い今の時代において、市場と相関関係がないリターンをどのようにして稼ぐことができるだろうか、そして、それをグローバルに行うことはできるだろうか。アメリカの資産を取得する外国企業の数が限られていた一九六〇年代、一九七〇年代または一九八〇年代初頭とは異なり、現在は市場がグローバルに広がっているのだ。ヨーロッパの国々をまたいだ案件も数多く、世界の資産を買収するアジアの企業も存在する。このような課題もまた面白いものである。ウォーレン・バフェットが自分自身について語っていることでもあるが、知識を積み重ねているのであれば、優れた投資家たるために優れた反射神経を持つ必要などない、ということは私にとって朗報であるし、またほかの者たちにも当てはまることであろう。

一方で、投資家として安心できる領域から抜け出さなければならないこともある。進行するデジタル革命に飛び込み、何か新しいことに取り組まなければならない。変化しなければならないのだ。われわれは自動車部品に関する四一回目の年次会議を開催したが、そこでのテーマは、無人自動車は登場するか、自動車を所有する者はいなくなるのではないか、さらには道路すら必要なくなるのではないか、というものであった。おそらく、近い将来、空飛ぶ自動車が登場し、ドローンのように飛び回ることになるかもしれない。この国のＩＰＯ市場を復活させる方法を見つけなければならない理由の一つである。新規株式公開は経済システムには有効なものである。それによって資金が新たなアイデアへと向かうことになるのだ。さて、本題に戻ろう。

ボブ・ディランが『時代は変わる』でノーベル文学賞を受賞したことを喜ばしく思う。ウォール街についても、政治についても、国際関係についても同じである。だが、変化は機会を生み出す。だからこそ、投資家が市場と合併アービトラージの次なる大きなうねりに備える手助けをしてくれたウェリングに感謝しているのだ。

二〇一八年三月

マリオ・J・ガベリ（ガベリ・インベスターズ創業者、会長、CEO兼CIO）

第1部

アービトラージャーの視点

第1章

ギ・ワイザー・プラット

Guy Wyser-Pratte

ヒューストン・ナチュラル・ガスの連中を現行犯で逮捕すること、これが本当の動機だ。取締役会の一部で何らかの不正が行われていることが分かると、私はその連中に追い込みをかけてやろうという気になるのだ……。

私は受け身の人間ではない。そしてどこかに腰をかけて、個別のリスクアービトラージ取引の結果をじっと待つようなことはしない。もはやそんな取引はできないのだ。だから、一九九〇年代、株主を公平に扱おうとしないアメリカの経営者たちに追い込みをかけ始めたのだ。

ワイザー・プラット・アンド・カンパニーのオフィスは、ニューヨーク州ウエストチェスター郡北東部の瀟洒な郊外にある。ガードヒルロードを訪れる者は、見事にリノベーションされた納屋や人目を引く建物が点在する丘陵に富んだ二車線道路を何マイルも超えていかなければならない。延々と続くスピードバンプを抜けると、何の変哲もない並木のある細い田舎道に入る。もはや上品なダートとなり果てたデコボコ道にハンドルをとられる。やがて、目印となる郵便箱が現れる。側溝にかけられた不安定な渡しを超え、古風なコテージをかすめるほどの狭い砂利道を上ると、奥まった一段高いところにレッドバーン作りのオフィスが姿を現す。入り口は反対側、急な踏み石を上り、テニスコートを通りすぎた先にある。中に入ると、天井まで広がるガラス窓から起伏に富んだ牧草地が眺められ、またいかなる侵入者にも目が届くようになっている。

ギ・ワイザー・プラットが、遠い昔に海兵隊で受けた兵站の訓練を少しも忘れていないことがすぐに分かる。七〇歳代半ばになっても背が高く、肩幅も広く、はつらつとした彼は、書類が山積みとなったデスクから立ち上がり、客人を迎えるのだ。そして、自らの長いキャリアを彩る思い出話を自慢げに語り始める。壁一面にはおよそ五〇年に及ぶ「資本市場のランボー」による取引の数々を詳細に綴ったスクラップブックが並んでいる。だが、物静かな声は広々としたオフィスの一角にある四人分のトレーディングデスクから鳴り響く電話の着信音にさえぎられてしまう。そこでは、のどかな環境とは不似合いな、株価やニュースを伝える電子音が流れ、およそ二億五〇〇〇万ドルを運用するギ・ワイザー・プラットと彼の名を冠した会社がウォール街のリスクアービトラージという世界に今でも積極的に関与していることが如実に示されている。

ワイザー・プラットにしてみれば、これは家業なのだ。ワイザー・プラット・アンド・カンパニーは一九二九年に、ハンガリー生まれの父ユージンがパリで創業したものである。「父はオーストリアの銀行（家族ぐるみの友人が所有していた）のパリ代表として働いていた。彼らは昔ながらのアービトラージをやっていた、つまり、より安い市場で資産を買い、プレミアムが付く市場でそれを売っていたわけだ」。「父の暮らしは上々だった。父とオーストリア生まれの私の母は、ガートルード・スタインやF・スコット・フィッツジェラルドといった連中の時代にパリのカフェソサイエティを楽しんでいたんだ」。言うまでもなく、その後、第二次大戦が訪れる。ギはフランスがナチスの手に落ちた一九四〇年六月二一日、フランスのヴィシーで生を受け、一九四六年初頭に家族とともにアメリカに移り住んだ。「私の父は戦争が勃発するその日まで働いていたと常々聞かされていたが、その後、彼が何をしていたのかまったく分からないんだ。おそらくは何か地下活動をしていたんだろうと思うけど、彼はけっしてそれを話そうとはしなかった」。家族がルアーブルから乗った船は軍事輸送船のフッドであり、ヨーロッパから帰還する米軍兵士であふれかえっていた。

「なんと素晴らしい国だろうか」

エリス島（アメリカ合衆国移民局）を通過したあと、ワイザー・プラットは家族とファースト・アベニューを歩いたことを覚えている。「だれもが笑い、浮かれてる、なんと素晴らしい国なんだ、みんな幸せそうだと私が言うと、父は『今日はセントパトリックデーだよ』と肩をすくめたよ。皆があちこちのバーの内外で跳ねまわっていた。面白いなと思ったよ。私は六歳にもなっていなかった」とワイザー・プラットは付け加える。この家族旅行が意味するところが子供にはまだ分からなかったのだ。「アメリカに滞在することになるとは思ってもいなかった。われわれは三カ月間サンモリッツ・ホテルで生活することになる。ある日、私がいつも昼食に利用していたランプルメイヤーズに父が入ってきて、『家を買ったぞ』と言う。『友人やおもちゃともお別れだ』と思った。しかしそれをけっして振り返ることはなかった」

ワイザー・プラットの父親はウォール街でアービトラージの仕事を再開し、やがて、ギと二人の兄、そして両親はアメリカ国民となった。父親が「始終仕事でフランスには帰ってはいたが、フランスで辛い経験をしたこと」は大人になるまで知らなかったとギは言う。「彼は控えめに言っても気難しい人物だった」とこの息子は認める。海軍のＲＯＴＣ（予備役将校訓練課程）奨学金でロチェスター大学に通ったあと、若きワイザー・プラットはクラスで唯一海兵隊に就役した。「遊び好きの若者」は、第三海兵師団第三偵察大隊の大尉として一九六三年二月に沖縄に送られた。彼は二度ベトナム戦争に志願したが、招集されることはなく、一九六六年六月に大佐のまま退役した。彼のオフィスの壁に飾られた軍刀や無数の写真、そして「戦わんとする者、海兵隊に来たれ」とうたう古い勧誘のポスターを見れば、軍役がワイザー・プラットにとって良き思い出であることは間違いない。

だが、父ワイザー・プラットは若き将校に家業を忘れさせまいとした。「私の父は、戦場にでさえウォール・ストリート・ジャーナルを送らせようとした。私はこっそりとジャーナルを読んだものだよ」。海兵隊を退役し、復員兵援護法を使ってＭＢＡ（経営学修士）を取りたいと説明すると、彼の父親は「素晴らしい。では、それは夜にやって、昼間は自分のもとで働きなさい」と返事をした、とワイザー・プラットは述懐する。ギ・ワイザー・プラットは律義に従ったが、すぐに最初の仕事が面白くて仕方なくなる。「父はヨーロッパにあらゆる仕事のコネを持っていて、私をそれに慣れさせようとしたんだ。退役するとすぐに父は『スーツケースを持って、行って来い』と言う。いきなりだよ、乱暴な話さ。父はすべての親族のもとに送ろうとしたんだ」。だが、彼の「基礎訓練」は残念ながら急に終わりを迎える。ワイザー・プラットは残念そうに振り返る。「パリで若者らしい生活を楽しんでいると、父がメッセージを送ってきた。『帰ってこい、合併するんだ』。私は『帰るつもりはありません』と返信した。すると父は電話をかけてきて『それなら仕送りを止めるぞ』と言うんだ。『すぐに帰ります』と答えたよ」

ワイザー・プラット・アンド・カンパニーとバーチェ・アンド・カンパニーの合併は一九六

七年七月に行われた。これによって、リスクアービトラージ事業はより多額の資本を利用することが可能となり、また証券会社は収益性の高いトレーディングデスクを手にすることになったが、これがその後何年にもわたり利益の大半を生み出すことになる。「当時はハロルド・バーチェが経営を預かっていたが、彼は喜んで私を父の補佐役につけた」。若きワイザー・プラットはすぐに仕事と学校とを行き来する生活に舞い戻ったのだ。彼はこう述懐する。「便利なもんだよ。オフィスはブロードウエー五〇番地にあったけど、ニューヨーク大学経営大学院の講義はチャーチストリートにある建物でやっていたからね。仕事が終われば、教授やウォール街の社員たちと一緒に直接学校に向かうんだ。そして、一九六九年に修士論文として『リスクアービトラージ（Risk Arbitrage）』を書いたのだ」

理論だけでなく、株式アービトラージの裏表を説明したギ・ワイザー・プラットの極めて専門的な論文は、アービトラージャーたちの仕事が常に秘密のベールに包まれていたウォール街に衝撃をもたらした。再編集版がニューヨーク大学の金融研究所の会報に掲載される一九七一年五月まで、論文の粗末なコピーが出回っていたほどである。ウエストチェスター・キャピタルのロイ・ベーレンは、初めてこのビジネスについて調べたときに「ギ・ワイザー・プラットの本を読まなければならない」と言われたと何度となく口にしている。ベーレンは「NYU（ニューヨーク大学）プレスのとあるオフィスでコピーを見つけだし」、言われたとおりそれをむさぼり読んだのだ。すでに一部の者たちの間では古典となっていた『リスクアービトラージ』がニューヨーク大学経営大学院のソロモン・ブラザーズ・センター・フォア・ザ・スタディ・オブ・フィナンシャル・インスティテューションから書籍の形となって出版されたのは一九八二年になってからのことであった。直近では二〇〇九年にワイザー・プラット自身によるアップデート版がワイリー・インベストメント・クラシックスから出版されている。

ベールを取り払う

なぜワイザー・プラットは父親の事業、そしてウォール街のアービトラージコミュニティー全体のベールを取り払ったのだろうか。単純なことだと彼は説明する。「それまでだれも文字にしてこなかったからね。それに私には父親という世界一の先生がいた。彼は私が今まで出会ったなかで最高の手本だよ。彼が教えてくれたことをそのまま本にしたんだ。彼は数学の天才だった。私は大学で物理学や数学で良い成績を取ったが、彼のように数字は見えなかった。ほかのだれにも理解できないスプレッドが彼には見えたんだ。そして、その方法を教えてくれたんだ」

だが、若きワイザー・プラットにはある種の使命があった。「私は海兵隊の大佐上がり、誇り高き野郎、だよ。ウォール街で業界のキャプテンたちに会いたいと思っていた。でも、父親と競っているアービトラージャーに何人か会っても、まったく感銘を受けなかった。品格も気骨もないのにはあぜんとした。私は裏切り者とは取引できない。私が受けた教育とはまったく相いれないものだよ」。実際にワイザー・プラットはこう振り返る。「仕事を始めて六カ月がたち、私は海兵隊に戻る準備をしていた。だが父親が『もうしばらく我慢してみろ、それからでもよかろう』と強く勧めたのだ」。アービトラージの世界に身を置くこと五〇年余りがたち、息子のジェイミーも自社で働いている現在、ワイザー・プラットが、当初は異質で不快に感じた文化を持つ業界でうまくやっていく術を見いだしたことは明らかであるが、彼の著書がもたらした日の光による殺菌作用が業界の進化を助けたことも理由のひとつであろう。「私はヨーロッパの謎に包まれた背景を持つ連中の、秘密主義で難解なやり方のすべてに少しばかりうんざりしていたのだ。私は海兵隊の将校で、何も隠し立てするようなことはなかったのだ」

詳しい説明を求めると、ワイザー・プラットはこう付け加えた。「少しばかり言葉に気をつけなければならないが、私はNYSE（ニューヨーク証券取引所）のフロアにいるアービトラージシンジケートのメンバーではなかったのだ。連中はバニー・ラスカーやシンジケートを主導する同じようなベテラントレーダーたちとインサイダー情報をやり取りしていたものだ」。一九二七年に使い走りとしてウォール街で働きだしたバーナード・J（バニー）・ラスカーは一九三九年にNYSEの会員となり、一九六八年にはラスカー・ストーン・アンド・スターンのシニア・パートナーとなった人物だ。彼は一九六九〜一九七一年にかけてビッグボードの会長を務めたが、インサイダー取引で起訴されたこともなければ、ましてや有罪となったことは一度もなかった。しかし、ラスカーの名前は一九八〇年代の過熱した買収ブームに突然の終わりをもたらすことになったインサイダー取引のスキャンダルの捜査のなかではっきりと姿を現していた。ジェームズ・B・スチュワートがピュリツァー賞を獲得することになるノンフィクション『ウォール街　悪の巣窟』（ダイヤモンド社）に詳しく記されているとおり、ゴールドマン・サックスのリスクアービトラージ部門の責任者ロバート・フリーマン、キダー・ピーボディのインベストメントバンカーであるマーティン・シーゲルに対する有罪判決は、ラスカーが大変なことになっていると伝えた案件に関するフリーマンの質問に、シーゲルが「そちらのバニーは鼻が利くね」と答えたことが録音された盗聴記録が根拠のひとつとなっていた。ワイザー・プラットは続ける。「あのギャングどもがやっていたのは、仮にゴールドマンが取引を行い、L・F・ロスチャイルドがその取引に関与しないのなら、ロスチャイルドはその銘柄をトレードすることができ、ゴールドマンはその情報を提供する、というものだ。またその逆もある。私はそんなことには加わりたくなかった。それに、私には自分のフロアブローカーがいた。彼はとても優秀で、とても賢く、フロアでの身のこなしが軽い。当時の取引所では精力的であることが意味をなしたのだ。彼が物事をうまく収めてくれる。私は取引だけでなく連中のことも理解することができたが、インサイダー情報がもたらすことになるような問題は望んでいなかったのだ」

魅力的な男

話を四年間進める。一九七一年、父ワイザー・プラットが引退を申し出る。当時バーチェの会長を務めていたジョン・レスリーに、向こう見ずな三一歳がアービトラージ部門を運営していくことができることを説得するのは容易ではなかった。ワイザー・プラットは言う。実際のところ、元国防長官で、ワシントンの弁護士であり、ハリー・トルーマン以降の歴代大統領の法律顧問を長らく務めたクラーク・クリフォードが間に入ったことで、彼が父親のあとを継ぐことになる。クリフォードがバーチェの会長に電話をして、こう言ったのだ、とワイザー・プラットは述懐する。「ジョン、私はこの若者を知っている。彼はやるべきことをちゃんと把握しているよ。彼にチャンスを与えるべきだ」。クリフォードは、一九六九年初頭にペンタゴンから自身の弁護士事務所に戻り、またワイザー・プラットが反トラスト法に関して自身の事務所の顧客であることを知ったあとで、ワイザー・プラットの顧客となっていたのだ。「ある日、クリフォードが電話をかけてきて、こう言ったんだ。『君が論文を書いたことは知っている。私のオフィスに来たまえ』。それでワシントンDCの彼のオフィスに行ったんだ。なんとも魅力的な人物だったよ」

それ以来、クリフォードとは一九八八年に九一歳で彼が亡くなるまで、親密な関係が長く続いた。ワイザー・プラットは続ける。「一週間後、彼は五〇万ドルの小切手を郵送してきて、こう言うんだ。『投資してくれ』と」。クリフォードは、リンドン・B・ジョンソンが国防長官への就任を求めてきた一九六八年に、所有していた防衛関連株の売却を余儀なくされて大損していたのだとワイザー・プラットは説明する。「そこで、アービトラージ取引をして、彼の損を埋めたんだ。そして、彼の税務上の繰越欠損金をすべて充てたから、彼は一セントも税金を払わずに済んだ。驚いていたよ」。クリフォードがこの若者をバーチェに推薦したとしても少しも不思議ではなかろう。ワイザー・プラットは自慢げに語る。「それ以来、リスクアービトラージはバーチェの歴史で最も儲かる事業となった。レスリー、そして、後に彼の跡を継いだハリー・ジェイコブスは毎年、年末になると私のところに来て、『今年はどれくらい稼いでいるんだ』と尋ねるんだ。というのも、彼らが支払う全社のボーナスはアービトラージ部門の利益から出ていたからね。私の部下は八人だったが、企業全体で一万二〇〇〇人の従業員がいた。それでもわれわれは長いこと荒稼ぎしたんだよ」。実際に、一九七〇年代初頭、ワイザー・プラットがバーチェのだれよりも多くを稼ぎだしているという話は、金融タブロイド誌にとって恒例の記事となっていたのだ（最初に上場公開した証券会社のひとつとして、バーチェは報酬額を株主に公表しなければならなかったが、これは極度に人目を避けるウォール街の守旧派たちをイライラさせたものだ）。

一九七〇年代になると、案件やそれを主導したアービトラージャーが新聞の見出しを飾ることが増えてきた。敵対的買収や二段階買収、ホワイトナイトといった新しく、攻撃的で、変化に富んだ取引構造ばかりか、プレーヤーたちの巨額の報酬までが大衆の意識に刷り込まれることになる。取引がブームとなったのは、「ニフティ・フィフティ」が大暴落し、一九六〇年代のイケイケの時代に終止符を打った長く厳しい下落相場にあって、多くの企業の株式が割安で、事業に投資するよりもウォール街で資産を取得したほうが安くつく水準にまで落ち込んでしまったことに一因がある。また、一九七〇年代に頻発した下落相場のなかで、何らかの買収こそが、巷の追い詰められた強気筋にとっては唯一のゲームであり、彼らは噂となった銘柄に次々に殺到したのだ。

合併マニア

取引をめぐる雰囲気が熱を帯び、また取引に魅せられた詮索好きな金融ジャーナリストたちに追いかけられるなか、一九七〇年代が進むにつれ、アービトラージャーたちは目立たないように活動することが難しくなり始めた。アイバン・ボウスキーという攻撃的で、恥ずかしげもなく自己宣伝を行う新参者が登場した一九七〇年代半ばになるとなおさらであった。弁護士、会計士、証券アナリストとして経験を積んだボウスキーは夫人の実家の資金を用いて、リスクアービトラージャーとして身を立てることになる。リミテッドパートナーを勧誘するために、ボウスキーは売名行為を禁ずるアービトラージャーのコミュニティーの不文律を破ったのだ。彼はジャーナリストたちと親しく付き合い、また『マージャー・マニア——ウォール街の新錬金術』（日本経済新聞社）という大衆向けの書籍を著して、アービトラージを「ウォール街で最も秘密とされる商売」と大げさにうたい上げ、多くのライバルたちの終わりなき憎しみと「ピギー（Piggy）」というあだ名を賜ることになる。もちろん、面と向かって言われることはなかったのだが。

一九七七年一〇月、古参のアービトラージャーたちはフォーチュンの最新号を手にし、二六六ページから始まる記事を見て愕然とした。そこには「バブコック・アンド・ウィルコックスで大儲け（A Killing in Babcock & Wilcox）」の見出しのもと、電話を片手に破顔する成り上がり者の大きなカラー写真が四ページにわたり展開していたのだ。エレノア・ジョンソン・トレイシーによる記事は、この老舗ボイラーメーカーをめぐるユナイテッド・テクノロジーズとJ・レイ・マクダモット・アンド・カンパニーの買収合戦を取り上げていた。記事では、どのようにして四人の「勇敢な若きアービトラージャーたちがその年最大の企業買収劇が進行するなかで三〇〇〇万ドルを稼ぎだした」のかが描きだされていた。記事のなかで彼らは「四人の騎士——だれもが認める新世代のアービトラージャーのリーダーたち」と呼ばれていたが、注意深くも四人が「グループとして活動していない」ことが明記されていた。ボウスキーは記事のなかで、二年ほど前に創業して以来、投資した案件の九〇％で勝利していると勝ち誇っていた。すっかり騙された記者は、リスクアービトラージでの成功は学歴、経験、野心といったボウスキ

アービトラージの４人の騎士

アイバン・ボウスキー

ギ・ワイザー・プラット

リチャード・ローゼンタール

ロバート・ルービン

フォーチュン（1977年10月号）から

ーの優れた資質によるものだとし、また彼が四時間眠れば十分らしいこともその一因であると伝えていた。フォーチュンによれば、ボウスキーは最初の買い付けのニュースを聞き、その場で「買い得だ」と判断し、大胆にもバブコック株を四〇ドルで大量に取得したのだという。

それに比べ、ほかの「騎士たち」にはさほど言及されていなかった。ゴールドマン・サックスのロバート・ルービンはアービトラージ部門での一一年間で「最終的には」うまくいっていることを簡潔に認めてはいるが、「時には」一つのアービトラージ取引で一〇〇万ドル以上の損を被ったこともあると抜け目なく認めてもいる。ソロモン・ブラザーズのパートナーで執行委員会のメンバーであったリチャード・ローゼンタールはさらに用心深いことが分かる。フォーチュンは彼の言葉をまったく伝えておらず、わずかに経歴の一部を紹介しているにすぎない。次に、ギ・ワイザー・プラットが登場する。基本的な経歴と論文に触れる一方で、フォーチュンの記者はワイザー・プラットの、目玉の飛び出るような報酬に関するタブロイド記事を蒸し返し、その後、バーチェのアービトラージ部門の責任者がマルタ島のワイン畑やメーン州のブースベイハーバーで「ワーキングバケーション」を取っている一方で、取引はどちらに転ぶか分からず、ニューヨークにいる彼のパートナーたちはリスクにさらされた資金の行く末にやきもきしていると報じた。フォーチュンによれば、「ワイザー・プラットは九月三日『公開買い付けの終了日』に至る三週間前にバーチェとしての買い付けを止め、最終的に一株当たり一五ドルの差額を手にすることに成功した。最終的に彼はバーチェ史上最大のアービトラージのポジション（およそ一五〇〇万ドル）を構築していた」のだという。ルービンはもう少し狭いスプレッドに終始したが、取引のリスクはかなり小さく、公開買い付けが終わるほんの四日前にバブコック株を五九・七五ドルで一〇万株取得したという（マクダモットは数カ月後に一株当たり六五ドル支払う契約となっていた）。

華やかなイメージの裏側

フォーチュンの人目を引く記事によって、人々はリスクアービトラージの世界に殺到し、この一見容易な儲け話の分け前に預かろうとしたことで、投資資金と自称一流ファンドマネジャーたちが流れ込んできた。まったくもって予想どおりの展開であるが、その後アービトラージのスプレッドは狭まり、引き続き案件は出来したにもかかわらず、事業の収益性は低下していった。ワイザー・プラットが自身の著書の『リスクアービトラージ（Risk Arbitrage）』で説明しているとおり、「アービトラージの投資リターンは、ある特定のスプレッドに対する需要によって決まる。五～六人のアービトラージャーたちが年利二五％以上をもたらす取引を行おうとしているときに、二〇％で満足する新たなプレーヤーが現れれば、ほかの者たちが手にできる利益は圧縮されることになる。新しいプレーヤーはターゲット企業の株価をつり上げ、買収側のそれを下落させるので、より高いリターンを求める者たちは外へ、つまり市場から『追い出される』ことになる」。

ワイザー・プラットがボウスキーに接近した唯一の機会は「四人の騎士」の記事だけというわけではなかった。拡大はしていても、比較的小さな世界にすぎないウォール街のアービトラージコミュニティーにおいて、ある種の関係を持つことは避けられず、時に二人がテニスのパートナーになることもあった。ウォール・ストリート・ジャーナルの記者によれば、ボウスキーのインサイダー取引に関して、危うく世間に恥をさらすことを免れたワイザー・プラットは次のように述べたという。

私は運に恵まれた。私が過去に本を書いていたので、ボウスキーは私のオフィスに専用の電話回線を引きたいと主張してきた。ときどきの付き合いはあった。彼の奥さんのゼーマとはとても仲が良かった。しかし、ある日、ウォール・ストリート・ジャーナルで働いていたプリシラ・メイヤーがバーチェの私のオフィスに訪ねてきた。しばらく話をすると、彼女が私にかまをかけてきた。私は少しうぶだったのであろう。彼女は「そうそう、ピギーが言うにはね」と言う。つまりボウスキーのことだ。私は「あぁ、ピギーね。彼ならそう考えるでしょう」と答えた。そして、「記事で私のことを書くつもりじゃないよね」と言った。「もちろんです」。彼女が約束したものだと思っていた。しかし、翌日のウォール・ストリート・ジャーナルに「ギによれば、ピギーは……」という一文を見つけた。詫びを入れようと専用回線に電話を入れると、ガチャリと切られた。彼は回線を引き抜いたのだ。それが一九八六年のことだ。私が外線で電話をかけると、彼は「お前は●●●●だ」と言って、電話を切ったよ。その後のことで知っているのは、彼が電話を盗聴し、自分の罪を軽くしてもらうために他人のインサイダー取引の証拠を政府に提供しようとしていた、ということだ。

ワイザー・プラットのオフィスでもひと際目を引く骨董品がトイレの上にかけられているのも、おそらく偶然ではなかろう。それは黄色く変色した一九八九年一一月一五日付けのニューヨーク・ポストの一面が入った額縁である。ぼさぼさの白髪にあごひげを生やした挙動不審なホームレスの大きな写真が掲載されたこのタブロイド紙には「必見、刑務所で何があったのだ……アイバン・ボウスキー」との見出しが踊っていた。読者がボウスキーのウォール街での振る舞いを忘れてしまった場合に配慮して、編集者は「粋なウォール街の大立者」のたった二年前の顔写真も載せていた。

ワイザー・プラットがバーチェのアービトラージ部門を率いて一〇年が経過すると、市場にはニューマネーがあふれ、昔ながらのアービトラージのスプレッドが縮小することで、彼の情熱も冷めてしまった。実際に、彼もこう認めている。自分は「単なるリスクアービトラージをやることに飽きてしまった。私は受け身の人間ではない。そしてどこかに腰をかけて、個別のリスクアービトラージ取引の結果をじっと待つようなことはしない。もはやそんな取引はできないのだ」。事業を始めたとき、ワイザー・プラットは「レバレッジなしで三五～四〇％のリターンがないならば、その案件に取り組むリスクアービトラージャーなどいないであろう」と指摘している。「司法省が最後の瞬間に口を挟んできて、だれもがイライラすることにもなりかねないので、そんな取引でさえ安心してはいられない。私はだれかの気まぐれに左右されるのはごめんなので、自分で価値を高める方法を探し始めたのだ」。それゆえ、一九八〇年代の合併熱のさなか、リスクアービトラージの世界に愚かな資金（ダムマネー）が流入すればするほど、ワイザー・プラットはアクティビスト事業を立ち上げることに熱を入れるようになったのである。

企業に立ち向かう

ワイザー・プラットがアクティビスト投資を初めて経験したのは一九七四年、デンバーを本拠とするグレート・ウエスタン・ユナイテッドにまでさかのぼる。ワイザー・プラットのリスクアービトラージ部隊は、グレート・ウエスタンの子会社であるグレート・ウエスタン・シュガーの累積優先株を大量に手に入れた。この子会社は配当の支払いが大きく滞っていたため、ワイザー・プラットは親会社を丹念に調べたところ、同社が「じゃんじゃん利益を上げている」ことを発見する。「そこで私は手紙を書き、未払いとなっている優先配当を支払うよう要求した。彼らは拒絶したよ。そこで私はデラウェア州の連邦地裁に訴え出た。一週間後、未払いとなっていた優先配当全額の小切手が郵送されてきた。『なるほど、この手の企業に立ち向かったら、面白いかもな』、そう言ったんだ。これが、私がアクティビスト投資をやるようになったきっかけだ」

伝統的なリスクアービトラージャーたちは、そのリスク許容能力と企業評価の能力とを利用して、十分な利益が得られると思われる企業の案件にポジションを取りに行く。そうして流動性を提供することが効率的な結果を生み出す一助となるのだ、と彼は説明する。アクティビスト投資家は同じ能力を用いて、さらにもう一歩プロセスを進めるのである。彼らは、無能な企業経営者が「バリューギャップ」を生み出しており、自分たちが資本を投入すれば変化を引き起こすことができる状況を認識しているのだ。

軍役に対する誇りは言うまでもなく、民主的資本主義に確たる信念を持つワイザー・プラットが株主の権利のために勇敢に戦うことは造作もないことであった。彼は株主の利益ではなく、経営者やインサイダーたちの利益を目的に経営されている割安な企業を見つけると、その株式を取得し、株主へのリターンを改善するよう経営陣に圧力をかけるのだ。敵対的買収、合併、スピンオフ、自社株買いと、やがてワイザー・プラットは自らの目的を達成するためにはいかなる手段でも用いることで知られるようになる。

アクティビスト投資へ進出した当初、すべてがグレート・ウエスタンに対する勝利のように、即座に満足いく結果が出た、というわけではなかった。広く注目を集めた一九七七年のガーバー・プロダクツ会長との株主総会での対決は敗北に終わった。アンダーソン・クレイトンの買収提案は、ガーバーの時価に対して大幅なプレミアムを付けたものであったにもかかわらず、このベビーフードメーカーの取締役会はこの提案を検討しようとしなかったのである。だが、総会でのワイザー・プラットの抵抗は全国的なニュースとなった。それゆえ、ガーバーの地元の判事がその訴訟を退けたにもかかわらず、後にワイザー・プラットは裁判に訴えたのである。ガーバーの件が広く取り上げられたことで、ほかのアクティビスト投資家たちは企業経営者に挑み始めるようになり、また彼も興味をもって続けることができたが、訴訟も辞さない彼のアクティビストスタイルが厄介な問題をもたらしたことは少なくなく、控えめに言っても、バーチェのお偉い方には困った問題だった、とワイザー・プラットは言う。とりわけ、ワイザー・プラットはバーチェ、後のプルデンシャル・バーチェの取締役であったので、「私がアクティビスト投資に取り組むのは、ひどく彼らをイライラさせたことは事実である」。

ワイザー・プラットは一例として、一九七九年にアメリカン・エキスプレスが出版社のマグロウヒルに対して行った、およそ八億三〇〇〇万ドルという当時では最大規模の敵対的買収を取り上げる。クレジットカード会社が放った最初の砲撃は、この出版社の時価の二倍にもなるものであった。だが、出版社の取締役会はノーであった。ワイザー・プラットは訴訟に訴えるのではなく、「株主保護委員会」を組織し、株主の大多数は売却を支持していることを示そうとした。この戦略が、マグロウヒルの代理人であったM＆Aを専門とする有名弁護士のマーティン・リプトンに「子供だまし」とあしらわれたことは有名であるが、訴訟を恐れたグループのほかのメンバーたちは「まるでテントのようにたたまれてしまった」とワイザー・プラットは回顧する。しかし、委員会が崩壊しても、ワイザー・プラットはマグロウヒルの株主総会に参加し、株主を「傲慢にも無視している」と出版社の会長を厳しく責めたてた。元海兵隊員はアクティビスト・アービトラージの方法をあたかも軍事作戦に似たものへと進化させた。すべての攻撃が成功したわけではないが、総合すれば、彼のたゆまぬ攻撃によって、株主の利害をうやむやにすることはできないという考えが、株主、プロの投資家、そして金融メディアのなかに芽生えるようになったのである。

プルデンシャル・バーチェを怒らせる

一九八四年、ヒューストン・ナチュラル・ガス（HNG）を訴えたことで、プルデンシャル・バーチェの取締役たちを「本当に」怒らせたのだと、ワイザー・プラットは楽しそうに述懐する。コースタル・ステイツの創業者であるオスカー・ワイアットはその年の二月にHNGに合併の提案を行っていたが、このガス会社は求婚者に「グリーンメール」を送りつける（HNG株を大きなプレミアム付きで買い戻す）ことで提案をはねつけたのである。「私を含めたすべてのアービトラージャーが振り回された」とワイザー・プラットは振り返る。「事が起こるとすぐに、ラザール・フレールのインベストメントバンカーが、同社の顧客であるトランスコ・コープがHNGにコースタルよりも高い価格を付ける意向であることを示す書状を送ってきたのだが、HNGの会長はその書面を役員会に渡らないようにしたんだ」。この書状に加え、経営陣を守るためにグリーンメールという戦術を用いたHNGに対して理屈抜きの嫌悪を感じたワイザー・プラットは黙っていられなかった。彼はヒューストンの連邦地裁に訴え出ることにした。

裁判ではヒューストン・ナチュラル・ガスの会長であるM・D・マシューズの堕落ぶりを証明した。この出来事から三五年ほどが経過した今、ワイザー・プラットは静かに微笑んだ。「けっして忘れるものじゃない」。証拠開示手続きにおいて、「われわれは連中がすべての企業とスタンドスティル条項に合意していることを発見した。ファースト・ボストンの本社の地下にあった仮事務所から、ヒューストン・ナチュラル・ガスに対する買収を仕掛ける可能性のあるトランスコを除いて、ね。だが、ガス会社の取締役会はいかなるスタンドスティルも承認していなかったのだ。これが明るみに出ると、彼らはマシューズを解任した。残念ながら、その後は歴史が知るとおりさ。ヒューストン・ナチュラル・ガスはインターノースの手に落ちるのだが、それがやがて、だれあろう、札付きの悪、エンロンとなるわけだ」。

ワイザー・プラットは続ける。マシューズが解任された直後、「プルデンシャル・バーチェの会長で、専制君主とも言えたジョージ・ボールが私のオフィスにやってきて、こう言った。『ヒューストンとの件を収めてほしい、今すぐに、だ』。HNGには別の買い手、つまりインターノースがいたことがやがて判明する。だが、まずは和解する必要があった。そこで私は示談とした。とは言え、ヒューストン・ナチュラル・ガスの連中を現行犯で逮捕すること、これが本当の動機だ。取締役会の一部で何らかの不正が行われていることが分かると、私はその連中に追い込みをかけてやろうという気になるのだ」。

このころまでに、ワイザー・プラットがプルデンシャル・バーチェの経営に魅力を感じなくなっていることは明らかであった。だが、LBO（対象企業の資産を担保とした借入金による買収）にあおられた一〇年に及ぶ合併熱のさなか、アービトラージでお金を稼ぐことに忙しかった彼は、一九八〇年代全般を通じて、バーチェの別の部門が大規模な不正行為を行っていることに気づかなかった、と恨めしげに言う。プルデンシャル・バーチェのタックスシェルター部門が組成し、売り込んだ不正取引に同社の何千ものリテール・ブローカーたちが道を誤り、顧客たちの貯蓄を巻き上げていったのだ。損失は何十億ドルにも上り、プルデンシャル・バーチェの経営幹部は、カート・アイケンワルドが自身の暴露本『サーペント・オン・ザ・ロック（Serpent on the Rock）』の表紙にしたためたように、「裏切り、ウソ、横領、隠蔽」のパターンに巻き込まれていってしまったのだ。一九九〇年になると、損害を受けた顧客たちが裁判に訴えるのを防ぐためにプルデンシャル・バーチェと同社の親会社が講じていた法的な防波堤に亀裂が現れ始める。全米の州の証券観察官たちが申し立てを行い、捜査が行われるようになる。SEC（米証券取引委員会）や米司法省の寝ぼけた監視人たちも目を覚ますようになった。八月には、プルデンシャル・バーチェの会長で、すでにプルデンシャルの幹部たちから厳しい監視の下に置かれていたボールは、ワイザー・プラットのリスクアービトラージ部門への資本配分を減らすよう命令されたとき、それにあらがう勇気を持ち合わせていなかった。ワイザー・プラットによれば、ボールは、その年はリスクアービトラージが同社の収益の鍵であり、主たる資産であると前もってコンサルタントたちに語っていたのに、である。

自ら差配できる資本をたった二五〇〇万ドルまで大幅に削られたワイザー・プラットは複数のポジションを解消せざるを得ず、彼自身の損益も厳しいものとなってしまった。一二月半ばになると、ボールはプルデンシャル・バーチェの年間損失が二億五〇〇〇万ドルにもなることを知る（そして、その年は、資本不足のリスクアービトラージ部門が助けてくれる見込みはないのだ)。彼はメモを回し、思い切ったリストラクチャリングを発表する。なかでも注目すべきは、プルデンシャル・バーチェのリスクアービトラージ部門を閉鎖し、同部門のディレクターであり、二〇年来のバーチェのベテランであるワイザー・プラットを即刻クビにしたことだ。「連中は自分たちの損失の責任はすべて私にあり、リスクアービトラージがそれだけの損を出したのだという印象を広めたかったんだ」とワイザー・プラットは言う。「事実は異なる。彼らのせいで私はポジションを畳むことになったのだ。世間はやがてそれを把握するだろうが、後になって、だよ。損失の本当の原因は連中が売り込んだ不正にまみれたパートナーシップ、厄介な話さ」

実に四年の歳月がかかったが、一九九四年の後半、マンハッタンの連邦検事はついに同社を刑事告発し、同社が一九八〇年代を通じて販売していたエナジー・インカム・パートナーシップ（energy-income partnerships）は詐欺に当たると非難した。この告発では訴追延期合意がなされ、同社は事実上三年間の執行猶予を得ることとなった。同社が最終的に罪を認めたのは三年以上にわたり違法行為を否定したあとであり、七億ドルを上回る罰金を追加で支払うことに合意した。ＳＥＣ、州検事、そして民間の弁護士たちは最終的に追加の判決を勝ち取ったわけだが、アイケンワルドの暴露本は、プルデンシャル・バーチェとその親会社であるプルデンシャル・インシュアランスは、法制度を乱用し、自分たちの詐欺が顧客にもたらした損害にふさわしい対価を支払わずに済ませることに成功したと記している。

ワイザー・プラットにとっては、プルデンシャル・バーチェを突然解雇になったことで「しばらく厳しい時期を過ごすことになった。彼らは私が独自にリスクアービトラージの事業を立ち上げることを妨げようとしたのだ。彼らは私の仕事に関するデータを提供しようとしなかった。つまり、自分のトラックレコードを再構築するために必要となるデータを手に入れることを邪魔しようとしたのだ。彼らにとっては不愉快なことだったろうが、私はどうにかすべてを再現することができた。幸運にも、幾人かの部下がまだ勤務しており、彼らが毎晩オフィスを出るときに記録を詰め込んだデイパックを背負ってきてくれたので、われわれは自分たちのパフォーマンスを再現することができたのだ」。最終的に資料をまとめると、一〇センチほどの分厚さにもなったとワイザー・プラットは言う。そして、ＳＥＣは「これで十分だ」と判断した。

アクティビスト投資がやりやすくなった

その間、ヨーロッパで手広く活動した経験を持つバーチェの投資銀行部門の元同僚が、ワイザー・プラットのために独自に資金を調達してくれた。「彼は、われわれのユーロ・パートナーズ・アービトラージ・ファンドの資金を集めに行ってくれたんだ。それが極めてうまくいき、ほとんどのリスクアービトラージの取引を行うことができた。自ら退社してすぐの一九九一年二月一日にワイザー・プラット・アンド・カンパニーを復活させたのだ」。自らの名前をドアに掲げたワイザー・プラットは「これでアクティビスト投資がずいぶんやりやすくなると感じたものだ。一九九一年から今日まで、一〇〇件以上のアクティビスト・アービトラージをやってきた。それらは、私がキャリアの前半で取り組んだストレートなリスクアービトラージよりもはるかに面白いものだ。私は受け身の人間ではない。そしてどこかに腰をかけて、個別のリスクアービトラージ取引の結果をじっと待つようなことはしない。もはやそんな取引はできないのだ。だから、株主を公平に扱おうとしないアメリカの経営者たちに追い込みをかけ始めたのだ」。賢明にもアクティビストとしての業績がメディアの注意を引くことをいとわなかったワイザー・プラットの行動は、やがてヨーロッパの友人たちの関心を引きつけることになる。外国企業は、コーポレートガバナンスの民主化という点においては、アメリカのそれに二〇年とは言わずとも、一〇年は遅れているようだ、と彼は考えたのだ。

近ごろは、掘り返せば利益をもたらすような、リスクアービトラージが可能な状況はアメリカよりもヨーロッパのほうが多いとワイザー・プラットは言う。彼は「近親者を優遇したり、サントル・デ・アンポ（フランスの国税庁）」の裏をかいたりしている、肥大化し、アンダーパフォームしているコングロマリットに狙いをつけることで、「アンシャンレジーム」をイラ立たせることに喜びを感じている。ドイツでは、利益を上げることは「罪」ではないとする彼の言葉が頻繁に取り上げられてもいるのだ。ヨーロッパ全域で、古い体質のインサイダーたちの強力な抵抗と彼は戦っている。警察や警備会社や税関職員に嫌がらせを受け、公的な場で集会を開くことを禁じられている。また、創造力豊かな中傷を受けてもいる。「ル・ランボー・ドゥ・キャピタリスム」「デア・ランボ・デス・カピタルマルクト」「ジョン・ウェイン・オブ・ファイナンス」「シュワルツコフ」（湾岸戦争の英雄に対するある種のオマージュだ）などが最もよく目にする彼のあだ名である。

芝居じみた話は脇に置くとして、ワイザー・プラットの投資手法は、まず割安株を見つけ、経営、戦略、資産配分、コーポレートガバナンス、株主との利益相反、さらには世界的または地域的な要素がその銘柄の重しになっていないかどうかを分析することから始まる。そして、競合分析や関連する財務数値を用いて、それらの負荷がなければその企業がどれだけの価値を持つかを見積もり、その予測値とそのときの時価との差を自らのアクティビスト・アービトラージの「スプレッド」（公表された案件に特化し、買収にかかるプレミアムと実際の時価との差を利用する伝統的なリスクアービトラージとは異なる）として算出するのだ。この「バリューギャップ」が、望むべく変化を求めて戦うことで株主が手にすることができる潜在的リターンとなるわけだ。

今まで取り組んだ案件のなかでも最高のアクティビスト・アービトラージでは、まさに限りない忍耐を強いられたとワイザー・プラットは自慢げに語る。それはワイザー・プラットが自らのアクティビスト投資をドイツに持ち込んだ二〇〇〇年にできた関係から生まれたものであった。「私は、巨大な防衛関連企業であるラインメタルを追いかけていた。同社はロシュリング家が支配していたのであるが、外国投資家の参入を求めていたので、私がそれを引き受けたのだ。私が買ったとき、株価は八ユーロと低迷していたが、一年後に一八ユーロで売却した。ドイツのマスコミは自国市場で『一〇年に一度の金融取引』と呼んでいたよ」

たしかにこれもバカにできないが、ワイザー・プラットがその年を通じて築き上げたラインメタルの諮問委員会会長ワーナー・エンゲルハルトとの関係はより大きな配当を生み出すことになった。二人はその後も関係を続け、二〇〇三年、当時すでに引退していたエンゲルハルトがニューヨークでの夕食にやってきてこう言った、とワイザー・プラットは言う。「あなたにもうひとつ話がある。私はかつて、フランスとの国境近くにあるＩＷＫＡという会社と仕事をしていたんだが、会長のことを知っている。彼は十分すぎるほど裕福で、お金を必要としていないんだ。だから、さほど一生懸命に仕事をしていない。この会社の目玉はロボット部門だ。それ以外は売り払うべきだと思うね」

主に自動車市場向けに、製造およびエンジニアリング・サービスを提供していたＩＷＫＡは当時一株あたり一一～一二ユーロで取引されていたが、「時価の三倍の価値はあるとワーナーは言うんだ」とワイザー・プラットは述懐する。すぐに彼は五％の株式を集め、同社の価値を最大化すべくＩＷＫＡの経営陣と協働することを望んだ。その後の数カ月間、「私は経営陣に会い、飲み食いしたものだ」。その後、株主総会が開催される直前になって、ＩＷＫＡは三つの事業を売却すると言いだしたが、ワイザー・プラットが切り捨てろと迫っていた不振の梱包部門は含まれていなかった。彼は、ＩＷＫＡが一年以内にその部門を処分しなかったら、プロキシーファイト（委任状争奪戦）に持ち込むぞと脅した。ＩＷＫＡはゴールドマン・サックスを雇い入れることで対応する。一方、ワイザー・プラットは古くからの友人であるセバスチャン・フライタークを雇い入れる。彼が経営するフライターク・アンド・カンパニーはドイツでは企業財務顧問の大手であった。フライタークは「ゴールドマンの連中を出し抜いたのさ」とワイザー・プラットは訳もなく言う。ＩＷＫＡのＣＥＯ（最高経営責任者）は二〇〇五年の株主総会の朝、辞任を発表したが、「それが玉突きの始まりさ。会長が辞任し、ほかの取締役も辞めた」。ワイザー・プラットは、重要性の乏しい事業の売却を続ける一方で、同社に対する持ち分を増やしていった。二〇〇七年後半になって、ＩＷＫＡは二〇〇五年以来となる配当の支払いを発表し、ワイザー・プラットは年利二四・五一％というリターンを手に軍事行動を完了させる機会を得ることとなったのだ。

ＫＵＫＡの勝利と敗北

しかし、ワイザー・プラットとＩＷＫＡとの関係はこれで終わりではなかった。ちなみに、同社はその直後にＫＵＫＡというブランド名で取り組んでいたロボット製造設備の事業が持つ優位性を反映させて、ＫＵＫＡと改名している。名前が変わっても、ワイザー・プラットとフライタークは、自動車セクター以外にロボットを販売しようとする同社の取り組みのペースが不満であった。新しい経営陣が採用され、フライタークは「二五％のポジションを引き受ける新たな投資家グループを見つけてきた」。ワイザー・プラットは二〇〇九年二月に改めて一〇％のポジションを構築したので、九月には二つの投資家グループが取締役会を支配するようになった。

その後、「かいつまんで話すなら、堅調な利益の増大と大きな利益率、そして幾つかの戦略的買収の結果、株価は一一ユーロから八五ユーロまで上昇した」とワイザー・プラットは言う。二〇一五年三月、ワイザー・プラットはポジションを手仕舞った。当時、ワイザー・プラットが大満足した結果である。「KUKAは今やヨーロッパの一流ロボットメーカーだ。世界でも三本の指に入るロボット会社だよ。ドイツの自動車メーカーのすべてが利用しているロボットを提供している。だが、今ではほかの多くの産業のロボット化にも取り組んでいる。もしわれわれがかつての経営陣にその他の部門を売却するよう迫らなかったら、あの会社は破産していただろう。彼らは調達した資金を使ってリストラを行った。だから、KUKAは大きな成功を収めたのだ」

しかし、KUKAの物語を締めくくるにあたっては、ワイザー・プラットが複雑な感情を示すことがひとつある。彼がポジションを解消し、KUKAの取締役を退いた直後、中国の美的集団（ミデアグループ）が一〇％の株式を取得したのだ。「私は悪い予感がした。もしKUKA

がアメリカの会社であれば、私は彼らを押しとどめようとしただろう。私はここでは移民の身ではあるが、この国を信じる愛国者だ。中国人が技術を横取りするのを見たくはなかったのだ」

かつての海兵隊員はすぐに行動を起こし、KUKAのCEOに手紙を書いて、美的の狙いについて警告していた。「彼らは中国でロボットを必要としている。文明世界におけるいかなる国よりも一人当たりの普及率が低いのだ」。だが、彼は出し抜かれ、美的はすぐに一株当たり一一五ユーロでの買収を仕掛けてきた。KUKAの買い手に対する懸念がありながらも、プラグマティックな資本主義者であるワイザー・プラットは、今日素直にこう認めている。「一一ユーロが一一五ユーロだ、素晴らしいだろ」

ワイザー・プラットがそのキャリアを通じて勝った取引や負けた取引、そして友人についての思い出を語るなかで、聞き手の印象に残るのは、口をついて出る派手な名前ではなく、彼がウォール街やワシントン、企業や世界中の市場で出会った驚くほど幅広い登場人物たちの動機や弱さに対する彼の洞察力、そして、その洞察を利用する彼の大胆さである。また、「海兵隊流」、つまり機動戦の原則（ジェイソン・A・サンタマリア、フィンセント・マルティーノ、エリック・K・クレモンズになる『ザ・マリーン・コープス・ウエー［The Marine Corps Way : Using Maneuver Warfare to Lead a Winning Organization］』で記されているとおり）を自らの事業経営、そして文字どおりすべてのビジネスに適用することを熱心に唱える者として、彼が義務、名誉、そして公正な取引を繰り返し強調していたことが印象に残っている。それらの原則と、図らずも彼が父から受け継いだ案件のスプレッド分析に対する確たる理解とが組み合わさることで、ワイザー・プラットが敵を混乱させ、より大きな相手の弱点を突くために利用する大胆な奇襲が、世界中で行われるアクティビスト・アービトラージ投資の必勝法へと結実しているのである。

第2章

ジェフリー・タール

Jeffrey Tarr

私は自分を一種のドラッグビジネスに従事しているととらえていた。マリファナを売り歩く、ということではなく、絶えず調査が必要だ、という意味でね。私はポートフォリオの五％を使って実験していたんだ。あらゆるバカげたことはやった。ありとあらゆる有価証券を作り出したものさ。われわれがそれでアービトラージができるかどうかは分からなかった。それでもトライしたんだ。もしうまくいかなかったら、私はそれを「アービトラージ」と呼んだ。うまくいったら「アービトラージ」と呼んだ。常に変化していたんだよ。

エレベーターのドアが開くと同時に、ジェフ・タールがドアを開ける。マンハッタンのアッパーウエストサイドのサン・レモにある美術品があふれる彼のアパートの専用入り口が姿を現した。楽なチノパンにゴルフシャツをまとい、家族であるシーズー犬が足もとをはね回る、白髪のタールの第一印象はウォール街の覇者というよりも、楽隠居の身というものである。タールが、大成功を収めたリスクアービトラージ会社で、コンピューターの力とアービトラージ戦略とを成功裏に結びつけたはしりでもある、リスクアービトラージ・パートナーズをたたんでから二〇年以上が経過していることを考えれば不思議ではないかもしれない。その反面、控えめで気取らないタールは、一九八一年一月一六日の創業から一九九五年まで毎年、年平均三〇％を超えるという、未公開であったリスクアービトラージ・パートナーズの驚くべきリターンを自慢したり、喧伝したりすることは一切なかった。それゆえ、タールが五〇歳を迎え、「墓地で最も裕福な男になる」という野心はもはやないと妻に伝え、静かにリスクアービトラージ・パートナーズをたたみ、友人たちと世界中に冒険の旅に出たときも、それが新聞で報道されることはなかった（リスクアービトラージ・パートナーズのマネジングパートナーであったタールが保有するジャンクション・パートナーズ、彼のイニシャルでもあるＪＣＴを通称とする同社は彼個人の事業用に存続している）。

二〇年が経過してなお、タールがいまだリスクアービトラージでの自らの業績に余計な関心を呼ぶことを避けようとしているのは明らかで、その代わりに彼は自分の愛犬や、母校であるハーバード大学やエール大学で、彼の寄付金で運営されている複数の研究職や奨学金に訪問者の関心を向けようとする。それらの話題も尽きると、タールはハーバード大学の大学院生時代に、仲間とともにいたずら半分で始めた世界初のオンライン交際相手紹介所であるオペレーション・マッチについての思い出話を始める。この事業に関しては、今も昔もタールは堂々と宣伝するのだ。

リスクアービトラージはこれらとは別の話である。一九六八年にタールがウォール街に足を踏み入れたとき、証券会社の少数のトレーディングデスクだけが手広く取り組んでいた、非常に儲かるとはいえ、秘密主義のバックオフィス仕事であったリスクアービトラージは、彼がリスクアービトラージ・パートナーズを立ち上げた一九八一年になってもさほど変わってはいなかった。ヘッジファンドが苦労して人目を避けようとするのには、実務的・戦術的理由があったのだ。とりわけ黎明期、一九八六年の税制改革法によってタックスシェルターの利用が著しく制限されるまでは、タールが数学的な魔術を税法にかけることでアルファの大部分が生み出されていた。つまり、税務上の欠損金を生み出し、ファンドが利益を実現させることを避ける、またはいつまでも先送りすることが可能となる制度の穴を利用して、利益を事実上非課税で複利運用することが可能であったのだ。

幸運な男

時が過ぎ、バイク事故で硬膜下血腫を患ったタールの記憶からは、輝かしい記録を打ち立てたリスクアービトラージ・パートナーズ時代の取引の詳細は消え失せつつある。しかし、彼はそれを打ち立てた喜びは問題なく思い出すことができる。ジェフ・タールは自ら認めているように、知性と自らの身の置き方を認識する能力とに恵まれた幸運な男の一人である。そして、計算能力と、勝算をたくみに利用する勝負勘とを合わせ持ってもいたのだ。

タールは早くから幸運に恵まれていた。優れた数学的能力を持つ、小さな町の子供であったタールは、高校生時代に地元メーン州で開かれた保険数理士のコンテストで優勝する。それによって、ハーバード大学とエール大学から奨学金を得ることになる。ある学生に「ニューヘブンの掃き溜め」だと言われたエール大学を警戒したタールはハーバード大学に入学した。そのうえ、「ハーバード大学は追加の資金を申し出てきたよ」と彼は付け加えた。

「常に強みを生かすべき」だという彼は数学を専攻し、全国災害保険業協会で学生一年目を過ごしたあと、ニューヨーク市のインターン生となる。仕事自体は退屈であった。「保険数理士が個性のある会計士だと知るのはずっとあとになってからだ」とタールは冗談を言う。だが、その夏、タールは人生を変える発見をする。「私は、巨大な『ＩＢＭマシン』を使うことに慣れた。当時は『コンピューター』ではなく、そう呼んだんだよ」。数学を専攻した彼は、その演算能力に魅了される。

大学三年生の春に話を戻すと、タールとクラスメートのボーン・モリルは男子大学生の昔ながらの探検をそこかしこで行っていた。つまり、彼女を探すこと、である。ある日、自分と同じような「オタク」の友だちと傷をなめあっているとき、二人はひらめいた。当時は奇抜なアイデアであった。つまり、コンピューターを使って彼女のいない男と、彼氏を探している相性の良い女性とを結びつけるのだ。これがうまくいけば、自分たちにも運が回ってくるかもしれなかった。「交際相手の紹介にコンピューターを使うというのは当時だれも考えていなかったのだ」とタールは説明する。「コンピューターは産業に利用されるばかりであった。われわれが最初さ。『マッチ作戦』、われわれはそう名づけたんだ」

この新進起業家たちは、気がつくと週に一〇時間もプロジェクトに費やしていたが、それがやがて、一日に一二時間以上を費消することになった。「私は話がうまく、創造力もあった。そこで、簡単なアンケートを準備した。ほかの奴らはとても几帳面で、すべてをキチンとまとめるんだ。アンケートは折りたためばそのまま封筒になる紙に印刷してあり、紹介を望む人はそこに三ドル入れるんだ」。好みの音楽、影響を受けた本、自己申告の「セックスの経験値」といった話題に関する回答をパンチカードに落とし込み、「相性の度合い」を算出するIBM401に落とし込んだ。だが、この作業は日曜の夜明け前にだけ行われた。というのも、コンピューターのレンタル費用が最も安かったからだ。

事を進めるために、タールと友人たちはキャンパスの近くで発行されている学生新聞に「マッチ作戦」を売り込んだ。ボストン・グローブがすぐに話を取り上げる。「私が偶然遅刻したある朝、彼らが会いに来た」とタールは振り返る。「ひげを剃らなければならなかった。そこで、ひげを剃りながら、彼らに話すことをまとめたんだ。ひげの剃り跡の好みは女性によって異なることをわれわれの調査が示している、といった具合にね。『オールドスパイス風の女性もいれば、イングリッシュレザー風の女性もいる』。それはウソではなかった。私は単に楽しんでいる学生にすぎなかった。だが、彼らは日曜版の一面で『このビジネスと恋に落ちることができる』と見出しを付けたんだ」

一九六六年二月号でルック誌がジーン・シャリットの「ザ・グレート・ゴッド・コンピューター（The Great God Computer）」の特集を組んだことで、「マッチ作戦」は軌道に乗ることになったが、「パンチカードは増えれども、資金は減少する」と記事は決めつけていた。タールは、トゥナイトショーでジョニー・カーソンに交際相手紹介所の売り込みをするよう招かれ、トゥ・テル・ザ・トゥルースやアイブ・ゴット・ア・シークレットにも出演した。事業は過熱した。「四年生のときは全然講義に出なかった」とタールは言う。「私は優等生だったので、指導教官が役に立ってくれた。さもなければ大学をドロップアウトしていただろうが、私にはそれができなかったし、そうする勇気もなかった。ベトナム戦争があったからね」

翌年、全米からもたらされた一〇万件以上のアンケート結果が「マッチ作戦」に登録された。

少なくとも一〇〇組が結ばれたのだ。ハーバード大学を卒業すると、タールはすべての業務をニューヨーク市に移した。少なくとも理屈のうえでは、大学院に通うため、である。「テストの成績は良かったので、どこにでも入学できたよ。コロンビア大学のビジネススクールにも行ったし、理屈のうえではコロンビア大学のロースクールやフォーダム大学のロースクールにも行った。だが、実際には通っていなかったよ。入学しただけさ。最初の学期末試験で登校すると、彼らは私がドロップアウトしたと思っていたらしく、講義での積極性は基準の半分しかなかった。だから、私の成績はさほど良くなかったよ。でも気にはしていなかった。『マッチ作戦』の仕事で十分稼いでいたからね」

しかし、すぐに競合する交際相手紹介所が現れたが、タールと仲間たちは自分たちが流行に乗っているだけだということを重々承知していた、とタールは言う。それゆえ、三年もしないうちに、彼らは自分たちの発明品を「さほど高くない値段で」売却したのである。

リスクアービトラージを発見する

そのころ、ニューヨークの知り合いがタールにリスクアービトラージの仕事をしてはどうかと提案してきた。「彼は二人のいさかいを仲裁しろと言っているんだと思ったよ」とタールは述懐する。その知人は彼の勘違いを正し、こう付け加えた。「私の兄がゴールドマン・サックスで働いている。面接に行ってみたらどうだい」。タールが面接に行くと、ロバート・ルービンとの仕事を提示された。タールよりも五つしか年上でないロバート・ルービンはすでにゴールドマンのアービトラージ・デスクで頭角を現していた。

しかし、タールは別のことを考えていた。「以前から私は政府で働きたいと思っていたんだ。ジョン・F・ケネディが私のヒーローでね。『国が何をしてくれるかではなく……』」とタールは説明する。「そこで、私はマッキンゼー・アンド・カンパニーのワシントンDCでの仕事を選んだんだ。彼らは一〇〇人の応募から一人しか採用しなかった。私は面接を八回受けたよ。八回目のことを覚えている。私は精神科医に会うためにフィラデルフィアに送られたんだが、ひどい仕打ちを受けた。帰るときにはすっかり汗をかいてしまって、ズボンに手をこすりつけたもんだ。それでも彼らは私を採用した。世界で最高の仕事だと思っていた。大きなプロジェクトに参加できると思っていたんだ。だが、ワシントンに二カ月も居ないうちに、そこが歴史上最も腐敗した街だということが分かったよ」

ニューヨーク市に戻り、かつて軽々しくも断ってしまったアービトラージの仕事に関してゴールドマンの様子をうかがいに行こうと地下鉄に向かって歩いている途中、「あまりよく知らない」とある知人に出くわした、とタールは言う。ワシントンDCではうまくいかなかった旨の説明をすると、その人物は「それなら、私のボスとのランチに来てみたらいい、彼は君を気にいると思うよ」と勧めてくれた。

「それでランチに行くことになった。彼のボスというのが、スミス・バーニーのサム・ハンターだった。彼は私に『ちゃんと研究すれば、君はアービトラージ部門全体を運営できると思うよ』と言うんだ。私はまだ二三歳で、お金も持っていなかった。彼らはゴールドマンの八倍も稼ぐ機会を提供してくれたんだ」。当然ながら、スミス・バーニーの申し出を受け入れたタールは、リスクアービトラージの集中講義を受け、ウォール街での道を歩み始めることになる。

タールによれば、スミス・バーニーでの一年目を終えようとするとき、彼はボーナスを受け取ることになっていたのだが、「払うことはできない、多すぎるよ」と言われたという。タールが抗議すると、「心配するな、来年埋め合わせをする」という約束で言い抜けられてしまう。翌年、また同じ場面が展開すると、タールは辞意を表明し、週末を通じて「実を言えば、五件の内定」を手にしていた。次の月曜日、タールが正式に辞職しようと出社すると、やっとスミス・バーニーは彼が受け取るべき報酬を支払う旨を申し出たことを彼は覚えている。

「私は『断る』と言ったよ。そして、少しばかり駆けずり回ることになる。最初は、ニューバーガー・バーマンへ行き、同社が実績豊富なアービトラージ部門を有する企業と合併するまで働いたが、私はだれかのために働くのは嫌だった。その後、オッペンハイマーから誘いがあったので、そこへ行った。そのときは、彼らがインセンティブ報酬を申し出たので、私はそれを書面にしてもらったんだ」。それが後に正しい行動であることが証明される。「一年目、オッペンハイマーは損を出したので、私にボーナスを渡したがらなかった」とタールは述懐する。「『じゃあ、私が損を出して、あなたがたが利益を上げたら、私に払ってくれますね』と言ったら、連中は苦笑していたよ」。そして、タールはボーナスを確保することになる。だが、彼がオッペンハイマーの伝説的トレーダーであるウィリー・ワインスタインや同社の共同創業者であるジャック・ナッシュのそばで働くなかで学んだ多くの教訓はタールにとって良き思い出となった。

「リスクアービトラージは市場とは連関しないので、市場イクスポージャーに対する優れたヘッジになると彼らは考えていた。市場のリスクとは関係のない案件のリスクをとることになるので、理論上、これは正しい。だれもが知るとおり、すべてが下落するクラッシュ時を除いて、ね」

しかし、タールがオッペンハイマーで取り組んだのは、公表された案件に基づく伝統的なリスクアービトラージばかりではない。彼の数学的才能と日々進化するコンピューターの演算能力によって、彼は絶え間なくアービトラージの機会を見いだすことになる。タールは続ける。

「私が思うに、リスクアービトラージは通年商品だ。夏には、ホットな公開買い付けがあり、冬には倒産劇がある。後者で覚えているのが、ペン・セントラルで大きなポジションを取ったことだ。今でも心に残っているのが、二週間の間、毎晩二時間かけて資料を読んでいたことだ。それは本当に複雑な資料だったが、最終的に解明できた。だからと言って、どれだけの価値があるか分かったわけではない。私が理解したのは、権利――清算後の――という点では同じであった普通株と債券とが、異なる価格で取引されていたことだ。そこで私はそれらの裁定取引を行った。ペン・セントラルはデカかった。清算条件が明確になっても、まだ十分なスプレッドが残っていたが、不確実性はなくなっていたんだ」

分析面での優位性

タールは説明する。

ウォール街に行ったとき、ほかにコンピューターを使っている者はほとんどいなかったが、私は利用した。これらすべての案件において、私は異なるヘッジ手段を見つけることになる。ほとんどがある種大ざっぱな取引だった。つまり、公開買い付けや株式交換であるが、私はアルゴリズムという言葉すら知らなかった。だが、私はコンピューターですべてを処理しようとしていた。例えば、今取り組んでいる一〇〇の案件について。われわれはそのすべてにハンデを付けていた。これは多分に経験と勘に頼った作業である。その後、一日に一回コンピューターを走らせる。すべてのコンピューターをノンストップで回すことで状況の変化を理解できる。翌朝、簡単に見直して、案件のうち二つでスプレッドが狭まっているとか、開いているといった具合に事態を把握する。そして、何をすべきかを考えるんだ。これは状況を観察し、機会を見いだす良い方法だった。われわれは株式に限定していなかった。上場しているワラントやオプションにも取り組んだ。私が始めたときは、店頭のオプションディーラーを利用していたのだ。

その後、一九七四年にCBOE（シカゴ・オプション取引所）が開設されると、新たな機会が生まれることになる。抜け目のないアービトラージャーたちは、利益が出ることがはっきりするまでオプション取引を投資口座に入れることを先延ばしでき、一方で損失が出たトレードは事業経費として分類し得るというあまりにいびつな取引所のルールをたくみに利用した。タックス・アービトラージの機会がそこかしこにあったのだ。

タールは述懐する。「私がしばし取り組んだのがボックススプレッドだ。人気株のプットとコールの売りと買いを組み合わせ、ブレークイーブンになるようヘッジする。そうすると、マーケットメークの口座で通常の損失が生まれ、投資口座で短期のキャピタルゲインが発生することになる。だが、三〇日ごとに、いずれかのオプションは上昇するので、自分の都合に合わせて投資口座に入れるのだ。最初のころ、つまりレーガン政権による税制改革が行われる以前は、通常の損失と、短期および長期のキャピタルゲインとを組み合わせることで、実際には政府を相手にお金を稼ぐことができたのだ。たわいもないことではあったが、こうやって短期の経常利益を資本へと振りかえていたんだ」。タールは続ける。「われわれが当たり前のように利用していた規制の穴はいくつもあった。当時はそれが合法だったんだ。私もオッペンハイマーでタックス・アービトラージをやるようになってから、このような素晴らしい取引のすべてをモデル化したんだ」

一九八〇年も終わりを迎えるころ、タールは自分で事業を行いたいと考えるようになったが、オッペンハイマーは彼の才能の一部を利用し続けることができるかぎり、反対はしなかった。そして、タールと、オッペンハイマーを含む数人の友人が二〇〇〇万ドルを拠出するジョイントベンチャーとしてリスクアービトラージ・パートナーズが誕生することになる。当初の二〇〇〇万ドルは、その後一五年間で五億ドルまで増大したが、このヘッジファンドはニューマネーをけっして受け入れなかった。二五％の持ち分を持つタールは、最大の投資家であり、同社の支配権を有していたのだ。

法の穴とその他の規制

パートナーシップを立ち上げた当初のことをタールはこう振り返る。「やってみたかったんだ、つまり税金を一切納めずに済むかどうかやってみたかった。われわれの税務顧問は、スワート・アンド・キセルの税務部門の責任者で、大変評判の高いディック・バレンティンという人物だったが、彼が私のような人物は見たことがないと言ったのを覚えている。私は税法の誤りだと思える点を常々見つけだし、それが合法であるかぎり、利用したんだ。見つけだすのは楽しかった。でも、だれもがそれをやりだすと、政府が規制の穴をふさいでしまうので、それを話題にすることはなかったのだ」。もちろん、議会は一九八六年にレーガンの税制改革法を通過させ、少なくとも部分的には税法の穴をふさいだ。法案が可決されようとしているとき、「私が規制の穴を使ってバカなことをやっているという噂を聞いた」議会職員から電話を受けた、とタールは説明する。私は彼にこう言ったことを覚えている。「そりゃ間違いだ。われわれ以上の臆病者はいないよ」。すると彼は「よく聞け、われわれはともかくも通過させるぞ。会いに行っていいか」。それで彼がやってきて、規制の穴について長いこと話をした。私は規制の穴があるのは相応しくない、と彼に話したよ。でも、それが合法であるかぎり、われわれは規制の穴を利用したのだ。

リスクアービトラージ・パートナーズのパートナーの一人で、後に彼もよく知ることになる「ミルトン・フリードマンというシカゴ大学の博学な紳士のおかげで、私はすべての規制は撤廃されるべきだと考えるようになった」とタールは言う（記すまでもないが、フリードマンは『米国金融史』で後にノーベル経済学賞を受賞し、その栄誉を共著者の経済学者アンナ・J・シュワルツと共有しなかったことで、自らフェアプレーのルールを軽んじてみせた）。だが、「ウォール街にはルールがあり、それに従わなければならない」とタールは付け加える。ヘッジファンドでも、それ以前のオッペンハイマーでも「われわれが稼いだお金のほとんどが、株であろうが、ほかの有価証券であろうが、税法であろうが、数学的なアービトラージを通じたものであった。われわれはそれを口にはしなかったし、私は話そうともしなかった」

ほかのアービトラージャーたちが時に異なる方法を採ることがあることを、タールは確かに承知している。「実際に、ある人物が私の友人になろうとしたときのことを覚えている。彼が電話をかけてきたのが六回、そのたびに案件に関するインサイダー情報を話すんだ。私は黙って聞いていたが、そうしたのは好奇心以外の何物でもなかった。そして、彼があまりに売り込みに躍起になっているので、自分は彼が言うことと反対に賭けるべきだと心に決めた。お金を儲けたくて賭けたのではない、証明するために賭けたのだ。つまり単なる遊びだよ。競馬みたいなもんさ。でも、六回とも私が勝ったよ」。それから間もなく、彼は弁護士との会話のなかで、この密告に触れたと述懐する。「彼は私に『あなたはインサイダー情報を用いて賭けましたね』と言ったよ。彼は正しい、私は刑務所行きも同然だったのだ」

タールはこの悪しき情報提供者はマーティン・A・シーゲルだと言う。キダー・ピーボディのインベストメントバンカーであった彼は、一九八〇年代後半のインサイダー取引のスキャンダルの結果、アイバン・ボウスキー、マイケル・ミルケン、ロバート・ルービンからゴールドマンのアービトラージ部門を引き継いだロバート・フリーマンとともに刑務所送りとなった。「マーティの仕事は悪評高かった。私は実のところ彼とは友人になりたくなかった。どうにかうまく付き合いたいとは思ったが、友人にはなりたくなかった。分かるでしょ」

人ではなく、数字に頼る

同様に、一九八〇年代のＬＢＯ（レバレッジド・バイアウト。対象企業の資産を担保とした借入金による買収）ブームのさなか、ミルケンが主導するドレクセルの資金調達の連鎖に巻き込まれずに済んだのは、ウォール街の習慣に対して本質的に懐疑的な見方をしていたからだとタールは主張する。リスクアービトラージ・パートナーズは追加で自己資金を調達することはけっしてなかったが、タールは「モルガン・スタンレーを使っていくばくかの借り入れを行ったが、それは案件がたくさんあったことと、節税になったことが理由であった」と述べている。借り入れを起こそうとしているさなかに、「マイケル・ミルケンが電話をかけてきて、無条件で、より安いコストで資金を提供すると言ってきたが、私は『ノー』と答えたよ。彼がごり押ししてくるのは知っていたし、巻き込まれたくなかったからね」とタールは付け加える。

「今までで最良の判断だった」とタールは力説する。「私は彼を信用していなかった。彼のことはよく知っていたよ。出獄して、前立腺ガンを患ってから、彼がすっかり変わったことも知っている。人々のために良いことを一生懸命にやっているよ。だが、当時は連中はみんな彼とつるんでいた。われわれは連中に名前を付けたんだ。３Ｍのティッカーシンボルをもじって、『三つのＭ、ミルケンのバカ野郎たち（Milken's Mental Midgets）』とね。彼らはミルケンが求めることは何でもやったし、互いに助け合っていた。今でもそうだ。本当にいかがわしいよね」

タールは続ける。「だが、その当時は多くの連中がリスクアービトラージの調査はそうやって行うものだと考えていた。ゴールドマン・サックスが大物、キングでね。ガス・レビー（一九六九年から、亡くなる一九七三年までゴールドマンの大物トレーダーにしてシニアパートナーであった）がキングだった。彼らは、ガスがいつ、どのようにして仕事に取り掛かるか、彼がインサイダー情報を入手すると、彼の奥さんが株を買うんだという話をしていたよ」

「フェリックス・ロハティンを覚えているかい」とタールは尋ねる。「数年後、彼はニューヨーク市を破産の危機から救ったことで名声を博した。だが、ハロルド・ジェニーンがコングロマリットを築き上げた一九六〇年代の取引において、彼がＩＴＴの代理人を務めていたとき、彼ら（ロハティンの投資銀行であるラザール・フレール）はスイスに拠点を構えて、そこから株を買おうとした。これは合法だからね」

数学的関係こそが、彼の事業においては人間的なそれよりも確実な基盤になるとタールが信じていたことは明らかである。彼は一九七〇年の出来事を持ち出し、インサイダー取引のあいまいさを説明する。キャンベル・スープ・カンパニーがバーレス・ステーキハウスという企業の株式の買い付けを提案したとき、タールはまだアービトラージに取り組んでいた。「バーレスの本拠はメーン州ポートランドで、私が育ったところから五〇キロほどのところだった。そこでバーレスに電話をかけて、電話口に出た男に『われわれは日曜になるとステーキハウスに行った。大好きだし、大切な場所だ』と言ったんだ。それは真実だよ。それから『順調だと良い

バーレス・ステーキハウス（出所＝ウェキペディア・コモンズ）

んだが』と続けると、彼は『えぇ、順調です』と答えた。そこで私は『あぁ、取引がうまくいくと良いんだがね』と言ったんだ。すると彼が『私は巻き込まれるつもりはありません。三週間休暇に出るんです、それから戻りますよ』と。そして彼はその日程を教えてくれた。私は日付を書き留めて、その月曜の午前九時前に電話をかけた。『やぁ、こちらはメーン州の友人だよ。取引がどうなってるか知りたくてね』『話せませんよ』と彼は答えた。市場が開くと、私は持ち株を売却した。午前一一時、取引は中止となった。私はインサイダー情報に頼っていただろうか」

タールは続ける。「インサイダー情報に基づいて取引している者のほとんどが損を出すが、政府が追いかけるのは利益を出した者だけだ。それをどう定義するかにもよるだろうが、『インサイダー情報』に注目するなら、すべては株価に反映されていると私は考える」。それゆえ、リスクアービトラージ・パートナーズは「保険会社のように運営されていた。厳密に数字に基づいてね」とタールは言う。また、彼が数字に集中したことで、ファンドの経費はほかの多くのライバルのそれよりも少なく済んだ。「たくさんのアービトラージ会社が弁護士を雇いだしたときのことを覚えている。彼らがあまりに多くの弁護士を雇うので、かなりのハンデを背負うことになっていることにすぐに気づいた。それは株価に反映されていたんだよ。だから、私は弁護士を雇わなかったんだ」

忍耐とユーモア

タールがリスクアービトラージ・パートナーズのイクスポージャーを管理するもう一つの方法が、計算づくの我慢である。案件が公表されても、タールは傍観者の立場を崩さず、善かれ悪しかれ、あらゆる騒動が片づくのを待つのである。「ほかの人々は皆、何カ月も取り組むのだろうが、私はそうしない。すべての騒ぎが収まったときに、賭けるか賭けないかするだけだ。われわれはどちらでも良い。つまり、ロングでもショートでも良いんだ」

彼はこう付け加える。「アービトラージでは運が必要だ。運次第だとは言わないが、それがほとんどだ。数字に頼ることがおおいに役に立つ。あらゆる知性が必要だという意味ではないが、私がこの事業を始めたころは、コンピューターの経験があるだけでも大きな武器となったし、当時は今日ほど市場は効率的ではなかったからね。実際に、一九六〇年代に私が仕事を始めたころ、市場は十分に効率的なので、調査を行う必要はないと考えるＭＩＴ（マサチューセッツ工科大学）の教授がいた。彼は五〇年早すぎたね。だが、当時を振り返れば、多くの人々がアービトラージを喜んでやっていたのは、それが競馬をやっているかのように感じるからだ。セクレタリアト（三冠馬）が走っているのが分かれば、彼らはそれに賭けなければならなかった。でもわれわれにはレースのハンデをつけるかなり優秀なシステムがあったし、あらゆる種類のオプションを用いることで、あらゆる案件についてプットとコールのアービトラージができたんだ」

経験に基づけば、「目や耳や口が不自由でも、流れに乗るだけで月に一％は市場で稼ぐことができる。そして、今日、『アルファ』と呼ばれる何らかの強みがあれば、それ以上に稼ぐことができる。だからわれわれは平均すると月に三％稼いでいたんだ」とタールは言う。

タールはこう認める。一九八七年一〇月、「私は『インサイダー情報』を手にした。暴落の前の週は眠れなかった。心が乱れていたんだ。だから私はポートフォリオの七五％を売却した。私の頭がおかしくなったとだれもが考えたよ。そして、市場は暴落した。まぁ、それでもわれわれはその年は一二％の上昇だった。そして、会計年度で見ると、暴落を含めた一二カ月で五七％の上昇だった。だが、私の『内面』が寝かせてくれなかったからそうなっただけだ。これはめったにない状況だったよ。この話の教訓は、異常事態は発生する、ということだ。だからこそ、分散しなければいけないんだ」

暴落の直後、次に何が起こるかまったく分からなかった、とタールは続ける。「私はリンカーン・センター・シアターの理事を務めていて、まさに当日の夜にミュージカルのエニシング・ゴーズが封切られる予定だった。劇場を運営していた人物に電話をかけて、『ひどい一日だ、私は行けないと思う』と伝えた。そして、『でも君にやってもらいたいことがある』と言うと、『何です』と彼が聞く。『ミュージカルの題名をエニシング・ゴーズから、エブリシング・ウェントに変えてほしい』」

タールは一息つくと、「私はユーモアのセンスがなくてね。彼はクスリともしなかったよ」と付け加えた。

第3章
マーティン・グラス

Martin Gruss

「ビジネスがすっかり変わってしまったよ」とマーティン・D・グラスは嘆いた。「一九七〇年代初頭を思い浮かべると、ある企業に一株当たり二五ドルの買い付けがあるとする。たいていのリスクアービトラージャーは協力して一社のブローカーに発注を出す。すると、その株式は二三ドルで寄り付くことになる。そうやって皆が潤っていたんだ。今は二五ドルで買い付けがあると、二七ドルで寄り付く。スプレッドなんてありやしない。人々は賢くなって、買収合戦があるものと期待するようになったんだ」。だが、このベテランアービトラージャーはこう考える。「合併アービトラージはいまだ健在だ。それは単なるブームではない。プレーヤーもすっかり変わり、求められる能力も変わった。だが、アービトラージャーたちはリターンと引き換えに、案件に伴うリスクを引き受けている。そして、案件が成功裏に終わることに伴うリスクをとりたがらない株主たちに価値あるサービスを提供し続けている。そして、多くの者たちが、市場とは相関関係がなく、長期にわたって市場を上回るリターンを提供し、投資家の資本を保全しているのだ」

美術品に囲まれたマーティン・グラスのファミリーオフィスは、ウエストパームビーチのサウス・フラッグラー・ドライブにある高級複合施設、フィリップス・ポイントの高層階にある。仕事場からは、キラキラと輝く小島や大西洋を見下ろすことができる。いまやグラスはパームビーチ地域の中心的存在であり、ビンテージスポーツカーの熱心なコレクターであり、それを駆ってロードラリーに参加し、そしてM&Aのニュースよりも金価格の変動に注意を払っている（皆、多少の金を保有すべきだ。それは大惨事への保険となり得るのだ）。

現在七四歳のグラスは、若きころ、グラス・アンド・カンパニーという未公開会社を見事に運営し、激動の一九七〇年代、LBO（レバレッジド・バイアウト）にあおられた一九八〇年代、巨額取引の一九九〇年代を潜り抜け、今世紀に至っている。グラスは自らの会社を新世代のパートナーたちへと世代交代させ、二〇〇〇年にヘッジファンドに再編した。マンハッタンを拠点とするグラス・キャピタル・マネジメントはオルタナティブ戦略による資金運用を続けているが、今ではグラス一族だけでなく外部投資家の資金も受け入れている。

二〇〇九年まで現役を続けていたグラスはこう述べている。「われわれは二〇〇〇年から二〇〇九年にかけてかなり好調だった。S&P500インデックスは一五%下落したが、グラス・アーブは七八%の上昇だった。金利が極端に低かったので、それまでの数十年からすれば相当に低いものではあったが、S&P500を大幅にアウトパフォームしたんだ。言うまでもないが、二〇〇七～二〇〇八年にかけて多くの連中がのたうちまわっていたが、われわれはまったく影響を受けなかったよ」。実際に、この市場が困難を極めた一〇年間おけるグラスのパフォーマンスほど、リスクアービトラージによる市場と相関関係がないリターンの魅力と、弱気相場における資本保全の能力を如実に語るものはなかろうと彼は断言する。「より長期で見ても、われわれのアービトラージ・パートナーシップはS&P500よりもはるかに高いリターンを享受している」とグラスは指摘する。

グラスの会社でリスクアービトラージの仕事を始めたジョン・ポールソンは「マーティンのトラックレコードは驚くべきもので、彼は二〇年以上にわたり二〇％ほどの利回りを上げてきた」と言う。実際に、グラスという先例が、自らの会社を立ち上げたいという若者の野心に火をつけたのだ。「ある朝マーティはグラス・アンド・カンパニーのオフィスにやってきて、ひとつの取引で何百万ドルも稼ぎだしたんだ」とポールソンは述懐する。

確かなものはない

しかし、マーティン・グラスに言わせると、リスクアービトラージでの彼の成功は運命以外の何物でもない。ナチから逃れてきたグラスの父ジョセフが一九三九年に立ち上げた、ニューヨークを拠点とするリスクアービトラージ会社であるグラス・アンド・カンパニーは、一九六〇年代には資本額ではウォール街で一〇本の指に数えられる投資銀行であったが、そのすべてはジョセフ・グラスの資本であった。一九五〇年代に本質的にはタックスシェルターの機能を果たす、石油ならびにガス取引への投資を始めていた父グラスは、一九七〇年代初頭になると「彼のささやかな石油事業」の虜になっていた、と息子は言う。「彼は投資した一ドルから一ドルを回収できれば大満足だった。というのも、高い限界税率を考えれば、投資した一ドルにはたった九〇セントしかコストがかかっていなかったからね。そして、一九七三年にアラブによる石油禁輸が行われると、原油価格は一バレル当たり三ドルから三〇ドルまで急騰した。突如、父は自分が極めて優良な、かなり大規模の石油会社を保有していることに気づいた。そして喜んでグラス・ペトロリアムに集中するようになったんだ」

ジョセフ・グラスは自らの資本のほとんどをブームとなっている石油分野に回してもいた。一九七四年にマーティンがアービトラージの世界に入ったとき、グラス・アンド・カンパニーのアービトラージャーとしてのプレゼンスは「極めて小さい」ものであったと彼は述懐する。リスクアービトラージから「父は基本的に身を引いており」、ブロードストリートにあった会社のオフィスには「父と数人の会計士」がいるだけであった。足を踏み入れた息子は不安を覚えた。ユダヤ系の教育を支援したジョセフ・グラスは慈善事業の分野では今日なお畏敬の念を抱かれる存在であるが、唯一の息子との関係は穏やかなものではなかったのだ。現在のウクライナの地で一九〇三年に生を受けた古風な父親は「気まぐれで、一緒に仕事をするのは容易ではなかった」とグラスは振り返る。

「父が四〇歳のときに私が生まれたのだが、彼は私にビジネスを学ばせるのを少しばかり躊躇していた」と彼は認めている。だが、若者であった息子は取り立ててキャリア志向というわけではなかった。彼はポロをやっていたが、「それが父親には受け入れがたかったようだ」と父グラスの同僚は振り返る。結果的に、マーティン・グラスは大学とロースクールを卒業した後、クーン・ローブのコーポレートファイナンス部門で三年間働き、グラス・アンド・カンパニーに入社したのは三〇代前半であった。

新しいこと、敵対的なこと

「ものすごく小さな取引から始めたんだ。数カ月のうちに、インターナショナル・ニッケルがESBという名のバッテリーの会社に一株二八ドルで敵対的買収を仕掛けた。これはブルーチップ企業による史上初の敵対的買収で、企業の引き受け会社としては大手のモルガン・スタンレーが支援していた。このときまで、敵対的な案件の支援などというものは、エリート企業が進んで行うようなことではなかったのだ」。老舗企業が行うものでもなく、成り上がりのコングロマリット経営者が手掛けるばかりであった。

しかし、この買い付けが新しいことであるのは明らかであって、グラスはこう述べている。「だから私は、買い付け前に一九・五〇ドルで取引されていたESBを寄り付きで買った。二五ドルほどだったよ。数日後、株価は二七ドルとなった。父は珍しいことに私が優秀だと思ったようだ。話したとおり、父は気難しいんだ。取引がもし違う方向に進んでいたら、私はここにはいなかったかもしれないね」。若きグラスによる迅速な取引は、ＥＳＢがゴールドマン・サックスを雇い、そして彼らがホワイトナイトとして実業家ハリー・グレイ率いるユナイテッド・エアクラフト（独自に行った買収などを通じて、やがてユナイテッド・テクノロジーズになった）を連れてきたことでさらに好転する。両社による買い付けでＥＳＢの株価は一株当たり四一ドルまで上昇したが、やがてインコが「獲物」を手にする。カッコ書きとしたのは、ニッケル・バッテリー技術に関する広範な研究を進め、ニッケル分野の独占を図ろうとしたインコの試みが失敗に終わった結果、同社は何億ドルもの損失を計上したあと、七年もしないうちにバッテリー事業をたたんでしまったからだ。災難を生き抜くことができるのは、ファイナンスの教科書に出てくる古典的なケーススタディだけである。

しかし、これがマーティン・グラスの最初の、大きなリスクアービトラージ取引における迅速かつ際立った成功に影を落とすことはなかった。彼は夢中になった。彼と彼の父親はすぐにグラス・アンド・カンパニーの資本構成を改めた。「私は父が信託ファンドに積んでおいてくれたわずかばかりの資本を持っていたので、二五万ドルを出資した。当時の私にとっては大金だ。父は一七五〇万ドルを投じての出発だった」

「リスクアービトラージを始めるには素晴らしいタイミングだった」とグラスは懐かしそうに

振り返る。「リスクフリーレートが二桁だった。われわれはその二～三倍は稼ぐつもりでいた。自分たちは天才だと思ったね。それでも、リスクフリーレートの二～三倍稼げば十分だったのさ」。さらにコーポレートファイナンスの分野でまったく新しい振る舞いが認められるようになっていた。「エリート企業が敵対的買収を仕掛け、ホワイトナイトとして活動していたんだ。グリーンメールや『ハイリー・コンフィデント・レター』もすぐに視野に入ってきた。新時代の幕開けだ」。グラスは続ける。「案件はあちこちで発生していた。アービトラージの機会はたくさんあった。われわれ、つまり長年のパートナーであるリチャード・ノビックと私は幸運にもそれに乗ることができた。成功が成功を呼ぶんだ。また、われわれは幸運にも極めて優秀な人物を迎え入れることになる。例を挙げれば、ジョン・ポールソンとジョン・ベイダーだ」

だが、これは若者のゲームだった。父グラスは「ある日オフィスに現れると、『私は辞める。我慢できん』と宣言した。彼らしいね」と息子は述懐する。グラスの計算では、そのときまでにアービトラージに充てられていた父の資本はおよそ二〇〇〇万ドルまで増大していた。「翌日になって、向こう五年間にわたって払い戻すと提案した。『それでいい』と彼は言ってくれた。それゆえ、われわれは事実上、彼の持ち分をレバレッジド・バイアウトしたわけだ」

とりわけ、彼がグラス・アンド・カンパニーを経営するようになった最初の一〇年、つまりアービトラージャーのアイバン・ボウスキーがインサイダー取引で逮捕される以前について、グラスはこう回想する。「噂が飛び交い、株式がバブルの様相を示し始め、高騰していた。噂を裏打ちするためのテクニカルなパターンがあった。つまり、だれもが噂を知っていた、ということだ。だれもが噂を利用したというわけではないが、噂は公然だったのだ。投資銀行、弁護士事務所、前の晩に印刷所で働いていた奴などからたくさんのリークがあったんだ」

規律をもって集中する

グラスが「当時」重きを置いていたのは完璧な知力ではなく、むしろ規律であった。つまり破談となる多くの案件を回避し、投資する案件がもたらすであろう報酬が確実にダウンサイド・リスクを上回るようにすることだ、と彼は言う。彼の第一の規律は、「破格のコール（買う権利）を見つけることに集中することだ。本当に少額のお金しかリスクにさらしていなくても、買い付け価格が引き上げられる可能性があるならば、われわれは喜んで資金を突っ込んだ」とグラスは振り返る。グラスはこうも認めている。「思い切りレバレッジをかけたときもあった。だが、われわれはいつも極めてリスク回避的であった。市場の様子が気に入らないときもある。そのときは撤退する。重要なことは、市場が激しく下落するとヨットでもこぎ船でもすべてのボートがまとめて下落するということだ。そして、レバレッジがすぎれば、はじき出されることになる」。グラスはそのリスク回避の姿勢ゆえに、一九八七年、二〇〇〇年、そして二〇〇七～二〇〇八年に自らの会社を守ることになる。グラスはレバレッジを外し、プットを買い、危機

グラス・アンド・カンパニーのロゴ

GRŪSS & CO

（マーティン・グラスの許可を得て掲載する）

が訪れる前に管理可能な規模にまでそのロングポジションを減らした。そうして、パニック売りを利用し、新たに魅力的なポジションを構築することができたのである。

アービトラージャーからアクティビストへ

グラスもまた折に触れ、「事実上の買収者または潜在的買収者となった」。それが最も顕著に表れたのが、一九八六年に、紡績、サラダドレッシング、ゲインズのドッグフードと雑多な事業に取り組んでいたアンダーソン・クレイトン・コーポレーションが、グラス・アンド・カンパニーが仕掛けた六カ月に及ぶ買収合戦後にクエーカー・オーツに買収された取引である。「創業者の四人の娘が率いていたクレイトン家が株式の三三％を握っていたが、それは信託を解除し、支配権を手にしたばかりだったんだ」とグラスは述懐する。「ある日われわれは、一家が現金化を望んでいることを知った。同社は詳細なリストラクチャリングを提案した。簡単に言えば、姉妹に一株当たり四五ドルを支払い、経営陣は無事というものだ。ざっくりと分析したところ、その価格は言語道断なほどに安かったんだ」

彼は続ける。「そこでわれわれはポジションを構築し始めた。そして友人で、ベア・スターンズのアービトラージ部門を率いていたボブ・スタインバーグに話を持っていった。彼もポジションを構築し始めた。数日後、ヘッジファンドをやっていた友人に電話で話をすると、彼もポジションを取り始める。さらに数日後、別の友人に尋ねたんだ、『ペットフードを欲しがっている奴を知らないか』とね。すると、『シカゴのだれそれに電話してみたらどうだ、役に立つと思うよ』と彼は言うんだ。そこで私は彼にアンダーソン・クレイトンについて話をした。数時間後、彼が電話を返してきて『クエーカー・オーツがペットフード部門を欲しがるだろう』と言う。それが始まりさ」

クエーカー・オーツの資金をバックとした数カ月に及ぶ交渉の後、グラスとベア・スターンズはアンダーソン・クレイトンに対し、密かに一株当たり五四ドルの買収提案を行った。グラスとベア・スターンズのマイケル・テルノーピリがヒューストン本社へ飛び、買い付け提案を行う一方で、クエーカー・オーツは出番を待っていた。「クエーカーはペットフード会社の一〇〇％に転換できる有価証券の見返りに巨額の資金を出した」とグラスは説明する。買収がうまくいけば、クエーカーは二億三八〇〇万ドルでゲインズを手に入れ、グラスとベア・スターンズは残りの事業を売却して利益を得ることになるのだ。

「さぁ、ショーの始まりだ」

グラスとテルノーピリはヒューストンで冷たい出迎えを受けた。アンダーソン・クレイトンの経営幹部は妨害作戦に出たのだ。そこでアービトラージャーたちは、アンダーソン・クレイトンが資本再構成にかかる株主投票を呼び掛けるほんの数日前に五四ドルの買い付けを公表した。金融紙では大騒ぎとなった。ニューヨーク・タイムズはグラスがベア・スターンズの幹部に対し「君らは歌を歌え、私は踊る、ほかのだれかが音楽を奏でるだろう。さぁ、ショーの始まりだ」と言ったと伝えた（一九八六年一〇月二六日付け、フレッド・R・ブリークレー「クエーカー・スターズ・イン・ア・ウォール・ストリート・スープ［Quaker Stars in a Wall Street Soap］」）。

大衆の知るところとなった衝突はその夏を通じて展開された。アンダーソン・クレイトンはまず、クレイトン家が持つ株式に対する買い付けを五六ドルまで引き上げた。そして、グラスとベアは敵対的な公開買い付けを仕掛けたが、こちらも五六ドル。そして、デラウェア州の衡平法裁判所に訴え出ると、裁判所はすぐにアービトラージャーたちを支持した。裁判所は、より高い価格を支払う買い手を探そうとする同社の試みは支離滅裂だとし、リストラクチャリングと自社株の公開買い付けを差し止める命令を発したのだ。

だが、アンダーソン・クレイトンもホワイトナイトとしてラルストン・ピュリナを口説き始めていた。クエーカーがゲインズを手に入れれば、同社はペットフード市場でのナンバーワンの地位が危うくなる可能性があったのだ。九月中旬、ラルストンの会長であるウィリアム・スティリッツは狡猾にも、アンダーソン・クレイトンを一株当たり六二ドルで買収する計画を取締役会に諮った。六二ドルであれば、アービトラージャーたちにとって取引の魅力は少しばかり増すことになる。彼らはクエーカーに対し、約束した資金額を引き上げなければ、買い付けから降りると伝えた。突然、クエーカーからしてもゲインズの値段が上がったわけだ。だが、ラルストンがドッグフード市場で支配的なシェアを手にすることは許しがたい。

ベアとグラスは、クエーカーにとっての最良の手立ては、独自にアンダーソン・クレイトンを追いかけ、ゲインズの取得コストを二億五〇〇〇万ドル以下まで引き下げるために、不要な事業を売却することだ、という考えを懸命に推し進めた。この段階で、二つのアービトラージ会社は、自ら保有する七％超のアンダーソン・クレイトン株で大きな含み益を得ており、取引が無事に終わればクエーカーから支払われる七〇〇万ドルの手数料を分けるという約束になっていた。彼らが好意で自社株の公開買い付けを取り下げたからこそ、クエーカーはオープンマーケットでアンダーソン・クレイトンの株式を買い付けることができたのであり、そして同社は喜んでそうしたのだ。クエーカーはあっという間に株式の二三％を六四ドルで手に入れたが、そのほとんどはアービトラージャーたちからのもので、そこにはベア・スターンズも含まれていた。だが、グラスは保有を続けた。

　詳細についての彼の記憶も今となってはあいまいだが、ウォール街の手持ちの株式を吸い上げる前に姉妹が持つ三三％の株式について交渉すべしとしたアドバイスをクエーカーが無視したことに、グラスが腹を立てていたとするインベストメントバンカーたちの見解を伝えるリポートがあった。先に紹介したブリークレーによるニューヨーク・タイムズの記事では、「買い付けのプロセスが始まったばかりで、アンダーソン・クレイトンの株主が持ち株を売却するのは賢明ではないと思う」というグラスの言葉を伝えている。彼が正しかったことが後に証明される。アンダーソン・クレイトン株は六四ドルまで急騰し、ホワイトナイトのラルストンは賭け金をつり上げたのだ。当初、スティリッツは一族の持ち分を六四ドルで取得すべく調整していたが、その後、オープンマーケットにおいてアンダーソン・クレイトンの一四％に相当する株式を七〇ドルでかき集めた。ちなみに、そこにはグラスが持っていた三〇万株も含まれていた。

勝利のあと……

　アンダーソン・クレイトン株の五一％以上を集めたラルストンが勝ったように見えた。しかし、姉妹は自分たちの売却を完了させることを取締役会に諮るよう主張した。会議は翌日の夜に開催される予定であったが、それによって一族の保有株に対してもう一度買い付けを行う余地が生まれたのだ。インベストメントバンカーたちは、ラルストンとクエーカーに最良の価格を提示するよう伝える。スティリッツは即座に反応したが、ラルストンは一株当たり六四ドルという姿勢を崩そうとしない。しかし、クエーカーはそれを知らなかった。事態はマラソンの様相を呈し、徹夜のテレカンファレンスの結果、経営幹部は夜が明けるころになって一株当たり六六ドル、つまり八億一二〇〇万ドルでの合併契約を承認した。つまり、最終的には取引価格を自分たちの提案よりも一株当たり二ドル引き上げたのだ。

グラスはこう述懐する。長きにわたる戦いは「とても面白かった。自分たちの公開買い付けを認めるツームストーン広告を見るとワクワクするさ。突如として、ニューヨーク市のレストランで良い席に案内されるようになるよ」。だが、これはグラス・アンド・カンパニーが公然とアクティビスト投資に手を出した最後の機会となった。「個人的には、アンダーソン・クレイトンは私から多くのものを奪っていったと思っている。公開取引は個人間の取引に比べてはるかに時間がかかった。メディアに散々追い回されるし、調査も限りがない。百パーセント気を取られるし、家族に気を払うこともできない。つまりは人としてそれが嫌だったんだ。公開取引をしたいならば、強烈なまでに成功を追いかける必要がある。そうしなければ、自らの評判も将来の可能性も台無しになる。だから私は、プレーンバニラのリスクアービトラージに戻ることにしたんだ。『十分』儲かるしね」。ワーク・ライフ・バランスは今も昔もウォール街の行動規範ではないことを認めつつも、グラスはこう付け加える。「私は子供たちの成長を見ているのが楽しかった。父としてそばにいてやることは大切だと思っていたよ。ウェリントン公爵が言ったように、『その日の仕事はその日のうちにやれ』ということだ。私は五時には退社する。そうすれば、たいていは翌日までには自分を見つめ直すことができる」

だが、三〇年が経過した今でもグラスはアンダーソン・クレイトンの取引を自慢げに振り返る。「あれだけの価値を引きだす公開買い付けをやり切った合併アービトラージャーはあとにも先にもいないと思うね」。最終的に、クエーカーは熱望したペットフード部門を勝ち取った。また、翌年にはアンダーソン・クレイトンの残りの事業のほとんどをクラフトに売却することを得た。だが、価格はたった二億三五〇〇万ドルで、期待値よりもはるかに小さなものであった。ゲインズには価値があったのだろうか。クエーカー・オーツは次の一〇年に、期待外れのペットフード事業から撤退した。

今日なお、「あれこれの案件は確実だと思って眠りについても、翌朝目を覚ますと、それが解消となったことを伝える記事を目にするばかりだったこと」を鮮明に覚えているとグラスは言う。教訓は明白である。「『確かなもの』などありはせず、取引はいかなる原因でもダメになることがある。それはまったく予見できないことだ。さらに、インサイダーたちには将来がどのようになるか分からないことが多いということも経験から学んだ。取引は人間が行うものだが、人間は気まぐれだ。その姿勢もコロコロ変わる。合併アービトラージを目指すなら心理学の学位を取ることがいいかもしれないね」

第4章

ポール・シンガー

Paul Singer

ある種のマインドが絶対に必要だ。「自分がどれほど偉大か」ではなく、初めに「何か見落としていることはないか」と考えないタイプの人間であるならば、それは生き抜くに必要な何かを欠いているのだ。「何か見落としていることはないか」という考えは酸素のようなものだ。「自分はどれほど偉大か」と問うているなら、ナイト・オブ・ザ・リビングデッドさ。

仲間内ではピアノを奏でるとも言われているが、この言葉を聞けば、自慢げに語るポール・シンガーに会いたくないと思うのも当然である。一九七七年に家族や友人の資金一三〇万ドルを元手に立ち上げた三四〇億ドルの運用資金を誇るヘッジファンド、エリオット・マネジメント・コーポレーションの創業者にして会長兼共同CEO（最高経営責任者）であるシンガーがいまさら自慢する必要がないのは確かだ。ただ、恐ろしい評判が先行しているのだ。

タフで、攻撃的で、怜悧で、不屈の精神を持つと広く認識されている七三歳のシンガーは、国家に立ち向かうウォール街の攻撃的な投資家、アクティビストとして紙面で紹介されることが多い。アルゼンチンやペルーからコンゴ共和国といった国々が、債務不履行となった国債をエリオット・マネジメントが保有していたおかげで、その報いを受けたわけだが、アルゼンチン海軍の大型帆船が差し押さえられたことすらあった。エリオット・マネジメントはターゲットの規模にも、その評判にも気後れすることはないようである。二〇一七年の春、エリオットは世界最大の鉱山会社であるオーストラリアのBHPに対し、同社のアメリカにおける石油関連資産をスピンオフするよう公然と要求した。このオーストラリアの会社は嫌々ながらこれに従い、アメリカにおけるシェール事業からの撤退を模索すると発表した。その夏の後半、ウォーレン・バフェット率いるバークシャー・ハサウェイによる、長きにわたり問題を抱えていたテキサス州の電力会社オンコア・エレクトリック・デリバリーに対する買収計画に横やりを入れ、買い付け額を少なくとも三億ドル増やすよう要求した。シンガーのファンドは債務不履行となっていたオンコアの劣後債を買い集めており、買い付け価格がそれだけ増大すれば、回収がかなうことになるのだ。バリュー志向で名高いバークシャー・ハサウェイの会長が買い付け価格の変更を拒むと、サンディエゴのセンプラ・エナジーが割って入り、オンコアの親会社であるエナジー・フューチャー・ホールディングスの一〇〇％を九四億五〇〇〇万ドルで買収すると発表した。これは、バフェットの買い付け額よりも四億五〇〇〇万ドル高い金額である（かつてのTXUコーポレーションであるエナジー・フューチャーは、二〇〇七年に四五〇億ドルという史上最大の価格でレバレッジド・バイアウトされたが、これはとりわけタイミングの悪い取引で、同社が長きにわたる破産保護から脱したのは、センプラとの取引が最終的に終了した二〇一八年三月である）。

また、シンガー率いるエリオット・マネジメントはアクティビスト・ファンドとして、ハイテク企業史上最大の合併となる二〇一六年のデルによるEMCコーポレーションの買収にも一役買っている。メンター・グラフィックス、ライフロック、ポリコム、コンピュウェア、インフォマティカ、ノベル、リバーベッド、クイック・テクノロジーズといったハイテク企業の一連の保有株式の流動化（現金化）イベントでもアクティビストとしての役割を果たしてきた。エリオットはハイテク分野において、しばし「門戸開放の機会を探ってきたのだ」とシンガーは言う。言い換えれば、経営陣は、いずれにせよ内部からでは手に負えないように思われる問題の解決策をシンガーのファンドが用意してくれるのを知って安心するのだ。エリオット・マネジメントのアクティビスト投資は、ハイテク分野以外の産業をも改革してきた。例えば、二〇一五年にカベラスの、不満を抱える大株主として突然姿を現した結果、一年後にこのアウトドア用品メーカーはライバルのバス・プロ・ショップスと合併したのである。

事前警告

二〇〇七年の初頭、金融危機が発生する直前にシンガーはG7の財務長官や大蔵大臣たちに主要銀行の重大な脆弱性について警告――無駄に終わったが――している。オバマ政権がデトロイトの自動車産業の救済を行っていたときには、米財務省の自動車作業部会との緊迫した交渉にシンガーが最後の段階で介入したことで、GM（ゼネラルモーターズ）のサプライヤーであるデルファイ・オートモーティブを破産から立ち直らせ、GMに工場を再開させることができた。直近では、イギリスのEU（欧州連合）離脱問題により英ポンドが下落したあと、イギリス通貨の下落による株主の損失を補うためにSABミラーに対する当初の現金買い付け額を増大させるようアンハウザー・ブッシュを説得したいくつかの大株主の一社にエリオット・マネジメントはいたのである。

また、韓国でも、エリオット・マネジメントが過去数年において同国の政府や強力な財閥の利権に対して、韓国内外のいかなる投資家よりも強力な影響を及ぼしたことは間違いのないところであろう。二〇一五年、大量の株式を保有していたサムスン・C&T・コーポレーションが、サムスンの別の子会社である第一毛織と八〇億ドル――アクティビストはまったく不当な価格だと主張した――で合併するのを阻止しようとしたエリオット・マネジメントの試みは一見失敗に終わった。主要株主である韓国国民年金は自らの経済的利害に反する行動を取り、エリオット・マネジメントの提案に反対票を投じたが、これによって、あからさまな外国人嫌いと反ユダヤ主義とが影を落とす醜い争いがサムスンの経営陣に持ち込まれることになった。そして、このコングロマリットは、創業者の李一族による支配を固めるべく即座にリストラクチャリングを行う一方で、巨額なものとなり得る相続税をなんとか逃れようとした（サムスン会長の李健熙は二〇一四年に心臓発作を発症して以来、公に姿を見せていないが、ひどく衰弱してしまったと伝えられている）のだ。

しかし、韓国では文在寅が新たに大統領となる。彼の前任者である朴槿恵は二〇一六年一二月に弾劾され、二〇一七年三月に失脚してしまう。その後、二〇一八年四月、彼女は贈賄などの罪で懲役二八年に処された。すでに職権乱用の罪で三年間の懲役に処されていた彼女の親友の崔順実は、二〇一八年二月に、財物強要、贈賄などの罪で刑期が二〇年延長される。さらに驚くべきことに、二〇一七年八月下旬、韓国の裁判所はサムスングループの後継者で、コングロマリットの事実上のリーダーである副会長の李在鎔を、朴が引きずり下ろされた汚職スキャンダルに関連する贈賄、横領、偽証で有罪とし、この億万長者の御曹司を懲役五年の刑に処した。それからまた、李の弁護士たちが即時抗告を行い、反腐敗の活動家たちはガッカリしただろうが、李は一年もたたぬうちに保釈され、二〇一八年二月までの執行猶予とされた。一連の疑惑のなかに次の一件があった。当時、大統領であった朴は二〇一五年の夏に李と三回にわたり面会したあと、崔が運営する財団ならびに企業への「支払い」として三八〇〇万ドルを要求したというものだ。この金額には、サムスンC&Tと第一毛織の合併に対する政府支援の見返りが含まれていたとされた。検察によれば、韓国国民年金が少なくとも一億二三〇〇万ドルの損を出すにもかかわらず、合併に対して大量の賛成票を投じた理由がこの不正な関係で説明されるというわけだ。彼らはまた、これによりサムスングループにおける李一族の複雑な持ち分の価値が七億五八〇〇万ドル以上つり上げられたと申し立てたのだ。

アクティビストとして行動せざるを得なくなる

「サムスンC&Tは最初からアクティビストという立場で取り組んだわけではなかった」とシンガーは指摘する。エリオットがポジションを構築した根拠は「李一族の置かれた状況に対する当時のウォール街の認識、つまり一族にはリストラクチャリングが必要だと予想されたことにある」とシンガーは説明する。「また、同社と何度となく会話をするなかで、彼らもまたウォール街と同じように考えているという印象を受けた。だが、彼らはひどく不公平なリストラクチャリング案を打ち出したものだよ」

シンガーは続ける。「彼らがリストラ案を発表したとき、われわれは大きなポジションを持っており、巨額の評価損を抱えることになったので、何をすべきか決断しなければならなかったのだ。それで、われわれはアクティビストモードを入れ、合併に反対したのだが、同社の指導層にあおられたナショナリズムに直面することになる。サムスンによって傷つけられていた人々は、われわれを外国人だと非難していた。それはまるで株主たちが経営陣に対して『これが経済的には自分に害をもたらすものだとは分かっているが、この合併は支持します。なぜなら、そうするのが愛国的だし、あなたがたがわれわれに償いをする何らかの方法を見いだすことと信じています』と言っているかのようだった。われわれと共同歩調を取ること、つまり取引に反対することは愛国心という点から見れば敵対行為だったんだよ」

「突然、同社はサムスンが議決権を行使できない自己株を協力者に売却して、国民年金基金はわれわれの主張ではなく、サムスンの意向に沿って議決権を行使したんだ」とシンガーは続ける。合併案は優に七〇％ほどの賛成票を集め、その後、エリオットは持ち株の大部分を処分することになる。

だが、一年半が過ぎたころ、国民年金の前会長は、前韓国大統領やその側近、そしてサムスンの御曹司である李在鎔に連座し、有罪判決を受けた。「これらの裁判や声明書で示された証拠が、韓国政府とサムスンの間に不正なやり取りが存在し、また青瓦台の顧問たちが、重大な浮動票を握るNPS（国民年金公団）と面会をしていたことを明確に示していた。われわれ外国人を確実に打ち負かそうという意図があったと確信している」。ついには、NPSの上級幹部が通常のルートから議決権行使の権限を取り上げ、「われわれに対して決定的な反対票を投じたのだ」とシンガーは付け加える。

キレイにそろえられたあごひげと、いかにも賢そうな細いメタルフレームの眼鏡がどこか学者然とした雰囲気を醸し出す、博学で、白髪のシンガーはこう振り返る。「この状況では多くの皮肉がある。われわれが自分たちの立場を守ろうとしていたことは確かだ。だが、自らを守ろうとすることが、このときのように、不完全なシステムや企業文化を正しい方向へと進めてしまうことがある。韓国企業のエリートたちにはこのようなことはできないし、安定的に世界の資本を引きつけることはできない。投資家にはそれができる。これは重要なデータポイントだ。われわれは自らを守ろうとするのだ」

損失もなければ、言い訳もない

キャリアを通じたシンガーの指針は明白だ。「損をしたくない、絶対にね。そのことに理由なんてない。投資家としての私の目的は、できるかぎり、控えめに予測し、期待を上回る結果を残すことだ。そして平凡な結果に終わりたくはない。われわれは適度なリターンを上げようとしているだけで、それができるかぎり高いことに越したことはないが、損をしないというのが大前提だ」。過去四〇年間におけるエリオットのパフォーマンスは、彼がその目標を達成できなかったことがほとんどないことを如実に表している。彼のファンドが安定的なリターン（平均で年一三・五％ほど）を上げていることはメディアも伝えているところであり、四〇年余のうちマイナスとなったのは二年（一九九八年と二〇〇八年）だけである。

シンガーの会社であるエリオット・マネジメント（エリオットは彼のミドルネームだ）は、現在、マンハッタン、ロンドン、香港、東京、そしてメンローパークの五都市で、四〇〇人以上の社員を抱えている。マンハッタンの薬剤師と専業主婦の三人の子の一人として、ニュージャージー州ティーネックで育ったシンガーは、成長するにつれ、自分は「ペリー・メイスンのような法廷弁護士になろう」と考えるようになった。その目標を達成するために、彼は一九六六年にロチェスター大学で心理学の学位を、そして一九六九年にハーバード大学で法律の学位を修得した。

ハーバード大学のロースクールに入学するまで金融などまったく頭になかったが、彼の入学を誇りに思い、また喜んだ父は彼に「投資の仕方を学ばなければならない」と言ったとシンガーは言う。言うまでもなく、彼はウォール街がイケイケの時代に成人したのだ。シンガーは続ける。「そこで私と父は一緒に株式取引を始めたんだ。私は『賢かった』んで、信用取引で売り買いしたり、投資の本を読みながら取引したりしていた。私は図書館に行って、投資に関する書物をすべて持ち出したんだ。一九六〇年代後半に書かれた本はすべて読んだ。そして、バロンズを読み始める。私のバイブルとなったよ。ラビはアラン・アベルソンさ。『武器を持たない者同士の機知の戦い』というのは私がしばし用いるアベルソンの言葉さ」。だが、彼の大きな成功の要因は読書だけにあるのではなかった。「簡単に言うと、私と父はロングサイドでもショートサイドでも、あらゆる方法で損をし得ることに気づいたんだ。バカげたことだが、それを見いだしたいという衝動に駆られたんだよ」

やる気のない弁護士

シンガーは学位を修得後、ドナルドソン・ラフキン・ジャンレットの不動産部門の社内弁護士として、最初はニューアーク、次にニューヨーク市を担当したが、これはひとえに「仕事が必要だった」からだとシンガーは言う。「大げさかもしれないが『弁護士として働く』一瞬一瞬が嫌だった。これは言いすぎではないと思うよ。興味が持てなかったのだ。だれかのために、時間に追われ続けるのが本当にストレスだった。自分には向いていないと思ったよ」。また同時に、一九六〇年代の強気相場の終焉が市場に対する彼の情熱を冷ましたわけではないとシンガーは説明する。「トレードには本当に興味があった。今になって投資を始めたころのことを振り返ると、私はそのころから投資リポートを書いていて、知人や友だちに無料で配っていたんだ。ハミルトン・インベストメント・レター」と銘打ってね」。共和党の支援者としても名高い彼はこう付け加える。「当時のリポートをいくつか見てみると、超保守主義、健全な通貨、金支持という今と基本的に変わらない見解を持っていたことが分かるよ」

一九六〇年代と一九七〇年代の市場での経験からシンガーが学んだことは、「自らの運命をできるかぎりコントロールしようとすべき、ということだ。ざっくり言えば、けっして忘れないようにしていたことがひとつある。つまり、自分には分からないことがある。そしていかなる哲人でも」市場の方向性については分からないということだ。シンガーは続ける。「ところで、私がビジネスに取り組むキッカケとなった人物を一人挙げるとしたら、それはマーティン・ツバイクだ。彼はアラン・アベルソンの友人で、当時バロンズで盛んに取り上げられていた。私は物事の本質を見抜く力を求めていたのだが、マーティンは五回ほど完璧に市場を言い当てたことがあった。もちろん、私はすべての記事を読んで、すべてを吸収しようとした。彼と話をしたことはないが、彼の投資リポートであるツバイク・フォーキャストは購読していたよ」

師のつまずき

シンガーはこう続ける。「そこで、私はマーティンの予測に歩調を合わせて取引するようになった。一つだけ問題があった。あれは一九七三年の秋で、私が人生で唯一株式市場に強気な見方をしていたときであった。私はロングポジションを取り、レバレッジもかけていた。マーティンがアラブによる石油の禁輸措置を見落としていたことは言うまでもない。だが、彼はその直後に発生した二五％ほどのクラックも見落としていたんだ」。さらに悪いことに、

マーティンは底値近くで弱気に転じたが、その後、市場は一月、二月、三月と反騰した。一九七四年一月にマーティンは強気に転じ、その後は考えを変えなかった。しかし、四月になると、市場は激しく下落し始める。その年の七月、八月、九月は下落するばかりだった。一日で劇的に下落するという日こそなかったが、その夏は三日間以上市場が下落しなかったことはなかったと思う。当時、私はあまりに失望したので、バロンズに電話をかけ、私のコレクション――一冊も欠けることのない一〇年分のバロンズ紙――を買い取るよう申し出たんだ。何度か電話したが彼らが結論を出さないので、私はすべてを焼却炉に放り込んだよ。大損だ。二週間後、バロンズの女性が私に電話をかけてきて、私のコレクションを二〇〇ドルで買うと言う。本当の話さ。ひどいものだね。市場が底を打ったのは一〇月の第一週になってからだった。実際にはダブルボトムだね。その後、マーティンは方針を変え、彼の完全な業績を公表するのをやめた。だが、ビジネスを始めたキッカケが彼だと言ったのは、それが私に向いていたからだ。私は間違えることのない者などおらず、市場ではそれが普通だということを認識したんだ。

一九七六年までシンガーは弁護士として働いていたが、「副業で、家族と友人とのパートナーシップを運営しており、一九七四年の市場の暴落もかろうじて生き抜いた」と言う。この経験で「トレードの仕方、損をしない方法を見いだそうという思いを強めた」と彼は付け加える。その後、偶然の出来事が二つあった。「ある人からコンバーチブルヘッジを教えられたんだが、そのときには金利水準は適正に戻っていた。そして、私が働いていたＤＬＪ（ドナルドソン・ラフキン・ジャンレット）の子会社を運営していた者たちがクビになり、会社は閉鎖された。私は妻――われわれには二人の幼い子供がいた――にこう言った。『どうしてもこの投資ビジネスがやりたい』と。すると彼女は『生活できるの』と尋ねてきた。われわれはアパート暮らしで、車も古かった、つまり生活様式にこだわりはなかったのだ。だから私は『あぁ』と答えた。そして、お金をかき集めて、一九七七年二月にエリオットを立ち上げたんだ」

重要なことは人格的なこと

その後、何年にもわたる投資での成功に最も大きく寄与したものは何かと問われたシンガーはこう述べている。「実際に技術的な問題は二の次だと思う。重要なのは、創造力と少しばかりの知性だ。数字に強くなければならず、また分析する能力も必要だ。法律の素養は本当に重要だ。弁護士であるならば、複雑な書類を読み解き、複雑な状況を分析し、依頼人が行っている新たな物事を学び、理解し、エッセンスまで掘り下げることができなければならないだろう。投資家としては、忍耐力と回復力が必要だ。だれもがミスを犯すし、時にはそれが大きなものとなる場合もあるが、立ち直り、生き残り、あいまいな状況で判断を下さなければならないのだ」

さらには、「人格者でなければならない。信頼に足る人物でなければならない。ウォール街と取引をしているならば、率直である必要がある。ウォール街に関する不平不満をよく耳にするであろう。『あぁ、ウォール街はひどい、あの連中はめちゃくちゃだ』と。だが、私は四〇年にわたるキャリアのなかで、ウォール街の連中よりも高い倫理観を持ったビジネスマンや職業人に会ったことがない」とシンガーは主張する。もう一つ必要な特性は「肉体的なスタミナだ。これはレジリエンスとは異なるが、近しいものである。つまり、継続しなければならないということだ。そして、人生のさまざまな局面においてもやり遂げることができる柔軟性と繊細さが必要なのだ」とシンガーは言う。そして、重要なことは「何から始めたかにかかわらず、またほとんどの者が最初は何も持ち合わせていないのであるが、長きにわたり事業に取り組むすべての者が、貧しさを克服したときに、それ以前と変わらない厳格さと努力とを重ね続けることができるかどうかである。そして、本当に貧しさを克服したときこそ、厳格さを失うことはできないのである」

ディストレス投資への進化

シンガーの説明によれば、彼の成功の裏にある重要な別の要素が「リスク管理である。これは、すべての投資家やすべてのファンドマネジャーの意識の中心にあるべきものだ。ほとんどの人々が歴史に目を向け、『これまでターニングポイントを見極め、市場のタイミングをとらえ続けた者がいただろうか』と問おうとしないのは理解しかねる。確かに、一度や二度はうまくいくかもしれない。しかし、三回目または四回目には死んでしまうのだ。死んでしまう、というのはつまり、埋められてしまうということだ」。そして、シンガーは自らの主張を証明するために、一九八七年の暴落を指摘する。これは彼のかつての師マーティン・ツバイクが皮肉にもルー・ルーカイザーのテレビ番組で予言していたのだ。「当時、一〇年間にわたりわれわれが利用してきた戦略は転換社債のアービトラージであった。債券を買い、株式をショートすることで、大きなプラスのキャッシュフローと多額のトレーディング利益が生み出される。ただそれだけだ。大きなレバレッジなど必要ない。私はレバレッジがさほど好きではないからね。これで目的は果たせた。つまり、安定的に、ほどほどのリターンを生み出し、多かれ少なかれ終始お金を稼いでいたんだ。だから、一九八七年の暴落にはビックリしたよ」。だが、「私はヘッジをして暴落を生き抜いたんだ」とシンガーは強調する。そして、損をしないという彼自身の目的に対するコミットメントが今一度強化されることになった。

アービトラージの特殊な形である転換社債ヘッジは、シンガーが取引に精を出し始めた一九七〇年代中盤には投資の世界において静かながらも、うまみの多い未開の地であった。「転換社債の二〇％はアービトラージャーたちが、八〇％は機関投資家が保有していた」と彼は振り返る。「その後、それが変化して、一〇年か一五年するとひっくりかえった。アービトラージャーたちがほとんどを占めるようになり、競争も激しく、また定量的なものとなった。人々はコンピューターを使い始め、アービトラージャーたちはボラティリティを収益に変え、価格は完全におかしなものとなってしまったよ。さらに、過去二〇年間にコンバーチブルヘッジのクラッシュが二～三度あった。それで私はこの事業にすっかり興味を失ってしまったんだ」

しかし、エリオットの顧客たちにとっては幸運なことに、コンバーチブルヘッジの全盛期でもあった一九八〇年代、もう一つの事業がシンガーの目に止まるようになる。それは、ディストレス投資と呼ばれるもので、行き詰まった企業の有価証券、たいていの場合は債券を大幅に安い価格で取得し、リプライシングや償還、または再建された組織の株式への転換などを通じて利益を生むまで保有し続けるというものである。「私は好奇心旺盛で、しかも数字に強い」と彼は説明する。「しかも、知りたがり、というタイプだからね。それで早い時期からディストレス投資に手を出していた。ウエスタン・ユニオンの流動性危機が一九八四年にあったと思う。LTVがチャプター・イレブン入りした（四〇億ドルの負債を抱え、当時史上最大の規模だった）のが一九八六年の夏だった（LTVは全米第二位の鉄鋼メーカーであった）。そして、一九八八年のパブリック・サービス・ニューハンプシャーの破綻があり、一年か二年後にエル・パソ・ガス・アンド・エレクトリックの破綻があった」。実際に、シンガーはこう認めている。「自分たちの事業にランク付けはしたくないが、ディストレスはわれわれの強みのひとつである。唯一の問題は安定しないということだ。だから、九年に及ぶ強気相場にもかかわらず、近年、カイザーのリストラクチュアリングとエネルギーセクター全般で魅力的なディストレスのポジションがいくつかあったことは話としては面白い。強気相場と、エネルギー会社株の崩壊とを並べて扱うのもおかしいがね」。だが、シンガーが不平を言っていると考えてはならない。

「マイケル・ミルケンのハイイールド債のビジネスが、あらかじめプログラムされたディストレス債、つまりマーシーズやフェデレイティドやサウスマークと言ったアセットクラスを生み出したことは偶然ではないし、またミルケンがその誕生に一役買った世界に最初に居を定めた者のほとんどがアービトラージャーであったことも偶然ではない。確かに、マーティー・ウイットマンという、ディストレス企業の弁護士を務め、後にディストレスのバリュー系の運用会社（M・J・ウイットマンとサード・アベニュー・マネジメント）を創業した扱いにくい人物もいた。だが、アンジェロ・ゴードンの連中や私のほうが代表的な存在だった。つまり、アービトラージャーだということさ。そして、アービトラージからディストレスへと移るのは容易なことだったよ」

デルファイ・オートモーティブ――大整理

シンガーとエリオットが成功裏に導いた最も有名（悪名高い）なディストレス取引の一つが、金融危機の最後に行われた破産したデルファイ・オートモーティブの複雑極まる再編である。当時を振り返ってシンガーは「さまざまな力と要素とが結集した結果、デルファイ・オートモーティブはとりわけ面白い結果になった」と言う。彼はこう続ける。「覚えているかもしれないが、二〇〇九年にオバマ大統領が就任したとき、自動車業界は危機にあった。われわれはクライスラー、クライスラー・フィナンシャル、GMACとGM、その他さまざまな銘柄にかかわっていた。そのなかでも、クライスラー・フィナンシャルの銀行借入に対する債権を手にしていた。当時さまざまなことが起こったが、企業再編の世界で起こった最初の大きな出来事は、政府がクライスラーとの話を何とかまとめあげ、その結果同社の組合がパリパスを大幅に上回る額を回収できたということだ」

さらにシンガーは続けた。

連中は債権者に詰め寄ったんだ。実際に、大統領のチームがこの取引に応じないのかどうかと債権者を個別に呼び出して脅したんだ。「今晩六時までにこの取引にサインしろ、さもなければ、大統領は明日、記者会見の場でお前の名前を出すぞ」と言うわけさ。クライスラー・フィナンシャルの債権を持っていた者たちをそう脅したんだ。だからわれわれ「好戦的な」エリオットは即座に降参した。実のところ、アスク・ビッドのスプレッドが大統領が提示する価格とさほど離れていなかったからわれわれは降伏したんだよ。政府の取った行動はあらゆる面で間違っていると考えていたが、最終的に裁判官はそれを認めるだろうとも思った。この話をしたのは当時われわれが活動していた環境を説明するためだ。なぜなら、ほんの数週間後だったと思うが、GMの救済が次にあったからね。これまたまったくバカげた、議論を呼ぶ、不公平なプロセスだった。組合が勝って、債権者が負けたんだ。債権者委員会は叫び、怒鳴り、戦い、そして降伏したんだ。そんな状況さ。われわれはいくばくかの利益は稼いだと思うよ。多少の債券は残っていたが、まったくのナンセンスを繰り返し経験する気にはなれなかったので、債権者委員会から身を引いたんだ。

暴落のさなか、窮地に追い込まれた自動車業界にあってデルファイがほかの企業から際立った存在となったのは「同社が何年間も沈み続けていたから」だとシンガーは指摘する。それはだれもが知るところだ。実際に、このGMの元部品子会社は、自動車業界の売り上げがいまだ順調であったにもかかわらず、二〇〇四年に「会計上の不正行為があった」旨を公表し、その翌年にはチャプター・イレブンを申請せざるを得なかったのだ。「その後、二～三度リストラクチャリングが試みられた」とシンガーは振り返る。「そして、アパルーサ・マネジメントのデビッド・テッパーが巨額の資金を投じることに合意したのが最後の試みだった（アパルーサは、二〇〇六年に発表されたサーベラス・キャピタル・マネジメントによる三四億ドルのデルファイ救済計画で二五億五〇〇〇万ドルを拠出する約束となっていたが、その計画は大幅な改訂の末二〇〇七年八月に米破産裁判所に棄却された）。その後、テッパーは二〇〇八年四月になって手を引いたんだ」とシンガーは続ける。「事業のあらゆる面で価値が崩壊してしまったことは明らかだったからね。だが、デルファイはその過程で非常に有利なスタートを切っていたんだ」

アパルーサが撤退したことで、GMとそのかつての子会社は、瀕死の自動車工場の操業を続けるべく、再建のための資金調達に躍起となった。「二〇〇九年の四月末か五月のことだ」とシンガーは振り返る。「何かと毛嫌いされ、資金の貸し手がいなくなってしまったので、チャンスが生まれたのだ。彼らは腕力を必要としているようだった。交渉に入るための新しく、活発な力が必要だったのだ。そこでわれわれは目をつけた。DIPローンが三段階あって、三つ目の最大のトランシェは、提案された再建案では一ドルにつき二〇セントほどしか返済されない予定だった。まさに占有せし債務者だよ。滅茶苦茶さ。私が覚えているかぎり、事業という点については、デルファイは海外に山ほど工場を持っていたし、そのなかには極めて収益性の高いものもあったんだ」

さしたる興味はない

シンガーは続ける。「問題は、政府の連中は海外の工場を自分たちの友人に売却しようとしていたことだ。だから、われわれがデルファイに取り掛かると決めたころ、デルファイを注目していたわれわれの業界の人間ならだれもが知るところであったし、彼らは『自動車、政府、組合、あり得ねぇ』と言っていたんだ」。だが、シンガーによれば、エリオットの理解では「政府はこの資金調達契約にはさして興味がなかった。確かに彼らの興味は、アメリカにある工場と、GMを生かしておくことであって、彼らにしてみれば海外の資産をプラチナム・エクイティに売る必要などない、ということになる。まったく信じられないよ」。

ビバリーヒルズに拠点を持つプライベート・エクイティ・ファームであるプラチナムは、三年をかけてデルファイの三六億ドルに及ぶ再建計画を取りまとめようとしていたが、その資金のほとんどはGMまたは連邦政府からの拠出で賄われるというもので、プラチナムの投資家はたった二億五〇〇〇万ドルの現金と同額の信用枠を提供するだけで、彼らはデルファイが持つ海外の広範な事業を手にしようとしていた。プラチナムの「親切な」再建計画でも、デルファイの債権者への返済はごく限られたものにすぎず、その計画が破産裁判所に提出されたときには、当然ながらこの部品メーカーの債権者たちを激怒させた。

債権者たちは、エリオット・マネジメントに救援を求めた。シンガーはこう述懐する。「それで、われわれが出ていったんだ。というのも、政府はいまだ『嫌なら結構』と主張していたけど、彼らがプラチナムによるデルファイの計画それ自体にはさほど興味がないことは分かっていたからね。つまり、政府の興味はＧＭとクライスラーの救済にあったんだ。だとしても、連中がとるべき方法は違ったと思うね。彼らが『債権者たちに対して』取った行動はひどいものだったし、人々は今日でもそれを忘れやしないよ」

ハッピー・エンド

シンガーは続ける。ともかくも、「われわれは破産裁判所に乗り込み、デルファイの真の債権者たるわれわれが事実上、同社を乗っ取ることになると言ったんだ」。資金の貸し手たちは「クレジットビッド」を行うことになる。つまり、自分たちが保有する債権を充当して買収の支払いとするわけだ。「エリオットは、そのときまでにさまざまなトランシェの債権を大量に保有していたから、それができたわけだ。だから、われわれは、判事は債権者たるわれわれが提案を実行することを認めると確信していたよ。彼は次のような趣旨の素晴らしい発言をした。『彼らが買収することができるのであれば、どうしてこの者たちがそれをできないというのか』とね」とシンガーは付け加える。債権者たちの計画のもと、ＧＭは四つの工場とデルファイのステアリング事業を取り戻すが、「ＧＭと政府にある種の持参金を渡すために、われわれはアメリカの工場を現金で決済することを提案していた。そして、われわれ債権者が海外子会社の買収を提案することを判事は認めたんだ。つまるところ、プラチナム・エクイティがやろうとしていたことよりも金額的にも、条件的にも良かったわけだ。そこでわれわれも割当増資を支持することに同意したんだ」と説明する。

「ほんの数カ月後に煙が晴れたときには、われわれは大量の株式を保有していたから、同社を存続させることを望んだよ」と付け加えたシンガーが満足していることは明らかである。デルファイ株はその後およそ一〇五倍にも上昇しており、二〇〇九年に投資を行って以降の年複利リターンは天文学的なもので、およそ一〇年間にわたり年七五％を超えるものとなった。彼は続ける。「私がこの話をするのは、われわれがチャンスに独創的に取り組んだことと、事態があっという間に進展したことがその理由だ。少なくともわれわれがかかわった点からすれば、その辺にある五年間の破産処理とは異なるものであった。われわれは周囲のだれもができないでいるときに、正確に概念化したんだ。金額といい、方法のエレガントさといい、また、学んだ教訓といい、結果は素晴らしいものとなったよ」

勇気をもって合併に取り組む

ディストレス投資がシンガーの初恋の相手であることは言うまでもないが、ディストレス投資が持つ循環性と、彼自身のやむことのない好奇心ゆえに、彼は一九八〇年代にはブームとなっていたM&A事業に手を出していた。「われわれは三五年の間、あれやこれやと合併にかかわる取引を行ってきた。継続的に取り組んでいるのではなく、合併案件に時折、関心を抱く程度だったが、とりわけLTVの案件をやり切った経験から、価値を創造すること、何か事を起こすことがバリュードライバーであり、リスクの軽減になると考えるようになった。言い換えれば、自らの運命をコントロールしようとする方法だね」とシンガーは述べている。実際に彼はこう指摘する。「エリオットは、かつてのベア・スターンズの合併アービトラージ部門のような純粋なリスクアービトラージに取り組んだことは一度もない。われわれはもっと選択的であり続けた。私はバニラの、リスクの低い合併案件には興味がない。そのゲームでは、九件でうまくいっても、一〇件目ですべてを失うことになる。われわれが取り組む合併案件は複雑なものだ。つまり勇気が必要なのだ。われわれは、自分たちが深入りできるものを求めている。自ら事を起こし、最終的にいくばくかのお金を稼ぐことができるものだ」

今日、シンガーはエリオットのアクティビスト投資を「シチュエーショナルインベスティング、つまり市場とは相関関係がないリターンをもたらし、また複雑極まるもの」とすることが多い。彼は、エリオットは「常にヘッジされていることが不可欠である一方で、株式のアクティビスト投資を通して価値を創造するという仕事に、分析力、メディア戦略、議決権行使の助言といったわれわれが持つあらゆるツールを一貫して適用することが生産的であると考えている」と説明する。案件がやってくるのを受け身で待つのではなく、シンガーは、オンコア・エレクトリックで自ら実践したように、常に思いどおりに物事を進めたいと考えているのだ。エリオット・マネジメントの抜け目ない創業者が詳述しているとおり、シチュエーショナルアクティビズムには彼の会社が持つすべてのスキルと知識とを適用することが求められる。つまり、「合併アービトラージ、ディストレス、アクティビストディストレス、アクティビストアービトラージ、アクティビスト投資には多くのつながりがある。それぞれの分野において同じようなスキルが必要になるのだ」。

専門的な例として、シンガーはヨーロッパでの買収、とりわけドイツにおけるそれで見られる「支配契約」が関係する案件を指摘する。本質的に、少数株主の締め出しの一種であるこの手の契約は、買収予定者が企業に行動を強いるためにある一定数の株式を必要とする際に取り上げられるものである。ドイツでは、発行済み株式総数の七五%が特別な意味を持つ数字となる。それだけ保有すれば、買収者はターゲット企業の経営陣に命令を実行させ、即座に損益計算書を統合することができる。「これらは複雑なシチュエーションである」とシンガーは認める。「しかし、極めて安定的にお金を稼ぐチャンスが生まれるのだ。それでも辛抱が必要で、自らの立場を進んで守らなければならない。実際に、ターゲット企業の経営陣と話をし、事態を動かそうとするわけだ」。エリオットがこれを成し遂げた例は数多くある。一つの例として、エリオットはドイツの工作機械メーカーであるＤＭＧ・モリ・アクツィエンゲゼルシャフトの株式を一五％取得し、その後、買収者で、このドイツにおけるジョイント・ベンチャーの支配権を確たるものにするために株式を必要としていた日本のＤＭＧ・森精機に極めて有利な価格で売却した。「われわれはさまざまな特徴をもった案件に取り組んでいるが、われわれは労力とリスク、複雑さとリスクとを引き換えとすることができる。それゆえ、われわれがリターンを上げるパターンはほかの者たちとはまったく異なるのだ」とシンガーは言う。

「アクティブな要素を持つ国際投資はものすごく扱いにくい」とシンガーは強調する。「だが、考えてみてほしい、それがわれわれの強みのひとつなのだ。われわれは複雑なところに投資し、事態を解き明かさなければならない。つまり、会計、法律問題、法的執行力、文化といったものを理解しなければならない。われわれが普段からそうしていることは言うまでもない。だが、われわれがサムスンＣ＆Ｔでの戦いで仕出かしたように、間違いを犯せば、その代償は大きなものとなるのだ」。しかし、二〇一五年のサムスンのリストラクチャリングを巡る李財閥との戦いにおけるエリオットの苦杯にはコーダがある。「われわれはサムスングループについて多くのことを学んだ」とシンガーはあえて控えめに言う。「このビジネスにおいては精神的な勝利などというものはない。われわれは常にお金を儲けようとしている。だが、あれは最終的に信頼を高める負けだったことが証明された」

シンガーはこう説明する。「われわれは二〇一六年一〇月にサムスン電子で新たなポジションを構築した。このときは極めて礼儀正しく、ね。われわれは彼らが容易に決断でき、またそうすべき事柄を、外部から丁重に提案したんだ」。サムスンはエリオットの提案に沿ったリストラクチャリングを拒み、また韓国財閥独自の法律面での難しさがその他のガバナンスの問題にも影響を与えていたが、同社は史上初の四半期配当を支払い、バランスシートを強化するために何十億ドルもの自社株を償却すると発表した。それ以降、「サムスン電子の株価は、李在鎔が逮捕、起訴され、有罪判決を受けたにもかかわらず上昇している。このビジネスはとめられないよ」とシンガーは自慢げに語る。

この億万長者投資家は、また別の境界線に甘んじて閉じ込められるつもりはない。最近、メンローパークにエリオットの最新のオフィスを開いたシンガーは、同社のプライベートエクイティ事業を正式に立ち上げようとしている。彼が見いだす利益機会をとらえるためである。「アクティビストの活動をしていると、企業が競売に出されることがある。われわれがプライベート・エクイティの連中のためにすべてをお膳立てしてやったにもかかわらず、買収に参加しようとするとはじき出されたことが何度もあった。われわれは軽く見られていたのかね。そうだ、軽んじられていたんだよ。だが、もうそういうこともないだろう」とシンガーは主張する。

第5章

マイケル・プライス

Michael Price

「一つのセメント工場に四億ドルを支払う者がいるとしたら、その数字から、生産されるセメント一トンに対して彼らがいくら支払っているのかを知ることができる。そして、比較可能なセメント工場があるなら、その数字を用いて、それら他のセメント工場にどれだけの価値があるのかバリュエーションを行うことができる」。そうすることで、自分では直接投資を行わないリスクアービトラージの案件からも「自分たちの企業価値評価を調整し、また研ぎ澄ます」機会という形で大きな価値を得ることができるとプライスは指摘する。

億万長者投資家のマイケル・プライスは、不当な評価を受けている株式、アクティビストシチュエーション、または再建中の「ハゲタカ」資産に至るまで、価値に対して鋭敏な目を持つことで広く知られている。その能力を用いて、徐々に規模を拡大し、一九八〇年代、一九九〇年代の案件が豊富な時期に、目を見張らんばかりに執拗に取り組んだことで、プライス率いるかつては無名であったハイネ・セキュリティー・コーポレーションは、一九九六年にフランクリン・リソーセズに売却されるまでにミューチュアル・シェアーズの預かり資産を一七〇億ドルまで増大させた。四〇〇万ドルに満たない金額（彼の師でありパートナーでもあった伝説的バリュー投資家マックス・ハイネの遺産を引き継いだ）でそれを手に入れたほんの八年後、プライス自身六億七〇〇〇万ドルほどを手にすることになるこの売却は、抜け目ないバリュー投資家としての彼の評判を高めるばかりであった。

ここでは彼の評判を過度に持ち上げているわけではない。ちょうど一年前、プライスの単刀直入かつ、まったくもって合理的なアクティビズムによって、たった六カ月のうちに誇り高きチェース・マンハッタンがケミカルバンクに吸収されているのだ（上品さに勝るチェースの名称がすぐに採用された）。この買収によって当時全米最大の銀行が生まれ、またミューチュアル・シェアーズの投資家には何百万ドルもの利益がもたらされた。ここで見落とされているのが、プライスがウォール街の「見えざる手」と呼ぶリスクアービトラージが、このファンドマネジャーの伝説的なキャリアにおいて中心的な役割を果たしてきたということだ。実際に、その手法はプライスのアセットアロケーションの判断やポートフォリオ構築、とりわけバリュエーションのプロセスにおいて重要な役割を果たし続けている。

彼の一族が保有するリミテッドパートナーシップで、マンハッタンに拠点を構えるMFP・インベスターズの派手ではないが、調査資料が積み上げられたオフィスでプライスと話をしていると、リスクアービトラージという言葉は繰り返し出てくるが、彼の見方によれば、それは正常に機能する市場と経済を結びつける重要なものなのだ。金融には包括的な好循環があり、プライスの言葉を借りれば、そこでは「安い株がM＆A案件となり、破産し、安い株となり、M＆Aとなり、破産する」。そしてリスクアービトラージはそれらが循環を続けるために不可欠な潤滑油となるわけだが、バリュー投資家である「われわれは、そのすべてのサイクルに関与したいと考えているのだ」。

過大な債務を抱え、破産に至る企業の株式に乗るのではなく、資本のサイクルの有利な側につくことでそうするのだ、とプライスはすかさず説明する。キャリアを通じてリスクアービトラージに魅了されるなかで培われたバリュエーションの能力とその手法は、いつ、どこに、いくらで投資すべきかを把握するにはすこぶる有効である。「石油やガス銘柄が安いのでそれらを買うと想定してほしい。その後、コモディティ価格が上昇する。すると、株価も上昇し、企業は採掘や買収、開発の資金を借り入れるようになる。この好循環は供給が過剰となり、市場に競争がもたらされ、業界全体にプレッシャーがかかるようになるまでの三～四年の間は続くわけだが、企業はやがてスピンオフや資産売却を開始し、また債権者たちに先んじて破産手続きを始めるのだ」

理想を言えば、サイクル全体に乗っていきたいとプライスは言う。つまり、安かった株が上昇するにつれ売却し、上昇が過剰となり、株式のマルチプルが成層圏に届くほど高くなるにしたがって退却する。そして、リスクアービトラージの案件、または現金といった短期の流動性に身を託し、観察する。そして待つのだ。やがて、機会が再び現れることになるが、それは苦境に陥った企業が景気の最終局面での資金需要のために発行した債券が、プライスにとって価値を創造する次なるチケットになる、というわけだ。一ドルに対し三〇～五〇セントで取得し、時に彼が認めるとおり、長期に、また苦しい破産のプロセスを通じて保有することで、債券がやがて良い稼ぎとなるばかりか、株式のうま味をも加味されるようになることをプライスは期待しているのだ。そして、そのような投資対象が資本主義の終わりなきサイクルを通じて、再び上昇する可能性を秘めた安値株へと姿を変えるのだ。

「ライオンキングの『サークル・オブ・ライフ』のようなものだよ」と、黒く鋭い目つきをかすかに和らげながらプライスは言う。若くして投資家としてのキャリアを志向した男の口から出るにふさわしい例えである。「私は五年生のときには身体のすべての骨の名前を知っていたよ。従兄弟たちが医者だから、私も医者になるつもりだったんだ」とプライスは振り返る。「しかしその後、株式を買ったら三倍になった。それで人生が決まった」

オクラホマからウォール街へ

運、確かにそれもあろう。自分の父親のゴルフ仲間の一人が、ドレクセル・バーナムのアービトラージ部門を率いていたスタンレー・シフであったことは、駆け出しの投資家にとっては確かに幸運であった。プライスは父の母校であるウォートンスクールにも、ウォール街が好んで採用するような他のアイビーリーグの大学にも通わなかったのだからなおさらである。「私はウォートンに行けるような成績をとれなかったんだ」とプライスは事もなげに言う。彼はロングアイランド郊外の高校で学業よりもラクロスやフットボールに力を入れていたのだ。「でも、スーナー・フットボールのファンになってね」、それゆえ彼がオクラホマ州ノーマンに向かい、オクラホマ大学でビジネスの勉強をするようになるのもさほど無理はなかった。「バリュー投資やリスクアービトラージとはまったく関係がなかった」とプライスはそっけなく言うが、この一九七三年度の卒業生はそれを変える働きをしている。一九九七年、プライスは当時、公立大学に対する一件当たりの寄付では史上最大となる一八〇〇万ドルをスーナー・ビジネス・スクールに寄付し、同校はマイケル・F・プライス・カレッジ・オブ・ビジネスと名を変える。

話を戻そう。高校卒業も間もないある日、プライスはドレクセルのスタンレー・シフのオフィスに押しかけた。見栄えのするものは何もなかったが、プライスはあっという間に魅了されてしまう。シフと少人数からなる彼のチームは、「ターゲット企業をロングし、買収側をショートするという古典的なリスクアービトラージャーで、契約が締結され、公表された案件のみに投資していた」。しかし、ほんの短期間株式のイクスポージャーをとるだけで彼らは巨額のリターンを生み出していたのだ。それに比べると彼の父親の七番街の事業など色あせてしまう。

プライスは時間の許すかぎりドレクセルのリスクアービトラージ部隊に付きまとい、当時はまだウォール街の秘密であったアービトラージビジネスについてできるかぎりのことを学ぼうとした。一九七〇年、当時まだ大学生だったプライスは、ギ・ワイザー・プラットが一九六九年にニューヨーク大学のＭＢＡ（経営学修士）論文として書いた画期的な論文『リスクアービトラージ（Risk Arbitrage）』を入手し、オクラホマに戻ったが、自分が教授のひとりが行っていた銘柄選択競争に参加する準備ができていることに気づいた。「実際のお金ではなく、紙面上のことにすぎなかったけどね」とプライスは説明する。「だが、その前の夏にドレクセルのリスクアービトラージ部門でより多くの時間を過ごしていたので、私は特定のシチュエーションについて知悉していたんだ。だから、私はグレイハンドに買収される可能性が高いと思われる企業にペーパーポートフォリオの一〇〇％を投じた。案の定、その学期中に同社は買収された。私は文字どおり一つの銘柄にすべてを賭けていたから、ポートフォリオは倍になったよ」。プライスの記憶によれば、この訓練で紙面上の利益を上げたクラスメートはほかにだれもいなかったという。

アービトラージで頭がいっぱい

「それ以来、私は合併に関して入手できる記事をすべて読むようになった」とプライスは付け加える。ほかの事業の経営者たちがターゲット企業にどれだけ支払う意向があるかを把握することが、彼が見いだすことのできる価値の最良の指標であり、プライスは「公表された案件をすべて研究したのだ」。これももうひとつの幸運であるが、一九七三年の学位修得から年もしないうちに、プライスはウォール街の小さなオフィスでマックス・ハイネとのインタビューを受けることになった。一九七〇年代初頭には、当時まだ小さかったバリュー投資家のコミュニティーにおいて憧れの存在となっていたハイネは、一九四九年にミューチュアル・シェアーズ・コーポレーションを創業していた。「私の父を担当していた株式ブローカーがマックスのパートナーだったんだが、彼が『合併に興味があるなら、マックスに会いに行きなさい』と言ったんだ」とプライスは振り返る。

そこでの出来事は、おそらくウォール街における就職面接の物語のなかでも最も素晴らしいものであろう。「マックスが部屋に入ってきて、『さて、好きなものは何だね』と言うんだ」とプライスは述懐する。「私は何日もかけて、マニュファクチャラーズ・ハノーバーによるリッター・ファイナンシャルという企業の買収について資料を読み、分析していたところだった。公表されたばかりの案件で、株価もある程度のスプレッドで取引されていた。私は案件に関するすべてを承知していたんだよ。タイミングも、買い手も、売り手もね。すべてさ。私はマックスにこのストーリーを話したんだ。すると彼は立ち上がり、二万株買ったんだよ、私の最初のインタビュー中にね。それだけさ。あっという間の出来事さ……私はマックスからバリュー投資について学び、彼のパートナーであるハンス・ジェイコブソンから不良債権投資を学んだんだ」。破綻した——とは言え、裏づけとなる資産が豊富な——鉄道会社の債券に対する投資は、儲けが多くともあまり知られていない分野で、これこそがジェイコブソンの専門であった。プライスは飲み込みの早さを証明してみせた。一九七四年に週二〇〇ドルのリサーチアシスタントとして採用された彼は、一九八二年にはマックス・ハイネのパートナーとして、拡大を続けるミューチュアル・シェアーズのポートフォリオを運用していたのだ。

ちょっとした障害

プライスのキャリアが常に順風満帆であったわけではない。同世代のすべての投資家と同じように、プライスも当初は強烈な弱気相場に直面して血まみれになったのだ。ミューチュアル・シェアーズと関係の深い証券会社であるハイネ・フィッシュバインは、一九七〇年代後半の下落相場にはまり、破産状態となった。プライスの職が守られたのはひとえに彼がハイネに仕えており、資産運用の事業が別の小さなブローカー・ディーラーに吸収されたことにあるが、それがやがてヘルツォク・ハイネとなる。「食い扶持は自分で稼げ」というウォール街の文化の負の側面をまざまざと見せつけられたのだ。だが、この痛みを伴う再編によって、プライスはいまやだれもが知るバリュー投資家であり、リスクアービトラージャーであるマリオ・ガベリと出会うチャンスを得ることになる。

二人の記憶は少しばかり異なるものである、とプライスは含み笑いをする。だが、ここではプライスの記憶をつづろう。ハイネ・フィッシュバインのトレーディング事業がつぶれたとき、ハイネとプライスは、港のへりにそびえ立つ殺風景ながらも印象的な一九六〇年代のガラス張りの高層ビルであるワン・ステート・ストリート・プラザにあったハイネ・フィッシュバインのオフィスから立ち退かざるを得なかった。ハイネは、若きリサーチアシスタントであるプライスを含めたファンドの業務を、ブロードウエー一七〇番地のウォール街にありがちな古ぼけた建物にある、かなり地味な貸しオフィスに移さざるを得なかったのだ。

「われわれはデスクまで売ったよ。それで、ある午後、安値でデスクを買いに来た人物がいる。だれだと思う。マリオ・ガベリさ。マリオはローブ・ロウズを辞めてガベリ・アンド・カンパニーを立ち上げたばかりだった。倒産した証券会社からデスクを買うなんてバリュー投資家にはおあつらえ向きさ」。ガベリの特価買いが印象的だったことは明らかである。だが、プライスにとって本当に印象的であったことがほかにある。「デスクを見ている間、マリオが何をしていたと思う。彼は、私がマックスに提出するために書き上げたばかりの調査リポートを持っていったんだ。昨日のことのように覚えているよ。マリオは何も盗んじゃいないと言う。『借りた』だけだと言い張るんだ。だが、そのリポートには、インターナショナル・マイニング・コーポレーションの会長だったルイス・ハーダーという奴が迷路のように入り組んだ企業構造を通じて支配していた、NYSE（ニューヨーク証券取引所）およびAMEX（アメリカン証券取引所）に上場している鉱山会社群が列記されていたんだ」

「彼らは、モリコープ、フレスニヨ・マイニング、ロサリオ・リソーセズ、カベッツキ・ベリルコなどを支配していた。マックス向けのそのリポートのなかで、私はすべての関係性と数字を記載していたんだが、それらは皆安かったので、無名の銘柄に至るまですべてを買い始めていたんだ。いずれにせよ、私がマリオに会ったのはそんな具合だ。ほんの数年前、彼がその古いリポートを自分のファイルのなかで見つけて、返してよこしたよ」

これまでに行った最高のアービトラージ取引についてプライスに尋ねると、彼は実際にインターナショナル・マイニングを導き出すことになった調査を振り返っているようだった。この話は、プライスが情報の複雑な糸を、それらが想像もしていなかった価値をさらけ出すというパターンに入るまで辛抱強く解きほぐしていることを表している。これは、航空宇宙産業や特殊な鉱物を用いる企業向けの特殊部品を製造しているファンスティールというシカゴの老舗企業を巡るものである。プライスは、ニューヨーク市のイエローページやウェブスター辞典といった今日では想像もできないほど古めかしい調査手段を用いていたわけだが、これは投資家にとって時代を超えた刺激であり、教訓である。

賢い男たちを観察する

一流の投資家やビジネスリーダーたちが何をしているかを観察することが習慣となっていたから、機会に巡り合ったのだ、とプライスは言う。「賢い連中がやっていることを見ろ」とは彼の持説のひとつである。「今日で言えば、ジェフ・イメルトやセス・クラーマン、ウォーレン・バフェットにチャーリー・マンガーといったところだろうか」とプライスは名前を挙げる。だが、当時を振り返ると、「大物の一人として、古典的な実業家のトーマス・メロン・エバンスがいる。機器メーカーのクレイン・カンパニーが彼の会社だった。ある日、デスクに座っていると、トーマス・メロン・エバンスが耐熱金属メーカーのファンスティールの八％を買ったというニュースを目にしたんだ」。

プライスは当時若干二四歳の若者にすぎなかったが、この情報は彼の好奇心に火をつけた。「どうして、正真正銘の実業家であるこの賢い男が、耐熱金属を作っている小さな会社の株式を買うのだろうか。それに、耐熱金属って一体何だ」。プライスがとりわけ興味をそそられたのは、彼が記憶しているかぎりにわたって下落を続けていたベースメタルが最近になって生命反応を示し始めていたからである。「それで、私は文字どおり辞書――インターネットはまだなかった――を取り上げ、『耐熱金属』の定義を探したんだ」。彼はそれらが特定の有効な性質を持っていることを知る。「高熱に耐えることができ、抗張力が高い、その手のものが五～六種類あったんだ」。それから彼がファンスティールの財務諸表に目を通すと、「同社の貸借対照表は問題なく、四種類の耐熱金属を生産していることが分かった。私の記憶が正しければ、ニオビウム、タンタル、タングステン、モリブデンだ」。

プライスは続ける。「そんな名前は原子記号の古い表でしか見たことがなかったので、それらがどのように活用できるのかを把握しようとした。理由は分からないが、私はニューヨーク市のイエローページを引っ張り出して、タンタルで調べると、タンタラム・コーポレーション・オブ・アメリカという名の企業を見つけた。本当の話さ。そこで、電話をつかんで、番号にかけると、ある男が出た。私は自己紹介をして、自分が小さな投資信託で働いていること、そしてトーマス・メロン・エバンスがファンスティールの八％を買ったところなので、タンタルについて調べていると伝えたんだ」

プライスはここで効果を持たせるように間をおき、そして付け加えた。「電話の向こうは静かだった。そして、その男が言葉を発する。『彼が買ったって』、彼の声は高くなっていたよ」。プライスは自分の情報が正しいことをこのタンタラム・コーポレーションの男に納得させ、一気に尋ねた。「なぜなんですかね」。答えが返ってくる。「ファンスティールがボルティモアに持っている倉庫はタンタルで満杯になっていて、その価格が一ポンド当たり二〇ドルから二〇〇ドルまで急騰したことが理由だろう」。それを聞いたプライスは電話を切り、ファンスティールを買い始めた。「この時点で一株当たり九ドル。同社は最終的に二五ドルで買収されたんだ。『こんにちは、電話帳で調べましょう』と私の姉がよく言ったものだよ。この場合、私は、賢い男がタイ・スラグと呼ばれるものでいっぱいになっている倉庫を保有する企業を買っていて、その倉庫にはタンタルが入っていることを知ったわけだ」

最近、彼のファミリーオフィスであるMFP・インベスターズは「賢い投資家、つまり主導者たろうとしている」とプライスは言う。プライスはそれを「釣り針の返しのないフライフィッシング」になぞらえる。「というのも、返しのないフライを使うとマスやボーンフィッシュを捕まえるのがはるかに難しくなる、つまり、われわれは大きな信託報酬やパフォーマンスフィーというクッションがない状態で投資しているのだ」。それにもかかわらず、彼のポートフォリオは「二〇年、三〇年、はたまた四〇年前と同じように見える。つまり、バリュー銘柄やリスクアービトラージを含めたスペシャルシチュエーションなどがごちゃ混ぜで、現金はほんのわずかだ。そして、今われわれは流動化案件のいくつかに取り組み始めている。これは、石油やガス、金属や鉱業の分野で破産した企業だよ」。

ごちゃ混ぜも意図的なものだとプライスは説明するが、たいていポートフォリオの三〇％ほどはリスクアービトラージや流動化案件に充てられており、それらがポートフォリオの大半を占める、市場の動きに敏感なバリュー株の面倒な動きに対する分散やヘッジの機能を果たしている。「バリュー株は本源的価値よりもかなり低い価格で取引されているがゆえにさほどケガにはつながらない」から、市場が売られている際の下落は和らげられる傾向にあるとプライスは言うが、それでもミスター・マーケットの躁鬱症状に引っ張られることはある。

ポジションの市場感応度を抑えるために、プライスは市場ではなく、個別の合併案件やアービトラージの特異な進捗状況に合わせて動く傾向があるリスクアービトラージ銘柄に長い間、投資をしている。金利水準が先の金融危機以来続いているゼロ金利ではなく、より正常な状態にあれば、アービトラージ取引のスプレッドは資本コストを上回り、合併までの時間が減るにつれ、スプレッドが手に入ったはずで、アービトラージャーたちの手に大きな利益が残るものなのだ、と彼は物憂げに振り返る。公表された案件だけのアービトラージを行い、適度なレバレッジを注意深く利用するという「伝統的な手法」を用いる者たちに、リスクアービトラージは極めて良好な利益率をもたらしたのだ、と彼は述懐する。「そして、われわれは常にキャッシュと流動化や破産案件にポジションを有しているので、事実上、ポートフォリオの三分の一は市場の変動からは隔離されていることになる」

プライスはリスクアービトラージや流動化案件に対するポジションが持つ絶縁性、つまり財産をヘッジできる特性を重視しているが、彼がそれらに魅力を感じる主たる理由は、案件について語る彼を見れば明らかなとおり、分析のプロセスや技術によってバリュエーションを行ううえでの優位性がもたらされることにある。彼が言うように、「それらは企業の価値を理解するうえでわれわれを賢くしてくれる」のだ。「合併が公表されると、その条件から、利益や簿価、キャッシュフローのマルチプルが分かる」。言い換えれば、それらによって「経営者が何を、いくらで買っている」のかが分かる。「一つのセメント工場に四億ドルを支払う者がいるとしたら、その数字から、彼らが生産されるセメント一トンに対していくら支払っているのかを知ることができる。そして、比較可能なセメント工場があるなら、その数字を用いて、それらほかのセメント工場にどれだけの価値があるのかバリュエーションを行うことができる。そうすることで、自分では直接投資を行わないリスクアービトラージの案件からも『自分たちの企業価値評価を調整し、また研ぎ澄ます』機会という形で大きな価値を得ることができる」とプライスは指摘する。

リスクアービトラージの教訓

リスクアービトラージに取り組むことで学んだ教訓を振り返って、プライスは次のように述べる。「定量的でなければならない。さまざまな業界について、つまり提案された案件の反トラスト法に関する側面や財政面の理解を助けてくれる人々からなる本当に優れたローロデックスの回転式名刺帳か、名簿を作らなければならない。債券部門や銀行の融資係ばかりでなく、反トラスト法の弁護士とも会話ができなければだめだ」

努力して得た経験もまたリスクアービトラージでの成功には重要である、とプライスは主張するが、これは新参者に対する警告かもしれない。「どの案件がまとまるか、どの案件が合理的かを見いだし、どうして案件が発生するのか、または何が関係者たちを動かすのかを解明する術を身につけるには経験に拠るしかない。それゆえ、最初からリスクアービトラージの事業を始めるのではなく、まずは業界にいるだれかのもとで働くべきなのだ」

ＭＦＰ・インベスターズでは常に四～五人の若いアナリストがプライスのもとで働き、案件の分析を行っている。「マックスが私にしたように、彼らにはちょっとした手がかりは与える。だが、リスクアービトラージの事業では、ほかよりもリスクがはるかに高い案件もある。そして、リスクの源泉が何かを把握しなければならない。今日では、二番抵当の市場など事実上存在しないのだから、資金調達が問題となることもある。反トラスト法の問題もある。オバマ政権下では、反トラスト法のリスクが極めて大きかった。ステープルズとオフィス・デポを見てみればよい。彼らが一年にわたって案件に取り組んだ末、政府は『ダメだ、それはできない』と言ったんだ」

プライスは続ける。「または、ハリバートンとベーカー・ヒューズの合併提案を見ればよい。彼らは七〇億ドルの資産を売却することに合意していたのに、規制当局からの回答が得られず、一年以上にわたって取り組んだにもかかわらず、最終的には司法省と外国政府からの反対に打ち勝つことができなかったんだ」

ハリバートンとベーカー・ヒューズの案件が発表された後、プライスとMFP・インベスターズのアナリストたちは一カ月をかけて、「だれが何を買い、またうまくいくかどうか、そして、許可を勝ち取るために売却されることが明らかな資産を取得するための資金をそれらの買い手がどのように調達するかを把握しようとした」とプライスは言う。彼らの資産売却の計画に対して政府が同社または市場に何もフィードバックをしなかったので、アービトラージャーたちは自らの分析に自信を持つことはできなかった。「それゆえ、自信が高められるまではかなり小さなポジションしか取らないことになる。最初から大きなポジションは取らないのだ。アービトラージにおいてはポジションの規模はとりわけ重要で、それが成否を決めてしまう。正しくなければならないわけだが、うまくいく案件で小さなポジションしか取れず、まとまらない案件で大きなポジションを取ってしまったとしたら、それまでだ。終わりだよ」

プレーヤーたちの心理を読み解く

リスクアービトラージに付随する無数のリスクを常に意識しているプライスは、この事業を困難かつ多次元のパズルとしてとらえている。「実業家が事を起こそうとしている理由は何かを考え、できれば、彼らが何をするかを予測する。ＣＥＯ（最高経営責任者）はこの会社をどうしようとしているのか。彼の動機は何か」。プライスは続ける。「新たな案件が持ち上がったとき、最初の、そして最も重要な私の思考過程は、なぜ案件が起こったのか、というものだ。どうしてこの取引は合理的なのか。合併は企業Aが企業Bを買うだけの話ではない。社員がいて、経営統合があり、事業戦略・戦略的計画やシナジーがあるのだ。言い換えれば、『なぜこの案件が発生し、どうして合理的だと言えるのか』ということだ。登場人物についても知悉しなければならない。われわれは彼らと話をすることはない。そんな電話はしたくない。そのような質問を人にするのが好きではないのだ。だが、私はそれについて考えるのだ」

プライスは若いアナリストたちにこう言っているという。「取締役会にいるつもりで熟考せよ。彼らがこの事業について何を話し合っているかを考えろ、と。製造業である彼らは通貨の問題を抱え、原材料がボトルネックとなっている。もし自分が取締役だったら、役員会は向こう三年間でこのような環境にどう対処していくだろうか。もしくはCEOだったら、役員会に対して何を語るだろうか。自分が独立社外取締役だとしたら、CEOにどのようなプレッシャーをかけるか」。彼らの立場に立ち、彼らが考えていることが分からないかぎり、合併アービトラージのアナリストはM&Aに取り組む企業が何をするかを思い描くことはできないのだとプライスは主張する。

「彼らは四半期の決算発表や、年次報告書の会長の手紙、または別のプレゼンテーションで手がかりを与えることもあれば、まったく与えない場合もある。だが、それらの人々が考えているであろうことを読み取ることはできる。さらに、合併にあたって彼らが株式を使おうとしているか、現金を利用しそうかを知る必要がある。もし彼らが自社株を使うのであれば、それは株価が高すぎると彼らが考えていることが分かる。株式を使おうとしないのであれば、自社株が気にいっているということだ」。プライスの次なる問題は、経営陣が語っていることがどれだけ信頼できるかを把握することである。「彼らは大量の株式を保有しているか」。プライスは次の点については語気を強める。「これは重要なことだ。分析の過程において、委任状は10－Qや10－Kと同じくらい重要だ。彼らはどれだけの報酬を得ているのか」

うわついたものではない

だからといって、プライスはリスクアービトラージをゲームのようなうわついたものととらえているわけではない。「リスクアービトラージという事業はウォール街には不可欠な部分だ。存在しなければならない。ボウスキーの時代に比べれば、最近はイメージが良くなったと思う。当時はひどかった。今日、大きな合併があると、それらの案件がまとまるまで待てない、またはまとまらないリスクをとりたくないと考える人々にアービトラージャーたちが流動性を提供しているということを人々は理解している。だから、ウォール街のメカニズムは良好なんだ。そしてスプレッドはいつもどおり、そのときの金利や案件のリスクを反映している、それは今も昔も変わらない。リスクアービトラージという事業は市場に流動性を提供するという極めて重要な役割を果たしているんだ。伝統的なリスクアービトラージはブローカー・ディーラーたちによって動かされていた。彼らは株式交換による合併に際しても極めて安く株式を借りることができるし、会社の資本を使って自分たちのポジションをてこ入れすることができる。そうしてレバレッジを利かせて極めて良好なリターンを手にしていたんだ」

プライスはこう付け加える。「われわれは、ヘッジファンドがこぞってリスクアービトラージに手を出し、新たに登場したアービトラージャーたちがポジションを構築しようと競争したことで、しばらくの間、大量の資金がスプレッドを狭めるという時期を経験した。だが、ありがたいことに、この手の事象は自己抑制的なところがあって、収益性が干上がったことで、能力または運に欠けるアービトラージャーたちは排除される。リスクアービトラージというのはヘッジファンドにとっては厳しい事業ともなり得る。というのは、彼らは証券会社が自社の資本を利用することで享受しているマイナスの事業コストを織り込んではいない。そのかわり、彼らは顧客に二%と二〇%の手数料を求めている。方程式がまったく違うのさ」

プライスは続ける。二%と二〇%の手数料による負担を抱えたうえでリスクアービトラージでリターンを上げるには、「より多くのリスクをとるか、レバレッジをかけざるを得ない。これは、従来のアービトラージャーが自己資金を用いて慎重にポジションを積み上げ、株式の借入コストも証拠金のコストもかからない伝統的なアービトラージの事業とは、エコノミーまたはリスク・リワードが異なるのだ。もちろん、ボウスキーは起訴される一～二年前には三〇％と五〇％の手数料を徴収していたと思う。というのも、彼は詐欺を働いて、超過リターンを生み出していたようだ。これは今日われわれが知る『マドフ』と同じで、詐欺をやっているがゆえに相場を上回る手数料を課すんだ」。

そして、だれが取り組んでいるかにかかわらず、リスクアービトラージは、一九八七年、二〇〇〇～二〇〇二年、そして二〇〇八年の暴落のような市場全体の下落に影響されないわけではないのだ、とプライスは警告する。「アービトラージ銘柄が市場とは連動しない傾向にある、つまり個別案件の進捗状況に応じて変動するとどれだけ語ろうとも、実際のところ、アービトラージ銘柄は極端な市場環境ではやられてしまう。それは、一九八七年で証明されたようなシクリカルな暴落であろうと、近年見られたようなリセッションや経済危機の前触れであっても当てはまることだ。実際に、市場が大きく歪んでしまうと、アービトラージ銘柄は一般的な銘柄以上にやられてしまうことが多いのだ。というのも、アービトラージャーたちは、ほかの投資家に比べて、より少数の銘柄に、より大きなポジションを取ることが多いので、レバレッジが過剰になったり、償還を受けたりして、ポジションを軽くしなければならなくなると、彼らの売りが集中し、混乱を引き起こす傾向にあるのだ」

仲間のアービトラージャーたちにとってとりわけ辛いものとなった危機は、一九八九年一〇月一三日、ブラックフライデーのミニクラッシュをおいてほかにない、とプライスは振り返る。

ニコラス・ブレイディが第四一代ブッシュ大統領時代の財務長官を務めていたころ、私の親友であるコニストン・パートナーズがユナイテッド航空の親会社であるUALコーポレーションと熾烈なプロキシーファイトを展開していた。当時はLBO（対象企業の資産を担保とした借入金による買収）ブームのさなかにあって、ドレクセル・バーナム・ランベールなどの企業がジャンクボンドを用いて多額の資金を調達し、大きなレバレッジを利かせた案件をまとめていた。それらすべてがユナイテッド航空へとつながっていく。コニストンはユナイテッド航空の親会社に何らかの取引をするよう圧力をかけていた。パイロットたちはLBOで航空会社を買いたいと考えていたのだが、憶測で株価は非常に高くなっていた。その後、ニコラス・ブレイディ率いる財務省が一九八九年一〇月一三日の金曜日に登場し、「これ以上のLBOはならん」と言ったんだ。公表された案件を含むすべてのアービトラージ銘柄がサーフボードから落っこちた。さらに重大なことに、公表はされておらず、あくまで予想に基づき取引されていたアービトラージ銘柄は急落してしまう。当時はまだタイムと名乗っていたタイム・ワーナーもその一つであった。市場全体が荒れた。ひどいものさ。

受難のなかにチャンスあり

だが、アービトラージの案件がはじけ、実際に「静観し、投機的または過剰なレバレッジを用いたアービトラージポジションがはじけ飛んだときに買いに入ることができる」用心深い投資家にチャンスをもたらしたケースがほかにもあるとプライスは指摘する。「例えば、われわれは二〇一六年一月に市場が調整され、急落しているさなかに株式を買うことになった。買収価格が一〇ドルという案件が公表され、買い手は資金の豊富なプライベート・エクイティ・ファームだった。実のところ、われわれは、資金は一〇〇％準備されており、そのなかにはプライベート・エクイティ取引になだれ込んでいた、上場企業のオーナーたちからの資本参加もあるものと思っていた。しかし、この上場銘柄は九・六〇ドルから九ドルまであっという間に下落した。取引はたった二カ月後には終わる予定であった。つまり、向こう二カ月間で一〇％、年利にすれば六〇％のアービトラージスプレッドが稼げることになる。われわれは検討し、議論を尽くし、そしてポジションを三倍にしたんだ。それゆえ、われわれは毎日参加しているのだ」

プライスによれば、要点は「行動のための判断を下すことである。若いＭＢＡならだれでも計算はできる。だが、いつ手を出すべきかを知るためには判断と経験が必要なのだ。それでもなお、常に正しい者などいないのであるから、リスクアービトラージ、そしてあらゆる投資には損失を管理するという要素があり、まずはポジションの規模という問題になるのだ。案件が決裂したときに、大きなポジションを抱えていたくはない。だから、ポジションは小さくしなければならない。しかし、これもマックスが教えてくれたことだが、案件が破綻したときでも買い増すべきときもあるのだ」。それはいつか。「アービトラージャーたちの売りが原因となり株価が当初の時価を下回るまで下落し、そして彼らがポジションを売り切ったとき、である。なぜならその後株価は反転するからだ。ミューチュアル・シェアーズでは常に手元資金を取っておいたので、われわれは日和見的にその機会を利用することがあった」

日和見的に行動することは、プライスにとってもうひとつ重要な点である。

われわれは不安を利用することができる。つまり、株主投票が行われる前に契約が締結され、案件が公表されることもあれば、必要となる何かしらの最終的な認可が下りる前に発表されることもあるが、それは案件について何かしらの懸念事項があるということだ。その懸念は、反トラスト法の問題である可能性もあれば、四半期の業績が期待外れに終わることかもしれず、資産売却が必要になるということかもしれないし、そうでないかもしれない。多岐にわたるわけだ。われわれは情報に長け、また案件に取り組んでいる人々のことをよく理解しているので、相当に賢い売り手からポジションを買い取ることができたことも何度となくある。われわれは案件が発生することを知っていたし、また案件を確実にまとめるために契約内容が変えられることも知っていたのだ。

ゴールドマンとソロモンがある特定のポジションを売り払おうとしているときに、ミューチュアル・シェアーズのデスクから、彼らから大量の株式を買ったことを覚えている。マックスは私を見て、こう言った。「そんなことして大丈夫か」。だから、私は「大丈夫だ」と言ったんだ。私はその会社の取締役会とCEOが案件をまとめようとしていることを知っていたからね。おそらく、ほんの少しの条件変更で案件はまとまるだろうと。ゴールドマンとソロモンは私とは異なる方法でプレーヤーたちを見ていた。私は彼らとは話をしていないし、会話もしていない。私はキーパーソンの心理を理解していた、ということだ。彼は、理想的な買い手であり、利益を吸収するだけの繰越欠損金があり、魅力的な機会であるがゆえに、その企業を売りたいと考えていることを私は知っていたんだ。今でも、合理的なリスクパラメーターを持つ必要はあるが、その案件は数日後にはまとまっていたであろう。だから、合理的なリスクパラメーターを持っていたわけだ。そして、六万株を買った。六〇万株ではないよ。だが、私はこの案件をはっきりと覚えているのだ。正しければ、行動しなければならない。そう、われわれがこの一〇ドルの案件で行ったようにね。

SEC（米証券取引委員会）に提出される合併に関する委任状には、実際に「『合併の理由』という項目がある」とプライスは指摘する。だが、これは公表から数カ月しないと出てこない。「どのような理由かを予測しなければならない。公表されたその日に、『これは合理的だ』とか

『こりゃだめだ』と言えなければならないのだ。案件は、買い手にとっても、売り手にとっても大きなチャンスであるべきなのだ。さもなければ、漠然とした要素が理由となっているかもしれない。おかしなお金の使い方か、与太話かを分からなければならない、債券ばかりでなくだれかの株式が過大評価されていることを知らなければならないのだ」

一例として、プライスは、ビル・アックマンによるプラットフォーム・スペシャルティ・プロダクツ・コーポレーションの案件を取り上げる。「彼は株をまとめて、その株を使って大きなレバレッジをかけてロールアップしたんだ。株価は一〇ドルから二八ドルに、そして五ドルになった。用心しなければならない。バリアントはもうひとつの好例だ。私は、実際の事業上の理由から進められる案件とは違って、税務面が主因となっている案件には常に用心しているのだ」

予想される案件を分析するにあたっては、「税金は計算から外すようにしている」とプライスは言う。「つまり、税務上の欠損金にお金を払うつもりはないし、合併の理由としてタックス・アービトラージを用いるのも好きではない。それは利益を膨らまそうとしているだけのことで、私は不信感を抱く。もう一つの危険信号は多額の借り入れによる資金調達。もうひとつが怪しげな利益だ。製品を丹念に調べ、人々を丹念に調べなければならない」

目的は常に変わらない。お買い得品を探すことだ。変わるのは投資環境であって、それがそのような金の卵を見つけるのを難しくする。プライスはこう指摘する。「ゼロ金利によってビジネスが大幅に変わってしまい、人々はレバレッジを増大させ、そして数多くの案件が発生した。その後、われわれは数年間、買い手の株式が跳ね上がり、案件のどちら側についても良いという時代が続いた。買い手をショートするかもしれないし、ロングするかもしれないが、案件がまとまるまでにターゲット企業も何もかもが上昇する。だが、もはやそれも終わった。買い手の株式がシナジーやＰＥＲ（株価収益率）の増大を当て込んで上昇することはなくなった。市場は変わったんだ」

プライスの実務的視点からすると、ウォール街における投資の終わりなき循環は良いことになる。「ウォール街は、イノベーションや成長に資金を提供し、新たな資源を開発するという本質的な目的の役に立っている。また、合併の資金を提供し、事業統合やリストラクチャリングに関連する有価証券を取引することでそれを成し遂げている。それは悪いことではない。経済の進歩を可能とするものであり、それゆえ資本は成長している分野やそれを必要とする分野へと流れていくのだ。イーロン・マスクが電気自動車や太陽光発電所、または火星に行くロケットを作りたいと考えているならば、われわれは彼に資金を提供するのだ。もしかしたら、彼はもはや失敗しているのかもしれないし、将来失敗するのかもしれない。しかし、投資家はその有価証券を欲しがるほかの投資家がいることを知っているので、世界中のイーロン・マスクが資金を手にすることができるのだ。そして、ある案件がうまくいかないとしても、彼らは別の投資家たちがやってきてデフォルトになった有価証券を買い、破綻したあとに、ダメになった太陽光発電所であろうが何だろうが、それを一ドルにつき一〇セントで交換しようとすることを知っているのだ」とプライスは言う。

「だから、良いのだ。自分はサイクルの正しい場所にいる、または正しい有価証券を買っていることを確かなものとすればよいのである」

おそらく、マイケル・プライスはこれからも大丈夫であろう。だが、テスラやほかの者たちはどうだろうか。

第6章

ピーター・シェーンフェルド

Peter Schoenfeld

時折、少なくとも年に一度くらいは、腹立たしいことがある。だが、生み出され得るとわれわれが考えているものと、実際に生み出されたものとのギャップがあまりに大きいから、取り組む価値があるのだ。われわれは、目指すべきところまでの明確なロードマップがあるならば、このギャップを潜在的利益だと考える。だから、ほかのリスクアービトラージャーたちとは異なり、われわれは自分たちの倫理基準と財政的基準とが同方向を指している場合には、アクティビストの要素を取り入れるのだ。

こめかみにわずかに輝く白髪が彼の年齢をほのめかしてはいるが、背が高く、髪も黒く、背筋のピンと張ったピーター・シェーンフェルドは、会議室に足を踏み入れようが、ハーフコートに立とうが、威厳ある存在である。この「ディールジャンキー」はイベントドリブン投資の世界での憂さを晴らすために、今でも定期的にバスケットの試合に参加しているのだ。だが、ヘッジファンドであるPSAM（P・シェーンフェルド・アセット・マネジメント）の創業者にして、CEO（最高経営責任者）、会長、CIO（最高投資責任者）である、博学で、穏やかな語り口のシェーンフェルドは、アクティビスト投資家がしばしば求めるような騒動を起こしたり、新聞の見出しになるようなことは避けている。実際に、彼はアクティビスト全体の雰囲気をむしろ冷静に見ている。「合併アービトラージでわれわれがやっていることの八〇～九〇％はありきたりな調査で、案件を左右しているのは何か、役者たちの様子はどうかを理解するために丹念に調査し、合併のモデルを構築し、株主たちの願い、さらには反トラスト法やほかの規制に関する問題など、すべての主要な検討事項を理解しようとしているだけだ」

三〇億ドル超を運用するPSAMは「必要とあればかなり厳しくもなり得るが、騒ぎは起こしたくないのだ」とシェーンフェルドは認めている。また、彼は「アクティビスト投資は事業のなかでもよりエキサイティングな部分だ」とも言う。彼は単に、大きな力を誇示するよりも、穏やかに話したほうが効果的であることが多いということを知っているのだ。学者然とした雰囲気を示すことが多いシェーンフェルドはこう説明する。合併アービトラージというイベントドリブン投資は、「とてものんびりとしたやり方で進められるが、それは多くの投資家にとって間違いなく良いことだ。不適切な振る舞いを目にしたときですら、多くのファンドマネジャーはこう言うのだ。『それは無視しよう。経営陣がすべきことをしないのをわれわれは知っているし、そのリスクをわれわれがとる理由などない』と。長期的には彼らが正しいかもしれない。そして少なくとも五〇％のケースで、短期的には彼らが正しいだろう」。それゆえ、PSAMも「アクティビスト投資には極めて時間がかかるので、避けることが多いのだ」とシェーンフェルドは言う。

だが、シェーンフェルドは冷徹な経営者の顔をのぞかせながら、こう続ける。「時折、少なくとも年に一度くらいは、腹立たしいことがある。だが、生み出されるとわれわれが考えているものと、実際に生み出されたものとのギャップがあまりに大きいから、取り組む価値があるのだ。われわれは、目指すべきところまでの明確なロードマップがあるならば、このギャップを潜在的利益だと考える。だから、ほかのリスクアービトラージャーたちとは異なり、われわれは自分たちの倫理基準と財政的基準とが同方向を指している場合には、アクティビストの要素を取り入れるのだ。そのような場合、たいていわれわれはテーブルにつき、債務の条件変更でやるように、自分たちの見解を理解させる。これまでアクティビストとして姿を現したときにはある程度の成功を収めてきたので、われわれはテーブルにつくことができる場合が多いのだ」

高い評判

ある意味で、すべては認識次第だとシェーンフェルドは認める。「過去において、手紙を書く以上のことをする姿勢を見せていたら、彼らはより注意を払うよう忠告されていることになる。われわれが案件に反対であることを公衆の知るところとしようとすれば、われわれが支持を得られることを彼らは疑わない。もちろん、われわれよりもはるかに大きな影響力を持つ大きなファンドは存在する。だが、われわれの狭い世界では、われわれは積極的に立ち上がる数少ない存在の一社なのだと言いたい」。シェーンフェルドは即座にこう説明を加える。「われわれがそのような立場を得るまでには長い時間がかかるし、そうなる前に成功するのだという確信をもたなければばならない。だが、振り返れば、M＆Aに取り組む企業とケンカをしてうまくいったケースは非常に多い。実際に、われわれが強く出て負けたケースは思いつかない。われわれが損をしなかったというのではない。われわれは取引で多くを失っている。だが、われわれが積極的に攻撃に出た場合、われわれの打率は思いだせるかぎり完璧に近いよ」

生粋のニューヨーカーであるシェーンフェルドは、マンハッタンの北西部ワシントンハイツで育ち、一九六六年にブロンクスのニューヨーク大学で経済学の学士号を修得した。その後、彼はロウアーマンハッタンに向かい、一九六八年にニューヨーク大学のスターンスクールでMBA（経営学修士）を修得した。一九六九年から一九七三年までスターンスクールにとどまり、経済学の博士号研究を行い、その後、リスクアービトラージに出合う。「調査を行っていた私は、いくつかのアービトラージ部門を訪問し、未公開の案件のデータを入手していたのだが、『この男たちはまさにロケットサイエンティストではないが、大金を稼いでいる。博士号に取り組む自分は何をしているんだ』と気づいたのだ」

シェーンフェルドは即座に前言を撤回する。「実際に、彼らはとてもスマートで、賢かった。私は、ソロモン・ブラザーズ、L・F・ロスチャイルド、ゴールドマン・サックス、ベア・スターンズとすべての伝統ある金融機関と対話をした。彼らはみな好ましい人物で、集中力もあり、極めて知識が豊富だった」。シェーンフェルドは、ホワイト・ウエルドのアービトラージ部門での職に就き、その後、一九七八年にシュローダー・ベルトハイム・アンド・カンパニーに移った。そこで彼は自己勘定の取引を始め、アービトラージや転換社債にまで手を広げた。その後、外部資本の運用を行う体制を整える。一九八六年から一九八九年まで、シェーンフェルドはシュローダーのマネジングディレクターを、一九八九年から一九九六年までは副会長を務め、その後PSAMを立ち上げたのだ。

イベントドリブン投資をグローバルに行うことを主眼に設立されたPSAMは、ファンダメンタルズに基づく調査を行い、企業の支配権や資本または戦略を変える可能性のあるコーポレートイベントを分析するのだが、それは、そのようなイベントによって有価証券に本源的価値や最終的な実現価値と比較して誤った価格付けがなされることが多いと考えているからである。

シェーンフェルドはこう述べている。「リスクアービトラージを形ばかりのビジネスだととらえる傾向があるが、アプローチの仕方次第で、さまざまな様相を呈するものだ。われわれはほかの投資家よりも少しばかり声高に語っているだけのことだと思うよ」

価値とは何か

シェーンフェルドは続ける。「クレジットシチュエーションにせよ、M&Aにせよ、さらにはスペシャルシチュエーションにせよ、われわれが取り組んでいることのすべてに共通するテーマがあるとすれば、それはバリューギャップを特定し、どのようなタイプのカタリストが、それを縮めることになるかを見定めようとしている、ということだ。例えば、ある企業が資産をスピンアウトさせようとしているとしたら、『なぜ』と問うべきだ。おそらくは最近になって求婚者からアプローチを受けたのであろう。この点については完全に時代遅れになっているアメリカの税法では、子会社を売却すると法人レベルで課税されることになる。世界中どこでも、最小限の税負担で売却できるのだが、アメリカでは、いったんスピンオフさせ、市場で成長させてから、課税されることなく売却する、という手続きが必要となるのだ。われわれの戦略は複雑なので、知的やりがいを日々感じている。それに、同じように思考せざるを得ない人々と一緒にいるのは楽しいことだ。アイデアを共有できるし、時には積極的に何かを仕掛けることが、特定の案件を取り巻く環境を変えることになるかもしれないのだ」

PSAMにおいてシェーンフェルドは、世界に目を向けることで、幅広い分散とチャンスとを提供し、「投資家たちの役に立っている。われわれの取り組みのうち合併が占める割合はシクリカルであり、数も限られるが、世界中の地域によってもさまざまである。アメリカが停滞している間に、ヨーロッパやオーストラリアや環太平洋やアジアにおいてチャンスを見いだすかもしれないのだ」。シェーンフェルドはこう付け加える。「金融論だけでなく、ゲーム理論にも凝っているとしたら、買収に関する規制がさまざまなので世界的に投資するのは楽しいであろう。反トラスト法の解釈は世界的に統一されてきており、世界中どこでもよりアングロサクソン風になっているが、これもある面では明るい材料だ。もちろん、ときどきは政治的横やりが入るがね」

エゴと興奮

リスクアービトラージを行う投資家の多くは、「自分たちの素晴らしいアイデアを適切に実行しない」顧客たちに嫌気が差したか、または単に他人のビジョンを実現するためにあくせく働くことに飽きて投資銀行を辞めてきたかした者が多いとシェーンフェルドは見ている。対照的に、「市場にいて、公表される案件や、株式を買い集めるといったことから起こる取引を観察することは面白い。企業や法律および銀行側には何らかの大きなエゴが働いていることを認識することもリスク評価には含まれる。時にバンカーたちは戦略的に顧客を動かそうとすることもあれば、別の案件では、単にブロックトレードを実行するだけということもある」と彼は言う。だからこそ、「糸を引いているのはだれかを見極め、彼らがどのような前提で動いているのかを理解し、それが現実的かそうでないかを評価すること」が重要なのだと彼は言う。「案件がまとまるまでに期待が大きく外れたとすれば、取引の条件や事を進めるにあたっての役員会の覚悟を再評価しなければならなかったということだ」

彼のキャリアを通じても、情報の瞬間的な拡散、ガバナンス規則の変化、受託資本の変化などによって合併アービトラージという事業は表面的には変わってきているが、分析の基礎は変わらないとシェーンフェルドは言う。「案件の礎となる契約に目を通し、理解することがとても重要であることには変わりない。たいていの場合、それらは企業とその弁護士たちによる大変な努力の結果であり、さまざまな関係者の交渉力を反映しているのだ。それらの書類から微妙な点を読み取らなければならない。事業というのは、少なくとも経営のレベルでは、芸術の域にあるものであり、良い結果をもたらすためには、歴史を学ぶ必要がある。規制環境や契約、敵対的買収に際して用いることができる防衛策や戦術にまつわるニュアンスは、蓋然性とリスク調整済みリターンを算出するうえで有効なのだ」

リスクとリターン

ＰＳＡＭでは、ポートフォリオのなかでＭ＆Ａとスペシャルシチュエーションとを区別している、とシェーンフェルドは言う。後者は「企業がその資本配分を変更する、よりソフトなカタリストシチュエーションであり、特定の事業をスピンオフしたり、プロキシーファイトを経験したり、または業界内での劇的な変化に対応したり、といった具合だ。これらは、正式な買い付けが実行されたり、当事者間の契約が存在するＭ＆Ａ取引よりも定義は緩やかである。しかし、われわれはリスクのより高いシチュエーションにはより高い収益率を求めることができる。貸方勘定においては、倒産分析を徹底的に行うことになるだろうが、やがてはすべて取り戻せるだろうと考える。さもなければ、おそらくは何らかの方法で株式に転換することになるだろう」。

シェーンフェルドこう付け加える。「あらゆる買収劇において、われわれは通常、すべての資本構造に目を通す。株式だけを見るのではない。資本構造でもっと面白い働きをする部分がないか、つまり付随するリスク・リワードが、純粋な株式取引よりも良好なものとなる部分はないかを見いだそうとするのだ。例えば、多くの債券には経営権変更条項が付いている、つまり、取引の結果としてアップグレードかダウングレードされる可能性があるのだ。ＰＳＡＭのクライアントからすれば、ディストレスから『スペシャルシチュエーション』へ、そして時には買収ターゲットへと経済循環を通じて機会が変化するなかでも、われわれの会社では一つの戦略についての調査をてこに、しばし投資を継続できるという点が重要である」

本稿の最終チェックにあたり、シェーンフェルドはこう付け加えた。「二〇一八年に入り、トランプ政権による新たな税制案が通過するのを待って先延ばしにされていたアメリカ企業のM&Aに対する大きな需要があるとわれわれは見ている。透明性が回復し、新法によって企業社会には大きな利益が見込まれるので、アメリカ企業の取締役会にはM&Aや巨額の資本支出に前向きな力が働いていると期待しているのだ」

ディストレス投資におけるM&A

「M&Aはディストレス投資にも紛れ込んでいる」とシェーンフェルドは言う。彼が指摘するのは二〇〇九年、巨大な金融危機の犠牲となったスマーフィット・ストーンの七四億ドルに及ぶ倒産劇であるが、これはPSAMがM&Aに関する専門知識をディストレス投資に動員した一例である。「彼らが倒産を脱しようとしているスピードを見て、適切な仕事をしていないとわれわれは考えた。経営陣は最も手間のかかる仕事をしていない、つまり閉鎖すべき工場に手をつけていなかったのだ。その時点で、われわれは同社の経営陣には再建を行うに十分な見識がないので、スマーフィット・ストーンは売却されるべきだと公に声明を出した。彼らは株式に転換することで債務を減らし、自分たちのストックオプションを改めて行使し、二度目のチャンスを手にした経営陣がそうしたいであろうことをすべてやっていたのだ」

その後、PSAMは公の場に打って出て、ブルームバーグの会議でスマーフィットの経営陣がこのようなずさんな仕事をしているので、同社の再建は危ういと主張した。PSAMのクレジットチームの責任者であるピーター・フォークナーは、スマーフィットのアドバイザーたちが同社に付けたエンタープライズバリューに反対し、提案された計画は不当にも特定の債権者を利するものだと抗議した。これと同時に、ヘッジファンドはスマーフィットの株式を一株当たり数ペニーで買い増しし、「数多くの戦略的投資家やいくつかのプライベート・エクイティ・ファームに接触し、スマーフィットに対する買い付けを行うよう働きかけたが、その一方で、倒産状態にあるスマーフィットはより良い代替案を提案することになった」とシェーンフェルドは言う。最終的に、候補とされた合併相手は、スマーフィットが倒産を脱した後の資本構造を静観することを選択した。「だが、数カ月のうちに、市場で同社に対する買い付けがあった。われわれは債券を手放さず、株式に転換されても、似たような梱包会社のバスケットをショートすることでヘッジしていた。比較的短期間のうちにM&A取引が発生し、すべてはうまくいったのだ」とシェーンフェルドは付け加えた。

フランスのメディア企業であるビベンディもまたPSAMの顰蹙を買っている。シェーンフェルドの説明によれば、二〇一五年のプロキシーファイトに突入するまでに、PSAMは「基本的なサム・オブ・ザ・パーツのバリュエーションに基づき、スペシャルシチュエーションとしてビベンディ株を二年余りにわたって保有していた。同社のテレコム事業、音楽事業、そしてゲーム会社への出資を検討したわれわれは極めて割安だと考えた。ジャン・マリエ・メシエの指揮していた新世紀初頭に経営陣の大変革があった。さらに、キャッシュフローに取り込むことができない少数株主持ち分が大きかった彼らは、信用問題にも直面していた。株価は極めて低調だったのだ」。

その間、シェーンフェルドはフランスの実業家バンサン・ボロレがビベンディに関する計画を持っていることを発見する。「彼は、株主は数年後に倍の議決権を手にすることができるというフランス独特の構造を利用し、最終的に極めて少額の持ち分（一〇数％）でビベンディを支配することができた。これは、外国のルールを理解しなければならないという最高の例である」。だが、ビベンディの二〇一五年の年次株主総会が近づくにつれ、ボロレがビベンディに対する投資の一部を売却して「巨額の資金プール」を積み上げていることに気づいたとシェーンフェルドは言う。そして、このフランス人のトラックレコードに基づけば、「ボロレはビベンディを見せかけのヘッジファンド、またはプライベート・エクイティ・ファンドとして利用しようとしているのではないかと思った」とシェーンフェルドは言う。その後、ボロレが発表した配当政策は「あまりに少額だったので、われわれは反対し、彼に何通かの手紙を書いたが、彼は返答してこなかった」とシェーンフェルドは主張する。このときはフランスの法律がＰＳＡＭに有利に働いたとシェーンフェルドは付け加える。つまり、企業の配当は年次総会ですべての株主によって承認される必要があるのだ。ＰＳＡＭのチームはファンドマネジャーのリッチ・ビロッティを先頭に、ビベンディの強みを詳細に説明する白書を広く公表した。ＰＳＡＭはまた四半期おきに、五〇億ドルの追加配当を株主に支払うよう提案を行った。「これについて彼も取締役会もわれわれに反対したので、われわれは可決できるかどうか分からなかった。だが、土壇場になってボロレが電話をかけてきて、配当の増額と幾ばくかの自社株買いを含めた妥協案をまとめ上げた。彼が巨額の分配を行ったので、われわれはフレメニーとなったわけだ」とシェーンフェルドは皮肉っぽく結論した。

勇敢に戦う

アメリカでは、機関投資家による「力仕事」のおかげで、過去のＭ＆Ａ市場に見られたあまりにひどい行きすぎは和らいだ、とシェーンフェルドは考えている。ポイズンピルや、買収を制限する州法などは、今日その影響力を失っているが、それはコーポレートガバナンスの意識が強い機関投資家からのプレッシャーに「Ｓ＆Ｐ５００企業の八五％がいまや役員会の期差任期制度を取りやめたからだ」と彼は主張する。「すべての取締役が毎年採決を受けるのだから、立場は弱い。何かを実行しようと真剣に考えている者がいれば、役員全員が入れ替えられることもあるのだ。それゆえ、今日、強力な主張を持つ者や市場での高い買い付けを行い得る者が大きな影響力を手にすることになる」

「われわれが実行したアクティビスト投資で最も注目を集めたのが、二〇一三年のドイチェ・テレコムによるメトロPCS買収――実際にはこのドイツの会社がすでに所有していたTモバイルUSAとの合併――である」とシェーンフェルドは付け加える。「当事者たちが合併案を取りまとめていた」とき、PSAMは同社のスペシャルシチュエーション部門を率い、かつては一〇年にわたりモルガン・スタンレーのテレコムおよびメディア業界のアナリストとしてトップにランク付けされていた「リッチ・ビロッティの分析を根拠に」深入りしていったのだとシェーンフェルドは説明する。「われわれは、メトロPCSの役員会が経営権を譲るだろうと考えていた。取締役会長は重病であり、さらにプライベートエクイティが送り込んだ三人の役員は自分たちの次世代のファンドのために投資資金を解放したいと考えていた。われわれから見ると、彼らがドイチェ・テレコムと交渉した内容はひどいものだった。また、われわれは資本構成を調整すれば大きなアップサイドがあると考えていたピーター・フォークナー率いるクレジットチームの見解も頼りにしていたのだ」

PSAMは取締役会に手紙を書くにあたり、全体論的アプローチを取り、取引それ自体と資本構成との双方を調整するよう提案したのだ。「貢献分析が誤っていたばかりか、帯域を買い、システムを構築しなければならない業界にあって、債務構造があまりに厄介だった、つまり債務が過大だったのだ」。それが拒絶されると、PSAMは取引を阻止すべくプロキシーファイトに打って出て、メトロPCSが持つ帯域の価値だけでも提案価格を上回っているのだから、ドイチェ・テレコムは債務を削減するなり、貢献分析を調整するなりして条件を改善することができるはずだと主張した。また、ドイチェ・テレコムは、完全な支配権を保持する代わりに、メトロPCSを取得することで、TモバイルUSAを公開させる必要があったのである。

「彼らは懸命に戦ったが、われわれは機関投資家に議決権行使の助言を行うISS（議決権行使助言会社）とグラス・ルイスの支援を得ていた。これは容易なことではないよ。それ以上に難しいのは、アービトラージャーたちに『ノーだ、われわれは案件をテーブルに乗せるつもりはない。何もしないリスクをとるつもりも、独立を維持させるつもりもない』と言わせることだが、われわれはそれも実行した。あれはわれわれにとって最高の瞬間だったかもしれない。われわれは一般投資家と機関投資家向けにインターネット放送を行い、彼らを完全に打ち負かしたのだ」とシェーンフェルドは振り返る。その後、ドイチェ・テレコムは「われわれが当初送った手紙に沿って交渉を行い、資本構成の調整を行ったのだ。合併企業の債務を三八億ドル削減し、借り入れ金利を引き下げた。取引が終了した後も、どちらの株式も極めて順調だった」とシェーンフェルドは付け加えた。

バイオメットの惨劇

腹を立てたシェーンフェルドが、プライベートエクイティが関与するヘルスケア企業の案件のいくつかでアクティビストとしての役割を果たしたことがある。「われわれは、企業の売られ方が適切でないと思えるとき、または会計もしくは経営に問題があるときには介入をしてきた」とシェーンフェルドは肩をすくめる。二〇〇六年、彼はバイオメットが数多くの問題を抱えていることを発見する。その年、当時のニュージャージー州連邦検事だったクリス・クリスティは、バイオメットを含む人工関節メーカー四社に対し、リベート疑惑の和解金として合計三億一一〇〇万ドルを支払うよう命じた。数カ月後、過去の不正行為が土壇場になって発見されたことで、バイオメットが計画していたイギリスを本拠とするライバル企業スミス・アンド・ネヒューーとの合併が取りやめとなった。この失敗の後、この人工関節メーカーは急遽プライベートエクイティのコンソーシアムの手に落ちることに合意したのだ。

「われわれはこの取引を阻止した」とシェーンフェルドは振り返る。「彼らにプロセスをやり直すよう説得した。巨大なPEコンソーシアムで、KKR、ブラックストーン、ゴールドマン・サックス・キャピタル・パートナーズ、それにTPGもいたので、たくさんの敵を作ったよ。だが、彼らはわれわれの要求にすべて答えた。つまり、買い付け価格を引き上げ、合併ではなく公開買い付けに切り替えた。合併には七五%の賛成が必要となるからだ。今でもなぜだか分からないのだが、ある理由から、より高い買い付け価格を提示していたスミス・アンド・ネヒューが改めて登場することはなかった。それで価格こそ引き上げられはしたが、われわれが望んだ競争入札とはならなかったのだ。もちろん、PEグループは最終的にバイオメットを別のライバル企業に売却したが、それが現在のジンマー・バイオメットだ」

別のケースとして、「合併にどれほどの効果があるかを市場が正しく認識することはない。だから、その結果として企業は大幅に再評価されるのだ。そのような場合、われわれはM&Aから切り替え、即座にアービトラージを決済するのではなく、合併企業を継続保有する選択をする場合もある」とシェーンフェルドは述べる。二〇一三年のUSエアウエーズとアメリカン航空の合併がその一例である。「アメリカンは合併後、同業他社と比較すると完全に誤った価格付けがなされていたので、われわれは継続保有した。実際に、われわれはできるかぎり株式のポジションを構築し、ほかの航空会社のバスケットでイクスポージャーをヘッジしたんだ。そして、マルチプルが合理的な水準になるのを待った。つまり、合併、バリュエーション、その他あらゆることを理解すべく懸命な努力を払ったならば、早々に決済しなければならない理由はない。だが、純粋な合併アービトラージが大きな収益率をもたらすことも多いがね」

すべての巨大合併がチャンスとなるわけではない、とシェーンフェルドは警告する。「どうして取締役会が承認したのか不思議に思うような案件もある。ベーカー・ヒューズとハリバートンのようにだ。二〇一四年時点で、どうして彼らは、特定の事業を取得するであろう者たちを事前にラインナップせずに、この合併がオバマ政権による反トラスト法の調査を通過すると考えたのだろうか。大きなリスクがあることを売り手であるベーカー・ヒューズが理解していたのは言うまでもない。三五億ドルの違約金が契約でうたわれていたのだから。これは取引が締結された時点でも巨額だが、石油サービス業界全体が崩壊していたのだから、案件が打ち切りとなったらさらに重大な意味を持つことになる」。だが、この破談となった案件の戦略面での誘因は合理的なものだ、とシェーンフェルドは二〇一六年五月の時点で考えていた。「われわれはそれらの資産を買い取る者がいたと考えている。GE（ゼネラル・エレクトリック）だ。だが、案件が留保されている間に、石油業界の資産価値は大幅に下落してしまい、またGE自身がトリアンなどアクティビストからの圧力にさらされていたので、そのときは実現しそうになかった。今でも、GEの最も弱い点は石油サービス事業だ。彼らはその分野が立ち遅れていたので、買い手としては筋が通るし、彼らは一年半以内にベーカー・ヒューズを買うだろうと賭けたんだ」

最終的に、GEが行動を起こしたのはたった五カ月後の一〇月後半であり、シェーンフェルドがまたひとつ勝利の栄冠を手にすることになった。

第7章

ジョン・ポールソン

John Paulson

必要となるのは私が第六感と呼ぶものだ。推測することはできるし、一度や二度なら正しいこともあるだろうが、常に正しく、スムーズなリターンを生み出すためには第六感が必要だ。たくさんの案件があるのだから、百パーセント集中していなければならない。そして、百パーセント集中し、常に情報を探り続け、その情報の関連性を理解することが物事を見いだす方法である。なぜなら、振り返ってみれば、常に何らかの手がかりは存在するからである。事が起こる前にそのような手がかりを見いだしたいと思うであろう。

この発言を作家のグレッグ・ザッカーマンが『史上最大のボロ儲け』（ＣＣＣメディアハウス）という二〇〇九年の本にまとめたとき、その名もポールソン・アンド・カンパニーの創業者であるジョン・ポールソンは、タイトルどおり「史上最大のボロ儲け」とも言われる自ら行った住宅バブルに対する一連の伝説的な賭けには言及していない。ちなみに本のサブタイトルは『ジョン・ポールソンはいかにしてウォール街を出し抜いたか』である。この大胆不敵な取引によって、彼のヘッジファンドは金融危機の最初の年に一五〇億ドル（ポールソン個人では四〇億ドル超）以上を稼ぎ出した。また、この取引によって、クイーンズ出身の、細身の体にボタンダウンのシャツをまとったヘッジファンドマネジャーは、ウォーレン・バフェット、ジョン・テンプルトン、ジョージ・ソロスと並ぶ投資界の殿堂に一気に名を連ねたのである。

優しい語り口のポールソンは、ロックフェラーセンターの高層階にあるヘッジファンドの会議室――ありふれた空間だが、絵画や彫刻品が飾られている――で、高級ローファーを半分脱ぎ、少しばかりリラックスしながら、前述の意見を口にしたが、やがて彼をウォール街へと引きつけ、今でも彼のファンドのうち三つが焦点を当て続けている戦略について説明をし始めた。リスクアービトラージである。

彼が強い関心を抱くようになったのは、ＮＹＵ（ニューヨーク大学）の教授が「リスクアービトラージが大好き」で、ウォール街の一流経営者を講義に招いていたからだとポールソンは説明する。一九七〇年代後半、教授のお気に入りのゲストは当時ゴールドマン・サックスのアービトラージ部門の責任者であったロバート・ルービンで、同社で最も稼ぐジュニアパートナーであった。

若きポールソンはリスクアービトラージに心を奪われる。「独特のオーラのようなものがあった。リスクアービトラージを行うグループはたいてい五人から一〇人ほどの小規模なものであったが、長時間働かなくても年に二億ドルもの利益を稼ぎだすことができた。投資銀行では、何百人もの人たちが手数料を稼ごうと躍起になり、同じだけの利益を生み出すために働き詰めだったであろう。だから、リスクアービトラージ部門を率いていたエース・グリーバーグがベア・スターンズの会長になったんだ。彼はだれよりも利益を上げていた。そういうことだよ」

障害を乗り越える

だが、その世界に入るには高いハードルが待ち受けていた。「『リスクアービトラージをやりたければ、M&Aの経験を積む必要がある。そこで成功すれば、彼らがリスクアービトラージの世界に招き入れるだろう』と言われたよ」。彼はすぐに志願したが、「MBA（経営学修士）を取るまではM&Aに加わることはできない。それにわれわれは基本的にハーバードしか採用しない」と言われてしまう。それでもくじけないポールソンは、ハーバード大学のビジネススクールに入学すると、上位五%の成績を修めて卒業する。ただ、時は一九八〇年、最も優秀な学生たちは、沈みゆく弱気市場、ウォール街というボロボロの街角だけには進まなかったのだ。ポールソンはボストン・コンサルティング・グループでリサーチの職を得るが、すぐに金融界でのチャンスを探し始めた。オデッセー・パートナーズの著名投資家レオン・レビーとジャックス・ナッシュとの仕事が募集されると、ポールソンはウォール街に飛び込み、その職を足掛かりにベア・スターンズでM&Aのポストを得る。ポールソンはあっという間にパートナーとなったが、自分の目標を見失うことはなかった。彼はベア・スターンズや他社のアービトラージャーたちとの関係を構築していったが、やがてそのネットワークによってリスクアービトラージの大手、グラス・アンド・カンパニーのパートナーに招かれることになる。ポールソンはこのチャンスに飛びついた。

「グラスには顧客はおらず、彼らは自分たちの資金を運用しているだけだった」とポールソンは振り返る。ポールソンが入社したときには、グラスの創業者であるジョセフ・グラスは事実上引退し、息子のマーティンが采配を振るっていた。「マーティンのトラックレコードは驚くべきものだった（グラスは二〇年以上にわたり二ケタの収益を上げた）」「当時はビジネスもそれほど過熱していなかったので、スプレッドも今よりも大きかった。競争入札があれば、大金を稼ぐことができたんだ」

息子のグラスがポールソンに忘れ得ぬ印象を残したのは、一九八八年一〇月のことで、フィリップ・モリスがクラフトに対して一株当たり九〇ドルでの敵対的買収を仕掛けたのだ。これは一株六五・一二五ドルという買い付け前の株価に対して大きなプレミアムである。「マーティンはとても鋭かった。彼は即座に大量の株式を取得したんだ」。グラスは、クラフトが当初抵抗したにもかかわらず、キャッシュリッチなタバコ会社が勝利を収めることに賭けていた。案の定、二週間のうちにクラフトは一株当たり一〇六ドルで妥結する。これによってグラスは人もうらやむほどの速さで数百万ドルの利益を手にしたのだ。「M＆Aの仕事にはありついたし、それはそれで良かったのだが、私は投資がしたかった。資金があれば、アービトラージで大きなお金を稼ぐことができる。プリンシパル（Principal）になれば、エージェント（Agent）としてよりもはるかに多くを稼ぐことができるんだ」

わが道を行く

ポールソンは、グラスで四年間パートナーとして働いた。ビジネスを十分に理解したと考えた彼は、一九九四年に退社してポールソン・パートナーズを立ち上げ、「合併を主としたリスクアービトラージ、そして合併の裏面とも言える破産法に基づく会社更生に取り組むことになる」。仕事の忙しさは景気循環とは逆になる、とポールソンは説明する。「常に忙しくしていられる能力が必要だ」。創業時、「おそらく外部の人の資金は私の自己資金の一〇〇倍あった」とポールソンは振り返る。ヘッジファンドがブームとなり、起業したウォール街の若者は彼に限ったことではなかった。彼らはみな、リスクアービトラージのヘッジファンドに充当されるウォール街の資本を利用していた、とポールソンは指摘する。それ以前、リスクアービトラージに用いられる資本のほとんどはパートナーシップの資本であった。「今や、自らのヘッジファンドを立ち上げて、外部の投資家から自己資本の何倍にもなる資金を調達することができた。もはやアナリストからファンドマネジャーに、そしてゴールドマンかベアのパートナーになどというコースではなかったのだ。能力があれば、巨額の資金を調達し、そして自分自身のために同じ仕事をすればよいのだ」

最終的に、新たな資本を手にしたライバルたちがリスクアービトラージに殺到したことで、アービトラージの収益性が低下し始めた。「だれもがアービトラージャーとしてのスキルを持っていたわけではなかった。独特のビジネスだからね」とポールソンは述べている。「たくさんの人々がスプレッド取引を始め、あらゆる案件に分散するようになった。もちろん、それはできるだろうが、価値を付加することにはならない。どのスプレッドが良いか分からないのだ。だから、良い案件に重きを置き、悪い案件を避けることができない。そして最終的にはダメになる案件に手を出すことになる。また買収合戦があるにせよ、全体としては平均的な収益――業界全体のリターン特性は低下していた――しか生み出すことができず、やがては一般的な金利の水準に落ち着くようになるのだ」

今日、「リスクアービトラージにおける、レバレッジなしの長期的な平均リターンはリスクフリーレートに対して四〇〇～六〇〇ベーシスポイントのプレミアムと期待するのが合理的だ」とポールソンは言う。「調査を行い、ウエート付けし、ポートフォリオを管理することで、それを上回る価値を付加することが可能であるし、まとまらない案件を除外し、競争入札がありそうな案件にポートフォリオを寄せ、スプレッドを最適化することができれば、リターンに二〇〇～四〇〇ベーシスポイントは加えることができる」と彼は付け加える。

アービトラージ取引においてはレバレッジという手段をポールソンは推奨しない。「レバレッジを用いれば、リターンを膨らませることはできる」とポールソンは認めるが、「ボラティリティやドローダウンが小さいときの話である。道具としてのレバレッジの問題は、使い方を誤れば、壊滅的な結果に陥るということだ。ポートフォリオを広く分散させているアービトラージャーで六倍程度のレバレッジをかける者もいるであろう。だが、初期のアービトラージャーがそうしていたとしても、今日、六倍ものレバレッジを扱えるわけがない。やがては吹き飛ばされる。ボウスキーは大きなレバレッジを利かせていたが、彼は吹き飛んだ。常に正しいことなどあり得ないのだ。レバレッジをかけているときにつまずけば、倒れることになる」

ステープルズとオフィス・デポ

ポールソンは絶対に間違えないなどとは主張しないが、二〇一五年から二〇一六年にかけて起こったステープルズとオフィス・デポの合併騒動がアービトラージの落とし穴の好例だと指摘する。案件が初めて公表されたとき、彼は「おいおい、そりゃ無理だろう、うまくいかないよ」と思ったと述懐する。そして、こう付け加える。「両社は一九九七年にも一度合併しようとしたんだが、大失敗に終わった。ＦＴＣ（米連邦取引委員会）が止めたんだ」。ポールソンは、オフィス・デポとオフィス・マックスの合併を認める二〇一三年のＦＴＣの採決書類を読んでいたのだが、「彼らが認可した理由の一つにステープルズが競合として存在していることがあった。だから、今回の取引をＦＴＣは認めないだろうと思ったのだ」。

合併の提案にウォール街は強気だったが、ポールソン・アンド・カンパニーは静観していた。だが、ＦＴＣが取引を阻止したとき、「すべてのアービトラージャーたちが逃げ出し、スプレッドは四・五〇ドルまで広がった。それは破談となった場合の水準だった」とポールソンは振り返る。興味を持ったポールソンはＦＴＣの立場についてさらに研究した。彼は、委員会はオバマ政権によって過大に強化されていると感じていたが、反トラスト法の要点は市場の定義にあることを知っていた。「彼らは一極集中を避けたいのだ」。検討を進めるにつれ、「ＦＴＣはあまりに反企業的で、行き当たりばったりに市場を狭く定義している。アマゾンは競合ではない、ウォルマートは競合ではない、といった具合だ」とポールソンは考えた。彼らは中規模の事業や小売客たちを無視していたのだ。「彼らは上位一〇〇社をもって当該市場と定義していたんだ。彼らはステープルズとオフィス・デポからしか物を買えない、といった具合にね」

ポールソンは熱くなり、いつもの礼儀正しさをかなぐり捨てる。「私は答弁書を読んでこう言った。『バカげてる』。われわれは小さなポジションではあったが、四・五〇ドルでスプレッドに乗った。ＦＴＣは消費者に気を配るべきだ。どうして彼らはアメリカの大企業一〇〇社に気を配らなければならないんだ」。公文書を読めば読むほど、ポールソンは腹が立った。「それに彼らは製品を自分たちの都合に合わせて選んでいる。紙や鉛筆はカウントされないのに、トナーはカウントされる。これは案件が競争を制限することを証明するために製品群を絞って市場を都合良く定義しているだけだ。われわれはＦＴＣの主張には弱点があると考えた。オフィス・デポは案件が破談となったかのような価格で取引されていたので、ダウンサイドはそれほど大きくない。われわれは五分五分の確率で勝てると考えた。われわれは両社に話をしたのだが、彼らは激しく腹を立て、そして強気になった」

裁判所では、「判事はオフィス・デポの味方をしているかのようで、ＦＴＣによる市場の定義について質問していた。アマゾンは自社のＢ２Ｂのプラットフォームが拡大していることを証言し、『われわれは巨大だ、だれにでも、いかなる数量でも直送できるのだ』と付け加えた。判事は裁判を揺さぶろうとする不適切な行為を取っているとしてＦＴＣを叱責した。彼は審理の間中、ＦＴＣに腹を立てているようであった」とポールソンは指摘する。「彼が案件の継続を認める可能性はかなり高く、それによってスプレッドはゼロになると思っていた」。しかし結局、判事はＦＴＣの味方をし、裁判は気まぐれであることをポールソンに示すこととなったが、同時に過大なポジションを取ってはならないという彼の知恵を改めて肯定することになった。

ファイザーとアラガン

ポールソンが自ら認めるとおり、ファイザーとアラガンとの間で提案された「逆さ」合併でも幸運に恵まれず、本書のインタビューが行われたほんの数日前にこの合併案は米財務省によって葬り去られてしまった。「われわれは驚きのあまりどうすることもできなかった、われわれの最大のポジションだったんだ」。彼らが見たところ、財務省は二〇一五年一一月にはすでに逆さ合併を妨げる新しい規制を出していたとポールソンは言う。そして、ぶっきらぼうにこう付け加えた。「議会はこの手の取引を阻止したいならば、行動すべきだ」。ファイザーとアラガンの計画は財務省のルールを「すべてクリアしていた」し、「議会がすぐに行動を起こすとは考えていなかった」ので、「九〇％の確率で合併はまとまるだろうと思っていた」とポールソンは言う。「私はファイザーの経営者であるイアン・リードにも、アラガンのCEO（最高経営責任者）であるブレント・サンダースにも会った。われわれはすべての問題を検討した。われわれは法律を理解していたし、規制も理解していた。彼らがどのようにこの案件を構築したかも理解していた。あれは逆さ合併ではなかった。技術的に見て、あれは対等合併だったんだ」

財務省が「前例のない、極めて厳しく、強引な処罰措置を取る」とはまったく予想していなかった、といまだ怒りの収まらないポールソンは言う。「連中が越権行為をしたことは確実なのだが、法制度のあり方ゆえに、どうしようもなかったんだ」。新しい規制は裁判で異議を申し立てられたら耐えられない可能性が極めて高いとポールソンは考えている。「だが、訴訟を起こす資格を得るためには合併を完了させ、裁判期間中の何年にもわたる不確実性に耐えなければならない。両社ともそうするつもりはない。財務省はファイザーが税金対策としてアメリカの管轄から出ていくことを何としてでも防ごうとした。そして彼らはやり切ったんだ」

決裂する案件もあれば、幸運にも期待以上の結果となる案件もある。ポールソンにとって重大な事業判断となったのは、二〇一五年後半に専門薬剤メーカーのサリックス・ファーマスーティカルズの「未公表」案件のアービトラージに取り組んだときのことである。彼は、その年の初め、潜在的な合併相手としてアラガンの名前が取りざたされたときに、この銘柄を取得していたのだ。株価は一三〇ドルから一七〇ドルまであっという間に上昇したが、合併の期待が薄れるにつれて一四〇ドルまで下落した。だが、予期しないことに、一一月になってサリックスはどういうわけか卸売り販売会社に無理強いをして売上高を伸ばしていたと発表したのだ。株価はすぐに半値になった。「本当に不運だった」とポールソンは言う。「彼らの処方箋取扱量は実際に素晴らしかったが、彼らはさらに増大させようとしていたんだ」。ポールソンの鋭い事業判断の根拠はそこにあったのだ。彼はエンドユーザーに対するサリックスの実際の売り上げが順調に増大していることを知っていたのだ。過剰な在庫を処理するには時間がかかるであろうが、経営陣は責任を問われてお払い箱になるだろうとポールソンは確信した。彼は「過去にも買収ターゲットとなった企業である。今でもその価値はあるだろう。同社を買う者は、一時的に落ち込んだ売り上げではなく、売り上げ見込みに基づいて価格を付けるだろう。そして、現在の役員会は売却に必死になるだろう。きっと買い手が現れる」と賭けたのである。

ポールソンは午前中いっぱいをかけて、そう答えを出したという。「われわれはその日の午後に株式を買い始めた。引けまでに、株価は七〇ドルから九〇ドルまで上昇したが、われわれは一二月末まで取得を続け、同社の九・九％に当たる一〇〇〇万株を一株当たり一〇五ドルの平均コストで取得した。そして、待ったのだ。さして長く待つことはなかった。二月、バリアントが一五八ドルで手を挙げ、その後、エンドーが一七〇ドルでの買い付けを発表し、その後バリアントが一七三ドルを提案した。案件は三月三一日に結実する。われわれは一株当たり六八ドルで一〇〇〇万株、つまり六億八〇〇〇万ドルを稼いだのだ。タイミングも取引量も完璧だった。われわれは最大株主だったのだ」。株式を取得し、経営陣に株主価値を増大させるよう運動する「アクティビスト投資」はアービトラージャーたちが利用の度を高めている戦略である。ポールソンも攻撃的になることもあるが、概して経営陣と協調姿勢を取る。「われわれは概して敵対的な状況は好まない」と彼は強調する。二〇〇八年のダウ・ケミカルによる無機化学メーカーのローム・アンド・ハース買収では、ポールソンが有益なアクティビスト投資を行ったことでダウは破綻確実とも思われた状態から救われている。

ダウのダンス

二〇〇八年六月、ダウ・ケミカルは、計画されていたドイツの巨大化学企業BASFによるローム・アンド・ハース買収に、より高い買い付け価格をもって割って入った。BASFをあきらめ、ダウを選んだのは、「ローム・アンド・ハースが厳格な合併契約を望んでおり、また合併に関しては最高の法律事務所とされるワクテル・リプトンを代理人としていたからだ」とポールソンは振り返る。「だから、ダウはファイナンシング・アウトもなし、MAC条項もなし、という極めてタイトな合併契約を締結し、すべて現金で支払ったんだ。ローム・アンド・ハースを熱望していたダウにとっては良いことだった。当初スプレッドは一二％のリターンで取引されていた。われわれは『今のままでは、二～三％しか抜けないだろう。しばらくこの案件は様子見だ』と言ったんだ」

その後、リーマンが破綻し、経済と株式市場が崩壊したが、それに合わせてシクリカルな化学銘柄も下落した。ダウはジョイントベンチャーをクウェートに八〇億ドルで売却し、その資金をローム・アンド・ハースとの取引の一部に充当しようと計画していたが、クウェートはその取引から手を引いた。「ダウには頼るものがなかった」とポールソンは付け加える。『ローム・アンド・ハースに対する八〇ドルという提案に三〇ドルものスプレッドが付いた、グロスのスプレッドが実に六〇％だ。契約に調印したときは五五ドルほどであったダウの株式も六ドルまで下落し、経営陣はテレビに出演して、取引をまとめられない可能性があると述べたのだ」

ダウは、クウェートの資金のバックアップとして融資枠を押さえていたが、金融危機のさなかに「彼らに資金を提供したがる銀行などあろうはずがなかった」とポールソンは述べている。だが、ダウは約定手数料を支払っていたので、銀行も逃げることはできなかった、とポールソンは言う。「与信契約書を読んだが、厳格なものだった」。銀行の逃げ道はただひとつ、つまりダウが投資適格の信用格付けを維持できなかった場合である。

一方で、合併契約上、ダウには逃げ場はなかった。ポールソンはこう説明する。「銀行が彼らに資金を提供しようがしまいが、問題ではなかった。ファイナンシングアウトはなかったのだ。彼らはローム・アンド・ハースを買わなければならなかった、またその義務があったのだ。ワクテルはまったく譲歩せず、交渉を拒んだ。ダウは契約から抜け出すために裁判に訴えると主張した。だが、われわれは契約書を読んでいた。私だけではない。スタッフにはM&Aを専門とするハーバード出の弁護士もいる。ダウは望むのであれば裁判に訴えることもできるが、おそらく負けるだろうし、契約を履行するよう迫られるだろう、とわれわれは結論づけた。だから、われわれはダウが訴訟を起こしても合併に影響はないと考え、ローム・アンド・ハースで大きなポジションを取ったんだ」

全員が「なんてこった」

金融危機が悪化するさなか、ダウの信用格付けがトリプルBマイナスまで低下すると、事態は不確実性を増した。「もし彼らがもう一段格下げとなったら、もはや投資適格ではなくなり、銀行の融資もなくなってしまうので、ダウは破産保護を申請しなければならなかった」とポールソンは振り返る。ポールソン・アンド・カンパニー全体の反応は、「なんてこった」だった。彼らはダウの資金調達力ではなく、契約上の立場に対する分析に基づいて行動していたのだ。「突如われわれは、ダウが契約の結果にかかわらず、財政的にその義務を果たせない可能性があると悟った」

ポールソンは即座に行動に移る。「私はダウのアンディ・リバリスCEOに連絡してこう言った。『われわれは、あなたがたが契約を履行できるよう資金を提供することができるだろう』。ダウの投資銀行家で、かつてモルガン・スタンレーでもM&A部門の責任者を務めたグリーンヒル・アンド・カンパニー会長のボブ・グリーンヒルがすぐに電話に出て、『本気かね、アンディに会いに来ないか』と尋ねてきた。私は彼らと会ったが、彼らは確かな戦略計画を持った素晴らしい経営陣だった。彼らはただ、金融危機のさなかにあって財政的な困難に見舞われているだけだった。やがて銀行は、ダウに一五億ドルの新たな資金を調達して、自分たちの融資義務を軽減するよう話していたことが明らかとなる。さもなければ、彼らは投資適格の格付けを失うこととなったのだ」

その当時、資金を提供する者など文字どおり皆無だった、とポールソンは振り返る。「さらに、同社の株式は九〇％も下落してしまったので、たとえ買い手を見いだせたとしても、普通株の発行によってダウは大きく希薄化してしまう。われわれは、ドレクセル時代以来、利用されることのなかった『据置配当優先株』を編み出した。これは、基本的に現金配当は支払われず、追加的な優先株をもって支払配当とする、というものだ」。これならば現金は必要ないので、ムーディーズは自己資金とみなすことに合意したのだ、とポールソンは付け加える。これは普通株に優先するので、仮にダウが破綻しても「良い稼ぎになるのだ」と彼は説明する。この巨大化学企業は八〇億ドルの優先株をすでに発行しており、そのうち三五億ドルはウォーレン・バフェットが保有していた。ポールソンは、自分が保有する有価証券は「バフェットが持つ優先株と公平に扱われなければならず、それゆえ、仮にダウが破産しても、バフェットに劣後することはない」と主張した。バフェットが合意するとすぐに、ポールソンはこの取引をローム・アンド・ハースの同族株主に説明した。「『考えてみてほしい。もしダウがこの一五億ドルを調達できなければ、彼らは破綻し、われわれは何も得るものがなくなる可能性がある。だから、このリストラクチャリングにかかる資金調達の一部を私にやらせてほしい。そうすれば、合併は可能だ』とわれわれは言ったんだ。われわれは合意したのだが、その後、ローム・アンド・ハースが二の足を踏んだ。一族は七億五〇〇〇万ドルのうち五億ドルしか手にできなかった。私は最終的に彼らの枠のうち二億五〇〇〇万ドル分を、五〇〇〇万ドル割引の二億ドルで買うことになった。つまり、合計で一〇億ドルの優先株を手にしたんだ。膨大な現金を扱ったよ」

ポールソンは言う。「われわれは一夜で資金を手配した。ダウは投資適格の格付けを維持し、銀行は買収資金を提供した。われわれにとって重要なのは、彼らが一〇日のうちに合併を完了させたことだ。われわれは一株当たり三〇ドルのスプレッドで六億ドルを稼いだ。つまり、少なくとも二〇〇〇万株は持っていたんだ。われわれがダウに資金を提供したとき、ローム・アンド・ハースは五〇ドルから七四ドルに上昇した。一週間後、取引は完了し、われわれの持ち株は八二ドルとなった。あれはビッグゲームだったよ」。ポールソンは喜びを隠そうとせず結論づけた。

彼はいまでもダウの優先株を一〇億ドル分保有しているが、ムーディーズは、二年間償還はできないと主張していた。ポールソンは一二％の優先配当をこれ以上ダウに負担させたくはなかったので、彼らが資金を借り換えることができるのであれば、ペナルティなしで前払いをすることを認めた。買収は二〇〇九年二月に完了し、市場は翌月の前半には底を打ち、株価は上昇した。四月になると、投資適格債の市場が再開し、ゴールドマンがダウの借り換えを引き受け、この巨大化学会社は高くつく優先株を清算した。ダウの普通株はすぐに回復する。「二カ月のうちに、われわれは一〇億ドルを回収したが、われわれが引き受けたローム・アンド・ハース分で五〇〇〇万ドルの追加利益と、さらに手数料と一二％の配当を獲得して、案件から手を引いたんだ」とポールソンは言う。「われわれはこの案件を救った。あっという間にね。こんなことできるやつはいないよ」

第8章

ポール・グールド

Paul Gould

リスクアービトラージは学ぶべき重要な分野である。これは投資の世界を理解する一助となる。その戦略では投資事業にまつわるさまざまな面が考慮され、身につけるべき優れたスキルセットともなる。だが、四六時中行う事業ではない。

アレン・アンド・カンパニーのマネジングディレクターであるポール・グールドは、二〇一五年末にリスクアービトラージ事業を畳んだのは、「資源配分の問題であり、顧客との関係に集中するためだ」と説明する。アスリートのように肩幅が広くて、背が高く、ものすごく存在感のあるグールドは、一九七五年に人目を避けるブティック商業銀行で小規模ながらも強力なリスクアービトラージ部門を立ち上げ、四〇年以上にわたって高い収益力をもって運営してきた。グールドはまた、長きにわたりアレン・アンド・カンパニーの強力なM&Aアドバイザリー事業に深く関与し、ジョン・マローン率いる幾つかのメディア企業の役員を務めてもいる。「われわれは万人のために、あらゆることをするわけではなく、リスクアービトラージそのものよりも、企業の方向性に従って行動してきたんだ。たとえスプレッドが大幅に狭まったとしてもね」と彼は述べている。

フェアリー・ディキンソン大学を卒業する前に通っていたコーネル大学の名誉理事であるグールドは、一九六九年にウォール街で職を得ると、すぐに転換社債の取引に魅了される。「一九七一年から七二年にかけて、転換社債は極めて活発な市場だった。多数のREIT（不動産投資信託）が債券や株式、ワラントを発行し、ワラントは債券の発行に合わせて行使されることがほとんどだった。それゆえ、頻繁に起こったことではあるが、債券が割り引かれて売られると、割り引き分を使ってワラントを行使することができた。つまり、そうすることで株式を安く取得することになるのだ」。若きトレーダーはすぐに「これらすべての選択肢を使うことができる」ことを発見する。彼はすっかり魅了された。一九七二年、当時はまだアレン・アンド・カンパニーでせっせと働いていたグールドは、興味深い変数が関係した、あまり知られていない投資手法を発見する。リスクアービトラージだ。「われわれはやがていくつか小さなポジションを取った。社内で大きな支持を得ることができたので、われわれはリスクアービトラージを始めたのだ」

満期が問題だ

グールドはこう振り返る。四〇年以上の間に、「リスクアービトラージは極めて未熟な事業から、七～八年前までには成熟しすぎた事業へと変貌した。一九七〇年代、この事業がいかなるものかだれも知らなかった。アイバン・ボウスキーのこれ見よがしのやり方が人々の興味を引きつけはしたが、その他のことはほとんど知られていなかった。頼りとなる研究成果もありはしなかった。公的資料を入手することさえほとんど不可能だったのだ。情報は遅れてニューヨークにやってくる。真剣に何かを目にしたいと思ったならば、だれかが裁判所やSEC（米証券取引委員会）の周りをうろついているのを見つけたかもしれないが、資料が公開されるまで待つことになっただろう」。

だが、保証預金さえあれば、取引はさほど難しくなかった。グールドはうれしそうにこう振り返る。「『フライデー・ナイト・スペシャルズ』という言葉は聞いたことがあるだろう。当時、現金による敵対的な買収は七日間で完了することができた。金曜日の夜にだれかがだれかのデスクに買い付け提案を置いていくんだ」。すると、すべては翌週末までに終了することになる。年率の収益率は目を見張るほどのものだった。「だが、時代は変わり、二〇〇五年のある日、私がこの会議室の傍を歩いていると、社員の一人がアービトラージの調査を売り込みに来た二つの会社の人間たちといたんだ。そのとき、市場はピークを付けたのだろうと考えた。リスクアービトラージで通用し続けるテーマが一つあるとすれば、それはコントラリアンの気質を持つことで報われる、ということだ」

アレン・アンド・カンパニーで産声をあげたばかりのリスクアービトラージファンドが主たる機関投資家の口座を預かったのは三〇年も前、一九七五年の弱気相場のさなかである。「われわれがボストンに向かっているとき、ヤンキースはレッドソックスとプレーオフを戦っていた。われわれはハーバード大学が最初に雇った外部のファンドマネジャーで、同大学の投資部門はそれまで一度も株式をショートしたことはなかったんだ。当時の事業がどれほど未熟だったかが分かるだろう。彼らに株式をショートするメカニズムを教えるのに六カ月ほどかかった」。だが、その直後、「ケンブリッジ・アソシエーツがサウスカロライナ州チャールストンで行われた寄付基金の会議にわれわれを招待した。私が出ていって、われわれのアービトラージファンドを売り込んだのだが、最終的に、世界銀行、ケース・ウエスタン大学、ジョンズ・ホプキンス大学など、およそ一〇件の口座を預かることになった。一九八〇年代後半までにわれわれはそれをおよそ一〇億ドルまで成長させたんだ」とグールドは付け加える。

友を得た

グールドが述懐するように、たった四人のプロフェッショナルからなるチームが、自分たちのリスクアービトラージのサービスを最初に機関投資家に販売するのは、顧客との関係性を強化する方法としては悪くない。「われわれが出ていって、これらの寄付基金を獲得した」とグールドは言う。というのも、「アレン・アンド・カンパニーはモービル・コーポレーションの不動産部門の向こうを張って、カリフォルニア州オレンジ郡郊外のアーバイン・ランチの買い付けを行っていた。われわれはその時点で、自分たちを投資家として招き入れるような機関投資家との友情関係はほとんど持ち合わせていなかったのだ。それゆえ、私がハーバードなどとの関係を構築することになった。今では言うまでもなく、たくさんの関係を有している。われわれが主催するサン・バレー・カンファレンスに拠るところが大きい。満足しているよ」。

ボウスキーがインサイダー取引の罪で収監され、「ハイリー・コンフィデント・レター」と、ジャンクボンドをテコとした企業連鎖を大量に生み出したドレクセルのマイケル・ミルケンも刑務所行きとなったことで、一九八〇年代の狂乱の買収ブームがその一〇年の終わりには行き詰まってしまったことは確かである。また、「ポイズンピル」の蔓延が合併を減退させた一方で、一九九〇年のリセッションによってアービトラージ部門は、「市場金利程度しか獲得できない退屈な銀行取引」を選り分けざるを得なくなった、とグールドは述懐する。

これはアレン・アンド・カンパニーの性には合わなかった。グールドはこう説明する。「われわれが運用する大金のうち、ある程度はわれわれ自身の資金であることがほとんどであり、常に『われわれが投資家の資金で何をするにせよ、それは自分たち自身の資金でも行っていることであるから、もしわれわれが投資したくないと思えば、そう伝える』という前提でいた」。アレン・アンド・カンパニーはそうしてきたのだ。「一九九〇年、われわれは顧客にリスクアービトラージの資金を償還するよう提案する手紙を出した。投資のチャンスがなかったのだ。われわれはファンドを一億二〇〇〇万ドル程度まで縮小させることができた。だが、口座のほとんどが、かなり小規模な投資家としてとどまった。われわれはリスクアービトラージ事業が回復するまで、四～五年の間は随分のんびりと事業を行っていたんだ」。アレンの顧客たちは最終的に良い思いをすることになる。「幸運にも、二〇〇五年または二〇〇六年に至るまで、われわれが損を出した年はなかった」とグールドは言う。「リスクをとらなければ、損を出すこともないだろうから、われわれが十分なリスクをとらなかったのだというかもしれないが、二五～三〇%のリターンを上げた年もあったのだ」

危機管理

一九八七年と二〇〇七～二〇〇九年の市場の危機にあって、彼のリスクアービトラージチームが黒字を維持できたのは、自分たちの批判的思考、あまのじゃくな考え方のおかげであるとグールドは言う。「一九八七年、M&A事業全体がボウスキーやミルケンとともに崩れていくなかにあっても、われわれはほとんど傷つかなかった。当時、案件の七〇%から八〇%が事実上ドレクセルの資金に頼っていたのだが、われわれからすればあまりに相関関係が強すぎた。われわれは極めてリスク回避的で、自分たちのポジションが産業やセクター、または特定の投資銀行家に偏るのを避けることを強く意識していたのだ。それゆえ、ミルケンの案件では他社よりも優れていると思われる一つか二つしか取り組まなかったし、それらは無事完了した。だが、だれかが起訴されるなどとは思いもよらなかったよ」

だが、ボウスキーが政府に協力しているというニュースが広まるにつれ、一九八七年のウォール街には疑惑と懸念の雲が立ち込めていたという話をグールドは教えてくれた。「ボウスキーが私を飲みに連れ出したときに盗聴されていたことがあとで分かった。名前は言えないが、実際に友人の一人はその前の週にボウスキーから現金を渡されていた。恐ろしい時代だよ。人々は次々と起訴され、だれかが自分についてウソの証言をするかもしれなかったんだ」

ボウスキーが「どうしても会いたいと言ってきた」とき、グールドがすぐさま疑いを持ったというのも当然であろう。アレン・アンド・カンパニーは「幾つかの理由から奴とはほとんど関係を持たなかった。そのなかには、何かが起きているということをわれわれが確信していたという事実もある」とグールドは付け加える。それにもかかわらず、彼はボウスキーと会った。「忘れもしない、あれはハーバード・クラブだった。彼が入ってくるやいなや、私は自分たちの息子のこととレスリングの話をした。彼の子供と私の子供は実際にレスリングで対戦していたんだ。話したのはそれだけだ。お酒が半分も過ぎたころ、ボウスキーは立ち上がって出ていった。それだけだった。数カ月後、すべてが記事になったよ」

常識に基づく投資

優れたリスクアービトラージ戦略の要点は、常に「すべてがコンピューター化された今日でも、リスクがどこにあるかという常識的なものに変わりはない」とグールドは言う。「そして、どれだけ相関があるかないかといった、必ずしも機械では分からないものだ。案件のダイナミズムや人々の動機に関する分析だよ」。その点では、企業のキーマンたちと深い関係を有するアレン・アンド・カンパニーで働いていたことは強みだったとグールドは認める。同社にコーポレート・アドバイザリーの専門性があるということは、「常に事業や、そこで起きていること、また人々がなぜ行動するのかについて本質的な議論ができる」ということだとグールドは振り返る。

同時に、コーポレート・アドバイザリーの同僚や銀行家から「最も聞きたいことは、だれかが明日、ビッドを三ドル引き上げようとしている、といったことだろう。インサイダー情報はトラブルを巻き起こす。われわれはそのようなことはしない。こんなことは言いたくないのだが、適切だと思うので話をするが、ボウスキーはスプレッドをめちゃくちゃにすることで一〇年にわたり業界を思い切りひっかき回した。つまりほかのアービトラージャーたちに多大なコストを支払わせたのだ」とグールドは強調する。ボウスキーの企みはほかのアービトラージャーたちにとっては明々白々で、提灯買いを呼び起こすものだとグールドは付け加える。「うまくいくものもあるだろうが、それはまっとうではなかった。ボウスキーは明らかに他人が持っていない情報を持っていた。だから、自分は何も買わないままか、案件に問題があってうまくいかなくなってもポジションを持ったままということになる。または、ボウスキーは自分より知識が豊富だとして買い増しても、最終的にはうまくいかなかったのだ。ボウスキーがキダーのだれかから情報をもらっていることは事情通には明らかだった。逮捕されたのはマーティン・シーゲルだが、私はほかの連中も怪しいと思っていた」とグールドは付け加える。

市場が二〇〇七～二〇〇八年の危機に突入した際、アレン・アンド・カンパニーのコントラリアンな気質と、研ぎ澄まされた投資銀行業の専門性のおかげで再び大きな落とし穴を避けることができた、とグールドは言う。「多くのプライベート・エクイティ・ファームが参入し、これといった戦略的理由もなく企業を買い始めた二〇〇五年ごろからリスクアービトラージ市場は恐ろしさを増すようになった」。市場または経済が揺らいでいるのに、「案件をまとめる動機が現実的なシナジーではない」ことを認識したグールドは、戦略的な取引以外にはかかわらなかったのだ。

レバレッジ、それは結構

アレン・アンド・カンパニーは、レバレッジを用いるということに関しては、一般的なアービトラージの事業戦略と一線を画していた。同社は一度も利用したことがなかったのである。グールドはこう説明している。「必ずそうしなければいけないということではない。もしリスク・リワードの判断力が優れていると思うのであれば、市場が売られているときに売ることを強制されたくないであろう。お決まりのジョークだが、上司が入ってきて、すべてを売るよう命令したときこそが、市場の底だということだ」

グールドは、アクティビスト投資を実行するリスクアービトラージのヘッジファンドも好きではない。「もちろん、『ヘッジファンド』というのは何でもありだ」と彼は認めるが、アクティビスト投資家が行っていることの多くは「一九八〇年代にミルケンがやっていたこととさして違いはない。はっきり言えば、ミルケン（またはドレクセルのジャンクボンドによる資金調達サークルのメンバー）は大きなポジションを取って、短期間に株主価値を増大させるよう企業に迫ったんだ。残念なことに、経費やR&D（研究開発費）を削減させただけだったこともある」

彼は続ける。「今日の世界ではうまくいかないこともある。なぜなら、多くの場合、すでにそれが行われているからだ。また、今日の事業、とりわけハイテク産業では多額のR&D投資を行わないと生き残っていけない。古い業界のようにハイテク産業を絞り上げることはできないのだ。それをしようと思えば、競争力を削ぐことになるだろう」。グールドはこう付け加える。「残念ながら、世界は概してあまりに近視眼的になってしまった。最大の戦犯はファンド・オブ・ファンズであろう。彼らの仕事は資産を動かすことだから、私は彼らを非難するつもりはない。彼らは投資を行い、ただ座っているだけでは、運用報酬の上前をはねている自分たちの手数料を正当化できないのだ」

アクティビストの短期的な要求を払い除けるメカニズムを構築している企業が出てきたのは良いことだ、とグールドは言う。「企業の統制を厳しくすることが彼らを回避する方法だ。だから心配することはない。フェラーリがIPO（新規株式公開）の際にそれをやった。彼らはエルカン・アニェッリ家に種類株を発行したが、これは特別な議決権と引き換えに、当面は売却しないことを約したものである。経済的な所有権は二〇%程度であるが、彼らは議決権を支配しているのだ」

心底コントラリアン

さらに広く見れば、市場には「コントラリアンにとってのチャンスが常に存在する」とグールドは言う。伝統的なリスクアービトラージにとっては厳しい現在の環境でも、選りすぐってアービトラージを行えば見通しは明るいと彼は考えている。投資家は、「M&Aだけに集中していない、つまり異なるサイクルで動く傾向を示すディストレス債にも手を広げている」アービトラージファンドを見つけるべきだとグールドは提案する。グールドは、彼のアービトラージのポジションのうち四〇%は二〇〇七～二〇〇八年にディストレスとなったものであることを強調するとともに、「スピンオフやオプション取引などあらゆる」関連する戦略を見過ごすべきではないと付け加える。「危機のさなかであっても、株式を買うのではなく、債券を買うことが最良のチャンスとなる場合もあるのだ」

第9章

ジョージ・ケルナー

George Kellner

リスクアービトラージの魅力を挙げるなら、制約がなく、ほとんど野放しで、それでいて多額のお金を稼げることだ。必要な要素がないと早合点してはならない。だが、本当に大儲けできると思った。どこかのファンドのパートナーが大儲けしていることははっきりしていたし、それが魅力だったのだ。企業組織のなかにあっては手に入らないであろう。だが、それにはリスクをとる覚悟が必要だ。安定や安全性を求めているならば、リスクアービトラージはけっして適当な仕事ではない。

「私は蝶ネクタイ王にもなれた。選択肢のひとつだった」と言うジョージ・ケルナーの、ためらいがちながらも、尊大な声には、彼がそれを真剣に考えたことはなかったことが感じられた。ニッチなファッション事業は移民である彼の家族の経済的な拠り所であり、一九五〇年代、そして一九六〇年代のアメリカンドリームへの懸け橋となったが、彼の父親が常々「安っぽい服飾産業を嫌っていた」ことは分かっていた、とケルナーは振り返る。それゆえ、一九四七年に三歳の子供を連れ、「文字どおり、ベルトの裏に三〇ドルを縫い込んで」ハンガリーを脱出した両親を持つケルナーは、両親の蝶ネクタイ作りでの成功によって得た教育の機会を生かし、まったく異なる道を目指した。つまり、コロンビア大学のロースクールを卒業し、一流の弁護士事務所を経て、初期の投資信託会社で企業弁護士から証券アナリストへと転身し、やがてはリスクアービトラージと呼ばれるウォール街の特殊な分野で最上位へと上り詰めたのである。

独立のリスクアービトラージャーとしてはウォール街の草分け的存在の一人であるケルナーは、ちょうど企業合併――ほどなく株式市場全体も――が非常な勢いで浸透し始めた一九八一年二月にフィル・ディレオ（彼の前職はアイバン・ボウスキーのトレーダーだった）と手を結び、合併アービトラージを専業とするケルナー・ディレオ・アンド・カンパニーを立ち上げた。当時の新聞記事では、この立ち上げたばかりのパートナーシップの資産が、一九八七年の暴落に突入する前には一〇億ドル（おそらくはレバレッジを含んでいる）にも達したとされていた。ケルナーはこの金額にこう異議を唱える。「私はそこまで野心的ではないので、けっして多額の資金を調達してはいない。最大でも六億か七億ドルの資本だと思う。それだけだ」。ケルナー・キャピタルと名を変えたケルナーの会社が、一九八七年の暴落だけでなく、それ以降も事業を襲った株式市場における数多くの調整や後退や暴落などを見事に潜り抜けてきたことに議論の余地はない。今日、ケルナー・キャピタルは、ヘッジファンドや、機関投資家ならびにファミリーオフィスの投資家向けのさまざまなオルタナティブ投資戦略、さらにはオルタナティブの投資信託などを通じておよそ二億五〇〇〇万ドルを運用している。ここで少し話を戻そう。

「ほとんどの移民たちと同じように、私の両親も望んでここに来たのではなく、そうせざるを得なかったのだが、彼らは何とか成功することができたのだ。彼らは教育を受けており、また裕福だった。私の父は経済学博士で、ハンガリー国立銀行の幹部職にあったが、実務能力はなかった。彼は四カ国語を操ったが、英語は話せなかった」とケルナーは付け加える。だが、幸運にも彼の母親は針仕事ができた。「彼女が蝶ネクタイ工場で職を得たとき、私の父は電球の戸別販売で苦労していた。彼女は四カ月後には現場主任に昇進したが、六カ月後に私の父にこう言ったんだ。『ねぇ、ネクタイの作り方は覚えたし、あなたは元銀行家でしょ。この事業をやるべきよ』。一九六七年か一九六八年に彼らが引退したとき、その蝶ネクタイ工場は全米で最大のものとなっていたんだ」

彼らは祖母をハンガリーから呼び寄せたのだが、「両親が私を士官学校――彼らはそれ以外の選択肢を知らなかった――に送り込むまで、基本的に祖母が私の面倒を見ていた。それがドナルド・トランプと私の数少ない共通点の一つだ」とケルナーは説明する。大統領のそれとは異なり、ケルナー自身の士官学校生活は極めて短いものだった。「当時の陸軍士官学校は事実上ある種の少年院みたいなもので、私の先生がひそかに両親に、私を別のところに行かせるべきだと言ったんだ。そこで私はボーディングスクールに行くことになった」。それ以来、「蝶ネクタイのおかげで私は一流の仲間たちに囲まれることになる」とケルナーは述べている。だが、彼は家業を継ぐつもりはなかった。その代わりにケルナーはトリニティカレッジからロースクールに進み、数年間、弁護士稼業に勤しむことになる。だが、それも彼の「四四歳の上司がほとんど自分と同じだけの時間働いている」ことを認識するまでのことだった。「われわれが深夜まで働き、印刷所で一緒にサンドイッチを食べている一方で、投資銀行家や彼らの顧客たちは午後六時には退社し、フォーシーズンズで食事をしていた。やがて私はフォーシーズンズで食事をしたいと思うようなったんだ」

リスクアービトラージを発見する

ケルナーは一九七〇年代初頭に、大学時代のルームメートの妻を通じて糸口を見いだした。彼女は巨大なクローズドエンド型投信であるマディソン・ファンドのＣＥＯ（最高経営責任者）であったエドワード・メルケルの娘だったのだ。「私は企業内弁護士としてスタートした」と述懐するケルナーだが、やがてCFA（公認証券アナリスト）を修得し、証券分析の分野、そして最終的にはポートフォリオマネジメントへと転身する。彼は五年ほど勤務することになる。「その後、エドワードが引退した。私は会社を経営したいと思ったのだが、だれからも頼まれなかった」とケルナーは肩をすくめる。さらに彼はすでにリスクアービトラージに興味を抱いていたのだ。「私はゴールドマン・サックスのロバート・ルービンやほかの社員とも会っていた。ルービンはすでにアービトラージ部門を率いていた。ガス・レビーはすでに引退していたんだ。ともかくも、私は彼がやっていることを知り、とても興味深いと思った。われわれはそれについてはほとんど話をしてこなかったんだ。アナリスト、さらにはファンドマネジャーとして私が不満に思っていたことの一つが、株式に関する多くの仕事ができるし、ファンダメンタルズについて正確たり得るが、株価についてはからっきしダメだということだ。有価証券の価格には数多くの要素が反映されるので、ファンダメンタルズ分析のプロセスとその結果とにはズレが生じる。一方、合併アービトラージでは、少なくともわれわれが実践しているように、順を追って仕事をすれば、結果はかなり予想できる。それが私には良かったのだ」。結果として、「私はどうやったらゲームに参加できるかと目を光らせていたのだ」とケルナーは続けた。

今回ケルナーにキッカケをもたらしたのは、彼の幼い息子の学校でのつながりだった。「彼はアレン・スティーブンソン・スクールに通っていたのだが、クラスメートの父親のひとりが当時ドナルドソン・ラフキン・ジャンレットを経営していたカール・ティーデマンだった。ある日、われわれは学校のとあるイベントに参加していたのだが、ティーデマンが私を見ているように感じた。ティーデマンはとても大柄で、私は小柄だ。そして、彼が『元気かい』と尋ねてきたんだ。だが後に、彼がＤＬＪ（ドナルドソン・ラフキン・ジャンレット）でアービトラージ部門を立ち上げたことが判明する。かいつまんで言えば、私は一九七六～一九七七年までＤＬＪで働き、おもに同社の合併アービトラージ事業を立ち上げた。彼らはすでに取り組んでいたのかもしれないし、会社を立ち上げたときには戯れに考えていたのかもしれないが、いずれにせようまくいっていなかったんだ。そこで私が再スタートさせ、一九八一年まで楽しく働いていたが、さまざまな理由から自分でやってみたくて仕方がなかった。そこで、フィル・ディレオと一緒に始めたんだ。彼は共同創業者でヘッド・トレーダーであり、彼が引退するまでの一五年ほど一緒にいたんだ」

創業当初

ケルナーは当初のことをこう振り返る。「われわれは純粋なパートナーシップだった。私はヘッジファンドがいかなるものか知らなかったのだ。われわれの組織構造は、当時リスクアービトラージ事業に参入したほかの独立系パートナーシップとは異なるものだった。例えばギ・ワイザー・プラットやマリオ・ガベリといった人々のようなね。ボウスキーが一身に注目を集めていたが、まったく違ったのは、われわれは本質的に正直だったが、彼はそうではなかったということだ」。いずれにせよ、彼らのタイミングはこのうえないものだった。「合併アービトラージは一九七〇年代そして一九八〇年代には確かに極めて儲かる事業だった。収益率も極めて高く、取り組む者もさほど多くなかった。私のような少数の独立系プレーヤーのほか、証券会社が取り組むばかりだったのだ」とケルナーは述懐する。そして良き時代は、新規参入者が業界にあふれた「一九九〇年代の始めごろまで」続いたとケルナーは付け加える。

最近では、「リスクアービトラージの収益率は、古き良き時代に比べると平凡なものとなってしまったが、その理由は収益率が金利に影響されることにある。われわれはそうしてきたし、今でも可能であるが、われわれのリスク管理方法に基づけば、ゼロ金利下で四％か五％のリターンが稼げれば、金利が上がらないかぎり十分なのだ」。唯一の例外は「より高いリスクを受け入れる少数の特別な口座と大きなレバレッジをかけた口座だけだ」と彼は付け加える。ケルナーは分散を図ることで対応した。「われわれは一九九〇年にコンバーチブル・アービトラージに手を広げた。その後、一九九〇年代後半から二〇〇〇年代前半にかけて、さらに国内外のイベント関連の戦略にまで分散した。だが、ショートオンリーのファンドを付け加えたことも、マディソン・ファンドのようなロングオンリーの運用に立ち戻ったこともない。それはおもに私の経験に拠るものだと思う。私はファンダメンタルに基づく銘柄選択の結果に対する予測にさほど自信がなかったのだ。私は常に目に見えるもの、そしてそれに付随する触媒になるもの、つまり何らかのキッカケを分析できるものを求めていたんだ」

税法

周期的に市場を苦しめる試練に彼の会社が影響されなかったわけではないことは確かである。彼は一九八七年の暴落を思い出してはぞっとするという。「われわれは税務上の理由からNYSE（ニューヨーク証券取引所）の会員だったので、一九八七年にはほとんど吹き飛ばされそうになった。当時、取引所の会員であれば短期のキャピタルゲインを長期のそれに転換できたことを覚えているだろう。だから、われわれは大きなリターンを得ていたし、税務上も効率的だった。だが、実際に節税効果を得ようと思えば、今話したとおり、NYSEの会員でなければならなかったのだ。そうなることで、多くの保証金を入れることなく株式を空売りして、ポジションを維持することができたのだ」

この大きな効用の不都合な点は、証券取引所の会員はNYSEのあらゆる規則に従わなければならない、ということである。ケルナーはこう述懐する。「一九八七年一〇月、大混乱が発生すると、取引所から電話をもらって、『資本規制に違反していますので、売却していただく必要があります』と言われた。彼らは原則として一週間以内に私のポートフォリオの九〇％近くを流動化するよう命令してきたのだが、これは本当に痛かった。私の同僚のなかには取引所の会員ではない者もいたが、彼らは暴落の間もポジションを維持し、実際に年を越すことができたんだ。だが、私の会社にとってこの件に関する唯一の救いは、その年一〇月までにおよそ一四〇％のリターンを上げていたので、幾ばくかのバッファーがあったことだ。だが、一〇〇％ほどはやられた。かなり大きく損をしたんだ。実際に、一九八七年は三五年のわが社の歴史において損を出したたった三年のうちの一年となってしまった」

よくあることさ

ケルナーは続ける。「だが、がけっぷちに立たされて、谷底をのぞきこまされたことで、私はとても重要なことを学んだ。それがこの話のポイントだ。そのときまで、私は『おそらくほかの連中はおまるを使っているだろうが、自分はそうではない。自分は違うのだ』と思っていた。とても価値ある教訓だった。また、屈辱的で、恐ろしいものでもあった。私は、自分で思っているほど賢くないということ、そして悪いことはまったく突然に起こるものだということを学んだんだ」。今になってみると、一九九〇年、一九九四年、二〇〇〇～二〇〇一年、そして二〇〇七～二〇〇八年と「かなりおぞましい期間」が続いても、自分の会社が存続できたことは一九八七年に恐ろしい経験をしたおかげだとケルナーは考えている。というのも、その経験によって彼は数多くの極めて厳格なリスク管理手法を導入するようになったからである。「ゲームプ

ベーブ・ルース。投資に置きかえれば、彼はよりリスクの高い投資に全力を尽くすホームラン王と言える。だが、野球であればうまくいくかもしれないが、アービトラージではそうはいかない（出所＝ウィキペディア・コモンズ）

スタン・ミュージアル。投資に置きかえれば、彼の高打率は安定性と言い換えることができるが、それがアービトラージの鍵である（出所＝ウィキペディア・コモンズ）

ランはビジネスのベーブ・ルースにならないこと。スタン・ミュージアルになることだ。言い換えれば、可能なかぎり三割を打とうと考えているが、ロジャー・マリスが何本打とうが、ベーブ・ルースの記録を抜くために六一本のホームランを打つ必要はないのだ。一塁打や二塁打をコンスタントに打てればそれで十分なのだ。そして一九八七年以来、それがわれわれのやり方となった。われわれのヘッジファンドでは一・三から一・四倍以上のレバレッジを用いることはほとんどない。つまり、投資信託よりも小さいということだ」

ケルナーは「自分たちのポートフォリオはほかのアービトラージャーたちよりも分散されていないかもしれない」と認めるが、その一方で、こうも指摘する。「われわれは三〇から五〇のポジションに集中しているが、五〇から一〇〇ではない。五〇がわれわれのポートフォリオでは最大であろう。ただし、すべてが素晴らしいものなので、チョコレートに飽きるまでケーキを食べ続けることになるがね」

厳格なリスク分析

ケルナーにしてみると、リスクアービトラージがファンダメンタルに基づく銘柄選択よりも大幅に有利なのは、そのリスク分析と予見可能性とに要因がある。「投資事業において間違いを起こせば、『その原因』を見いだそうとするであろう。だが、かつて私が証券アナリストやファンドマネジャーであった当時、調べてみても、結局は分からなかった。おそらくは自分のタイミングが悪かったか、まったく予想もできない遠い地の果てで、外的要因による出来事が起こっていたのだ」。それに比べ、「合併アービトラージでは、反トラスト法がリスクの大半を占める。そしてきちっと反省して、どこで間違えたかを把握することができる。だから同じ過ちは二度と繰り返さないとも言えるし、少なくとも間違いを軽くすることになる」。

ケルナーは例として、最近話題となったインバージョンを伴う合併提案に言及する。「われわれはインバージョンについてはよく知っていた。手始めが二〇一四年のシャイアーの案件である（同社は〈インバージョン〉を目的にアッビィと交渉していたが、これは最終的に節税を目的とした外国企業との合併を阻止せんとするオバマ政権の努力によって失敗に終わる）。それから、アラガン（米財務省が二〇一六年四月に、ファイザーが同社を買い、合併後の本社をアイルランドに移すという計画をつぶす以前）にも取り組んだ。『おいおい、ジョージ、どれだけ学んできたかという話をしているのに、シャイアーを経験したあとでアラガンに手を付けるなんてバカじゃないのか』と思われるかもしれない。だが、何よりもわれわれはリスクをとる事業に従事しているのだ、というのが答えだ。われわれが目を向けているのは、リスク調整後の予想リターンなのだ」

さらにケルナーはこう続ける。「案件の評価を行う際、それがインバージョンであろうがなかろうが、われわれにとって最も重要な要素は、その組み合わせに戦略的なメリットがあるかどうか、である。彼らが一緒になる戦略的な理由があるのか。それとも、それほど強力でもない、または有効でもない、財務面や税制面やその他の理由が動機となっている案件なのかどうかである。シャイアーは戦略的な理由があると思われる状況の好例だ。現に、案件が破談となる一週間前、アッビィの会長が自分たちはシャイアーを望んでおり、戦略的な理由からそれに取り組んでいるのだと公に声明を出したことで、このような見方は強化された。彼は鐘を鳴らし、シャイアーの従業員たちの熱意を鼓舞しようとしたのだ。まさにそのとき、われわれは目いっぱいのポジションを取った。だが、われわれ、そしてほかの多くの者たちが騙された。その一週間後、すべては崩れ去ったのだ。アラガンのケースでは、われわれは財務省が出てきて、何かしかねないとは思っていた。だが、ほとんどの者たちと同様に、われわれは彼らの行動があれほど厳しいものになろうとは考えもしなかった。これは愚かなことかもしれないが、われわれは、財務長官は法律を順守するものだと考えていたのだ」

「それが真実なのだ」

明らかに激怒しているケルナーはこう続ける。「これは私の意見であり、またこの手の法律を専門とする人たちも共通の認識なのだが、仮にファイザーが裁判に訴えたら、彼らはかなり高い確率でそれらの規制をひっくり返すことができたであろう。だが、彼らはそれに時間もお金も費やそうとしない。私は、財務省が出てきて、実際に彼らがやったようにギリギリになって事を起こすとは考えていなかったことは認める。今となっては前財務長官のジェイコブ・ルーはけっして認めようとしないが、よく言われるように『それが真実なのだ』。われわれはそこから何かを学んだのか。そうだ。われわれは少なくともオバマ政権は事態をギリギリまで追い込む覚悟があることを学んだのだ。この教訓を得るためにわれわれは幾ばくかの負担を強いられた。だが、それがわれわれのリスク・パラメーターが許容する範囲を超えることはなかった。われわれは原則としてポジションをポートフォリオの二％までに抑えており、このときもそうだった。それゆえ、われわれは想定される最悪の場合でも、資本の二％以上を失うことはない計算となる。これが長年にわたって有効だった。実際に、シャイアーとアラガンでそうなったのである」

リスクアービトラージの世界で、破談となった案件への投資をどう扱うかということについて広く意見が一致しているわけではないが、ケルナーは「状況次第」という立場を取っている。「状況次第で、即座に売却することもあれば、そうしないこともある。シャイアーでは、しばらく時間をかけてポジションを閉じていったが、これは案件が破談となった直後が売却には最悪の瞬間であることが極めて多いからだ。多くのタイプの機関投資家は、ご存知のとおり、約款上の問題から即座に売却するであろう。われわれは彼らが為すに任せる傾向にある。そして、われわれはそのような銘柄がそのファンダメンタルズに照らして幾らぐらいで取引されるべきかを把握していると考えているので、ひとたび騒ぎが収まるや、ポジションの解消にかかろうとするのだ」

「だが、いかなる理由にせよ、案件が破談となった時点でわれわれからして魅力的な価格で取引されている、またはそのポジションにしがみつくのがバカげていると思えるようなはかのチャンスがたくさんあるならば、負けを認め、損を埋める役にたつ何か別の銘柄に移ったほうが良いであろう。だが、それも厳格な決まりがあるわけではない。多くの人々が『案件が破談となったら、即座に売れ』と言う。それも一つの規律であるが、われわれは従わない。われわれはもう少し味のある投資家たろうとしているのだ」

変わり者たれ

ケルナーはこう認めている。「私はこの業界にいる者のほとんどが少しばかり変わっていると思っている。たいていは変わり者だという意味だ。普通であろうとしたならば、雇われるかどうかは分からないが、ゴールドマンに入社するか、一流の投資銀行か何かで働いていたであろう。一般的にはそれが普通だ。アービトラージは一般的な事業ではなかった。一九七〇年代、一九八〇年代を振り返れば、高く評価される事業でさえもなかったが、魅力的だったのだ。私が魅力を感じたことが二つあった。一つ目は私のバックグラウンドや興味をより効果的に生かせる事業であろうと思ったこと、二つ目はしがらみが少なかったことだ。生き残るために長きにわたって戦わなくては成功のチャンスがつかめないようなヒエラルキーに閉じ込められることもない。例えば、今日多くの若者が西海岸で新たな事業を立ち上げているが、その多くは同じ理由からであろう。彼らはゴールドマンで週に一五〇時間働くよりも、新しいユニコーン企業で働くことを望んだのだ。リスクアービトラージの魅力を挙げるなら、制約がなく、ほとんど野放しで、それでいて多額のお金を稼げることだ。必要な要素がないと早合点してはいけない。だが、本当に大儲けできると思った。どこかのファンドのパートナーが大儲けしていることははっきりしていたし、それが魅力だったのだ。企業組織のなかにあっては手に入らないであろう」

ケルナーは続ける。「だが、それにはリスクをとる覚悟が必要だ。安定や安全性を求めているならば、リスクアービトラージはけっして適当な仕事ではない。一九七〇年代後半から一九八〇年代にアービトラージの仕事をしていた人物がいて、私見だが、彼は周りの者たちよりも賢明だった。彼は有名企業で働いていたのだが、われわれのような者たちが年複利で五〇％超を稼いでいた八〇年代初頭に、彼はおそらく二〇％か三〇％しか稼げなかった。つまり、周りよりアンダーパフォームしていたのだ。その原因は、ある意味で彼がわれわれほかの者たちよりも賢かったことにある。彼は一つの状況を目にすると、あらゆる可能性を考えるのだが、それによってマヒしてしまったのだ。彼は何が重要なのか優先順位をつけることができなかった。彼はささいなことも大げさに取り上げ、攻撃性が報われた時代において、あまりにリスク回避的、あまりに保守的になってしまったのである。それは一九八〇年代の魅力であり、一九九〇年代に入ってもそうであった。時にだれもがそうなるのだが、過ちを犯すと、一〇日ほどは罰せられた。だが、その後別の案件が出てきて、損を埋めることができた。今日の業界が大きく異なるのは、過ちを犯した場合、その損失を埋め合わせるためにはるかに長い時間がかかるということだ。それゆえ、リスク管理は重要性を増すばかりなのである」

優れたアービトラージャーは、重要なものとそうでないものとを即座に峻別し、その情報を安定的かつ正確に処理する、とケルナーは言う。「『なぁ、俺、間違ってるかな』と言える知的柔軟性が必要なのだ。この事業では、独善的でも、知的に堅物でもいけない。ドナルド・トランプは彼の認識では常に正しく、常に天才なのだから、アービトラージャーとしてはひどいものであろう。この事業では自分が正しくないということが頻繁にあるので、屈辱的な面もある。エゴではなく、事実に基づいて動かなければならない。また、度を超えないだけの常識も必要である」。言い換えれば、アービトラージには、尊大さや虚勢が入る余地はないのだ、と彼は言う。「案件が少しでも怪しいと思った場合、でき得る最善の方策は、それに取り組まないことだ。公表された案件が失敗に終わる確率は極めて低く、九〇％か九五％はまとまる。だが、この事業の難点は、間違えたときの痛みがとても大きいのだ。それゆえ大きな誤りを犯したり、頻繁に間違えたりすることはできない。だから、破談となる案件を避けることが本当に重要なのだ。

これは科学というよりも、一種のアートであるが、リスクの内容と確率を把握することが鍵となるのである」

第10章

ロイ・ベーレンとマイケル・シャノン

Roy Behren / Michael Shannon

「われわれ二人が合併アービトラージで面白いと感じているのは、その多様性である。レーザーの会社の合併に取り組んでいる日もあれば、別の日は航空会社やバイオテクノロジーや石油やガスの会社の合併だったりする。つまり、われわれは常に興味深い企業について学んでいるのだ。また、二つとして同じように進む案件はない。つまり、タイムラインはさまざまなのだ。いまや資本市場は国際化しているので、ターゲット企業がアメリカにあり、買収側は外国企業といった案件に投資している。また、その逆もあれば、双方とも外国企業ということもある。われわれが取り組み続ける理由はそこにあるのだ」―ロイ・ベーレン

「われわれはたいていの場合、ダイナミズムのある業界の案件に取り組んでいる。というのも、合併があるとしたら、一体、何が起きているのか。資産の強奪だ。何らかの理由からターゲット企業に価値があると考えている者がいることは言うまでもない。その理由は何か、そして次はどこかを見つけるのが楽しいのだ」―マイケル・シャノン

「時には、その弱さゆえに企業が統合されることがある。例えば、石油業界は、原油価格が数十年来の安値にあっては既存のすべての企業を支えることはできないのだ」―ロイ・ベーレン

「だから、リスクアービトラージの良い点は、われわれは経済循環の両方の局面で活動できる、ということだ」―マイケル・シャノン

二二年にわたってともに働き、また仕事以外にも計り知れない時間を共有してきたロイ・ベーレンとマイケル・シャノンは無意識のうちに互いの考えをまとめてみせる。その間、彼らが入社したときには六〇〇〇万ドルほどにすぎなかった事業を今や六〇億ドル超にまで成長させることに集中してきたのだ。彼らの化学反応が生み出してきた魔法は、安定的にプラスのリターンを生み出し、また顧客の資本を守るために用いられてきた厳格なリスクアービトラージ戦略によるものであるが、彼らの投資対象となる案件が株式市場との相関関係が低いことも一助となっている。

彼らはまた幸運でもあった。彼らのトラックレコードは、重要なことに二〇〇八年の金融危機という「苦しい経験」のなかにあって、おおよそ横ばいのパフォーマンスを示したことによって支えられた。危機を通じて、日次の解約を受け付けていたウエストチェスター・キャピタル・マネジメントの投資信託は、投資家が手に入るかぎりの現金を集めようとするなかで否応にも資金の流出を見ることになったが、それらの資金はその後に大きな流れとなって戻ってきた。ウエストチェスター・キャピタルは無数にあるファンド業者のなかでも、「流動性ある代替的な」投資信託――現在五六億ドルを運用するマージャーファンド――の顧客だけでなく、現在七億二〇〇〇万ドルほどまで預かり残高を増大させたWCM・オルタナティブ投信や関連の有価証券に投資していた顧客に対して、有効なダウンサイドプロテクションを約束することで、突出した存在となったのである。

ロングアイランドの南海岸からほんの数マイルだけ離れたところで育ったベーレンとシャノンは、いまでは投資信託会社ウエストチェスター・キャピタル・マネジメントや、その関連会社で、提携先のヘッジファンドに助言を行うウエストチェスター・キャピタル・パートナーズの共同経営者であり、共同ファンドマネジャーであるが、初めて会ったのは一九九六年になってからのことである。それも、多かれ少なかれ偶然によって、であった。

シャノンのウォール街でのキャリアは一九八七年の秋にほとんど計画倒れとなった。大学の仲間たちと恵まれた生活を送っていたボストン大学の四年生は、ソロモン・ブラザーズの研修が始まる日を待ち望んでいたが、そのとき市場が暴落したのである。「真夜中の二時ごろにバーから帰ってくると、ルームメートが『一時間前に、ソロモンの人から電話があったよ。何時でもいいから、帰って来たら電話しろ、自分は会社にいる、って』。市場は三～四日前に暴落していたので、『なんてこった、就職の話だ』と思ったよ」。彼は正しかった。シャノンはこのボンドハウスが採用を断念した五〇人の研修生の一人だったのだ。

シャノンは慌てたが、幸運にも「ＪＰモルガンの研修プログラムで席を得ることになった」。彼には、研修生として投資銀行のさまざまな部門を渡り歩くことを楽しんだ記憶がある。しかし、最初は石油およびガスのアナリスト、そして後に銀行部門のアナリストを「割り当てられる」と、シャノンは途端に投資銀行での狭い職掌にイラ立ち始める。ボストン大学を卒業した八年後、モルガンのリスクアービトラージ部門に加わるよう指示されたことでシャノンはやっと合併アービトラージと出合うことになる。そのビジネスは「かっこいい」と思ったことをシャノンは覚えている。リスクアービトラージが少なくともM&Aと同じくらい儲かるばかりか、たいていは週末を犠牲にしなくても済むことを知ると、ますますかっこいいものとなった。シャノンは一時的にM&Aの職に戻ったが、その後はリスクアービトラージに専念することになった。

バロンズが指し示した道

「すぐに、あなたがバロンズに書いたフレッドとボニーの記事に出合ったよ」とシャノンは振り返る。それは、ウエストチェスター・キャピタル・マネジメントの創業者であるフレデリック・W・グリーンと、彼の長年のパートナーであるボニー・L・スミスのことであろう。一九八〇年、案件の拡大に魅了されたグリーンは、シニア・ポートフォリオ・ストラテジストや投資政策委員会のメンバーを務めていたゴールドマン・サックスを辞め、ウエストチェスター・キャピタルを創業して、リスクアービトラージ戦略を追及することを表明する。一九八六年に入社したスミスは、リスクアービトラージの調査ならびにポートフォリオ・マネジメントにおいて、グリーンの欠くべからざるパートナーとなり、ウエストチェスター・キャピタルの副会長ならびに、彼らのヘッジファンドであるグリーン・アンド・スミス・インベストメントのパートナーを務めることになる。

　私が筆を執った、一九九三年のバロンズの巻頭インタビューをシャノンが読んだタイミングは偶然であった。一九八九年にグリーンとスミスが組成し、独創的にもマージャーファンドと名づけられたリスクアービトラージ投信第一号と、その後の驚くべきパフォーマンスとに焦点を当てたその記事は、ウエストチェスター・キャピタルの大きな成長の火付け役となっていたのだ。シャノンが述懐するとおり、「私は『これを見てみろ。さして人数もいないのに、今じゃ、一億ドルも運用しているぞ』と思ったよ」。彼は一時も無駄にすることなく就職面接の機会を求めた。ほんの数カ月前にウエストチェスター・キャピタルに採用されていたベーレンが電話に出た。シャノンは会話を振り返り、「ロイは『こっちに来たらどうだ、うちは面白いぞ』と言ったんだ」。その後、グリーンとスミスとの正式な面談があったことは確かだが、シャノンは今日もそうであるようにベーレンとともに働くことが楽しくて仕方なかったのだ。

　シャノンとベーレンをチームとする、つまりシャノンのM&Aバンカーとしての経験と、ベーレンの会社法ならびに証券関連法に関する広範な経験とを組み合わせることで、彼らは実際に互いを補完しあえるリスクアービトラージの若きドリームチームであることをグリーンとスミスが認識するまでにさして時間はかからなかった。ベーレンはウォートンスクールで経済学士を、マイアミ大学で法学士、そしてニューヨーク大学で会社法の修士号を修得したあとに、SEC（米証券取引委員会）の監視部で七年間働いていた。しかし、野心あふれる若き法律家は、当局が利用するために、ドレクセル時代の膨大な判例を集めるよう任務を受けると、ますますそわそわし始めた。大学を卒業後、まっすぐにウォール街に進んだ友人たちは、毎週行っていたポーカーの試合で、アスク・ビットやブロックトレード、ソフトダラーについて自慢げに語っていた。「とても面白そうに聞こえてね」とベーレンは振り返る。「不満たらたらの数年を過ごしたあと、仲間の一人がSECを一週間休んで、彼のトレーディングデスクにいてみたらどうかと誘ってくれたんだ。彼はこう言った。『アービトラージ部門がどんなものか教えるよ。君が望んでいるものかどうか分かるだろう。少なくとも、面接の場では知的に会話ができるようになるだろうよ』」

チャンスをつかんだベーレンは振り返ることはしなかった。「その職場を訪問しているときに、ボニーと仲の良かったアナリストの一人が、自分の会社で人を探していると言ったんだ」。ベーレンは即座にウエストチェスター・キャピタルでの面接に臨み、自らを売り込んだ。「私はかなり数字に強いです。リーガルの経験も豊富ですし、合併アービトラージでは多くの訴訟があるように思います。それから、飲み込みは早いです。リスクアービトラージの経験がないことは言うまでもありませんが、たくさんの資料を読んできました」。すると、グリーンは「心配ない、君が知らなければならないことは、すべて私が教える」と答えた、とベーレンは述懐する。

クオンツの技を身につける

ベーレンとシャノンは以来ずっと一緒に働いているが、二〇〇四～二〇〇五年のおよそ一年間は例外であった。当時シャノンは、クオンツ運用を行うD・E・ショウから同社の合併およびスペシャルシチュエーションを担当するシニア・バイス・プレジデントとして働いてほしいという「断り切れない誘い」を受けたのだ。今になってシャノンはこう振り返る。「とても勉強になった。彼らはとても頭が良くて、素晴らしかったが、文化がまったく違う。すごく定量的なんだ」

ベーレンが割って入る。「マイクがショウに行ったことはとても有益だったことが分かった」。再びシャノンが口を開いて、こう説明する。「われわれはポートフォリオにクオンツのオーバーレイをかけたのだが、これはその投資がリスク調整ベースで見て魅力的なのか、またリワード（ターゲット企業の株式に支払ったスプレッド）は自分たちがとっているリスクを補っているのかを分析するのに役立つ。例えば、ある企業が二〇ドルの現金で買収されるとして、それが発表されてから株価が一〇ドルから一九ドルに上昇したとすると、案件が打ち切られれば（少なくとも）九ドルのダウンサイドがあり、案件がまとまれば一ドル稼げることになる。これは、案件が成功裏に終わる可能性を九〇％と市場が考えていると見ることができるわけだ」

ベーレンが続ける。「どうして一ドル稼ぐチャンスに九ドルのリスクをとるのか。そこにわれわれのオーバーレイが入る余地があるのだが、市場が示す案件がまとまる確率を計算する。われわれの予想する確率が九五％であれば、その株式は魅力的な買いとなる。さらに、われわれのモデルはそれぞれの案件がもたらす予想利益と、リスク一単位当たりのリターンから算出される潜在的なダウンサイド、または標準偏差とを比較している。仮にそのような誤った価格付けがなされている銘柄からなる分散されたポートフォリオに投資をしているとしたら、われわれはポートフォリオのリスク調整済みリターンを最適化することができるのだ。クオンツのオーバーレイは、さまざまな特徴を持つ案件を比較する一助ともなっている。例えば、買い付け期間が三カ月の製薬会社の案件があるとしたら、それを案件がまとまるまでに二年間かかる公益企業の案件と、九カ月かかるホテルの案件と比較することができるわけだ。それらすべてに異なるアップサイドとダウンサイドがあるのだが、定量的な手法によって、どの案件に資金を投じるかを決めることができる」

シャノンが即座に割って入る。「ブラックボックスがあるというのではない。それはシャープレシオやソルティノレシオの改良版のようなものであって、ファンドのポートフォリオではなく、案件の相対的なリスクを評価することに用いている。例えば、今現在（二〇一六年六月）、われわれは世界中で二〇〇の案件を追いかけているが、そのすべてに異なるアップサイドやダウンサイド、または成功確率がある。この方法のおかげで、われわれはある一定のリスクのもとで最良のリターンをもたらす案件に時間と労力を集中させることができるのだ。われわれとほかのアービトラージャーたちとの違いのひとつがクオンツのオーバーレイを使っていることだろうと思う」

世代交代

二〇〇六年にシャノンがウエストチェスター・キャピタルに戻ったことが、世代交代のきっかけとなった。ボニー・スミスはすぐにポートフォリオ運用から退き、COO（最高執行責任者）として投資会社の運営に専念することになった。一方、フレッド・グリーンは、その後、四年をかけて企業経営を二人の若きファンドマネジャーに委ねていく計画を実行に移した。「その後、フレッドはアリゾナに移った」とベーレンは言う。すでに取り掛かっていたPBSのガンズ・アンド・マザーズ・アンド・ア・プレーリー・ホーム・コンパニオン（Guns & Mothers and A Prairie Home Companion）など受賞映画プロデューサーとしてのセカンドキャリアに集中するためだ。「世代交代はとってもスムーズだった。投資家はすでにマイクと私のことを知っていた。実際に、引き渡しが終わったころには預かり資産も増大していたんだ」とベーレンは言う。

会社を経営するようになってからも、ベーレンとシャノンはグリーンが彼らに叩きこんだ教訓に忠実に従った。とりわけ、多岐にわたるリスクアービトラージの世界において保守的なスタンスを守り続けている。ウエストチェスターは予想や噂に基づいてターゲット企業に投機することはない。統合が進んでいる業界の企業を投機的に買うことはしない。同社は、合併提案や敵対的買収、または企業自体が売りに出されるといったことが公表されなければ投資を行わない。「企業が銀行と契約していることを発表すれば、検討することはある」とベーレンは認める。「だが、われわれにとっては、方向性のあるイクスポージャーをすべて排除することが重要なのだ。合併アービトラージのポートフォリオを運用するわれわれの目標は、投資家に絶対リターンを提供できるマーケットニュートラルな投資ビークルを作り出すことだ」

彼は続ける。「株式交換の案件であれば、第一に、買収側の企業の株式をショートすることで方向性のあるイクスポージャーをヘッジする。現金による買収であれば、買収側の株価が上がろうが下がろうが、対価として受け取る価値は変化しないので、そのようなことをする必要がない。外国企業との案件であれば、為替のイクスポージャーもヘッジすることになる。次のステップは、投資するすべての案件の合併契約書を注意深く読むことだ。なぜなら、そこには当事者たちの権利と義務がすべて書き出されている。また、案件と反トラスト法とのかかわり、さらには政府の承認が必要な場合はハート・スコット・ロディノ反トラスト改正法にかかる届出書も精査する。われわれはそれらすべてについて社外の助言を仰いでいるのだ。製薬会社の案件であれば、ＦＤＡ（食品医薬品局）の専門家を利用する。通信業界は動きが活発なので、ＦＣＣ（連邦通信委員会）の専門家を利用する。公益企業の案件に備えて、州の公共事業委員会の専門家と関係を維持している。それから、外国投資を行うようになって以降は、EUの専門家、オーストラリアの競争委員会、さらには中国の公正取引委員会の専門家なども利用しているのだ」

シャノンが割って入る。「われわれの調査で、独特とまでは言わないが、かなり変わっているのは、われわれが実際に企業を訪問するということだ。彼らは『どうしてここに来たんだ、カンファレンスコールで質問すればいいじゃないか』といった顔をする。だが、リスクアービトラージは保険業と似たところがある。われわれは案件がまとまらないというリスクをとっているのだ。だれかの生命保険を引き受けるとしたら、実際に会って、健康かどうか確かめたいと思わないかね」。シャノンはインサイダー情報の香りがするいかなるものも利用していないと即座に主張するが、彼は企業を訪問することで見識が得られたり、当事者たちが取引にどのように取り組んでいるかという問題に対するウエストチェスター・キャピタルの理解を深めたり、またその背景を知り得たりすることがあると言う。「案件が発表されてから完了するまでの間に何らかの不測事態が起これば、われわれは買い手がどれだけ熱心に取り組んでいるか知りたいと思う。通常、われわれのポジションのサイズはその時点で上位一〇件に入ることが多く、またわれわれは案件がまとまることを望んでいるがゆえに友好的であるために、企業はわれわれの問い合わせには答えてくれるのだ」

嫌な驚きを避ける

ベーレンが即座にこう詳述する。「マルチストラテジーやグローバルマクロを用いる、より大規模な会社はたくさんある。われわれよりも多くの資本を運用している会社も無数にある。だが、われわれほど合併アービトラージに専念している会社は多くはない。おそらくは片手で数えられるくらいであろう。ほとんどが五〇〇〇万ドルから一億五〇〇〇万ドルの範囲だ」。シャノンが付け加える。「すべては案件が成功裏に終わる最終的な可能性を見定めることを目的に行っているのだ。言うまでもないことだが、われわれは破談に終わり、ターゲット企業の株式が暴落することになるような案件は避けたいと思っている。われわれがときどき直面する障害が、企業間の文化の違いが顕在化することだ。彼らは最初は歯牙にもかけず、『われわれはうまくやっていく』と言うのが常だ。だが、合意はゆっくりと崩れ始めるのだ」。巨大広告会社のパブリシス・グループとオムニコム・グループとの合併計画がその好例である。二〇一三年七月に大々的に発表されたこの案件は、企業文化の違いによる衝突や税務問題、法律上の懸念、だれがどう経営するのかということについての意見の不一致などが報道されたあと、翌五月には取りやめたとなったのだが、これらすべての問題は少しずつ、ばらばらと出てきたのだ。「われわれは当初から戦略的な合理性を疑っていたし、ある時点において彼らは『自分たちにはコカ・コーラが、相手にはペプシがいる』ことを認識するだろうと思っていた。また両社ともそのようなお得意様を失うことはできないのだ。だから、これはうまくいかないとわれわれは考えた。リスクアービトラージのリスク・リワード特性は常に非対称であり、この場合、公表後の時価と契約上の価格との間に生まれた大きなスプレッドが、正しくもこの案件がうまくいく可能性が低いことを示していたのだ」とシャノンは言う。

だが、公表される案件のほとんどが、かなり高い確率でまとまるとベーレンは指摘する。「彼らは弁護士を顧問に抱え、銀行や会計士を雇い、やるべきことはすべてやっているし、彼らは本質的に戦略的な傾向にある」。それゆえ、たいていの場合、スプレッドはかなりタイトなものとなる。だからこそベーレンとシャノンは非効率な価格付けがなされている取引、つまり「成功裏に終わる可能性が、われわれが正しいと考えているよりも低く見積もられている」案件を探し求めるのだ。「例えば、市場の時価が示唆する成功確率が七五％であり、一方でわれわれがその案件は九〇～九五％の確率でまとまると考えているならば、それは魅力的な機会、となるわけだ」

シャノンが具体的に説明する。「われわれはそれぞれの取引の価値とリスクを金利環境に照らして見ているのだ。金利が現在のように低ければ、一つの案件で一〇〇ベーシスポイントの損でもがっかりだ。だから、ダウンサイドが取引のどこにあるのかを把握し、それに従って自分たちのポジションを管理するのだ。われわれはＶａＲ（バリューアットリスク）をいつも注視している」

だが、彼らの取り組みでもっとも重要なのは、ウエストチェスター・キャピタルがその名を知らしめた、ファンダメンタルズに基づいた深遠なクオンツリサーチである、とベーレンは強調する。彼らは顧客や前述のように企業それ自体とも会話をし、案件の戦略的合理性があるかどうかを見いだそうとするのだ。ベーレンがこう警告する。「LBO（レバレッジド・バイアウト）の案件で、買い手が十分に資金の手当てができている場合があるが、戦略的合理性がなければ、買い手は案件をまとめようという意欲を容易に――例えば、1四半期の業績が悪いだけで――失ってしまう。一方で、製品が見事に重複していたり、営業網がうまく重なりあっているといった戦略的な案件では、多くの相乗効果が現れることになるので、戦略的買い手は、プライベートエクイティの買い手よりも案件に対してより長期的な視野を持つようになるだろう」

シャノンが再び割って入り、説明を加える。「だが、戦略的合理性が大きすぎる場合、われわれが次に考えるのは、その案件は反トラスト法の影響を受けやすいかもしれない、ということだ。また、企業に熱意があり、反トラスト法の心配もないかもしれないが、彼らが取引を行おうとする理由が見つけられないこともある。まったく筋が通らないわけだ」。ウエストチェスター・キャピタルがファンダメンタルズならびにクオンツのリサーチを忠実に行う究極的な目的は、案件の成功確率について自分たち独自の結論を導きだすことだ」とベーレンはまとめる。

通年対応のファンド

彼はこう付け加える。「われわれは自分たちの役割に専念しているので、資金をお預かりしている投資信託の投資家は四〇万人ほどだ。われわれは三〇％上昇させるなどと約束することはない。われわれは、いかなる市場環境にあっても魅力的なリスク調整後リターンを提供しながら、資本を保全することを目的としている。リスク調整後、というのが重要だ」。シャノンがさらに説明する。「われわれの投資原理は、あらゆる市場環境下で安定的な収益率をもたらす分散のツールを提供すること、そして市場が下落した際に資本を保全することだ。それゆえ、当然ながら強気相場ではわれわれは『アンダーパフォーム』することになるが、弱気相場では人々は喜んでわれわれに投資するのだ」

ベーレンはこれを受け、「そのとおり。フレッドがよく言っていたように、『債券のようなリスクを持つ、株式のようなリターン』ということだ。それゆえ、アメリカ全体のリターンが金利に合わせて記録的な水準まで低下していても、われわれはどのような市場金利をも上回るリターンを上げることができるので、その戦略とファンドは魅力的であり続けるのだ。われわれのような投資ビークルのバリュープロポジションは、標準偏差が短期または中期の債券ファンドのヒストリカルなそれに相当するものでありながら、今日でも五〇ベーシスポイントほどは提供することになる、ということだ」

すると、シャノンが割って入る。「忘れてほしくないのだが、マージャーファンドは組成以来たった二年しか下落していない。ロイと私がその任を引き受けて以降、下落に終わったのは一年だけだ。金融危機が起こる以前、しばらくの間は潜在的な顧客に会いに行くと、われわれのほうが標準偏差は低いけれども、別の会社は君たちと同じくらい安定的に、年二〇〇〜三〇〇ベーシスポイント高いリターンをもたらしていると言われるのが嫌で仕方なかった。それが可能なようには思えなかった。それを耳にしたあと、がっかりして投資家とのミーティングの場をあとにしたことを覚えている。そのようなパフォーマンスを向こうに回して自分たちはどうしたら資金を獲得できるのだろうか、と。三年ほどが過ぎたころ、その投資家がバーナード・マドフに資金をつぎ込んでいたことが判明したが、彼は帳簿を改竄していたのだ。今でも信じられないよ」

ベーレンとシャノンは、グリーンとスミスの保守的なアービトラージの指針を引き続き奉じているが、今まで以上に不安定な投資環境でも柔軟にそれを適用している。タイム・ワーナー・ケーブルが長期にわたる買収合戦を繰り広げるなかでウエストチェスター・キャピタルが同社に投資したことが好例であろう。かいつまんで記すと、億万長者のジョン・C・マローンの支援を受けたチャーター・コミュニケーションズがTWCを狙っているという噂が二〇一三年の上半期にはすでに広がっていた。だが、チャーターがこのケーブルテレビ会社に対する買い付けを発表したのは二〇一四年一月になってからのことであった。価格は三七八億ドル、一株当たり一三二・五〇ドルだが、これはＴＷＣに即座に拒絶される。同社のＣＥＯ（最高経営責任者）はこの金額を「話にもならない」とし、ＴＷＣは統合の機運が高まっているケーブルテレビ業界にあって、少なくとも四七五億ドル、一株当たり一六〇ドルでなければ思いは伝わらないとすでにチャーターに伝えてあると述べた。

これに動じないチャーターは、ＴＷＣの取締役会のすべての議席に候補者を立てることで応じ、その他さまざまな圧力を掛け始める。だが、その翌月にはコムキャストが割って入り、事実上、ＴＷＣの希望価格に合致する四五〇億ドル超の価格を提示して、チャーターを追い詰めたように見えた。それを受け、コムキャストとＴＷＣの取引が多数の障害および規制上の問題に直面していたにもかかわらず、ウエストチェスター・キャピタルはほかの多くのリスクアービトラージャーたちとともに、即座にＴＷＣ株をかき集めた。プロキシーファイトが続くなかで、チャーターがＴＷＣの株主にコムキャストとの取引をつぶすよう声高にけしかけたことは大きい。

シャノンはこう説明する。「うまくいく確率が七五％ほどと考える案件にわれわれが口を挟むのは極めて珍しいことだ。通常われわれは、八五、九〇、九五％の信頼がおける案件に取り組む。だが、ＴＷＣの取引ではダウンサイドがさほど大きくないように思えた。われわれは、『この案件がまとまらなくても、チャーターが残っている。彼らは毎日のように買収したいと言い続けているじゃないか』と考えていたのだ。彼らは規制当局にも同じようなことを言っていた。

『阻止してほしい、われわれがいる。われわれのほうが買い手として優れているのに、なぜコムキャストにやらせるんだ』とね」。シャノンは、「コムキャストがワシントンＤＣにだれよりも多くの友人を持っている」ことをウエストチェスター・キャピタルは知っていたので、「コムキャストがこの取引をやり切り、われわれはお金を稼げる可能性があったのだ」と付け加える。

立場を巡る攻防や公聴会、秘密会合などが一年以上にわたり続いた。そして、ついに二〇一五年四月、司法省とＦＣＣ（米連邦通信委員会）が合併を阻止しようとしているという明確なシグナルに直面したコムキャストは買い付けを取り下げた。その後、チャーターは投資業界にさまざまな感情と大きな不安とをもたらすことになる。というのも、ケーブル業界で小規模な取引が繰り広げられるなか、ＴＷＣに対する五五〇億ドルもの買い付け、つまり完了すればコムキャストに対する強力な競合を生み出すことになる合併を巡るアービトラージャーたちの夢が実現するまでに、チャーターはおよそ一カ月待たなければならなかったからだ。ウエストチェスター・キャピタルはコムキャストの騒動のさなか、ヘッジを行うことでＴＷＣ株で損をすることを避けた、とシャノンは言う。そして、チャーターが必要となる規制当局のすべての承認を勝ち取り、ＴＷＣ買収を完了させたことで、ウエストチェスターの綿密な分析と忍耐力とがやっと報われたのである。

予期しないことを予期せよ

シャノンとベーレンの記憶によれば、リスクアービトラージャーが最もひどい目に遭った案件は、一九九八年に失敗に終わったシエナ・コーポレーションとテラブスという二つの通信機器会社の合併であるという。ちなみに、彼らの記憶のなかでこの出来事は、世界の金融システムを叩きのめした金融危機の発端となった、その秋のLTCM（ロング・ターム・キャピタル・マネジメント）の崩壊と密接にかかわっている。シャノンは言う。「シエナとテラブスの物語は、素晴らしい組み合わせだと思えたし、案件もまとまりそうだったのでそれ自体特別なものだった。テラブスが年次総会で、まさに合併を承認する株主投票の決を採ろうとしていたときに、何者かが現れて、同社のCEOに耳打ちしたんだ。シエナは収益の三分の一を占めていた最も重要な顧客、つまりAT&Tとの関係を失ってしまったのだ。案件は突如取りやめとなってしまった。信じられなかった。シエナの株式はあっという間に暴落したので、われわれもすべてのアービトラージャーたちも多額の損を被ることになってしまった。われわれは少なくとも七〇件ほどのポジションに分散させていたので、ポートフォリオの二～三％の損失で済んだがね」

だが、物語はそれで終わりではなかった。シャノンは続ける。「われわれはまったく知らなかったのだが、その時点で、アービトラージヘッジファンドの競合（LTCM）は一〇件ほどのリスクアービトラージのポジションを抱え、そのすべてで一〇～一五倍のレバレッジをかけていたのだが、偶然にもその一つがシエナとテラブスの案件だったのだ」。市場でアービトラージの対象となっていた銘柄に投げ売りの兆候が現れるまでにさして時間はかからなかった。「その後の金融危機で、事実上すべてのアービトラージャーの生活は悲惨なものとなってしまった」とシャノンは言うが、これは一般の投資家も同様である。「トラブルとなった企業が抱えていた、株式アービトラージのポジションは一九九八年に吹き飛んだが、それと同時に、ロシアの債務危機によってコンバージェンストレードが混乱を来し始めていた。ヘッジファンドが株式のアービトラージポジションを投げ出したので、われわれのすべてのリスクアービトラージのスプレッドは吹き飛んでしまったのだ」。それによって、より大きなスプレッドで新たなポジションを構築するチャンスが生み出されはしたが、ほとんどの投資家は不意を打たれたことになる。シャノンは頭を振る。「だれが売っているか、なぜそうなっているかは予想できた。だが、われわれはほかのみんなと同じように、打ちのめされていたよ」

常識を欠いた天才たち

「アービトラージの歴史を知っているならば、高いレバレッジをかけたリスク・ポートフォリオが吹き飛んでも驚きはしなかったはずだ」とシャノンは付け加える。彼はこう説明する。「JPモルガンが自己資金で行っていたリスクアービトラージ部門は三年か四年ごとに立ち上げたり、閉鎖したりしていたと記憶している。案件が破談となり、トレーディングのヘッドがそれを畳むまでは、安定した、収益率の低いタイプの戦略だった。問題は、銀行には五％の資本規制があるので、リスクをとれる件数が限られており、彼らは自分たちのアービトラージブックで二〇倍のレバレッジをかけていたことだ」。一九九八年の危機も同じように悪化したが、それは危機の中心にいたヘッジファンドが、自分たちの戦略の標準偏差は低いので、少数の集中したポジションのなかの「クズなど払い除けられる」と考えたことが原因だとシャノンは指摘する。「常識が置き去りにされていたんだ。仮にたった一〇件の生命保険を引き受けていて、一人が死んだら、それですべての保険料は使い果たされてしまう。そうならないためには、もっと分散しなければいけないのだ」

ベーレンが口を挟む。「案件がダメになるのは仕方のないことだ。企業で不正があるかもしれないし、自然災害が起こるかもしれない。どんなことでも起こり得る。われわれは、全力で取り組んでも自ら投資した案件の二％ほどは成功裏に終わらないことに気づいた。われわれは、ポジションの規模を制限し、適度に分散を図ることでそれに対応している。さらに、われわれは、バリュエーションに基づいて企業に投資するのは自分たちの仕事ではないという指針を持ち続けている。だから、案件がダメになったら、関連するポジションを畳むだけだ。理想を言えば、整然かつ注意深くね」。彼はこう説明する。「案件が取りやめとなると、まず株価は過剰に売られる傾向がある。それは約款によって即座に売ることを強いられる投資家がいるからだ。だが、われわれはゆっくりとポジションを閉じることが有効だと感じることが多い。われわれはまずはヘッジを行い、そしてイグジットする。時にはコールオプションを売ることで多少のプレミアムを得ることもある」

ベーレンはこう強調する。「われわれはトレードを行う会社ではない。案件がまとまる可能性に大きな変化がなければ、われわれはポジションを維持する傾向にある。われわれはポジションを動かしてわずかな利益を稼ごうとはしないのだ。また、案件がまとまることがほぼ確定してからポジションを取るような、いわゆる『ラスト・マイル・トレード』も行わない。これは案件が完了する四～五日前になってわずかな利益を稼ごうとポジションを取りに行くものだ。だが、われわれにしてみれば、そんなことは断じてしないのだが、何か問題が起これば八ドルを失うようなときに、一ドルを稼ぐためにポジションを取るなどという非対称な行動は一般の投資家層に説明がつかないのだ」。一九九八年初頭に物別れに終わったロッキード・マーティンとノースロップ・グラマンの案件が典型例だ、とシャノンは振り返る。「この案件は司法省の承認を得ていたようだったが、完了する前日になってペンタゴン（国防総省）が阻止した。覚えているだろう。これは『確かなこと』にさえリスクがあることを示しているんだ」

経験の価値

ベーレンはこう付け加える。「われわれが人々に伝えたいのは、われわれは市場のサイクルや合併アービトラージのサイクルを数多く経験してきており、そのどちらでも下落局面を生き抜く術を学んでいる、ということだ。過剰な追加リスクに対するイクスポージャーをもたらさない魅力的な案件を選択できなければならない。M＆Aが停滞している、つまりポートフォリオに含める案件が八〇件に満たないときや、納得いく案件を五〇件も見つけることができないときはなおさらである。われわれは一〇〇％投資する義務を持ち合わせていないので、われわれから見て合理的だと思えない案件には投資しない。リスク調整ベースで見て魅力的でない案件に投資するよりも、キャッシュで保持することを好むのだ」。

さらに、シャノンはこう指摘する。「タイコーやエンロン、ワールドコムやアデルフィア・コミュニケーションズなどの有名企業による一連の不正行為によってM＆Aに急ブレーキがかかった二〇〇二～二〇〇三年は、われわれがポートフォリオのキャッシュの割合を三〇％まで増大させた唯一の時期であった。そのとき、われわれはマージャーファンドをソフトクローズさせたのだ」

昨今流行になってはいるが、パッシブのインデックス運用やETF（上場投資信託）商品は合併アービトラージの世界には合わないとベーレンとシャノンは強調する。「アクティブ運用を行わないアービトラージファンドなんて訳が分からない。時価総額に応じたポジションなんてどうすりゃいいんだ」とシャノンは言う。ベーレンは「われわれがアクティブ運用を行っているファンドの、多大な調査を必要とするプロセスを彼らが再現することなどできやしない。案件をランダムに選んで投資しているとしたら、明らかに反トラスト法の問題を抱える投資対象に終始するだろう。案件の資金手当てが約束されているか、または合併契約の偶発的な出来事をどう評価するか、という問題はアルゴリズムでは処理できないのだ」。ベーレンは語気を強めて続ける。「リスクアービトラージのポートフォリオは、自分が最も気に入った案件またはリスク調整後の特性が最良のものにウエートをおかなければならない。統計上は公表された案件の九一％ほどが成功裏に終わる。それゆえ、サルがダーツを投げても一〇回に九回は当たるのだから、リスクアービトラージETFも同じであろう。だが、一〇回のうちのその一回で、投資額に対して多額の損を被ることになる。そして最終的には儲からないわけだ」

ベーレンはこう主張する。実際に、「リスクアービトラージのファンドマネジャーが市場リターンを上回ることができるかどうか、またはアルファを出すことができるかどうかを判断する方法は、これまでに合併アービトラージの取引をランダムに選んだ場合よりも、その者が成功裏に終わった案件をたくさん選ぶことができていたかどうかにかかっている。われわれのトラックレコードでは投資した案件の九八％が成功裏に終わったが、これは調査に多大な労力を費やした賜物である。われわれがアルファを出せるのは、すべてをリスク調整後でとらえ、助言をくれる弁護士の一団を抱え、といった多くの理由からである。それが合併アービトラージの世界ではインデックスファンドよりもアクティブ運用のファンドのほうが優れている理由である。もちろん、合併アービトラージが苦手だったり、ダーツを投げるサルよりもトラックレコードがひどかったりしないかぎりは、だがね」

第11章

カレン・ファイナーマン

Karen Finerman

私はこの「アイバン・ボウエェェェスキー」を取り上げたロサンゼルス・タイムズ・マガジンの巻頭記事を読んだことを覚えている。だれかがその名前を呼んでいるのを聞いたことがなかったので、彼の名前はそう発音するものだと思っていた。この記事はインサイダー取引の問題が起こる以前のもので、私は「ワォ、カッコ良さそうじゃない。アイバン・ボウスキーは大金を稼いでいるし、面白そう。これこそ私がやりたいことだ」と思った。

一五歳のカレン・ファイナーマンは、典型的なビバリーヒルズの女学生とは明らかに異なっていた。テニスの天才でもあった彼女は、中学校の体育の授業では男子のクラスに入ることを許されていたのだ。だが、ボウスキーに関する艶やかな提灯記事と、ウォール街のリスクアービトラージという一か八かの世界を発見したことが、彼女の青春時代の大きな出来事だったとファイナーマンは振り返る。二〇一三年に出版した『ファイナーマンズ・ルールズ（Finerman's Rules : Secrets I'd Only Tell My Daughters About Business and Life）』のなかで彼女はこう記している。「私は行動したかったし、たくさんのお金を稼げる人物になりたかった。私は自らの運命を切り開き、自らの世界を支配しているというイメージを愛した。これは、ファッションデザイナーや歌手になりたいと言う多くの女の子たちが口にするようなファンタジーの未来なんかではなかった。私は天職を見つけた。そうなろうとしていた。私はウォール街を目指したのだ」

驚くべきは、彼女はそれを一歩ずつ成し遂げていったことだ。最初は、ペンシルベニア大学のウォートンスクールしか受験しない、と両親に主張することだった。彼女はそれがウォール街への最短の道だと教えられていたのだが、最終的には一〇代の壮大な夢をはるかに上回る成功を収めることになる。ジーンズでさえこぎれいに着こなすファイナーマンは、今日ではCNBCが毎晩放送する番組、ファスト・マネーの人気者だ。「女会長（the chairwoman）」とあだ名され、魅力的で、青い瞳に金髪の彼女は番組でも際立った存在だが、それは女性であること

CNBCのファスト・マネーのセットに収まるカレン・フィナーマン（出所＝ウィキペディア・コモンズ）

以上に、本源的価値を志向する投資家としての彼女の見方によるところが大きい。これは、男性ホルモン全開の、短期志向のトレーダーが名を連ねるレギュラー出演者のなかにあって、完璧に他を圧倒した存在だった。

ファイナーマンは、共演者の尊敬を勝ち得るに必要なウォール街での信用に不足はなく、また市場の機微に通じる彼らのペースに楽々と応じてもいる。まだ二〇代後半だった一九九二年、ファイナーマンは生涯の友となるジェフリー・シュワルツとともにマンハッタンを拠点とするヘッジファンドアドバイザーのメトロポリタン・キャピタル・アドバイザーズを設立するが、二人は一度ならず、二度も五億ドルもの運用資金を築き上げたのだ。一九九八年に瀕死の状態から復活したが、その後二〇一五年末になって彼女とシュワルツはヘッジファンド事業の栄光の日々は終わりを告げたと確信した。シュワルツは引退した。ファイナーマンは初期の投資家の一つであった巨大な財団と歩みをともにし、その投資家と彼女の一族の資金からなるファンドを運営している。

ビバリーヒルズの有名な整形外科医と専業主婦の間に五人の子供の一人として生まれたファイナーマンは、子供たち全員が成功すべく絶え間なく努力できたのは母の励ましのおかげであると言う。彼女が好んで口にすることだが、自分が「カルビニストになった」のは、彼女の母親は三人の娘に「あなたたちにはカルバン・クラインの服しか着させない」と常々説いていたので、「私たちは大学を卒業し、自活するようになってからも、カルバン・クラインを着続けることができる方法を見いだそうとしたのだ」と言う。実際に、母親はいつも、勉強でもスポーツでも人生でもさらに上を目指すよう励ましていたことをファイナーマンは覚えている。ファイナーマンはまた、すべてのお金を稼いでいる父親が家庭、そして夫婦間のすべての権力を握っていることを幼くして認識していたと振り返る。そう考えたからこそ、自分はウォール街で成り上がったアイバン・ボウスキーの例に倣うことで、経済的に自立しようと決心を固めたのだ、と彼女は言う。

ウォートンを卒業すると、ファイナーマンは家族のコネを利用して金融界で最初の職を得る。ジェフリー・シュワルツとファイナーマンの一番上の姉であるウェンディ（『フォレスト・ガンプ』などを手掛けたハリウッドのプロデューサー）は、ウォートンの学生時代の親友だったのだ。二つの家族がフロリダのボカラトンでそれぞれ休暇を取っているときに、当時まだ高校生だったカレン・ファイナーマンはシュワルツに会っている。「一六歳のおてんば娘であった私は、ビーチでジェフリーとサッカーをしたり、リスクアービトラージャーである彼の仕事の話を聞いたりしていた。彼は私が知る唯一の実例だった」

一九八〇年代の過熱する買収ブームのなかで、シュワルツがあっという間にケルナー・ディレオの期待の星として頭角を現したのはファイナーマンにとって幸運だった。彼女がウォートンを卒業する一九八七年には、カナダの不動産ディベロッパーから企業の乗っ取り屋へと転じた億万長者のベルツバーグ・ブラザーズがシュワルツに三〇〇〇万ドルを出資し、リスクアービトラージのヘッジファンドを新たに立ち上げさせたのだ。その当時、新規に立ち上げたヘッジファンドにとっては大きな資金だったが、ベルツバーグはその攻撃的なアクティビストぶりで有名であった。クリスマスの前の週に、彼らは厚かましくもGTE・コーポレーションを破壊しようとしてウォール街の多くの銀行家を驚かせた。憤慨したこの電子通信会社の会長は、カナダの二つの部門を一族に売却し、スプリント・モバイルをスピンオフさせるようGTEに提案するサミュエル・ベルツバーグの手紙がオフィスに届いたのは一二月二三日であったと訴えた。ニューヨーク・タイムズがニュースを伝えた翌日である。彼の正式な回答は辛辣だった。いわく「当社の事業をいつでも売買できるコモディティのように扱うこの会社のやり方は、GTEの株主の利害に合わないとわれわれは考えている」、つまり、クリスマス・イブに急遽開かれた臨時株主総会であらゆる種類の防衛策を講じることを承認した大多数の株主の支持を受けての、あからさまな拒絶である。

無我夢中で働く

シュワルツは新たに立ち上げたファンドでファイナーマンを雇い入れたが、それは彼女がウォートンのお気入りの講義「オプション・アンド・スペキュレイティブ・マーケッツ」で身につけた金融知識のためではなく、「飛びついてきて、ファンドを拡大するために馬車馬のように働く人間を彼が必要としていたから」であることを彼女は理解していた。ファイナーマンは喜んで期待に応じ、リスクアービトラージにまつわるあらゆることをできるかぎり吸収していった。今になって彼女が振り返るとおり、「女性の成功を真に望む長期的なパートナー」であるシュワルツを見いだせたことは幸運だった。「彼はコツを教えてくれた」のだ。

ファイナーマンはすぐにトレーダー兼雑用係として働き始め、シュワルツのアービトラージ取引を執行することになる。一年半もしないうちに、ファイナーマンは自分がリサーチの側に回りたいと感じていることに気づく。つまり、案件やそこに付随するリスク、案件がまとまる可能性を分析するわけだが、それはリサーチのほうがトレードよりも会社に対してより大きな価値をもたらすと、彼女が考えたからである。彼女はアービトラージャーとして成功するためには企業にどのような価値があるか、そしてその理由は何かを理解できなければならないということに気づいていたのだ。

いかにも彼女らしいことだが、ファイナーマンはその考えにイライラしたり、自分の役割に束縛されていると感じながら時間を無駄にするようなことはしなかった。彼女はシュワルツに向かい、リサーチに移りたいと告げ、大胆にも、リサーチ部門で新たな社員を雇う計画を取りやめ、代わりに自分を使うよう頼んだのだ。その後、リサーチの責任を負うことができることを示すために、数週間のうちにファイナーマンは断固たる態度で銘柄選択を行った。つまり、小売業の象徴とも言えるフェデレイテティド・デパートメント・ストアーズを買うよう「テーブルを叩いて」勧めたのだ。同社はカナダの不動産ディベロッパーであるロバート・キャンポーが所有するアライド・ストアーズから一株当たり四五ドルでの公開買い付けを受けたばかりであった。当時はまだ案件をモデル化するような分析能力は持っていなかったとファイナーマンは認める。だが、彼女の直感（彼女は今になって、投資哲学に従ったまでだ、と言っている）が「トロフィー物件はいつ、いかなる市場でも買い手がつく」と言ったのだ。「世界情勢や金融市場の動向は問題ではない。唯一無二の金融資産が売りに出れば、エゴがそれを上回ることになる。それを進み出て買う者や満額またはバカげた価格を支払う者は常に現れる。買われるのだ」。ジョーダン・マーシュ、バーダインズ、マーシャル・フィールズ、ブルーミングデールズといったファッショニスタの砦を有するフェデレイティドがまさにそうなったのである。その後、買収合戦に突入し、マーシーズがフェデレイティッドを手に入れることを防ぎたいキャンポーは何と六六〇億ドル、一株当たり七三・五〇ドルを支払う結果となった。ちなみに、過大な借り入れを行ったこの取引によって、彼は一年以内に破産保護を申請せざるを得なくなる。だが、ベルツバーグのリスクアービトラージファンドはほどなくして何百万ドルもの利益を手にすることになった、とファイナーマンは説明する。

ファイナーマンの当初の投資がすべてうまくいったわけではない。彼女は自身の著書のなかで、一九八九年に失敗に終わったＵＡＬ（ユナイテッド航空）のＬＢＯ（対象企業の資産を担保とした借入金による買収）計画で株価が暴落するなか、非対称のリスクをとることに伴う欠点を痛感したと振り返っている。このケースと同様に、とりわけオプションを用いると非対称リスクは増幅される。従業員組合による七六億五〇〇〇万ドルのＬＢＯ計画は、信用度の低い借り入れに頼った買収ブームに彩られた一〇年の極みであり、一九八九年一〇月一三日金曜日、買収グループの資金調達が失敗したというニュースは、株式市場の土手っ腹に食い込んだ。ＤＪＩＡ（ダウ・ジョーンズ工業株平均）は七％近く下落した。そのほとんどが取引時間の最後の一時間に起こったのだが、多くのトレーダーたちの心に一九八七年の暴落という幽霊がよみがえったのだ。

「私は吹き飛ばされた」とファイナーマンは素っ気なく言う。買収合戦によりＵＡＬの株価はその年の八月につけた一五〇ドル台半ばから一〇月には二八〇ドルほどまで上昇したが、株主であった彼女たちは最後の資金調達がなされ、規制の問題に結論が出ることを待っていた。一株当たり三〇〇ドルでの取引が完了すれば、メトロポリタンはアービトラージのスプレッドで一株当たり二〇ドル、およそ四〇万ドルを手にすることになる。「一対二のプットのスプレッドポジションを手にすることが可能だったのだが、それが極めて安いと考えたことが誤りだった。案件に何らかの障害があれば、一株当たり二六〇ドルまで下落する可能性が一五％あると考えていた。そう考えて一株当たり二・六二五ドルでオプションスプレッドを買ったのだが、案件が遅れれば、一株当たり二〇ドルの利益を得ることになる。予定どおり進めば、スプレッドの費用だけ損をすることになるが、それでも株式で二〇ドル稼げることになるわけだ」。彼女が唯一考慮していなかったのが、案件が完全に破綻する可能性であった。「私が編み出した『素晴らしい』オプション取引は最終的に、そのポジションを取るのに二・六五ドル、そこから降りるのに八〇ドル支払う結果となったのだが、これでは大失敗だ。私は、ＵＡＬがゼロになるまで、一対二のプットのスプレッドポジションは無制限にわれわれと反対に動き得るという事実を見逃していたわけだが、まさにそうなりそうだったのだ」

この酷な経験にもかかわらず、後にファイナーマンはアービトラージのポジションをヘッジするためにオプション戦略を用いている。「有名なアービトラージャーと会話をしたことを覚えている。あれはＮＣＲとＡＴ＆Ｔの合併交渉が行われていた一九九一年のことだったと思う。彼はこんなことを言った。『案件がまとまると思うならＮＣＲのプットを買ったらどうだ』。私は

『確かにプットがリスク・リワードを、三の利益に対して一一のリスクから、二の利益に対して三のリスクへと変えてくれるなら買わない手はないわね。案件のリスクは同じでも、オッズははるかに良いわ』と答えた」。ファイナーマンは次のように認めている。「だが、それはオプション市場ができたばかりのころの話であって、今ではオプションにははるかに効率的な価格付けがなされている。言いにくいことだけど、今日のオプション市場では適切な価格付けがなされていることが多い。それらを用いることで、自分がどれだけのリスクを抱えているのかを正確に把握することができる。オプションがアルファを生むより良い手段となるのは、それが非効率な場合だけね」

ふりをする

だが、ファイナーマンの成層圏にも届きそうな初期のキャリアに突如待ったがかかった。ミニ・クラッシュ後、過大な借り入れに頼って買収を行っていた者たちがキャンポー同様に破産を宣言せざるを得なくなるにつれ、経済の苦境は厳しさを増したが、それがやがて一九九〇年代の強烈なリセッションにつながることになる。ベルツバーグは破産を免れたが、S&L（貯蓄貸付組合）危機が蔓延するなかで保有銘柄の一つであるウェストコーストS&Lの支配権を失い、シュワルツのリスクアービトラージファンドは閉鎖された。ファイナーマンは失職する。

アービトラージの経験が短かったにもかかわらず、別のバイサイドの調査部門にどうにか入り込もうと決心したファイナーマンは、できるかぎり多くの面接を受けるべく行動を起こす。やがて彼女は、ドナルドソン・ラフキン・ジャンレットのリスクアービトラージ部門の責任者に就いたばかりのクリス・フリンと面会することになる。彼は業界のレジェンド的存在であるギ・ワイザー・プラットの会社から引き抜かれたばかりであった。ワイザー・プラットが記した実践的な論文『リスクアービトラージ（Risk Arbitrage）』を読むのが大好きだったファイナーマンは、市場で保留となっているすべての案件を研究することで面接に備えたのだ。彼女は仕事を勝ちとり、そして彼女にアービトラージの調査方法を「噛んで含んで教えてくれる」新しい指導者を得ることになる。彼がそうすることを望んだわけだが、「彼女にとってはこの上ない幸運であった」。

だが、サブプライム債のブームが崩壊したことに加え、一九九〇～一九九二年にリセッションに突入したことが、リスクアービトラージャーたちが活躍する企業買収の直接の要因となったわけではなかった。ファイナーマンはＤＬＪ（ドナルドソン・ラフキン・ジャンレット）で調査の研鑽を積む一方で、アービトラージ部門が次々に閉鎖されるのを目にしてもいた。一九九二年半ばになると、リスクアービトラージの栄光の日々はしばらく戻ってこないであろうことが彼女にも明らかとなった。だが、先の一〇年の行きすぎたＭ＆Ａの結果である企業のリストラクチャリングといった、ウォール街の別の専門分野が軌道に乗り始めたことを彼女は目にする。彼女は新たに身につけた企業を評価する能力を用いて、顧客そして自分自身の利益を生み出すべく新しいチャンスをうかがい始めた。

幸運の女神が再び微笑んだ。彼女のかつての上司であり友人でもあるジェフリー・シュワルツが、彼女が言うに「ひどく突飛な」アイデアを持ってファイナーマンに会いに来た。彼は新たなヘッジファンドを立ち上げ、彼女をジュニアパートナーとして迎えたいと考えていた。というのも、彼女は、彼が焦点を当てたいと考えていた低迷している銀行に関して相当な経験を積んでいたからだ、と彼女は言う。それら銀行の株式はS&L危機によって打ちのめされており、この段階で優良な（不良債権がさほど多くない）銀行は典型的なバリュー投資のチャンスであった。そしてファイナーマンはトリュフの見つけ方を知っていたのである。このチャンスを提示されたとき、有名企業の職を離れ、収入が大幅に減少するにもかかわらず、リスクと不確実性が伴う立ち上げたばかりのヘッジファンドに移ることは難しくなかった、とファイナーマンは断言する。「住宅ローンも、子供も、借金もなかったし、ほかに有望な選択肢があったわけでもなかった」

それに加え、彼女は高校生のときから、そのような計算ずくの賭けに備えていたのだ。そして、メトロポリタン・キャピタルはおおいに繁栄したのだから、このときの賭けは彼女の想像をはるかに上回る成果を上げた、とファイナーマンが認める。また、ロシアのデフォルトが原因で「瀕死の経験」をした一九九八年でさえ、この賭けを一度も悔やんだことはないと彼女は言う。今になって振り返れば、あの時点までメトロポリタン・キャピタルは絶え間なく、成長していたので、パートナーたちは自分たちの資産規模に慢心してしまったのだとファイナーマンは認める。だが、彼女たちの運用残高を膨らませていたのは、市場の後退で小型のバリュー株が容赦なく売られれば、あっという間に逃げてしまう海外などのホットマネーだったのだ。そして、彼らが行うヘッジも機能しなかった。耐え難いほどに悲惨な経験であった。だが、ファイナーマンは「一九九八年ほど学びを得たことはない」と言う。

生き残るための教訓

瓦礫を調べ、そして教訓を学んだシュワルツとファイナーマンはタオルを投げることを拒んだ。かなり大規模な機関投資家を含む顧客のいくつかが彼女たちの元にとどまった。そして、一九九九年の好転した投資環境のなか、二人はたった六カ月でそれら顧客の損失を取り戻したのである。それでも当時、バブルの様相を呈していたインターネット銘柄に価値を見いだすことができなかった二人は流れに逆らい、それらの銘柄を避けたのである。結果として、二〇〇〇年後半にインターネットバブルが弾けるまでには、バリュー投資の気概を再び示すことができたのだ。二〇〇〇年、S&P500が九%以上下落するなかで、メトロポリタン・キャピタルは二六%を上回るリターンを上げた。顧客、そして潜在的な顧客の注目が集まった。同社の資産規模が一九九八年以前の最大額を上回るにはあと四年ほどかかるのだが、シュワルツとファイナーマンはウォール街での贖罪を済ませ、それ以上のものを手にしたのである。

だが、今回は彼らも慢心を抑え、二〇一五年にはバリュー投資の機会がなくなったとしてメトロポリタン・キャピタルを畳んでいく決断を下す。ファイナーマンはこう説明する。「スプレッドがタイトで、市場には多くのヘッジファンドがあふれ、数年の間は極めて難しい環境だった。特にゼロ金利の環境下では、絶対リターンはものすごく低いので、管理費が二％、成功報酬が二〇％という報酬体系は機能しなかった。スプレッドが国債の二倍、三倍であったとしても、リスクを補うには不十分だ。そんなこともあるわよ」。最近見られたリスクの一例として、二〇一六年四月に財務省が下した、保留となっているインバージョンを目的とした合併取引に終止符を打つという驚くべき決断を指摘する。規則の変更によって、ファイザーと、ダブリンを拠点とするアラガンとの一五〇〇億ドルに上る合併計画がふいになり、多くのリスクアービトラージャーたちが大きな損失を抱えることになった。この動きは「まったくの不意打ちというわけではなかった」とファイナーマンは指摘する。「すでに提案されてはいたのだ。政府がインバージョンを嫌がっていることはだれもが知るところだった。だが、みんな『政府は頭に来ているだろうが、連中が何をしようというのだ。連中に何ができるっていうんだ』と考えていた。だけど、彼らは知らしめられたわけね」

案件が突如取りやめとなったとき、過去の痛い経験から、なすべき最良の行動は売りだということを理解していたとファイナーマンは言う。「私は売り、ただの売り」。彼女はこう続ける。「当日または直後に再度ポジションを取ることはできる。だが、まずは売り。ロングをして、何か良いことが起こるのではないかと期待していると客観性が失われる。期待は優れた戦略ではない。それに関しては自らを厳しく律しようとしている。『何かが起こると思っていたが、何も起こらなかった。だから売り、という具合だ』。これは私のかなり厳格なルールで、厳しいものではあるけど、最初に売ることが最良の売り時であったことがどれほど多いことか。私が被った最大の損失は常により小さな損失から始まったものなのだ」

アービトラージに長年従事したことで、「取引の芸術性」ばかりでなく、リスクを検討し、評価し、そして分からないことを見極めようとすることの重要性を十分に理解することができたとファイナーマンは言う。「ユナイテッド航空で私が犯した最大の誤りの一つが、はなはだバカげたことではあるけれど、案件がダメになる可能性を評価しなかったことだ」。敵対的な案件にはいつもとりわけ魅力を感じるとファイナーマンは続ける。それは、買収合戦が株価をつり上げる可能性があるから、ではなく、彼らがどのような展開を示すかを分析することが楽しいから、である。『次に何が起こるのか』と考えさせてくれる。次に起こることだけではない。チェッカーではなく三次元のパズルのように状況を観察する。『それが起きたら、その後は何か』と自問し続けることで、あたかも数歩先まで分かっているかのような、賢くなった気分になれるのだ」

彼女が敵対的買収に魅力を感じるもう一つの理由は、自分は「常にエゴと、企業が発表すること、そしてその意味が変化し得ることに興味があるのだ」とファイナーマンは認める。「抱擁を拒絶するときに用いる言葉に微妙なニュアンスがある、つまり状況が一変し得るのだ」。提案された案件を分析する際、彼女は戦略的な合理性があればそれに集中する、とファイナーマンは強調する。「すべてのスプレッドが吹き飛んだ二〇〇七～二〇〇九年でさえ、事実上すべての戦略的な案件は最終的にまとまり、みんな多くのお金を稼いだのだ。本当に大切なのは、資産の質と買い手の質。そして合併契約の内容だ」と彼女は言う。ファイナーマンはこう付け加える。規制上の障害がある案件は「好きではない。またマーケットエスケープ条項のある合併契約は嫌だ、本当に嫌だ」。彼女は続ける。「また、私は、弁護士はだれか、銀行はどこかも気にする。Aチームかどうかにも気を配る。なぜならAチームなら案件をまとめ上げることができるからだ。それゆえ、より小規模な案件に取り組む場合、リスクがより大きくなるのだから、スプレッドもより大きくなるべきなのだ。Aチームと取り組んでいなかったり、事業の規模が小さければ、本質的にリスクはより大きくなる。そして、レバレッジを用いれば、さらにリスクは大きくなるのだ」

動機を丹念に探る

ファイナーマンにとって、案件のダイナミズムには「尽きることのない魅力がある。なぜ彼らはその案件に取り組むのか。なぜその企業に魅力を感じるのか。単に成長のための成長を図るために、ターゲット企業に魅力を感じている」ことが極めて多いと彼女は言う。だが、そのような案件は戦略的なそれよりも脆弱であり、困難が続けばなおさらである。彼女はこう考えている。「私はかつて『われわれは自分たちでやっていくつもりだ』と言って買収を拒否する企業を軽蔑していた。だが、多くの場合、長期的には彼らは自分たち自身でより良い結果を残すことができる。株価が二〇％跳ねるとする。アービトラージャーであれば大喜びだが、それは向こう二カ月ほどの話だ。だが、そのような企業は何年も先を見通そうとしている。結局、『彼らが何を見ていた』のか私には不思議でならない」

ファイナーマンはその一例としてアイオワ州を拠点とするケイシーズ・ゼネラル・ストアーズを取り上げる。「同社は、中西部でガソリンスタンドとコンビニエンスストアをチェーン展開していた。二〇一〇年、カナダのライバル企業であるアリマンタシォン・クシュタールから買収を仕掛けられ、当初四一ドルほどを付けた。それが四三ドルになり、四五ドルになった。買い付け以前の株価は三三ドルほどで取引されていたのだ。だが、ケイシーズは『ノー、ノー、ノー』と主張し続ける。同社の株主もそれを支持した。そして数年後には、株価は一三四ドルもの高値となった。いやはや、同社の株主はケイシーズとクシュタールの案件を支持するよりもはるかに大きく報われたのだ。これは大きな啓示だった」

アービトラージやヘッジファンドの運用を行う女性がほとんどいない理由をどう思うか、またトレーディングデスクのほうがわずかながらも女性が多い理由は何かと問われたファイナーマンはこう説明する。「直感に反していると思うわよね。トレードのほうがはるかに乱暴で、男っぽくて、リサーチのほうが知的で洗練されていると思うだろうが、トレードのほうが女性は多い。ただ、さほど多くはないけれど。ヘッジファンドの業界で女性が増えないことにいまだ驚いている。本を書いているときに聞いて回ったことがある。それが真実のように思えるのだが、私が男性の友人から聞いた話の一つを本に書いてある。私は彼になぜチームに女性のアナリストがいないのかと尋ねた。彼はこう答えたの。『つまり、こういうことだ。男がアイデアを売り込みに来ると、彼は自分がどれほどのお金を稼ぐことができるかを力説する。女性の場合、うまくいかないかもしれないという話ばかりする。僕の資本にもかぎりがある。僕は常にアップサイドを求めているんだ。彼女たちの話を聞くつもりがないのに、女性を雇う必要があるのかね』」

「彼は本当に率直だった。そしてありがたいと思った。そして『女性はそう説明する傾向にある』」とファイナーマンは考えている。ファイナーマンは、リスクを最小化する戦術というのは、ポジションのリスクだけではなく、それを推し進める際のリスクを最小化するためにも用いられるべきだと考えている。つまり、逃げ道を与えてあげる、ということだ。「彼女たちは、『私がうまくいかない可能性をすべて伝えたのに、彼が買ったのなら、それは彼の責任だ』と言うかもしれない。でも、話を進めるためには、その責任を負う必要がある。その責任を負いたがらない女性があまりに多い。彼女たちは合意による意思決定を好み、頑固だとか、強圧的だとか、攻撃的だと思われるのが嫌なのだ」。ファイナーマンは続ける。つまり、「収益に前向きな影響を与えることで報われると言う意味では、この業界には能力主義のようなものがあると思う。それを経験できるところまでこぎつけることが鍵ね」。

ファイナーマンは、他人のお金を失うことは「重荷」だと感じる、と認めている。「たとえ驚くほど裕福な相手であっても重荷である。この業界で生きていくためには避けられないこと。アービトラージを通じて、たくさんの判断を下さなければならないということを学んだ。思いどおりの結果になることもあれば、そうでないこともある。だから、意思決定のプロセスに納得できるようにすることが大切。『判断を下した時点では合理的だったが、うまくいかなかった』という場合でも、受け入れることができる。反対に、判断を間違えたが、幸運に恵まれることもある。頻繁にあることではないが、それでも起こり得ることなのだ」。だが、ファイナーマンは運に頼ってきたわけではない。彼女は「運」は備えあるところに訪れることを知っているのだ。

第12章

ジョン・ベイダー

John Bader

私が学んだことは、アルファを生み出すには適切な投資対象を選択したり、適切なタイミングで戦略に配分するだけでなく、一九八〇年代後半や一九九〇年代なら禁句であったろうが、進化することが必要だ、ということだ。

だれもが「スタイルドリフト」、そして、いかにそれを避けるかについて語っていた。だが、進化しなければ死ぬだけだと私は考えている。一九三九年にこの国にやってきたジョー・グラスは当初旅行代理店を立ち上げ、最終的に蓄えたお金を何億ドルにも増大させたのだが、彼は常々「この国で本当に金持ちになる方法は、長生きして、損をしないこと、そして複利運用を続けることだ」と言っていたものだ。私が現役であった期間のほとんどで、ほかの人々はわれわれよりもはるかに大きなリターンを生み出していただろうが、われわれは適切なタイミングで適切な戦略に集中し、またストラテジーミックスを進化させ、いかなるときも大きな損失を避けることで生き残ってきたのである。

ジョン・ベイダーが言う「われわれ」とは、一九八一年に伝説的投資家アラン・B・スリフカが立ち上げた投資顧問会社のハルシオン・キャピタル・マネジメントのことである。ハルシオンは現在、ヘッジファンド、マネージドアカウント、CLO、バンクローン、そのときどきのクレジット戦略、訴訟投資など、独自の運用形態を通じて、機関投資家の資金を一〇〇億ドルほど運用しているが、これらは同社独自のものもあれば、顧客たちの要望や好みに応えたものもある。今日マジソンアベニューを拠点に、ロンドンとルクセンブルクにもオフィスを持つ同社は一二人の現役パートナーたちによって保有されているが、彼らのハルシオンでの勤続年数は平均すると一六年になる。会長兼CEO(最高経営責任者)を務め、ゴルフよりもカイトサーフィンを好む五五歳のベイダーの指揮のもと、同社はその信条でもある「時代を先取りする」ことで進化を遂げてきた。

「私が合併アービトラージの世界に入ったとき、すでに先駆者がいたことは言うまでもないが、これに取り組むウォール街のトレード部門やブティックはせいぜい二〇件ほどだったと思う」とベイダーは振り返る。「同様に、ディストレス投資の分野に参入したとき、すべてを取り仕切っていた銀行家や弁護士はやはり一〇人か一五人くらいで、大手のディストレス投資家のオフィスの電話番号、週末の連絡先、奥さんの名前もすぐに分かるほどだった。だが、どちらの場合も、あるときから突如新参の投資家の一団がやってきて、これに手をつけるようになった。このような状況でどうやって他者に先んじればよいのだろうか。私は、人の先を行くためにはほかの人々がやっていないことをやるべきで、大きなお金が稼げるのは市場が非効率な間だけだと認識した。それゆえ、私は多くの人々が手を付けるようになる前に、不良資産やディストレス資産を担保としたビジネスに移ったのだ。つまり、われわれはいかなる戦略にも固執しないことにしている。われわれは適切なタイミングで適切な戦略に集中するとともに、新たな戦略を生み出すうえでわれわれの助けとなり、また指導してくれる最良の人々を取り込もうとしているのだ」

ベイダーは一九九〇年にファンドマネジャーとしてハルシオンに入社したが、それ以前には、グラス・アンド・カンパニーで三年間リスクアービトラージの調査を行い、一九八五年と一九八六年にはアイバン・ボウスキーのIFB・マネジング・パートナーシップで一番下っ端のアナリストとしてウォール街と合併アービトラージの洗礼を受けた。これは、ドレクセルが主導した一九八〇年代のLBO（対象企業の資産を担保とした借入金による買収）による合併ブームに終止符を打つことになるインサイダー取引事件で連邦検事が同社を閉鎖するまでのことである。ベイダーは一九八四年にハーバード大学に入学し、ロースクールに進むことを望んでいたが、大学を休学していた一八カ月間に買収合併に興味を持つようになる。彼はソフトウェア会社のトロントでインターンとして働いていたのだが、当時蔓延していた買収合戦に関するウォール・ストリート・ジャーナルの記事を何時間も読んでいた、とベイダーは説明する。たちまち興味を持った彼は、記事で読んだ合併にオプション投資をして「驚くほどのお金」を稼いだのだ。ベイダーはハーバード大学に戻り、一九八五年に歴史学の学位を修得するが、そのときまでには弁護士になる夢は断念し、卒業後すぐにウォール街を目指した。

若き投資家はすぐにモルガン・スタンレーの内定を手にしたが、彼は父親に「本当は合併アービトラージのブティックで働きたい」と伝えた。ニューヨーク市の開業医であった彼の父は「このビジネスについてあまりよく知らなかった」と彼は振り返る。だが、ベイダーは合併アービトラージについて知っていること、そしてだれがそれをやっているかを説明しようとしているとき、ふとボウスキーの会社を含む幾つかのアービトラージ会社の名前を挙げた。「すると父は『あぁ、アイバンなら私の患者だよ。きっと喜んで会ってくれるだろう』と答えたんだ」

ベイダーは待望の面接に臨んだが、ボウスキーは修士号を持っていないアナリストは雇わないと聞かされただけだった。それでもボウスキーは自らの主治医の息子にサマージョブの機会を与える。「私はモルガン・スタンレーで働き始める日をどうにか先送りして、アイバン・ボウスキーと働くことができたんだ」とベイダーは振り返る。「かなり奇妙だった。もしほかの企業で働いた経験があったら、ボウスキーの会社の秘密主義を不気味と感じただろう。だが、私にはその経験がなかった。そのときは自分が朝の会議に呼ばれず、ポジションシートを見ることもできないことに少しばかり腹が立ったが、おかげで私はこの会社が何に投資しているのかまったく知らなかったのだ」。ベイダーはボウスキーの会社にかなりのコンピューター技術をもたらした（当時のウォール街ではまだ珍しかった）のだが、彼はほかのアナリストのために財務モデルを構築することに時間を費やすばかりで、いまだ朝の会議に同席することは認めてもらえなかった。今になって思えば、ボウスキーは自分を守ってくれていたのかもしれない、とベイダーは推測する。「分からないけど、おそらくボウスキーはその時点で自分が捜査対象となっていることを知っていたのだと思う」

ともかくも、ベイダーのモデル化は十分に評価され、夏の間のアルバイトは一九八五年の秋には正式な内定へと姿を変えた。ベイダーはこう述べている。「私はビジネスについて多くを学ぶ機会を手にし、また多くの状況を観察することができ、そして魅了された。だが、ポートフォリオのコピーを目にすることは一度もなかったので、自分たちが何を保有しているのかは分からなかった。ただ、ＩＦＢでは多くの人たちが一生懸命に、真っ当な仕事をしていたのだ。例えば、ナビスコの大きなポジションから撤退することを提案したメモに関して、リサーチを担当する取締役を助けるため分析を行ったことは覚えている」。この要請にベイダーは驚いた。というのも、彼は「ポジションシートを見ることを許されていなかったからである。だが、そのメモは要するに『なぜこれを保有しているのか』『ファンダメンタルズは悪い』と伝えていた」。ベイダーは頭を振り、少しばかり皮肉っぽく微笑んだ。「もちろん、ナビスコはほどなくして買収された。思うにアイバンはわれわれが知らない情報を持っていたのだろう」

カジノ船でのギャンブルと原則

彼の次なる上司は不愛想だが目立ちたがり屋のボウスキーとは対極の存在であった、とベイダーは明言する。「私はマーティ・グラスのもとで計り知れないほど学んだ。彼は本当に一流の投資家だ。私が次にグラス・アンド・カンパニーに移れたのは本当に幸運で、はるかに現実的な方法で事業を学ぶことができた。ボウスキーはレバレッジを大きく利かせて、目いっぱい賭けたがる、いわば偉大なカジノ船のギャンブラーだったが、マーティは私が見たところ、大きなポジションを取ることに気後れはしなかったが、リスク管理ははるかに優れていた」。ベイダーは続ける。「マーティは一連の基本的な原則に従って運用していたが、その多くは当時までわれわれとオフィスを共有していた彼の父親（ジョー・グラス）から学んだものだった。マーティが最も好むのは、彼が言うところのフリーベットである。例えば、サザビーズやクリスティーズのオークションのように、二人が同じ資産を欲しがるあまりに入札競争を始めれば、それがお金を稼ぐ素晴らしいチャンスになると彼は考えていた。実際に、リスク・リワードがかなり非対称となることが多く、または稼ぎが少ないか、大きな損失を被ることになる伝統的な合併アービトラージをマーティは嫌っていた。彼はフリーベットができる立場を得られる案件をはるかに好んでいたのだ。グラスのもう一つの原則が、クオリティの高い商品を探すことである。ジョー・グラスは、サウスブロンクスではなく、フィフスアベニューで株を買い求めたいと好んで口にした。それを聞いていたマーティは、三級品で大きな利幅を稼ぐ機会よりも、本当にクオリティの高い資産で少ない利益を稼ぐことができる機会をいつも求めていたんだ」

ベイダーがグラスで学んだことはまだまだある。「マーティは彼が『女の子全員とキスするわけではない（not kissing all the girls）』と言っていたことを信じていた。われわれが運用していたのは他人の資金ではなく、彼のお金だったので、マーティは、年金基金ではおそらく受け入れられないであろう水準のボラティリティに耐えることができると考えていた。彼は父親からアンドリュー・カーネギーの有名な格言を学んでいた。いわく『すべての卵を一つの籠に入れて、大切に見守ることだ』」

教訓を忠実に守る

ベイダーは機関投資家の資金を運用するようになってもその教訓を忘れなかった。「私は今日に至るまでインデックス運用は行わず、信念をもって銘柄を選択し、クオリティの高い銘柄を買っている」とベイダーは断言する。「もちろん、機関投資家の口座では、そのような取り決めがないかぎり、一つの籠にすべての卵を入れたりはしない」。彼はまた、市場と相関関係がない戦略の魅力も心に留めていた。これは下落幅が大きければ、ほとんどすべてのロングポジションは引きずられることになる、という一九八七年の暴落時に学んだ重要な推論である。彼はこう続ける。「ボウスキーやグラスのところにいるときに自分自身で学んだことがある。原則とまではいかないが、自分自身心地良い経験として学んだことなのだ。例えて言えば、私は自分がウォール街のほとんどを向こうに回し、彼らがその理由を理解できないような、魅力的な投資対象を見つけるのが好きだ、ということに気づいた」。初めてそのようなことがあったのは、彼がまだボウスキーの会社にいたころだとベイダーは振り返る。

ベイダーは当時急増していた二段階のＬＢＯによる公開買い付けの一つでオプションのポジションを調査するよう指示を受けた。「シカゴのオプションブローカーのすべてがフォワードコンバージョンに乗っていたのだが、彼らはリスクのない取引をしていると考えていた。だが、二段階公開買い付けという文脈ではこれは正しくなかった。ある人が私にこう指摘してくれた。『見てみろ、ジョン・モルフレンはこんな先の限月のプットを大量に買っているぞ、なぜだ』。だが、私はその取引を考え出すほど賢くなかったし、知識もなかったことは確かだ。だが、モルフレンがやっていることをだれかが指摘してくれれば、それに気づくだけの分別はあった。二段階公開買い付けではプット・コール・パリティの原則が機能しないのだ。それら先の限月のプットは安く、それゆえ大きく上昇する可能性がある。そこでわれわれはその取引を行い、多額のお金を稼いだ。やがてほかの人々もそれに気づいたのだが、初期の市場は極めて非効率だったのだ。こうして私は、他者に先んじれば、大金を稼げることを認識するようになったのだ」

この考えは、一九八七年の暴落の後、ベイダーが「自分が取り組んだなかで最もお気に入りの一つ」と言う経験で強化されることになる。当時お粗末だが、ありがたくも短命に終わったアレジスという別名で経営されていたユナイテッド航空は、アクティビストのコニストン・パートナーズから株主価値を最大化するよう圧力を受けていた。同社は暴落の直前に、ヒルトン、ハーツ、ウェスティンを売却し、株主に二〇億ドルの特別配当を行うことを決定していたのだ。

「一九八七年に市場が暴落したとき、私はちょっとした個人的な税金の問題を抱えていることに気づいた」とベイダーは振り返る。「マーティは常々、私にグラスの取引に合わせて投資をするよう勧めていた。われわれは外部の資金を預かっていなかったので利益相反にはならないし、実際に極めて有効なレッスンだった。彼はいつも『買うつもりがあるようだが、実際に行動で示しているかね』と言うのだ。ともかくも、当時、私はさほど積極的に取引をしていなかったし、実際に会社は一九八七年にかなり良い成果を上げた。だが、個人的には暴落前に少しばかりマイナスだったのだ。巨額の差益は利益になる分だけが配当収入とみなされ、残りは非課税扱いになると考えていた。私は最終的に巨額の差益と売却損は通算が可能だと思っていたが、それらを互いに相殺して節税することができないことに気づいた。私には損金と相殺できる利益を持っていなかった」

問題を解決する

ベイダーは続ける。「そして、自分がこの問題を抱えているなら、コニストン・パートナーズはさらに大きな問題を抱えているかもしれないということに気づいた。彼らは株式の一一％超を保有していたのだ。そこで私はコニストンの友人に電話をかけた。彼は何も認めようとはしなかったが、私が問題を指摘したときに、電話の向こう側に懸念があることを感じ取ったのだ。『ワオ』と思ったよ」。そして、ベイダーはこう付け加える。「私は、アレジスが二〇億ドルを特別配当ではなく、公開買い付けという形で株主に還元すれば、コニストンと私の問題を解決できると指摘した。そして、グラスはバックエンドのプットとなり得る大きなポジションを構築した。コニストンがアレジスに配当を公開買い付けに切り替えさせたことで、われわれは大きな利益を獲得したのだ」。このような機会は極めてまれであるとベイダーは認める。だが、桁外れの利益を得られる可能性があるので、「私は合併アービトラージでも、破産処理案件でも、最近では訴訟投資でも、繰り返し試みているのだ」。

ベイダーがマーティ・グラスの資金だけを運用していたグラスを去るのは一九九〇年初頭だが、その理由の一つが、彼が外部の顧客の資産を運用することはなさそうだと気づいたことにある。だが、ユナイテッド航空のＬＢＯ計画が失敗したことがきっかけとなり、市場が一九八九年一〇月に「ミニクラッシュ」したのち、彼は自分が「向こう数年間の合併ビジネスの展望を楽観できずにいる」ことに気づいたのだと言う。「われわれは信用収縮に向かっていたので、『さぁ、これからはディストレスのビジネスだ』と思ったのだ」

さらに、ベイダーは今日こう振り返る。「一九八九年の終わりに、かなり良い取引をいくつか行った。われわれは私の提案に従って、案件が破談となる前に、UALのポジション全体を反転させていたのだ。その後も、いくつかのアービトラージ――LBO――案件で、私はスプレッド取引をするのではなく、ショートすることを勧めていた。フィリップス・インダストリーズとバーミンガム・スティールがその好例だ。私はその直前に、別の鉄鋼会社に関連するプリンシパル取引の可能性について銀行家たちと面会していたのだが、業界の収益力の低さがすこぶる気にかかった。フィリップスも、利益トレンドが低調な企業に対するマネジメントバイアウトの一例である。どちらのケースともリセッションを前にして、リスク・リワードは一のプラスに対して一五のマイナスと考えていた」。二件ともショートが見事にはまったのだ。バーミンガム・スティールに対するハーバート・コーポレーションの三億六七〇〇万ドル、一株当たり三〇ドルのLBOは、資金調達がうまくいかず一九九〇年一月に失敗に終わり、株価はあっという間に一〇ドル台半ばまで下落してしまった。フィリップス・インダストリーズのLBOでは、当初一株当たり二五・五〇ドルとされたが、後に一株当たり二四ドル、六億七〇〇〇万ドルでの買収が計画される。だが、こちらも同様に資金調達が原因で失敗に終わり、株価は一〇ドル台なかほどまで急落してしまったのだ。

会社を去るべきとき

信用収縮が広がるにつれ、ベイダーはディストレス債への投資にますます心躍らせるようになった。当時、マーティ・グラスで働いていたジョン・ポールソンも、グラスをディストレス債にかかわらせようと取り組んでいた。「われわれはテキサコの株式と転換社債でポジションを取っていたが、マーティは当初ディストレス債の事業には興味がないようであった。だが、その後、彼は素晴らしい人物を採用する。私と違い、この分野で確かな経験を積んできたヤキル・ポラックだ。私はヤキルが好きだったし、当時、彼が自分よりもディストレス投資についてははるかに知識があることを知っていたので、彼が採用されたとき、自分はグラスを去るべきだと初めて考えた。私は、近い将来ディストレス債は盛り上がり、アービトラージはダメになるだろうと確信していた。だが、マーティに対する愛情も大きい。彼は投資家である私に計り知れないほど良い影響を与えてくれたのだ。だからこそ、彼がディストレスの専門知識を有する人物を欲しがる理由を十分に理解していた。去るべきときだったのだ」

ハルシオンから声がかかると、ベイダーはすぐに転職し、ディストレス投資を含むマルチ・ストラテジー・ファンドのファンドマネジャーに就任する。そして、彼のライバルたちでさえ「百科事典のようだ」とか「難航不落」と述べていた破産法の知識を即座に身につけた。彼はその時代にあふれかえっていた多くの破産企業から価値を引きだそうとしたのではなく、「実際のところ、当時のディストレス債の投資家の九〇％はただ賢明に、バリュー株志向の投資を行おうとしていたのだ」とベイダーは指摘する。「それがお金を稼ぐ有効な方法で、われわれもそうしていたのだ。だが、私はディストレスの世界でアービトラージのようなことはできないかと考えるようになった」。例を挙げれば、十分に枯れた対象である。「企業の清算にはバリュエーションリスクが伴うが、十分に枯れた対象なら問題ない。資産はあらかた売却されるので、バリュエーションについてさほど心配する必要はないのだ。分子はあらかた現金なのだ。ただ優先権を確定させ、タイミングを見計らえば良いのだ」

「われわれは現金の評価の専門家だ」

ベイダーは一例としてモンゴメリー・ワードを取り上げる。「クレジットカード会社を有するこの小売り業者が問題を抱えていることは周知であり、営業債権は一〇セントで売られていたのだ。われわれが目を向けたとき、同社にどれだけの価値があるか私には分からなかったし、だれか良いアイデアを持っているとも思えなかった。だが、GEキャピタルが登場し、その資産に現金で六億五〇〇〇万ドルを支払ったとき、それが現金で取引されたことから、分子の価値がどれほどかを理解したのだ。私は投資家たちに好んで『われわれは現金の評価の専門家だ』とジョークを言う」

「その当時、分母がどれほどかが疑問であった。また、回収するまでにどれだけかかるかも分からなかった。多くの破産案件で不思議なのは、当初の不確定債権の金額が往々にしてバカげた額になるということだ。われわれがモンゴメリー・ワードに手をつけたとき、不確定債権はすでに四五〇億ドル程度から五〇億ドルほどまで減少していた。おかしな話だ。破産案件では、虚偽の債権や二重債権が巨額に上ることも多い。それらは請求処理の過程で排除される。モンゴメリー・ワードは開示説明書のなかで、五年間にわたって裁判所が監督する請求処理を行った結果、同社の不確定債権は二〇億ドルまで減少することが見込まれると述べていた。言い換えれば、ディストレス投資家が手にすることになるのは、六億五〇〇〇万ドルを五〇億ドルで割った金額と二〇億ドルで割った金額の範囲にあるということで、唯一の問題はどれだけの時間がかかるか、ということだ。一方で、株式市場は上がったり下がったりする可能性があったが、資産の価値には何ら心配はなかった。それが私の心に響いたのだ」とベイダーは断言する。

それ以上に興味をかき立てられたのは、「このような状況に注目する者がいかに少ないか」に気づいたときだとベイダーは認めている。「シカゴに破産関連訴訟のデータルームがあった。われわれもだれかがそこに行って調べものをするのだが、数日間いても、ほかにだれもデータルームに現れなかったのだ。これはわれわれにとって大変に興味深い成り行きで、保険会社に請求権を買い取らせたあとではなおさらだった。だが、それがなかったとしても、十分に枯れた対象は非常に面白い機会となり得る。非常に複雑になることが多いので、人々は請求権の分析をしたがらない。だが、実際に真剣に取り組んでみれば、極めて単純であることはけっして珍しくないのだ」

形式に注目する

「多くの投資家はもっぱら価値についてばかり考える傾向にあるので、ハルシオンはほかのディストレス投資家とは異なるのだ」とベイダーは言う。「だが、われわれは価値と同時に、整理の形式にも注目する。リストラクチャリングや企業再生において古い債務は、現金、債務、株式、そして発行が可能であるなら独創的な有価証券などの組み合わせに転換される。だが、われわれは現金に転換される請求権を取得することになるケースを好むのだ。たとえアップサイドが小さいとしても、合併アービトラージと同じようなものだ。また、われわれはリストラクチャリング後の借り入れの少ない企業の債務に転換されるものも好む。これは価値評価が少しばかり難しく、またボラティリティも多少は高まるので、ストレートな現金の取引のほうが良い。また、われわれはヘッジできる株式を取得して、アービトラージのような状況を作りたいとも考えている。時には古い債務を取得して普通株に転換することもあるが、その場合、結果がどれほど不安定なものとなるかにかなり気を配っているのだ」

ここでもまた「アービトラージ」という言葉が登場する。ハルシオンの戦略は幅広く、また日々進化しているにもかかわらず、同社の最高幹部とほんの少し会話をするだけで、彼が成功したアービトラージャーが持つ迅速かつ抜け目ないものの見方を投資のあらゆる状況に当てはめていることが鮮明となる。それはまた移ろいやすい人間の本質を敏感に感じ取っているということでもある。あらゆる取引でベイダーが初めに問う問題は、「明確な答えはないのだが、スプレッドはいかほどか、または収益率はどのくらいか。それはなぜか」であるとベイダーは言う。彼はさらに踏み込む。「動機は何か。彼らはなぜそれをするのか、だ。二番目の疑問は、バリュエーションはどうか。合理的かどうか。割安か、割高か。仮にだれも買いを入れないとしても、適正価値よりも安価であれば、私は喜んで投資する。なぜなら、①何か良いことが起こる可能性がかなり高く、②ダウンサイドははるかに小さいからだ」

だが、これは、ベイダー流のリスクアービトラージの分析では始まりにすぎない。もうひとつ重要な要素は彼が「有権者分析」と呼ぶものである。こう問うのだ。「だれがだれに何をしたいと考えているのか。彼らはどのようにして報酬を得るのか。彼らはどのような動機づけがなされているのか。その案件を阻止する可能性がある別の有権者はだれか。争点は何か。投票権を有しているのはだれか。要するに動機の解明なのだが、それは純粋なものでも、シンプルなものでもないことが多いのだ」。ベイダーは次のように述べている。「一九九九年に破談に終わったアルザとアボット・ラボラトリーズの案件を取り上げてみよう。多くの人々が大金を失ったのだ。私は案件がダメになる前に、とある友人と話をしたことを覚えているが、彼はその契約がどれほど素晴らしいかと語り続けていた。だが、私は彼に『彼らが互いを嫌っていることは公然の秘密だろ』と言ったんだ。彼らは団結しているように思われていたが、実際には互いを嫌っていた。だからわれわれは進んで案件を回避したし、損を被らずに済んだのだ。だが、私が言いたいのは、われわれは有権者分析に気を配っていたからだ、ということだ」

自分たちも過ちを犯すことはある、とベイダーはハルシオンが最近被った最大の損失の例を出す。それは、二〇一四年にノース・シカゴのアッビィがイギリスを拠点とするシャイアー・ファーマスーティカルズを買収し、合併会社の法的住所をイギリスに移すとしたインバージョンの案件だが、財務省が「インバージョンを目的とした取引の財政的効果を破壊することを目的」とした新たな規制を発表した一カ月後、アッビィが計画を取りやめたのである。ベイダーはこう説明する。「アッビィのCEO（最高経営責任者）が案件をまとめたいと考えていたことはわれわれにははっきりしていた。というのも彼は書面でも、会話のなかでも公表していたからだ。だが、有権者分析を行うにあたり、われわれは検討だけでもすべき事柄を一つ無視してしまった。つまり、CEOは取締役会の支援を得ているのか、ということだ。このケースでは、残念ながらCEOが取締役会の支持を得ていないことが明らかとなったのが遅すぎた。われわれはこの取引で無駄な（リスク制限の範囲内ではあったが）損失を被ったし、ほかの多くの者たちもそうであったろう。彼は取引を希望していることをかなり強く表明していたので、われわれは彼と取締役会は同意見だと早合点してしまったのだ。この経験から得られる教訓がある

2015年、シャイアーとアッビィの取引が失敗に終わった結果、スプレッドが拡大したことを説明するハルシオンの営業資料

合併アービトラージのスプレッドが広がる

- 過去2年間、友好的な案件にかかる合併アービトラージのスプレッドは年率3～5％の総収益率であった
- 10月16日、アッビィはシャイアーを500万ドルで買収する計画から撤退した
- これをきっかけに、すべての合併案件にかかるアービトラージのスプレッドは劇的に拡大した
  - 懸念⇒戦略から資本が逃げ出している
  - 大きな取引⇒スプレッドは広い

とすれば、政治色の強い案件は避けるべき、ということだ。そのような案件はまとまらない傾向があるように思える」

ほかに投資指針はあるかと問われたベイダーは次のように答えた。「大きな教訓の一つが、あらゆる優れた投資戦略は遅かれ早かれコモディティ化する、ということだ。人々が組みついてきて、『次をどうやって見つけるのか』と迫るので、戦略が飽和してしまうのだ」。ベイダーはこの教訓をすぐにこう言い換える。「つまり、古い友人が戻ってくるわけだ。突然だが、二〇一六年三月の今がまさにそれで、厳格な契約が結ばれた案件に広く分散した合併アービトラージのポートフォリオを構築し、優れたリスク・リワード比率のもと、良好なリターンを獲得することができる。このような状況がしばらく続くわけではない。私見だが、年がら年中そうなるわ

けではないのだ」

強調するかのように一呼吸置いたベイダーは肩をすくめる。「サイクルを理解すればアルファを生み出せるようになる。いつ取り組み、いつ取り組まないかを理解しなければならない。結局のところ、アルファを生む方法は人々が認識する以上にたくさんあると私は信じている。個別銘柄を選択する伝統的な手法もあるし、適切なときに適切な戦略に配分するということもあれば、戦略の進歩もある。そして、情報収集と文書を通じてアルファを生み出すこともできるのだ」

どのようなサイクルにあろうとも、ジョン・ベイダーがその先を行く方法を用いてアルファを生み出そうとしていることは間違いなかろう。

第13章

クリント・カールソン

Clint Carlson

一つ目に、ビジネスに情熱を持つこと。それを心から愛さなければならない。そして、自ら取り組んでいることが、手にし得る最高の恵みであると思うことだ。二つ目が、あらゆる種類の事業についてできるかぎりのことを知りたいという強烈な知的好奇心を持つ必要がある。これはリスクアービトラージには本当に大切なことであるが、同時に想像力をもってリスクを見定めなければならない。「何か間違ってはいないか」と常に考えなければならない。最後に、皮肉と呼べるほど強い懐疑主義である必要がある。何事も額面どおりに受け取ることなどできないのだ。

「四〇％上昇したあとで、最後の一％を取るために株式を買うという投資戦略を顧客にどう説明しているんだ」。この鋭い質問は、「一九六〇年代からこの業界にいる別のアービトラージャーから向けられたものだが」、ほんの冗談にすぎないとクリント・カールソンは言う。だが、それはカールソンにリスクアービトラージにおける投資機会の源泉を具現化して見せた。「二〇％、三〇％、四〇％と上昇するそのときまで株を保有していたすべての者たちが、『キャリアをリスクにさらしてまで案件がまとまるのを待つことなんてできやしない』と考えるので、彼らは売るんだ」。それも、公表されている価格より安い株価で売るので、搾り取られるのを待つばかりのリスクアービトラージのスプレッドが生まれることになる。

うま味のあるスプレッドはさまざまな理由から生まれる、とカールソンは認める。「あるとき、巨大な投資銀行の一行がやってきてこう言った。『これがわれわれのポジションのすべてです。あなたにお売りすれば、一晩で一株当たり四〇セント儲かりますよ。われわれはリスクをとりたくないのです』。そしてわれわれは取引をした。わぉ、こりゃいい、と言ったところだ。彼らが懸念していたのは、詐害行為取消権という考えに関連するものだ。つまり、LBO（対象企業の資産を担保とした借入金による買収）が完了し、現金が支払われるときに自分たちが株の所有者であるとすると、彼らはリスクにさらされた可能性があったわけだ。その会社が後にチャプターイレブンの保護を申請したとすると、同社の債権者たちは彼らを詐害行為取消にかかる裁判に引きずりこんで、『あなたがたがお金を取ったから、会社がつぶれたんだ』と非難したかもしれない。その当時、巨大投資銀行のなかには、そのようなリスクはとらないとするポリシーを持っているところもあったのだ」。そのようなポリシーのないカールソン・キャピタルは喜んでスプレッドを取りにいった。

実際に、利益を目的に一貫してアービトラージのスプレッドを追及することこそ、五九歳になるクリント・デュアン・カールソンがおよそ九〇億ドルの運用資産を持つ、ダラスを拠点としたヘッジファンドであるカールソン・キャピタルで行っていることだ。彼がダラス、ニューヨーク、グリーンウイッチ、パームビーチ、またはロンドンのオフィスにいないときは、彼が主導するマルチ・ストラテジー・ファンドであるダブル・ブラック・ダイヤモンドの名前の由来となったアスペンの目もくらむような山道のどこかで彼に出会えるかもしれない。一九九三年に一七五〇万ドルの資金をもって組成されたダブル・ブラックは、カールソンが探り出したそのときの最良の市場機会に応じて、七つの戦略を組み合わせて投資している。

しかし、リスクアービトラージはカールソンが自らの帝国を築き上げるために用いた三つの主たる戦略の一つである。「ぜひ伝えておきたいのは、十分な定量分析を行った結果、互いに相関関係がない、シャープレシオの高い三つの戦略に行きついたということだ。だが、現実問題として、私がファンドを始めたときは、自分が方法論を承知している三つをやっていた。つまり、リスクアービトラージ、コンバーチブル・アービトラージ、そして『レラティブ・バリュー・アービトラージ』だが、ペアトレード戦略は、私が小さな銀行の何百件もの取引を観察し、銀行がどのように評価されるかを理解するようになったあとで開発したものだ」。カールソンは、一九八〇年代後半から一九九〇年代前半に苦境に陥った銀行業界が統合を進めるなかでチャンスを見いだしたのだ。「一行の銀行をロングして、もう一行をショートすれば、その取引を通じてかなり優れたリスク・リワード特性を生み出すことができたのだ」

彼が、ダラス（テキサス州）にとって最も重要な産業である石油関連企業に関連する銘柄にまでペアトレード戦略を展開するまでにさして時間はかからなかった、とカールソンは振り返る。その後、「二〇〇二年、われわれはおもにディストレス債を中心としたクレジット・アービトラージ戦略を加えた」。彼は何年間にもわたって、少しずつ戦略を増やしていったのである。カールソンが用いる七つの戦略の相関関係はさまざまだが、「たいていの場合、大した相関関係はない。すべてが連動することもあるが、それは避けられないことだ」と彼は説明する。すべては「あらゆる投資事業はシクリカルだ」とするカールソンの哲学に帰結する。「一つの事業に絞ると、絶対リターンで見ても相対リターンで見ても、魅力的ではないときが必ずある。投資家であるならば、限られた分野の最良のことだけに取り組みたいとは思わないだろうし、ほかの場所にも移れる柔軟性が欲しいと思うであろう」

フーダニット（だれがやったのか）

カールソンと一七五人からなる彼のチームが、その後の二四年間でヘッジファンドのツールキットから除外する必要があると考えた唯一の戦略がコンバーチブル・アービトラージである。「二〇〇〇年代後半にはかなりコモディティ化したビジネスになっており、機会がなかったのだ」。だが、カールソンは機会があれば、今でもコンバーチブル・アービトラージに手を出すこともあると言う。「だが、別の戦略のなかに埋もれている。転換社債の分析ができる本当に優秀な人物がいるとしたら、その能力は手放したくないと思うだろうが、コンバーチブル・アービトラージで二〇億ドルも運用するほど広範な機会はもはや存在しないんだ」

「テクノロジーにつぶされたんだ。何年もの間、われわれはプログラマーを雇って、コンバーチブルのモデルを継続的に改良してもらっていた。その後、ブルームバーグが同社のユビキタス端末にコンバーチブルのモデルを搭載したんだ。かなり優れていると考えていた自分たちのモデルが、ブルームバーグとまったく同じ答えをはじき出したとき、もはやどうすることもできなかった。取り組む者が増加しているコンバーチブル・アービトラージの分野でお金を稼ぐことは難しくなるだろう」と思ったのである。それと同時に、その時点でもお金を稼いでいた少数のコンバーチブル・アービトラージャーは、「機械的にオーバーヘッジしたり、アンダーヘッジすることで」そうしていたのであり、それはアービトラージの事業ではないとカールソンは考えた。カールソンは続ける。「転換社債を発行する企業は一部存在するが、そこでロング・ショートのポジションを取らなければならない理由があるのかね。私には分からない。それがうまいファンドマネジャーもいるだろうが、もはやアービトラージの世界ではない。もう二度とそうならないと言うつもりはないが、現時点では、何年間も一歩離れて見ているが、後悔を感じたことはほとんどない」

リスクアービトラージで「オールドタイマー」という言葉を聞くことも、短期金利がほとんどゼロの時代にリスクアービトラージのポートフォリオを運用して利益を出すことに対する絶望にも似た言葉を耳にすることも珍しくないが、カールソンはそれに組さない。「確かに、短期金利が七～八％に戻れば、たいていはかなり稼げるだろうが、それはリスクアービトラージのリターンがレバレッジを用いずともリスクフリーレートの二倍にはなるからだ。多かれ少なかれ、現在でも、これまで長期間にわたっても、そんなもんだ。リスクに対する報酬はその程度だ」

「カールソン・キャピタルが用いるレバレッジの度合いは時間の経過とともに変化してきたが、直近では一・八倍から二倍といったところで、これはロングしているポジションの時価を資本で割った数字だ。案件に分散したポートフォリオのリスク・リワードとすればおそらく堅実なものであろう。仮にかなり集中したポートフォリオを運用しているならば、レバレッジを引き下げる必要がある。だが、『アービトラージ・スプレッドがタイトだから、レバレッジを上げよう』とするのは誤った戦略だ。そうではなく、アービトラージスプレッドが広く、本当に優れたチャンスである場合にレバレッジを上げるべきなのだ」

カールソンがどれだけの資本をリスクアービトラージとその他の戦略とに充当するかは、機会に対する相対的な評価によって変化する。「われわれのマルチ・ストラテジー・ファンドのなかでリスクアービトラージのイクスポージャーが最も大きかった時代もあったが、それでも一〇～一二％ほどを占めていたにすぎない。今日（二〇一六年春）では、それが三〇％だ。それはただチャンスに恵まれているがゆえである」。この時点でカールソンは全世界で三〇～四〇件のリスクアービトラージ案件に資本を投じているが、彼の説明によれば、「大きいのは二〇件で、ほかの案件の多くは流動性が限られているのでさほど大きくはない」という。

カールソンはこう付け加える。「何が先行指数や遅行指数になるか私には分からないが、合併は市場がピークを付けるときに最も活発になる傾向がある。それゆえ、どれだけ強気相場が続くかがリスクアービトラージのサイクルがどれだけ続くかを決めることになる。その後、新しい案件の数は減少していく。ピークをすぎても優れた投資機会はあるだろうが、われわれは新たに投資することはしない。そのときはディストレス債か、アービトラージに似た何かに移るであろう」

リスクアービトラージに魅せられる

一方でカールソンはこう述べる。「この金利環境では、目に見える問題のない案件でも年利一二％のリターンを稼ぐことなど期待できない。ちなみに、これは『安全な案件』よりも良い表現だ。安全な案件など存在しないからね」。それゆえリスクアービトラージと呼ばれるのだが、一九八五年、友人の一人がヒューストンでリスクアービトラージのアナリストのポジションが空いていると知らせてきたとき、この方法論や戦略について何も知らなかったとカールソンは率直に認める。

一二歳で初めて株を買って以来、市場に夢中になっていたカールソンはライス大学で学士号とＭＢＡ（経営学修士）を修得し、ヒューストン大学で法律の学位を修得したが、司法試験に合格したあとも一度も弁護士として活動していない。「私は投資というコンセプトに魅了されていたんだ」と彼は説明する。ロースクールを卒業すると、彼はテキサス・コマース・バンクで金融の仕事に就き、その後、数年間、ヒューストンのアメリカン・キャピタル・アセットマネジメントでグロース株の運用を行った。

だが、カールソンはじっとしていられなかった。彼自身の好奇心もあったが、友人が口にしたリスクアービトラージの仕事がキッカケとなり、出版されたばかりのアイバン・ボウスキーによる『マージャー・マニア――ウォール街の新錬金術』（日本経済新聞社）を手にすることになる。これは自己宣伝の極みのようなもので、本のカバーには「企業買収の結果に何百万ドルもの賭けを行う大胆不敵なプロフェッショナルの一団」と記されていた。

ボウスキーの本は、この戦略に関する情報が得られる数少ない手段の一つであり、「『ほんとうにカッコイイ』と思ったのだ。もちろん、今となればボウスキーのリスクアービトラージには彼が本には書かなかった多くの部分（とりわけインサイダー取引）があることは皆が知っている」とカールソンは振り返る。にもかかわらず、取り急ぎカールソンが集めることができたリスクアービトラージの実践に関する情報は、ファンダメンタルを重視する彼の志向に訴えるものがあり、また彼が法律家になるべく受けた教育は、企業結合にまつわる法的問題を理解するうえでの競争力となり得ることに気づいたのだ。「私は法律用語を操ることができたし、手続きがどのように進むかを理解していた。どちらもおおいに役に立った」

実際に、今日なおカールソンは投資について学ぶにはMBAよりもロースクールのほうが良いと断言する。「というのも、ロースクールでは考え方を学ぶことができるからだ。問題の両面を検討し、それぞれの立場の主張を展開することが重要となる。必ずしもまっすぐに結論を導き出す必要などないわけで、それが投資事業にとって素晴らしい訓練になると考えている。だからと言って、お金の時間価値やデリバティブがどのように機能するか、利益モデルをどのように構築するかを知る必要はない、ということではない。だが、これらはすべて考え方を学ぶことに比べれば二の次の問題であり、それを学ぶにはロースクールのほうがはるかに良いのだ」

これは合理的か

募集がかかっていたリスクアービトラージの職は、資本家チャールズ・フルビッツが経営するマックスマン・グループのリスクアービトラージファンドを共同運用することであることが後に判明する。「チャールズはさまざまな企業を数多く支配していたが、当時リスクアービトラージには余剰資金が充てられていた。つまり、外部投資家はいなかったのだ」。カールソンはマックスマンで師と仰ぐ人物に出会う。ファンドマネジャーのロン・ヒッブシュは若きアービトラージャーに、あらゆる案件で投資テーマを見いだすこと、そしてそのテーマに対して状況がどのようになっているかを継続的に追いかけることに徹底して焦点を当てることを教え込んだのだ。「『よく聞け。リスクアービトラージの案件だろうが、特定の銘柄選択であろうが、投資の成否に影響する主たる要素が一つある。そして、その大切なことをキチンとやらなければならない』とロンは言うんだ。だから、今日に至るも、私の最初の疑問は『この案件は合理的か、両社ともそれを望んでいるか』なのだ」

ヒッブシュと働くことはやりがいのあるものであったが、「私がフルビッツの下で働いていたとき、その資金の大半が彼が保有するS&L（貯蓄貸付組合）から出ていたのだが、毎月の予算と損益計算書を検討した結果、不動産の償却額とアービトラージの利益とが毎月まったく同じであることに気づいた。そして、これはやがて問題になるかもしれないと思ったのだ」と彼は振り返る。そして、カールソンが退職したくてうずうずしていた一九八八年、彼は「フォート・ワースのバス兄弟から電話をもらった。リチャード・レインウォーターは直前に退社していた。トミー（トーマス・M）・テイラーが投資部門を引き継いでおり、彼らはリスクアービトラージを実行できる人物を探していたのだ。『私にとってはとても良いお話です』と言ったよ」。

カールソンが同社でアービトラージや「方向性を取らない戦略」を率いることはバス兄弟にとっても良いことであった。ファンダメンタルズを深く掘り下げて分析する彼の傾向と、案件のスプレッドに焦点を当てるアービトラージャーの確率論的手法とが組み合わさることで、当時安定的に出来していたM&A案件において、ダウンサイドと比較したアップサイドを正確に評価することが可能となり、カールソンはバス兄弟とそのパートナーたちに多額の利益をもたらした。一九九三年になると、カールソンは当時、テキサスで名を上げていた幾人かの若者と同じように、「バスの連中はヘッジファンドのようなマネをして多額のお金を稼いでいる。ひとつやってやろう、自分だってできる」と思い至ったのだ。

カールソンはこう振り返る。「ビジネス全般、とりわけ新規のベンチャー企業は奇妙なことに非合理なのだ。成功の確率を考えれば、やるべきではないと思うであろう。それゆえ、自分の能力に対する無邪気なまでの自信が必要となるのだ。さもなければ、やらないだろう」。当初カールソンは投資家から一七五〇万ドルを調達したが、「素晴らしいスタートだと思った。おかしな話でね。私は腰を据えて、投資家候補のAリスト、Bリスト、Cリストを作って、どこから資金を調達しようかと考えた。だが、Aリストはまったくうまくいかなかった。Bリストはまずまずで、実際にうまくいったのはCリストだった。だが、彼らはみんな、さらなる投資家を紹介してくれた。そして、実際のところ資金調達を始める前から知っていた投資家候補よりも、これら紹介してもらった先の投資家たちのほうがうまくいったのだ。だから、資金調達の秘訣はあきらめないことだ。確かに、営業には優れたプロダクトが必要だし、私自身それを持っていると考えていた。しかし、電話をかけ、コネを作り、フォローをし、なすべきことをなすことが重要なのだ」。

カールソンにとって、リスクアービトラージにおける最優先の問題はファンダメンタルズである。「私は常に、この案件の業界における合理性は何か、彼らはなぜそうするのか、一株当たり利益は増えるのか減るのかを見いだそうとする。何度もバリュエーションを行い、事業を理解しようとするのだが、それは自分が理解していなければ、案件が完了するまでの間にどのようなリスクがあるのかが分からないからだ」。法律の素養があるにもかかわらず、もしくはそれゆえか、カールソンは非常に神経質で、リスクアービトラージは「『よし、条件が出そろった、合併契約も読んだ、規制を専門とする弁護士とも話をした、気に入った』では不十分なのだ」。

例えば、「われわれはいつも、アップサイドがどうなるかよりも、どのようなダウンサイドがあり得るかを把握するために多くの時間を費やす。そして、継続的にダウンサイドの予測を更新していくことで、価値がどのように変化するかを追跡するのだ」とカールソンは言う。彼がキャリアの早い段階にファンダメンタルズを志向する会社で学んだ教訓は今でも重要な意味を持っているとカールソンは強調する。「恐ろしいことに、ほとんどのM&A案件は優れたアイデアではないが、ともかくも出来するのだ。その多くが埋もれてしまうので、けっして知ることはないだろう。だが、M&Aで生み出される価値は多くないと私は考えている。しっかりした買い手が存在し、大きな価値を生み出すこともあるが、そのほとんどはただ大きくなることが目的、言い換えればエゴなのだ。エゴがすべての過程を左右する場合もある」

だからと言って、M&Aがすぐになくなるとはカールソンは考えていない。「考えてみてほしい、本業を成長させるのは本当に容易ではない。だから、企業は成長するためには何か別の方法を見つけなければならない。資金調達のコストが非常に安いので、過去数年間で足らなかった唯一のことと言えば、経営陣や取締役会にそのリスクをとる自信がなかったことだ。だが彼らが自信を持っていたら、大混乱になっただろう」。二〇一五年に件数および取引高で記録的水準に達したM&Aは、二〇一六年と二〇一七年はほんのわずかに減少しただけだが、二〇一八年は猛烈な勢いで幕を開け、ディールロジックによれば、世界中で公表された案件の価値は第1四半期末までで一兆ドル以上にもなると言う。

欲の問題

リスクアービトラージに関する彼の哲学の要点は、つまるところこういうことだとカールソンは言う。「素晴らしい案件で、両社とも実行したいと考えているならば、たいてい彼らは実現する方法を見いだすであろう。途中、何らかの障害があっても、それを解決するであろう。だが、買い手なり売り手なりのだれかが『これ以上はやりたくない』と決心してしまったら、リスクにさらされることになる。彼らはチャンスがあり次第、案件から降りようとするであろう」。実際に、アービトラージを巡る状況については全体像をとらえ、長期的に見るようにしているとカールソンは説明する。「その案件がこれこれの理由からまとまるだろうと確信したら、途中で起こる些細なことはほとんど気にしないのだ」。これは、事態が変化してもポジションを変化させる準備をしていないという意味ではなく、彼自身の投資テーマに集中し続けることで、カールソンは早まってポジションからふるい落とされないようにしているのだ。「アービトラージの案件を巡って頻繁にトレードを行うのは儲かる戦略ではない。支払う手数料も増えるし、間違いを犯すことのほうが多い」

彼は続ける。「極めてシンプルなコンセプトだ。取引のテーマは何か。それは、案件はまとまるだろうと考えている、ということだ。それゆえ、私はターゲット企業をロングし、買収側をショートする。そして、案件が完了すれば、私はお金を稼げるのだ」。例外は、買収側で何もできない現金による案件だとカールソンは付け加える。「だが、ここでも、案件がまとまるであろう、ということがテーマであることに変わりはない。素晴らしい、すっきりしたテーマだ」。そして、すぐにこう付け加える。「リスクアービトラージのビジネスで好きなことは、売りの心配をする必要が事実上まったくないということだろう。つまり、案件が完了すれば、ポジションもなくなり、利益だけが残るのだ。リスクアービトラージャーに『売りの基準は何ですか』と聞いてみれば良い。彼は肩をすくめて『案件の完了』と言うであろう」

それでも、リスクアービトラージを実践するうえで規律は重要だと強調するカールソンは、割安に見えるアービトラージ銘柄で「少しばかりロングする」誘惑に負けることはアービトラージャーにとっては致命的ともなり得ると警告する。「それをやると、市場が少しでも反対に動いたときに、スプレッドが完全に吹き飛びかねない。ロングのポートフォリオを望むのであれば、アービトラージの案件に目を向けるのではなく、別の方法で銘柄を選択すべきだ」

だからといって、「発行済み株式が大幅に減少するにもかかわらず、アービトラージャーが投げ売りしたことでその銘柄が大きな圧力を受けているとしたら、アービトラージの案件が破談になった結果、売られている銘柄を買う場合もある」とカールソンは認めている。だが、そのような買いはまったく異なる投資テーマに基づくものであって、アービトラージの一環として行われることはない。

「われわれが重きを置いていることの一つが、あらゆるリスクアービトラージの案件には本源的なダウンサイドがあるという考えを持ち続けることだ。われわれは本源的な価値がどこにあるかを判断しているのだ。ファンダメンタルズの分析を継続的に行うことは重要だ」とカールソンは強調する。「本源的価値がどこにあるかを知ることは、アービトラージャーたちのポジション解消によるテクニカルな売り圧力を活用する手段となるが、それが大きなチャンスを生み出すのだ。だが、この作業は最初に取り組まなければならない」。しかし、リスクアービトラージの案件がダメになった場合、たいていは単に撤退して次に取り掛かったほうが良い、とカールソンは忠告する。「七五％のケースで、株はあっという間に適正価値に収束すると言えよう。最も難しいのは、『自分は間違えた』と言って、その損失を受け入れられるかどうかである。だが、そうしなければならないことが間々あるのだ」

相関関係がないリターン

投資戦略としてのリスクアービトラージは、株式市場とは相関関係がない債券と近似しており、それがバリュープロポジションだ、とカールソンは断言する。「だが、案件市場にストレスがかかると、スプレッドは吹き飛んでしまうが、金融危機のさなかでは社債でも同じことが起こる。実際に、圧力が強いと、すべての相関が一になってしまう。だが、リスクアービトラージのバリュープロポジションが、通常は相関関係がない、ということに変わりはない。別な見方をすれば、ある意味では保険業なのだ。案件がまとまらないリスクはだれかが引き受けなければならない。私は案件の完了に関する保険を引き受けているのであり、それゆえ、株式を保有していながらも、『自分はそんなリスクはとりたくない』というロングオンリーの投資家からリスクを引き受けているわけだ。だから、アービトラージのスプレッドは私が手にする保険のプレミアムなのだ。私が適切な審査基準を持ち、十分な件数に取り組めば、長期的にはお金を稼ぐことができるだろうが、だからといって、いつ建物が燃え落ちてもおかしくないのだ」。実際に手を付けるだけスプレッドが魅力的かそうでないかを判断するのはリスクアービトラージャー次第なのだ、とカールソンは強調する。

対象となる案件がまとまる確率を把握することは、カールソンのリスクアービトラージを裏づける分析の重要な部分ではあるが、彼は「自分のビジネスは確率論的なものではない」と主張する。「われわれにとっては、ファンダメンタルズがすべてなのだ。私は学術論文を読んでいる。すべての案件を買えば、この戦略がもたらすリターンの九〇％は手にできるとする調査があることは理解している。しかし、われわれはそれがファンダメンタルズに基づく戦略ほどうまく機能するとは思わない」。カールソンは単に自分がファンダメンタルズ志向だからということだけでなく、経験的証拠に照らしてこう結論しているのだ。「実際にわれわれは二〇〇三年から二〇〇四年にかけて、リスクアービトラージのインデックスベースのモデルを構築して、しばらくそれを運用してみた。だが、それがわれわれのファンダメンタルズに基づくリスクアービトラージ戦略をアウトパフォームすることは一度もなかった。相関関係は高かったが、アウトパフォームはしなかったのだ。クオンツ戦略の背景にある理論は、リスクの高い案件も数多くこなせば、そうでない案件に近しいリターンをもたらすというものだ。これはリスクの高い案件が豊富にある市場では有効かもしれない。だが、スプレッドがタイトで、案件の少ない市場においては、仮にたった一つの案件で損をすれば、それを取り戻すのは本当に難しくなるのだ」

カールソンは続ける。「ポジションの規模を変更したり、リスクに応じてウエート付けするといった具合に、ポートフォリオを運用するうえで、リスクアービトラージに多くの価値を付加することができる判断を下すことになる。価格設定期間が変わっていたり、プットやコールを用いたり、取引の判断によって多くの価値を付加できる、その他の特徴を有する複雑な案件ではなおさらである」と彼は付け加える。例えば、「案件の仕組みに応じて、プットやコールを用いる」複雑な案件では、「フリープットを生み出せるなら、われわれは常にそうしようと考えるが、フリーコールを生みだそうとは思わない。というのも、市場の暴落や不快なボラティリティが発生する場合、われわれはすでに残余リスクに対するイクスポージャーにさらされていることになる。そのような場合、コールではなくプットを用いることがポートフォリオ全体には有効なのだ」。

カールソンは、リスクアービトラージに対してファンダメンタルズに基づく、本質的に選択的なアプローチを強調するが、取り急ぎ、こう説明している。「われわれは特定の規模を持つすべての案件に目を向ける。なぜなら、取り組むべきチャンスがいつ訪れるかなど分かりはしないからだ。魅力のなかったスプレッドが拡大することもある。あらかじめ準備しておくことが重要なのだ。言い換えれば、われわれはまずファンダメンタルズを検討する。次に、その案件がまとまると思えば、『そのリスクを前提とすれば、スプレッドは十分か』を判断する。われわれはスプレッドから始めるのではない。われわれの一般的な経験則に従えば、年利で四〇％のリターンにもなるスプレッドであれば、このごろはその案件がまとまらない可能性が高いのだ」

カールソンは、ふと思いだしたように、「一九八八年の第1四半期は買収合戦となる案件がたくさんあったので、リスクアービトラージャーにとっては最高の時期だった」と認める。一九八七年一〇月の暴落によって市場全体のバリュエーションがかなり低い水準まで引き下げられた、と彼は振り返る。「それゆえ、第1四半期に入ると、買い付け――すべてとは言わずとも、その多くがLBOだった――が目につくようになり、ほかの買い手候補がそれらの買い付けを目にすると、株価が著しく下落していたがゆえに、彼らは『わぉ、なんて安いんだ』と驚くことになる。そして、買収合戦が始まるわけだが、その競争によってリスクアービトラージには素晴らしい時期が訪れたのだ。だが、それはバリュエーションの底にあって、買い付けを引き上げる余地が多分にあったためである。いまでも競争入札となるような状況は見かけることはあるが、現在はその余地がほとんどないのだ。市場で著しく誤った価格付けがなされている企業でなければ、全面的な買収合戦は起こらないのである」

ニュアンスをとらえる

カールソンはこう述べる。本質的に「リスクアービトラージのビジネスから学ぶべきことは、飲み込みが早くなければならない、ということだ。企業や業界について極めて短い時間で多くのことを学ばなければならない、それも独学で、だ。どれほどの間違いが起こり得るか、問題点は何か、規制当局はどこか、資金調達の状況はどうか、そして合併契約書から何を見いだせるか、契約書のなかに目を引くリスクは存在するか、を理解しなければならない。これらの疑問に即座に答えなければならないのだ」。そして、こう付け加える。「この事業に長く取り組み、多くの物事を目にすればするほど、それらすべてを素早く把握できるようになる」

カールソンは続ける。「私がこれまでに得た最も価値あるアドバイスは、投資銀行家との会話のなかでもたらされたものだ。彼は『彼らが語っているのはあなたに聞いてほしいことだけだ』と警告したのだ。実際にこれは投資に関するすべての分野で有効なアドバイスである。企業はかなり洗練されているということを認識しなければならない。つまり、聞いてほしいことだけを語ろうとするのだ。それゆえ、彼らが本当に言おうとしていることを理解しなければならない。彼らはインサイダー情報を与えているのではないし、インサイダー情報に触れるべきではない。だが、彼らが語るなかで、ニュアンスや調子の変化をつかまえることは重要である」

リスクアービトラージの仕事で困るのは、独自の情報源を持ち得ないことだ、とカールソンは指摘する。「それが困ったことのひとつだ。ウォール・ストリート・ジャーナルの一面からアイデアを得る。すると、投資ユニバースはほかのすべてのアービトラージャーのそれと同じになる。そして、どれほど創造的にユニバースを定義しようとも、ポートフォリオを拡張しようとも、取引が殺到してしまうのだ」。カールソン・キャピタルは、時に地味ながらアクティビストのように案件に当たることで知られているが、「そのような案件を探し求めているのではない」とカールソンは言う。「非常に時間がかかるし、私はマスコミに取り上げられたくないのだ。われわれは、とりわけ議決権や価値に対する見方について意見を表明することはあるが、そうすることで価値が創造できれば受託者としてのわれわれの責任にかなうからだ。だが、マスコミに取り上げられることがわれわれ受託者の義務ではない」。多くの場合、マスコミは買収候補とされる企業を追いかけるが、彼が言うところの「ルーマトラージ」は強気市場でのみ有効なやり方だ、とカールソンは興味なさげに付け加える。「直近の噂を追いかけても、お金を稼ぐのは難しい。自分たちの戦略の大部分を『ルーマトラージ』に頼る連中を見てきたが、S&P500が一五%上昇するときは彼らも成功する傾向にある。しかし、S&P500が一〇%下落すると、株が下落するだけでなく、それと同時に彼らは買収プレミアムのすべてを失うことになるので、ダメになるのだ」

自分のマネをしようとする新参者のリスクアービトラージャーに対するアドバイスは、投資全般に当てはまることだ、とカールソンは言う。「一つに、ビジネスに情熱を持つこと。それを心から愛さなければならない。そして、自ら取り組んでいることが、手にし得る最高の恵みであると思うことだ。二つ目が、あらゆる種類の事業についてできるかぎりのことを知りたいという強烈な知的好奇心を持つ必要があるということだ。これはリスクアービトラージには本当に大切なことであるが、同時に想像力をもってリスクを見定めなければならない。『何か間違ってはいないか』と常に考えなければならない。最後に、皮肉と呼べるほど強い懐疑主義である必要がある。何事も額面どおりに受け取ることなどできないのだ」

「これらは自らを差別化する特徴だ」とカールソンは続ける。もちろん、「賢く、勤勉で、倫理観が高いことは当たり前の前提条件だ」と彼は指摘する。「だが、物事を深く掘り下げ、その理由を見つけようとする情熱がなければ」、カールソン気取りも長続きはしないだろう。対照的に、スプレッドを基準に思考し、常に取引のアップサイドをダウンサイドと比較して分析することは経験とともに容易になる、とカールソンは自信を持って言う。彼は、懐疑主義は学ぶことはできないと警告する。「資料を集め、合併契約書を読み、10－Kに目を通すのは当たり前だ。近道など存在しない。だが、ほかの人々が陥るように、『合併契約書』が完璧ならば、ほかに何も問題はないと錯覚してはいけない。企業で何が起きているかが重要なのだ。どちらかが案件から降りたいと思うような問題が存在すると考えるならば、そこにとどまるのはリスクが大きいのだ。『ガチガチ』の合併契約書にだけ頼ることなどできないのである」

その証拠として、カールソンは二〇一六年五月に行われたインタビューのなかでこう指摘していた。「エナジー・トランスファーとウィリアムズは合併契約が極めて厳格だと思われる象徴的な案件だが、エナジー・トランスファーが得るものはほとんどなかったのだ。それでもこの時点で、私は両社とも案件をまとめたくはなかろうと思った。実際にスプレッドが吹き飛ぶ以前から、皆が『確かにエネルギー市場は悪化しているし、エナジー・トランスファーにとっては悪い取引だが、彼らは撤退できないだろう』と言っていた。そこでわれわれは様子を見ることにしたのだ」

二カ月もしないうちに、カールソンの予言は現実となった。というのも彼は、五月のインタビューの時点で、自分たちはずっと以前に小さなポジションを解消しているので、もはやその案件は追いかけていないと言っていたのだ。二〇一六年六月下旬、デラウェア州の判事は、エナジー・トランスファーは違約金を支払うことなく、三三〇億ドルの「完璧」な合併取引から撤退することができるとの判決を下した。

最終的に破談となった案件の裏側を説明するにあたって、これは情報に裏づけられた懐疑主義の価値を物語る例である。当時三七～三八ドルで取引されていたエナジー・トランスファー・エクイティは、二〇一五年六月にもう一つのパイプライン運営会社であるウィリアムズ・カンパニーズに対する買収提案を行い、六カ月にわたるお祭り騒ぎを引き起こした。このニュースにウィリアムズ・カンパニーズ株は四六ドルほどから五七ドル超まで急騰した。三〇日も経過しないうちに、原油とガスの価格が下落するなか、エナジー・トランスファー・エクイティはウィリアムズ・カンパニーズに対する熱意を改めて表明し、買い付け価格を五三〇億ドル、一株当たり六四ドルと説明した。だが、慌てて取引に参加したアービトラージャーたちは落胆することになる。二〇一五年九月下旬に契約が締結されるまでに、エネルギー価格の継続的な下落に合わせて、買収金額も三七七億ドル、一株当たり四三・五〇ドルまで引き下げられたのだ。

だが、原油ならびにガス価格が下落を続ける一方で、アービトラージのスプレッドは拡大していた。二〇一六年一月、エナジー・トランスファー・エクイティ株が一株当たり八ドルを下回るまで下落し、自社株も二〇ドルを下回るなか、ウィリアムズの取締役会は、案件はまとまらないだろうとする「市場の投機」に太刀打ちするために、プレスリリースを発表して、厳格な合併取引に対する自分たちの方針を確認するのが適切だとの判断を下した。取引が失敗すると、二〇一六年四月にウィリアムズは、逃げ腰だとしてエナジー・トランスファーをデラウェアならびにテキサスの裁判所に訴え、双方による法廷闘争が始まったのである。クリント・カールソンはその一カ月後に私に予言していたのだが、六月下旬にデラウェア州の均衡法裁判所が税制上の問題からエナジー・トランスファー・エクイティに取引を取りやめる権利を認める判決を下し、ウィリアムズの役員の半数が辞任したことで、事実上、彼の予言は現実となった。だが、この判決に対する上告は、エナジー・トランスファー・エクイティが契約から撤退することをデラウェア州の裁判所が支持した二〇一七年三月まで続いた。その後も弁護士たちの仕事は続いた。エナジー・トランスファー・エクイティは一四億八〇〇〇万ドルの違約金を要求したのだが、これは二〇一七年末になって棄却された。

カールソンがこの騒動の紆余曲折をすべて予言したのではない。彼がそのようなことをする必要はなかった。二〇一六年五月までに、彼はそれが過去にも見たことがある映画であることを理解し、顧客たちのリターンを確保してしまっていたのである。

第14章

ジェームズ・ディナン

James Dinan

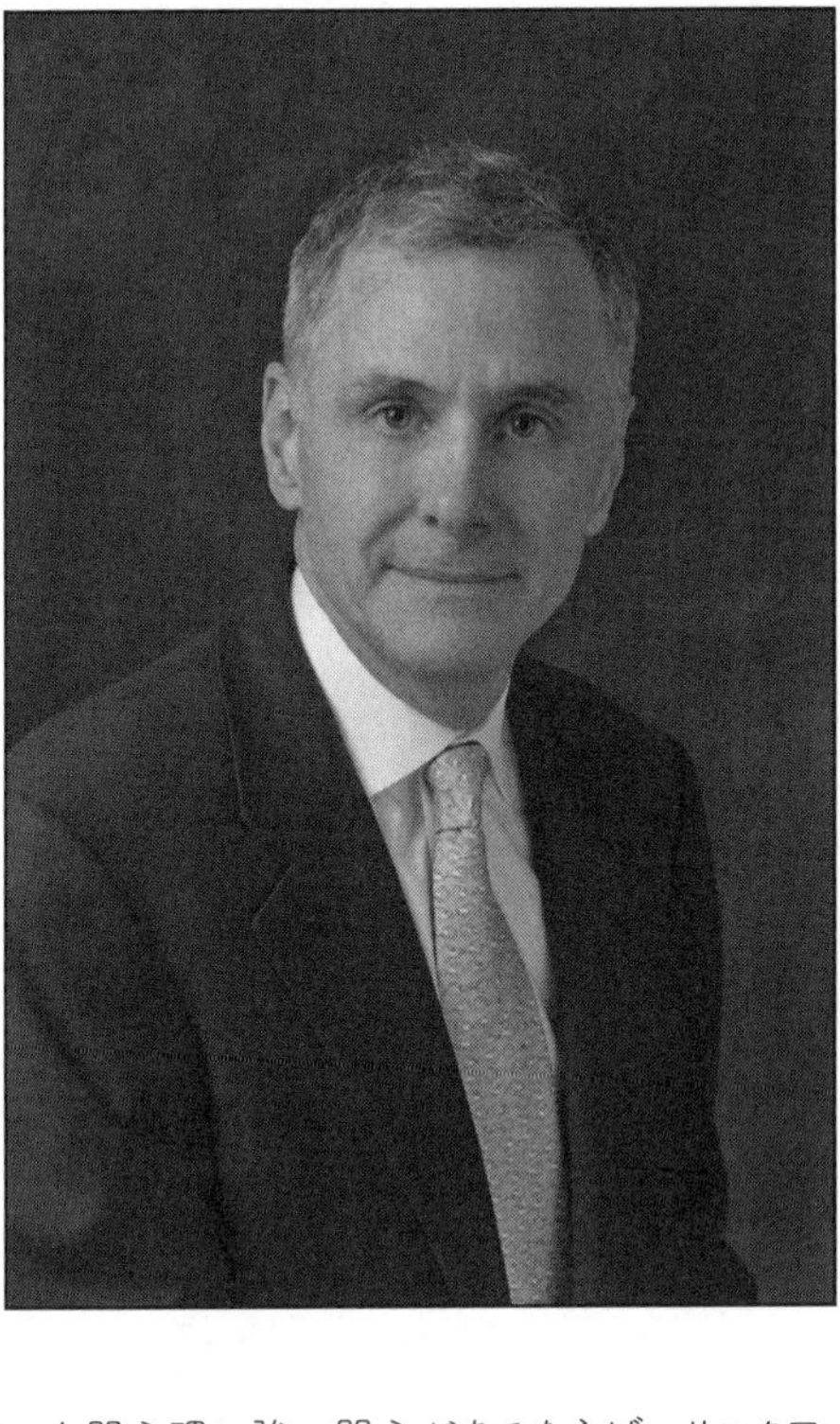

投資が好きで、人間心理に強い関心があるならば、リスクアービトラージは面白いビジネスだ。唐突だが、投資をしているのではなく、極めて知的なゲームをやっているのだ。まるでチェスのゲームのように頭を使うことであろう。最高のアービトラージャーは、ボビー・フィッシャーのように、先の手が読める。三手先、四手先の手が読めるんだ。彼らは、だれが勝つかを観客が把握するずっと前に結末を読んでいるんだ。彼らは勝者を大量に仕入れることで利益を上げ、また同時にその他の者たちが本当の敗者となる前に手を引くことができるのだ。

「合併アービトラージで目にした最大の変化は、情報の入手可能性とコストである。Ｗｉ－Ｆｉがあれば、子供でも私が持っている情報の九九・九％は手に入れることができる。三〇年前、すべての情報を手にできる会社はたった二〇社しかなかったのだ」。マンハッタンを拠点とするヘッジファンドのヨーク・キャピタル・マネジメントの創業者であるジェームズ・ディナンはこう述べる。その結果、「リスクアービトラージにおいては情報の優位性はもはや存在せず、あるのは判断の優位性だけだ……アービトラージャーが優れた定量的スキルを持つ必要があるのは言うまでもないが、卓越したスキルは必要ない。必要となるのは卓越した判断であるが、判断とは基本的に人間の行動や状況を理解することである。アービトラージでは、人間が判断を下すので、個々人によって左右されるのだ。各個人はそれぞれ独自の人格を有している。それゆえ、人間心理を学びたいと思うであろうが、投資が好きで、人間心理に強い関心があるならば、リスクアービトラージは面白いビジネスだ」。

もじゃもじゃの白髪に、太い眉の表情も豊かな、痩身の五五歳であるディナンは、ハリウッドのキャスティングディレクターの指示で、ＧＭ（ゼネラルモーターズ）ビルディングの彼のオフィスにあるガラス製の会議机に座っているかのようにも思える。だが、ジェイミーとして広く知られるこのヨーク・キャピタルの創業者は実物である。一代で億万長者（フォーブスの直近の算定によると一八億ドル）となったディナンは、一九九一年にドナルドソン・ラフキン・アンド・ジャンレットの元同僚たちからかき集めたおよそ四〇〇万ドルをもってささやかに創業して以来、長らくリスクアービトラージを用いてイベントドリブンのマルチ戦略を取るヘッジファンドを、直近で一七〇億ドルの運用資産を持つまでに成長させてきたのである。おもにニューヨーク、ロンドン、香港と、世界中にオフィスを持つヨーク・キャピタルは評判高い深遠なファンダメンタルズの調査と銘柄選択に、厳格なリスク管理とを組み合わせることで、景気循環、市場のサイクルを通じて安定的なリスク調整後リターンを生み出すことに努めており、実際にかなりの成功を収めてきている。

間違えないこと、それがポイントである。リスクアービトラージに興味を持ったのは一九八一年、最初の職に就いたころだとディナンは振り返る。彼がペンシルベニア大学のウォートンスクールを卒業する際に唯一手にしていた内定は、ＤＬＪ（ドナルドソン・ラフキン・ジャンレット）の投資銀行部門のものであった。マサチューセッツ州ウースター育ちの彼は、ニューヨークに移ると、「部門で最も若い社員であり、それゆえにあらゆる仕事をこなさなければならなかった」。ディナンにとって幸運だったのは、彼がＤＬＪに入社するのと時を同じくして、ひと際大きな案件があったことだ。テキサスのオイルマンであるＴ・ブーン・ピケンズがＤＬＪを自身の投資銀行に採用し、その年に自ら保有するメサ・ペトロリアムを通じて、石油業界の巨人シティーズ・サービスとガルフ・オイルに対するダビデとゴリアテのような敵対的買収を仕掛けることを決めたのである。「投資銀行家の視点からすぐに発見したのは、合併アービトラージと呼ばれるビジネスがあるということだ」とディナンは振り返る。「ロバート・ルービンやアイバン・ボウスキーのような人々がＤＬＪに電話をかけてくるのだが、彼らの電話は私宛てだったのだ。都合が良いことに、まだ駆け出しだったので、ピケンズが何を考えているかはまったく分からなかったのだが、彼らにはあらかじめ承認を受けていた原稿に書いてあることを伝えていたのである」

あの連中は大金を稼いでいる

銀行の若きトレーニーがアービトラージとはいかなるものかを把握するまでさして長い時間はかからなかった。「私はすぐにこの男たちが実際にやっていることを理解した、その場にいたからね。そして、ピケンズは一株当たり五〇ドルで買い付けを行った。だが、彼が六五ドルまで買い上がるつもりでいることはモデルを見れば分かるが、そのとき株価は五二ドルで取引されていたんだ」。ディナンは理解し始めていた。「この株を五二ドルで買ったこれらの連中はたくさんのお金を稼ぐことになる。彼らはまだ気づいていないのかもしれないが、これが素晴らしいビジネスだと思うであろう」。ディナンは、ＤＬＪが関与している案件に投資することはできなかったが、その他のアービトラージであれば、当時は自分の口座で取引することができることをすぐに認識した。「一万ドルから始めたと思うのだが、バンカーとしての思考プロセスを用いるだけでとてもうまくいった。当時、市場は極めて非効率だったんだ」

すっかり虜となったディナンは一九八三年秋、ハーバード・ビジネススクールでＭＢＡ（経営学修士）を修得するためにボストンに向かった。まもなく、ＤＬＪの出身者で、ほんの数年前にケルナー・ディレオ・アンド・カンパニーを創業したジョージ・ケルナーのもとでサマージョブとしてリスクアービトラージに取り組むことになる。ディナンはこう述懐する。「幸運にもＤＬＪの上司がジョージを紹介してくれて、職を得ることができたんだ。だが、おかしなことだが、だれの記憶に基づくかによって、歴史は時間とともに変わってしまう。ジョージはＤＬＪ時代から私を優秀な人物だと思っていて、それが理由でサマージョブを与えたことになっている。問題は、ジョージは私がＤＬＪに入社する一カ月ほど前に同社を退社しているということだ。ちょっとした不都合な真実だね」

それはさておき、このサマージョブがきっかけとなり、若者はＭＢＡを修了したあとにケルナーでのフルタイムの職を得ることになるのだが、ディナンは「ケルナー・ディレオがリサーチとリスクという二つの事柄に重きを置いていたことは本当に幸いだった」と信じて疑わない。当時、リサーチがしっかりしている証券会社として評判だったＤＬＪ出身のケルナーは、「ケルナー・ディレオはゴールドマンのリスクアービトラージ部門と同じように、リサーチ主導の合併アービトラージを行う会社である」と明言していたとディナンは言う。「異なるモデルを持った男たちがいたが、インサイダー取引というわけではない。彼らは一〇人の友人に電話をかけ、皆が買っているものを買うんだ。彼らは自分たち自身で仕事をするわけではなかった。私は仕事のやり方を学んだんだ」

ディナンはインターンとして取り組んだ案件の一つで、念入りに一次調査を行うことの重要性を深く印象づけられたと振り返る。「一九八四年の夏、ハロルド・シモンズがオレゴン州メドフォードにある材木会社を買収しようとしているという噂があった。私は地元の新聞社に電話をかけ、経済の編集者と話をした。彼は喜んで私と話をしたのだが、それはスポーツの編集者でもあり、プロムの編集者でもあった彼が、まさにその現場にいたからである。彼がこう言ったのを覚えている。『何が起きているのかは分からないが、たくさんの男たちが黒塗りのリンカーン・タウンカーに乗ってこっちに来ているよ。ニューヨークの連中はみんなダークスーツを着るのかね』。私は『あぁ、ほとんどがね』と答えた。すると彼は『なるほど、みんなダークスーツだよ。ズボンとジャケットが違う奴なんていないね』と答えたのだ。さて、これはさまざまな解釈ができた」。ディナンはこう振り返る。「だが、おそらくは、メドフォードで動きがあって、それはわれわれが知るニューヨークで起きていること、そしてわれわれが考える案件のタイムラインとも符合すると理解できた。彼は吹けば飛ぶような新聞社で働く人物だったので、この編集者に電話をしたのは私一人だった。だが、われわれはこの手のリサーチをよくやっていた」

ディナンは別の例として、当時、ウェスティン・ホテルを所有していた旧ユナイテッド航空のバリュエーションを行おうとしたときのことを振り返る。「実際にプラザ・ホテルまで行ったことを覚えている。ウェスティンがプラザを持っていたからね。そしてウェスティンの所有物件のすべてが記載されているパンフレットをロビーでもらってきた。私はそれを使って、宿泊料に基づいてすべての部屋の価値を算出した。実際に私が独自に算出したバリュエーションは、ウォール街が使っていたＥＢＩＴＤＡ（利払い・税金・償却前利益）のマルチプルの数字よりも、ボブ・バスが最終的にウェスティンに支払った金額にはるかに近似したものだった」。だが最近は、「わが社でもこの手の作業をする者はもはやいない。オンラインで十分分かるからね」とディナンは少しばかり恨めしそうな声で付け加える。これは、合併アービトラージにおける成功を決める要素は、どの事業でも同じで、「統計ではなく、ダイナミズムである」ことを証明するものだ、とディナンは結論する。そして、情報化時代の今日、事実上、いかなるデータも入手が可能になったことで、「判断こそが重要となったのだ」。

痛みを感じる

同様に、判断は、ディナンがケルナー・ディレオでの合併アービトラージの仕事で学んだもう一つの必須要素であるリスクテイクにとっても重要である。リスク選好の良い面と悪い面の両方に触れることができた自分は非常に幸運だった、とディナンは言う。「彼らは喜んでリスクをとり、案件に確度をつけようとする。つまり、確信の度合いが高い案件に大きく投資する、という考え方をするのだ。仮に五〇のポジションを取るのであれば、すべてが二％となるわけではなかった」。これは、当時ペイン・ウェバーや、とりわけディロン・リードなどのプロップデスクが取っていた方針とは著しい対照をなすものだ、とディロンは説明する。ほとんどのプロップデスクがポジションの規模を一律なものとしていた。「ケルナーでは、本当に気に入ったものがあれば、それ相応の規模とする。ユナイテッド航空の場合のように極めて大きなポジションを取った場合、案件がまとまらなかったら、少しばかり痛い思いをする。それゆえ、私は本当の痛みを体験することで、リスク管理を学んだのだ」

ディロンは「間違えば大損しかねないのが合併アービトラージの現実だ」と、その経験から確信する。「それゆえ、戦略を機能させたいのであれば、正しい場合には多額のお金を稼ぐことができるようなポジションを取らなければならないのだ」。彼に言わせれば、そのためには「極めて安全なことに取り組むのではなく、結果が分からないことに取り組むことでリスクを許容すること」が不可欠になる。実際にディロンはこう述べている。「ＬＴＣＭ（ロング・ターム・キャピタル・マネジメント）の問題は、彼らがスチームローラーの前の小銭を拾うようなことばかりしていたところにある。この戦略にはドル紙幣も一〇〇ドル紙幣もなかった。彼らは失敗に終わりかねないテールリスクをとったのだが、それゆえ失敗したのだ。ずばり言えば、ロジャー・ローウェンスタインの良書のタイトルではないが、それこそ天才が失敗したとき、だ。私がこのビジネスに身を置くことで学んだことは、合併アービトラージの世界では死をもたらすものは失敗案件であるということだ」

それを回避するのは容易ではない、とディナンは認める。「私のパートナーの言葉に、私が好んで使う素晴らしい一節がある。『映画を見れば、結末が分かる』。つまり、失敗案件を回避するには、基本的に何百本もの映画を見て、それらの結末を覚えるしかないということだ。実際にエンディングを知ることはできないが、どうなりそうか、は分かるであろう。そして、『よし、これがうまくいけば、お金を稼ぐことができる』と言えるようにならなければならない。だが、これはリスク・リワードが良いかどうかを理解しているという意味ではない。野暮ったい言い方だが、チャンスを手にする相対的な確率を表しているスプレッドに目を向けるのだ。スプレッドが大きければ、相対的な確率はさほど良くない可能性があるのだ」

「案件は魅惑的だ」とディナンは続ける。「こんな傾向がある。だれもが心当たりのあることだが、良好なスプレッドを目にして大きなリターンを期待するのは、電球に群がる蛾のようなものだ。引きつけられているにすぎない。リターンが大きそうだというだけで、魅力的なスプレッドが大きなリターンにつながることを意味しない。ちょっとばかり性差別的になりかねないが、パーティーですべての女の子とダンスをする必要などないのだ。その案件は魅力的に見えるかもしれないが、少しでもおかしなことがあるとしたら、ほかに選択肢はたくさんあるのだ。失敗案件を回避することが主眼なのだからね。その結果として幾人かの成功案件を見逃すことになるだろうが、正しければわずかばかりのお金を稼ぐことになり、間違えれば大損するということを思い出してほしい。災難を避けることが利益になるのであれば、優れた投資をいくつ見逃しても構わないのだ」

反トラスト法を回避する

ディナンは、オバマ政権末期につぶされたハリバートンとベーカー・ヒューズやオフィス・デポとステープルズの案件のような、反トラスト法の問題がかかわる案件では、たとえ「そのほとんどが最終的にはまとまる」にせよ、ヨーク・キャピタルは歴史的にポジションを持つことを回避しようとしてきた、と指摘する。判事や大統領といった一人の人物が支配的な力を握っている場合は、確率論は当てはまらないのだと彼は指摘する。また、敵対的な案件には二つの種類があることを学んだ、と彼は言う。一つは彼が制度化されたものと呼ぶもので、攻撃を受けている企業が突如銀行家や弁護士に主導権を握られることになり、それゆえある程度は結果が予測できることになる。もう一つは、創業者がいまだ企業の二五％以上を保有している敵対的買収で、案件は中規模か、小規模なものとなる。そのような案件では、「どうなると思う。ルールは当てはまらない。プロセスが制度化されていないからだ」と彼は言う。

またディナンはこうも警告する。「制度化されたと思われるより大きな案件が時折あるが、その場合、取締役がみんなＣＥＯ（最高経営責任者）のお友だちであることに気づくであろう。スキャデン・アープスではなく地元の弁護士事務所がCEOの代理を務め、クリーブランドのマクドナルドが銀行家の立場にあったりする。よくある二〇〇〇万ドルではなく一〇万ドルの契約で活動するのだが、二五〇〇万ドルの成功報酬が約束されていたりする。そのような案件は回避すべきだ。取り組む必要などない。結果はイエスかノーかでしかなく、たった一人の一つの決断ですべてが決まるときには、あらゆる分析とあらゆる確率を最良のモデルに投入しても無駄なのだ」。さらに、確率論的な思考を強く支持するディナンは「将来の出来事にどれほど確信を抱いていたとしても、常に不確実性は残るのだ」と付け加える。

「私は常々、本当に優れていると思える情報を手にしたときこそが、合併アービトラージでは最も危険であると考えている。それが、会話のなかなのか、投資家向け会議での企業のプレゼンテーションからなのか、さらには法律文書やプレスリリースからなのかにかかわらず、である。その時点ではそれが自分にとって真実となり、頭の中で自ら作り出したアルゴリズムにその情報を入れて、この曖昧な情報と確かな情報とをすべて合成してしまう。そして実際に都合の良い結果にたどり着くことになる。これは、統計学でいう第二種過誤とほとんど同じである。分析は正しい。だが、誤ったデータがあることに気づかなかったのだ。これがデータの恐ろしいところで、仮に正しかったとしても、その情報の寿命は不確かなのだ。分からないのである。それゆえわれわれが犯す最大の誤りはプロセスが間違っていない場合に起こるもので、データが変わってしまったか、最初から正しくなかったのである。もちろん、だれかが教えるべきでない何かを語っているならば、それは悪い情報だと仮定すればよい。仮にだれかが『企業Aが買い付けをするつもりだ』とか、『彼らは買い付け金額を引き上げるつもりだ』とか、『ホワイトナイトを三人捕まえた』と語っているとしたら、それはポジショントークである。ホワイトナイトが三人いると言うならば、彼はだれも捕まえていないのだ」

もちろん、リスク認識は大きく変化する、とディナンは指摘する。「ごくありきたりな取引をしている人々はリスクを過小評価し、極めて複雑な状況にある人々はリスクを過大評価することに気づいた。それゆえ、飽きるほど聞かされているだろうが、疑わしいときは、複雑さを受け入れればよい。複雑さは友である。そこでこそ価値を付加することができるのだから」

ゴキブリ理論

ヨーク・キャピタルはリターンを高めるためにレバレッジを用いたことは一度もない、とディナンは付け加える。それよりも、むしろより複雑な案件を選ぶ。「理由はいくつかある。一つに、より難しいことだ。二つに、そこでプレーしたがる者が少ないこと、だ。安全性に逃げ込む会社がいくらもある、六％から八％といった退屈な案件に取り組む連中は多いがね」。ディナンは、「人生は一度きりなのだから、少しばかり面白いほうが良いだろう」というスタンスだ。「生活に困らないようになったのなら、地方債のクーポンをつまむよりも、困難だがやりがいのある何かに取り組んだほうが良い」。だが、ディナンは「複雑性を受け入れる場合、従ったほうが良いルールがある」と警告する。彼が従っているルールの一つが、案件に一つでも問題が起こったら、「それはけっして一つだけではない、ということだ。私はこれを投資のゴキブリ理論と呼んでいる。一匹でも見かけたら、ほかにたくさんいるのだから脱出すべきなのだ」。

彼はまた契約が「単なる選択肢にすぎない」案件を避ける傾向にある。例えば、資金調達ができることが条件になっている場合など、である。「買い手が免罪符を持っているスプレッドは避けるべきだ。そしてレラティブバリューの案件よりも、現金による案件に十分注意しなければならない。株式交換の案件はレラティブバリューであるから、システミックな問題をさほど心配する必要はない。だが、現金による取引は、金融危機の際に目撃したような問題を抱えることになる」

二〇〇七年に金融危機に突入したとき、ヨークでは案件にほとんど取り組んでいなかったと、ディナンは言う。「その主たる理由はスプレッドがあまりにタイトだったからだが、われわれはロケットサイエンティストではないし、ベア・スターンズが破綻したり、サブプライム市場が崩壊したり、銀行が行き詰まってすべてのつなぎ融資が干上がったりするなど知る由もなかった。しかし危機に入ってからは、『いまやすべてのスプレッドがかなり広い』と思ったことは覚えており、そのほとんどがプライベートエクイティによる案件だった。私には一つの簡単なルールがあった。つまり、問題は『ディール・オア・ノーディオール』である。われわれはオフィスで検討した。『自分がヘンリー・クラビスやトム・リーだと想像しよう』。そこでみんな低能帽をかぶって、案件の検討を行った。『われわれならハーマン・インターナショナルを買いたいと思うだろうか』と。ＫＫＲは同社を買収する契約を締結していたのだが、答えは簡単だった。『ノーだ、その取引はしない』」。そして、ＫＫＲはめったに使われることのない「ＭＡＣ（重大な事態の変更）」条項を行使して取引を取りやめた。「もしくは、クリス・フラワーズはどうだろうか」とディナンは続ける。「フラワーズの立場だったら、サリー・メイを買いたいと思うだろうか。あり得ない。この案件もまた、まとまらなかった」。だが、金融危機のさなかでさえ、これら失敗に終わった案件は例外である、とディナンは指摘する。「どれほどの数になったかは忘れてしまったが、われわれはリストを見ていって、そのうち合理性のある戦略的案件の八件か一〇件でポジションを持った。それらすべての案件がまとまった。当たり前だね」

ヨーク・キャピタルの創業者はさらにこう述べる。「私は今日、アービトラージャーとして成功するためには、アセットクラスをポートフォリオとしてではなく、モデルポートフォリオの一部と見るようにすべきだと確信している。循環的に、スプレッドが広がって、それを活用できるときがある。まさに今（二〇一六年五月）がそれだ。だが、なすべきことがほとんどないときもある。合併ファンドの連中のような、それ専門の投資家はそれでも取り組まなければならない。だが、優れたアービトラージャーはパーティーを去るべきときを知っていると思う。それに、反循環的な、参加すべき素晴らしいパーティーはどこかにある。所詮、われわれはお祭り好きなのだから」。失敗に終わったアービトラージの案件を買うことをビジネスとする投資家もいる、とディナンは指摘する。「エディ・ランパートはかつて、アービトラージャーたちが吐き気をもよおすような案件を好んで買うのだと、公の場でも、私的な場でも口にしたものだ。破談となったアービトラージの案件に取り組むことで、本当の価値が見つかることはままある。それは私が苦手とすることの一つだが、それが本当にうまい者もいる。自らのリビドーを知ることと、そして自分が容易にこなせることは何かを知ることは重要だ、と言えるであろう」

安全なスプレッドに注意する

ディナンが得意とするのは、安全なスプレッドの案件ではないことが分かる。「私はいつも『二〇セント下がった、五〇セント上がった』と心配してしまう。それじゃＬＴＣＭと同じで、面白くない」。むしろ、彼が好む状況は「いくばくかの損もあるが、儲けも大きい、というものである。確率がどれほどかは分からない。だが、どれほどの価値があるかまったく分からない案件が最も良いと思うことが多い。ハイテクやバイオテクノロジーの分野では、そのアップサイドに驚かされることが多いが、下値の下限はある」。ディナンは、五月初旬に行ったインタビューで、免疫療法を専門とし、抗ガン剤の有望な製品ラインを有するバイオテクノロジー企業のメディビエーションを巡って買収の憶測が渦巻いていた例を取り上げた。彼はストーリーをこう語り始める。「サノフィが五二・五〇ドルで敵対的買収を仕掛けたのだが、価格が低かったのであろう。現在の株価は平均すれば六二ドルである。新聞でも取り上げられていたので、われわれはすでに買っていたのだ。その後、サノフィが交渉を始めたが、メディビエーション株は五五ドルほどで寄り付いたので、われわれは買い増しした。私は最初にコーポレートガバナンスに関する資料に目を通した。統制する方法があるのだろうか。同社はデラウェア州の法人なのだ」

「デラウェアに神の祝福を。ジョー・バイデン王国のデラウェアに愛を、だ。オハイオは避けるべきだ。けっしてオハイオで取引をしてはいけない。そこでは良からぬことが起こるのだ。オハイオの州法は最悪だ。メリーランド、これも危ない。スピロ・アグニューのおわす国にかかわってはいけない。学ぶ必要があるのだ。さて、メディビエーションに戻ろう。私にはどこまで上昇するか分からない。八〇ドルを目指すこともあり得た。だが、五二・五〇ドルが底であることは分かる。そして、フランス人はたいていの場合、何かを成し遂げるためにポケットに多少の余裕を持っておくものだ。買い手としてのサノフィの評判は良い。私が好きな状況である。私が求めるたぐいの状況だ」。後に分かるとおり、ファイザーが狩りに名乗りを上げたことで、サノフィはメディビエーションに対する買い付けから手を引き、二〇一六年四月、このアメリカの巨大製薬会社がディナンの予想をはるかに上回る、一株当たり八一・五〇ドル、一四〇億ドルで獲物を手にすることになった。

「ハリーポッターに有名なシーンがある」とディナンは言う。「組み分け帽子と呼ばれる古い魔法使いの帽子がある。ハリーは『この帽子が君を選んだ』と言われるのだ。そう、ある程度は、投資家たちが選んだのだ、と私は思う」。ディナンはこう説明する。自分の理解では「われわれのところに来る投資家は、シンプルな合併アービトラージファンドに向かうであろう人々とはまったく異なる場合が多い。彼らはより高いリターン、そしてより大きな複雑性を求めているのだ。彼らはそれを欲しがるだけでなく、称賛している。つまり、彼らは常にうまくいくわけではないということをよく理解しているのだ。結果として、われわれはより多くのリスクをとらずに済んでいる。だが、リスクを回避したり、安全なことばかりやっていれば、それ以上の罰を受けることになる。それゆえ、六カ月または九カ月にわたり厳しい結果を残せば、一部の人には『へたくそ』と言われることになる。だが、一方で、大口の長期的な投資家の多くが『われわれはアップキャプチャーを求めている。尻込みしてほしくない。過度に慎重になる必要などないのだ。われわれはリスクがとれる、創造力豊かなファンドマネジャーを求めているのだ』というメッセージを届けてくれる。ほとんどの市場において、リスクカーブから離れれば離れるほど、リスク・リワードは改善すると私は確信している。なぜなら、大衆は『安全な』ものに集まるのだから」

ダウンサイドを管理する

ヨークの基本姿勢が、ディナンの言うように「プレーしたい、つまりリワードを得るためにリスクを受け入れる」ことだとしても、彼は徹底的にアップサイドを求める。それゆえ、普段から二つの手段をもってダウンサイドを管理すべく細心の注意を払っている。つまり、「満額ではなく、想定するポジションの二五％」から始め、少しずつ投資し、「リスクが低下する、または低下していると思うに従い、規模を劇的に増大させていく」のだ。「事態が変化し、これ以上保有したくないと思えば売る、というのは大切な規律だ。単純なことだ。人々は下落したものは売りたがらない。上昇すると売ることに問題を感じない。だが、下落したら、少なくともお金を取り戻したいと期待するであろう。覚えておいてほしい、期待は戦略ではないのだ。くだらんよ」

この主張を裏づけるために、ディナンは、最終的にはうまくいったが、ヨークがディナンのポジション漸増ルールに従わなかったがために「本当にイライラした」アービトラージ取引の思い出を持ち出す。それは、二〇一一年のハーツ・コーポレーションによるダラー・スリフティ・オートモーティブ・グループに対する敵対的買収だ。「どういうわけか、われわれは最終的にダラー・スリフティの一六～一七％を保有していた。それゆえ、ＳＥＣ（米証券取引委員会）に13－Ｄを提出しなければならず、われわれが何を保有しているかが皆の知るところとなった。

だが、われわれはハーツも所有していたので、双方をロングしていたわけだ。ハーツが七二ドルで買い付けを出したのだが、ある時点でダラーの株価が八〇ドル超まで急騰した。だが、その後、リスクが顕在化する。時は二〇一一年で、反トラスト法の問題があったのだ。そして、ダラー・スリフティは五〇ドル台まで急落する。エイビスがホワイトナイトとして名乗りを上げたが、後に撤退して、代わりにエイビス・ヨーロッパを買収した。最終的にハーツは買い付け額を八五・五〇ドルまで引き上げ、すべて現金で支払うこととし、われわれは二〇一二年一一月にポジションを解消した。だがここで学ぶべきことは、最も恐ろしいのは撤退できないポジションだ、ということである。この案件は、ヨークにとっても例外だったのだ」

ディナンは、二〇一五年に、NBA（全米プロバスケットボール協会）で万年最下位のミルウォーキー・バックスのフランチャイズ権を買収したニューヨークの三人の資本家の第三の人物として、スポーツ誌の読者には有名である。三人は、新たな選手を獲得し、州から多額の補助金を引き出して新しいアリーナを建設することを約束し、バックスの価値を引き上げることに今のところ成功している。ちなみに、チームは二〇一六～一七年、二〇一七～一八年のシーズンで五割以上の勝率を上げ、どちらの年もプレーオフのファーストラウンドで敗退した（アベニュー・キャピタルのマーク・ラスリーとフォートレス・インベストメントのウェス・エデンスがオーナーとして活動しているが、このウォール街の住人は、グリーンベイ・パッカーズがリミテッドパートナーでクオーターバックを務めた地元スポーツの英雄であるアロン・ロジャーズがリミテッドパートナーとして加わったと発表して、ミルウォーキーのファンを喜ばせた）。

だが、どのようにして緊張をほぐしているのかとディナンに尋ねると、お気に入りのスポーツで競争する三人の子供たちを観察することに何時間も費やすことだ、と彼は口にする。そして、こう付け加える。「ほとんど知られていないことだが、私は日曜大工仕事が好きなのだ。妻はときどき怒るのだが、あらゆるタイプの電動工具に精通していて、調理台を作ったり、壁紙を張ったり、鋳型を作ったり、塗装したりするのが大好きなのだ」。ディナンは、マンハッタンだけでなく、ニューヨーク州カトナ、ナンタケット、マイアミ、カリブ海とたくさんの邸宅を所有しているので、それらすべての技術が役に立つようだ。

同様に、ディナンの会話には、キリマンジャロへの登山、オランダ領ギアナでの丸太船の操縦、北極圏のノルウェー領スバールバル諸島でのホッキョクグマとのキャンプなど、億万長者らしいエキゾチックで少しばかり危険な冒険の旅の話がちりばめられる（スバールバル諸島では、彼が持ちこんだシャトーラフィットが凍ってしまった。「荒れ模様で、凍えそうな寒さのなかでのキャンプだ。飲もうと思って持っていった高級ワインも、あまりに冷やすと凍ってしまうんだね。プラスチックのカップのなかでほとんど結晶化していたよ。どんな銘柄でも良いから二級品を持っていくべきだった」）。だが、いずれにせよ彼の魅力的な物語から、ディナンがウォール街ならびにそこでの取引に深く執心であることがうかがえる。また、彼の言葉を借りれば、「私はおかしなことにこだわる性質で、衛星携帯電話と機材一式を持っているんだ。最近はいつも朝と一日の終わりに電話をかける。いつか手放すべきだけどね。若いころはもっとひどかった」。衛星携帯電話ははるかに巨大だったのだ。市場が厳しい環境にあった一九九六年にキリマンジャロに登ったとき、彼は第一世代の衛星携帯電話を持っていったのだが、それは「スーツケースほどの大きさ」のパラボラアンテナが必要で、重量も四キロ弱もあったのだ、とディナンは振り返る。ディナンは機材を持って上がるためだけに追加のポーターを雇ったのだ。

「一週間で一五ドルだった」とディナンは笑いながら言う。

バリュー指向、独立独歩、極端なまでの価格感受性、強迫的なまでの細心の注意、計算づくのリスクテイク。これらを考えればつじつまが合う。合併アービトラージにおあつらえ向きの性格なのだ。

第15章

ドリュー・ファイドア

Drew Figdor

このビジネスでは、大振りした案件が破談となることで大損するのだ。この仕事で重要なのはロケットサイエンスではない。やる気、努力、勤勉が大切なのであって、エゴは不要だ。それゆえ、自分は人よりも賢く、正しく案件を理解していると考えていると、しばしば失敗に終わることになる。私は常に、自分は市場に対して正しいとは想定しないことでリスクを管理しようとしているのだ。

TIG（ティーデマン・インベストメント・グループ）のゼネラルパートナーであり、TIGのイベントドリブン・グローバル・合併アービトラージ戦略のファンドマネジャーであるドリュー・ファイドアは、その理由は分からないが、「バカバカしいほど幼いときに」金融に興味を抱いたと言う。「私の父は化学の研究者だったが、新聞でM＆Aの案件に関する記事を読み始めるや、私はその物語に魅了されてしまったのだ」。実際に、お気に入りの家族の話は、ある夏、キャンピングカーでアメリカの北部を旅して回っているときに、ミネアポリスでトイレ休憩をしたことに関係がある、とファイドアは打ち明ける。「私は父に二五セントをねだって、ウォール・ストリート・ジャーナルを買ったんだ。そして、一角に座って新聞を読んだ」。彼は一一歳だった。

一九八三年にコネチカット大学を優等な成績で卒業したあと、ファイナンス分野の勉強をすべく、ニューヨーク大学スターンスクールの夜間講座に入学したことは、ファイドアにとってはさしたる飛躍ではなかった。また当時、M＆Aがブームとなっていた環境にあって、ファイドアが敵対的案件と友好的案件のパフォーマンス分析を修士論文のテーマに選んだことも無理なからぬことであった。「リスク認知は実態とは合っていない、というのが論文のテーマだった。敵対的な案件だと、うまくいかないかもしれない、何の約束もない、彼らは逃げ出すかもしれないと認識する。それゆえ、リスク認識が高くなり、機会に対する認知が低くなるのだ」。ファイドアは一年間にわたって公表された案件を研究したが、自らの結論は、一九八〇年代中ごろという観察時期によってバイアスがかかっているだけかもしれないとも認めている。だが、彼は敵対的な案件が友好的な案件を、驚くべきことに一一％もアウトパフォームしていることを発見した。「市場がリスクと機会の双方に誤った価格を付けているとの結論に至ったんだ」

ファイドアは大学卒業後の一年間、ペイン・ウェバーでファイナンシャルアナリストとして懸命に働き、その後、ガルフ・アンド・ウエスタンの戦略企画部門に職を得たが、同社は彼がMBA（経営学修士）を履行することを認めてくれた。修士号と論文を手にした彼は、一九八六年、ウォール街のレジェンドであるカール・H・ティーデマンによる創業から六年が経過したばかりのTIGにアービトラージアナリストとして入社することになる。そして、一九九二年にはゼネラルパートナーに、一九九三年にはTIG・アービトラージ・ファンドの単独のファンドマネジャーとなった。

いまだ若々しく、壮健ながらも、リスクアービトラージに従事してきた三〇年を証明するかのように薄茶色の髪にはところどころ白髪が混じるファイドアは、一一歳のころと変わらず、今日でもM＆Aビジネスに夢中になっている印象を与える。彼が従事してきた間にもビジネスは劇的に変化してきているが、ファイドアはその数限りないチャレンジにいまだ魅了されているのだ。「もはや情報フローがまったく違ってしまった」と彼は苦々しく認める。もはや彼がクローゼットに押し込めた、やかましい「ティッカー」マシンが二〇分ごとにもたらすニュースの最新情報を手にすることも、提出されたばかりの10－Kをワシントンからファクスしてもらうためにだれかにお金を払うこともないことは言うまでもない。「今日、このビジネスにはすっかりコモディティ化してしまった部分がある。これまでの市場の動きや変遷を考えれば、直近（二〇一六年四月）の合併アービトラージのスプレッドは魅力的ではある。しかし、これは循環するのだ。去年の夏、友好的な案件のスプレッドはそのほとんどがあまりにタイトだったと言えよう。この低い金利環境からすればなおさらである」

ファイドアは続ける。金利が極めて低いので、「より小さなスプレッドを求めてプレーすることになる。今日のアップダウンはこれまでのいかなる時期よりも悪いが、それはひとえに金利があまりに低いという事実によるものである。もし金利が五％であれば、今日のスプレッドは一ドルではなく二ドルとなるであろう。私が思うに、市場は適切な価格付けがなされていないが、『われわれの稼ぎは四％だが、金利はゼロまたは一％だから十分だ』と言っているのだ。だが、今日のダウンサイドは同じではない」、縮んだアップサイドに比べれば「さらに悪いものなのだ」。

概して、市場が楽観的なときに売りに出されるリスクアービトラージのポートフォリオは退屈なもので、市場にストレスがあるときに売りに出されるリスクアービトラージのポートフォリオは魅力的だ、とファイドアは付け加える。「少なくともこれまでのところ、ひどくリスクが高いときのほうがうまくいっていると確信している。われわれが報われるのはそのときだ。その好例として、二〇〇八年を思い浮かべてみれば良い」。ファイドアは続ける。あのとてつもなく醜い金融危機があった年、「私の上位六つのポジションは取引条件に対して大きく割り引かれていた。つまり、取引の条件を一〇〇とすれば、七五から八〇で取引されていたのだ。それゆえ、平均すると二五％から三〇％のアップサイドがあったのだ。それらすべては、良きにつけ悪しきにつけ、短期間で結論が出るものだ。そして、ダウンサイドが二五～三三％あると仮定してみよう。言い換えれば、リスク認識ゆえに大幅なディスカウントがなされるなかで、一のアップに対して、一のダウンで取引していたわけである。これら六つすべての案件が当初の条件でまとまった。それゆえ二〇〇八年第4四半期、われわれのポートフォリオは損害を受けることなく、プラスで終わったのである」。

不安をコモディティ化することはできない

実際にファイドアはこう述べている。「好きな合併とか嫌いな合併などというものはないと確信している。要はスプレッドが重要なのだ。チャンスがあるかないかなのである。市場はリスクに非効率な価格付けをするので、市場のなかでよりコモディティ化していない部分、またはより大きな圧力を受けている部分を探すべきなのだ」。例えば、「敵対的な案件は一九八五年も今日も私にとっては同じことである。それはコモディティ化されないのだ。なぜなら不安をコモディティ化することはできないからだ。機会集合は時間とともに変化するが、案件全体の勝ち負けの比率やそこから得られる利益はかなり安定しているのだ」と彼は付け加える。

ファイドアは、二〇一六年上半期のウェストレイク・ケミカルによるアクシオールの買収提案を取り上げて説明する。「ウェストレイクは一月末にアクシオールに対して、前日の株価に一〇九％のプレミアムを付けた価格で敵対的買収を仕掛けたが、株価は一株当たり二〇ドルほどの買い付け価格に対して一七ドルまで急騰した。つまり、この案件は三ドルのディスカウントを受けたのだ。これは歴史的に見ても極めて珍しいことである。市場は、ウェストレイクの歴史を見ていたので、懸念を価格に織り込んだのである。同社が最後に買収を仕掛けたのは何年も前のことであるが、最終的に撤退していたのだ。それゆえ、ウェストレイクは懐疑的に見られており、市場はこの大きなアップダウンを価格に織り込んだのだ。だが、われわれが調査したところ、ウェストレイクは真剣に取り組んでいることが分かった。そして、この差額を埋めるためには、彼らがプロキシーファイトを仕掛けさえすれば良かった。これは、M＆Aの戦術としてはコストもリスクもかなり小さい選択肢である。彼らはプロキシーファイトを展開し、スプレッドは三ドル縮まり、われわれはこの取引から利益を得ることができたのだ」

リスクの魅力はやむことなく、その魅力こそがＴＩＧの投資家に配当をもたらしていることは確かだ、とファイドアは認める。「これまでにわれわれが成功していることの一つが、市場が不安に陥ったときに自分たちのイクスポージャーを増大させてきたことだ。二〇〇八年、二〇一一年、二〇一五年などがそうである。二〇一五年七月から八月にかけて市場が下落したとき、私は異なる機会集合を見いだしていたので、われわれのポートフォリオのグロスのロングポジションを六二％から一〇五％に増大させた。そして、しばらくその水準を維持していたのである。そう考えたのは敵対的な案件を好むことに端を発する部分がある。大学院で行った研究が私の基礎となっているのだ。というのも、人々がどのようにリスクに価格付けを行うか、それがどのように機会をもたらすかが研究のテーマだったからだ。リスクは悪いものだと認識されている。だが、私は人々がどのように投資しているかにリスクを読み取る。つまり、今日では公表された友好的な案件に焦点が当てられているが、それはリスクが低いと認識されているからだ。だが、今日の市場では複雑な案件は、一のアップに対して三のダウン、一のアップに対して四のダウンと価格付けされ、一方で友好的な案件は、一のアップに対して二〇のダウン、一のアップに対して三〇のダウンとされる。つまり、分散されたポートフォリオにおいてより良い賭けとは何か、ということだ」

インデックス信奉者ではない

ファイドアは続ける。「理論上、絶対リターンのアルファを生み出すことがわれわれの仕事である。それゆえ、これは私のチームの調査能力、差別化する能力に完全に依存するのだが、互いに相関関係がない投資アイデアに集中することを私は望んでいる。定義に従えば、私が正しかろうが間違っていようが、それがアルファであり、独立していて、相関関係がない、ということだ」。それゆえ、はっきり言えば、ファイドアのスタイルはインデックス運用と対極をなすものである。また、極めて短期的である傾向にある。ファイドアはこう説明する。「われわれは短期的なイベントを見いだすことに焦点を当てている。なぜなら、それらはリスクがより小さいので、調査・時間・取引を集中させることができるのだ。直近の例を挙げよう。先週の金曜日（二〇一六年四月一日）、アラスカ航空とジェットブルーが買収を仕掛けていたバージニア・アメリカが月曜日にはアラスカ航空の手に落ちるだろうというニュースがあった。航空会社の案件は今や本当に恐ろしい。原油価格が影響し、組合が影響し、時間もボラティリティも極端なものとなり得る。だが、われわれはこのニュースを見て、こう言ったのだ。『よろしい、イベントが月曜日にあるなら、金曜日から月曜日までにどれだけのリスクを抱えることになるのか。私はすべてのイベントリスクを背負っている。だが、原油や組合、ファンダメンタルズのリスクという点ではさほどではない』。それらのリスクが週末に実現する可能性はあるが、それが大きなものとなったり、一度に実現したりする可能性はかなり低いものである。金曜日時点で市場はこれを承知していたのだ。実際に、その日の午後三時五〇分には別のリポートが出て、買収合戦の勝者が月曜日に発表されるだろうと伝えたのだ。実に数日後には結果が出ることになるのだ。この案件でなすべきことは、コールオプションを手にできる立場に自らを置くことだ。この具体例は、ルーマトラージではなかった。競売の過程は広く報道され、私が記憶するかぎり、ウォール・ストリート・ジャーナルが最初であった。そして、じきに成否が判明するのだ。だが、すべての情報が市場にもたらされたにもかかわらず、金曜日時点でバージニア・アメリカを一株当たり三九ドルで買うことができた。月曜日に結果が公表されたとき、価格は五七ドルでまとまったのだ。では、市場はリスクと機会に正確な価格付けをしているのだろうか。間違いなくノーだ」

ファイドアは続ける。「私のアナリストの一人が月曜日の朝にやってきて、『どうかしている、五七ドルだなんてだれも考えていなかったろうに』と言った。だが私は『だからわれわれがやるんだ。みんなこの機会集合を織り込まないんだよ』と答えた」。ファイドアはさらに続ける。「彼らは『株価は三九ドルだから、案件は四五ドルでまとまるだろう』と考えたのだろう。だが、現実には時間の経過とともにこれらの株式はより高値を付けたのだ。大きなシナジーを生む可能性がある買い手が二社あったのだ。バージニア・アメリカのＥＢＩＴＤＡ（利払い・税金・償却前利益）は三億ドルなので、われわれはシナジーをゼロから三億ドルの間と計算していた。一方で、アラスカ航空はシナジーを二億二五〇〇万ドルと見積もっていた。この三億ドルのＥＢＩＴＤＡと二億二五〇〇万ドルのシナジーは強力な数字だ。リスク認識が市場価格にどのような影響を与えるかに私は引き続き魅力を感じているのだ」

リスクは制限内に

しかし、ファイドアは周知の取引を支持するようなことはせず、金曜日にバージニア・アメリカを増し玉することはなかった。「私はポジションを持っていた。もっと大きなポジションだったら良かったと思う。検討はしたのだが、われわれは、リスクをとる一方で、自らを守るために学んできたルールを、三〇年間一貫して適用しようとしてきた。この特定のケースで言えば、月曜日には結果が伝えられ、われわれはそれを見守ることになるので、われわれのルールに従えば、一〇〇ビップス（までしか）保有しないのである。また、われわれは敵対的な案件に関するガイドラインを持っている。ある要件を満たすなら、ポジションの規模はXにすべしというものだ。資金を確保したうえで買収を仕掛け、反トラスト法の懸念がなければ、ポジションはさらに大きくなる。クオリティがより高いからだ。リスクをとるにあたって自らを守ろうとするわけだ。そうして、帳尻を合わせるのである」

彼は続ける。「企業が売りに出される案件についても、ポートフォリオのポジションの規模については同様であるべきだ。数年前、私は売却の噂があったサビエント・ファーマスーティカルズで大きなポジションを持っていた。私は完全に間違っていて、ひどい損をした。これはほかのどの銘柄よりも大きなポジションだったのだ。私は『これが良い案件であることを知っている』と思っていたのだ。われわれはそこから学んだ。われわれは間違いを犯す、そして学ぶのだ。われわれは『各ポジションで許容される割合はXだ』とするルールを導入した。サビエントのケースでは、われわれは案件が出来しないリスクを過小評価し、ダウンサイドを低く見積もっていたのだ。だからこそ、プロセスが重要である。売却案件を検討するにあたって、定義に従えば、プロセスが長くなればなるほど、見通しは悪化するのだ」。ファイドアはこう付け加える。それゆえ、「バージン・アトランティックが三カ月前に正式に売りに出た時点で、見通しは暗かったのだ。三カ月ほどは保有しなければならなかった。彼らの動機が何であるか分からなかった。分からないことがたくさんあったのだ。だが、同じイベントが金曜日に出来して、例えば月曜日には合併契約が調印されるか、破談に終わるかするならば、それははるかに良い取引なのだ」。

ファイドアがリスク回避的なのではない。それとはかけ離れた存在であるが、自らが有利となるように注意を払っているのだ。そして、案件に伴うリスクが時間の経過とともにどのように変化するかに注意を払うことが大きな割合を占めている。「『市場が危機に陥っているときに』身を隠すのは優れた戦略ではない。それは有効ではない。なぜなら、損失から逃げることはできないと本気で信じているからだ。実際にお金を稼ごうとしなければ、損失はやがてやってくる。そして利益を手にすることはないであろう。それゆえ、おそらくは最終的に損をすることになるのだ。私はいつもリスクのなかに機会を見いだそうとしている。なぜなら、それは常に間違った価格付けがなされているからだ」

心底コントラリアンのファイドアは、大きな案件が決裂したあとにリスクアービトラージのユニバースで活動することを好む。「シャイアーとアッビィが破談となったとき、すべての案件のスプレッドが膨らんだ。だが、そのほとんどが拡大するなどナンセンスだ。というのも、少なくとも九〇％はまったく異なる、相関関係がないビジネスなのである」。ファイドアは、成功裏に終わった二〇一五年のメドトロニックとコビディエンの案件を例に挙げる。「これもまたインバージョンの案件で、シャイアーとアッビィとおおよそ同じ事業セクターに属するものであるが、同じ案件ではない。シャイアーとアッビィが破談となる前日、メドトロニックは三～四％のグロススプレッドで取引されていた。そしてその翌日には一二～一五％のグロススプレッドとなった。より良いリスクとなったことは明らかだったのだ」

最大限の調査

だがファイドアはスプレッドの関係性の変化にだけ頼ってポートフォリオの判断を下しているのではない。彼は「最大限の調査をして」もいるのだ。ＴＩＧのアプローチはＤＩＹだと彼は説明する。「われわれは企業や競合他社、規制当局に直接会いに行くんだ」。それゆえ、シャイアーとアッビィが破談となった翌日、メドトロニックとコビディエンがミネアポリスでアナリストミーティングを開催した際には、ファイドアは飛行機で現地入りして参加した。「私はメドトロニックのＣＦＯ（最高財務責任者）と一時間半をともにした。私の競争相手である二〇人も一緒だがね。あれはまたとないチャンスだった。というのも、現場にいるのだ。彼らの目を見て質問ができるのだ。これは古典的だが、われわれが信頼する方法である。われわれのアプローチは大きなアルファを見いだそうというもので、そこではリサーチが差を生む。つまり、相手に質問をし、その答えを自ら判断するのだ。それゆえわれわれは参加したのだが、彼は別の案件がダメになった翌日に自らの案件を擁護していたのだ。質問のほとんどはそれに関することだった。政府が次に何をしてくるかではなかった、というのも、政府は行動を起こしたばかりだったからだ。その時点では、引き続きメドトロニックはコビディエンとの取引を行いたいと考えているかどうかが争点だったのだ。さて、彼らの意思は強そうであったし、スプレッドは四倍ほどに拡大していたので、私は小さいながらもコビディエンのポジションを維持したのだ。シャイアーのポジション、そしてポートフォリオ全体でも、かなり痛い目に遭っていたので、そうするのは容易ではなかった。だが、それは問題ではない。痛みが大きかろうが、スプレッドが四倍にもなり、チャンスがそこにあるのだから、リスクをとらなければならないのだ」

「現場主義のリサーチがその価値を証明した別の事例が二〇一二年のハーツとダラー・スリフティの合併だ」とファイドアは振り返る。規制の影響で案件が立ち往生するなか、彼はベガスで行われたレンタカーフランチャイズの展示会に参加し、「ハーツとダラー・スリフティと気ままに接したが、より重要なことは彼らの競合やフランチャイジーたちとも時間を共有したこと」であった。彼の質問はあらゆる範囲に及んだ。「案件をどう思うか。経済合理性は何か。売却される資産の買い手はだれか」という具合だ。ファイドアは文字どおり、ベガスのコロシアムを歩き回り、業界団体の役員であることを示すバッジをつけている人物を見かけると、「私は『売却資産の買い手はだれになると思いますか』と尋ねた。すると彼は『私じゃない、だが私の友人だよ』と答えた」と言う。この答えを受けて、反トラスト法に起因する資産売却の問題を基礎とした案件に対するファイドアの懸念は払拭されたのである。

ここでもまた、「リスクは線形に価格付けされない」というファイドアの信条が見られる。彼はこう結論する。「突如、反トラスト法の問題を抱えることになった案件を想像してほしい。何の問題もないと思われていた『安全な』案件で、司法省から情報をセカンドリクエストされる。さて、今後案件がダメになる可能性はどれほどだろうか。おそらくは二〇%ほどリスクが高まったであろう。だが、スプレッドは一ドルから一・二〇ドルにはならない。一ドルから二ドル、または二・五〇ドルとなるのだ。これが非線形反応だ。それでも用心が必要で、案件が破談となると、失うのは収益率ではなく、お金そのものなので、リスク・リワードが関心の的となる。つまり、綱渡りなのだ。だが、私はこのような非線形の関係のなかにたくさんの機会を見いだすのだ」

時に不可避なことではあるが、自らのリスクアービトラージのポジションが不利になる出来事が起こった場合は「出たとこ勝負」だとファイドアは認める。彼はこう述べている。ルールは、「原則として、リスクが拡大していることに気づいたら、まずは売却すべきである。というのも、たいていの場合、ポジションから撤退することが正解だからだ。われわれには社内のキャッチフレーズがあるのだが、『最初の売りが、最良の売り』などはその一例だ。だが、案件が突如破談となってしまった場合はそれが正しくない場合もある。というのも、だれもが結論が出たことを知っているからだ。それゆえ、リサーチに立ち返らなければならない。例えば、シャイアーが破談となり、それがニュースで伝えられた時点で、案件は終了だ。この場合、ほかの皆がパニックになり、逃げだそうとしているのだから、実際には買いのほうが正しいのだ。平均して見れば、このようなケースでは少なくともしばらくは保有を続けたほうが良いであろう。だが、概してわれわれの戦略は、損害を受けたら、次なる機会に移るべし、なのである」

何よりもまず資本を保全する

ファイドアはこう強調する。「リスクアービトラージというビジネスの鍵は資本の保全にある。絶対リターンを求める事業なのであるから、マイナスの数字となれば、顧客を不満にするばかりだ。私がＴＩＧで若きアナリストとして働いていた一九八七年に悲惨な経験をした。ポートフォリオが一日で一〇〇万ドル毀損したのだ。なるべくしてそうなったのだが、たった二〇〇〇万ドルで出直さすことになった」。だが、この一九八七年の辛い経験から、ファイドアは二度と忘れることのない教訓を得た。「厳しい市場環境においては、リストラクチャリングはめちゃくちゃになるので、私は確実に絶対リターンをあげる、厳格な合併アービトラージのビジネスを進めなければならないのだ。私はわれわれが多くのお金を失うのを目の当たりにした。私は顧客たちが『あなたがたは絶対リターンだと思っていたが、全然違うじゃないか』と不満を口にするのを聞いた。世界がおかしくなるなかで二〇％の損をすると、そうなるのだ。だから九三年にポートフォリオを預かったとき、私はわれわれが顧客に語ったことに忠実に行動することを心に決めたのだ。仮に顧客に対して、いかなるポジションでも最大で一・五％しか損をしないと語るならば、それに忠実でなければならない。そのような状況になったら、次の案件にかかればよいのだ」

ファイドアはこう続ける。このことに関して皮肉なのは「顧客がそれを評価するのは、あとになってから、ということだ。言い換えれば、二〇〇八年はわれわれにとっても本当に暗い年だった。というのも、われわれは利益を出したにもかかわらず、みんなファンドから資金を引き上げていたのだ。彼らがそうすることができたというのも一因ではある。われわれは解約を制限しなかったのだ。だが、彼らもまたおびえていた。彼らが『わぉ、素晴らしい仕事をしてるじゃないか、彼らにもっと投資しよう』となるまでには一年以上かかったのだ。これは、長期的な、絶対リターンのビジネスでは忍耐と根気強さが鍵となることを示している」。

ファイドアは、簡単なことではないが、「悪いことが起きても、それを悪いことだと考えてはいけない。それは、良い意味でリスクを見いだす機会なのだ」と付け加える。ファイドアはこう振り返る。「私が今までに経験したより良いイベントのひとつが、ＥＵ（欧州連合）がＧＥとハネウェルとの合併を阻止したときのものだ。案件が破談となったとき、私が被った損失はわずかであった。なぜなら、私は自ら口にしたことを実行した、つまり案件が悪い方向に進み始めたときにポジションを小さくしていたからだ。その結果、ＥＵが決定を下した日には、私は事実上ポジションを持っていなかった。これは私が天才だというのではなく、そこに至るまでに私はすでに損失を出してしまっていたということだ。だが、この案件がダメになると、提案されていたほかのすべての案件のスプレッドは吹き飛び、そして反トラスト法の問題を抱えていた案件のそれは大きく吹き飛んだのだ。実際に、『ＥＵというブラックボックスによる規制当局による判断』は今日でもヨーロッパの案件のスプレッドを吹き飛ばしているが、アービトラージャーとしての私から見れば、それによって最良のイベントの一つが生み出されているとも言えよう」

ファイドアが若い同僚たちに強調するもう一つの点は、「語られないことは語られることと同じくらい重要だ」ということだ。彼はその点を説明するために、二〇〇七年に行われたマイケル・ミルケンとドレクセルの会議での非言語コミュニケーションについて話をする。「ＬＢＯ（対象企業の資産を担保とした借入金による買収）はすでにスプレッドが拡大しており、クレジットは崩れ、市場は揺らいでいた。私は会議に参加していたあらゆる案件の買い手のところに歩み寄り、セオリーを検証すべく、こう言ったのだ。『あなたがたの案件は経済的に破綻している。資金調達のコストは天井知らずに上がっている。どうするのだ』と」。ペン・ナショナル・ゲーミングを買収するという案件に取り掛かっていたプライベート・エクイティ・ファームから来ていた者と話をしたときは面白かった。彼は私から逃れようと必死だったので、私は弁舌を振るうことができなかったのだ。さて、案件が良好であるのに、取引をしようとしない。案件が良好ではないのに、それに取り掛かろうとする。何が語られ、何が語られていないか、そして、それはどのように、ということに対して敏感でなければならないのだ」

仮説を検証する

彼が企業幹部や機関投資家、規制当局などから情報を効果的に引きだせる理由の一つは、「こびない」ようにしていることにある、とファイドアは言う。彼はこう説明する。「付加価値をもたらしたいと考えているならば、『アービトラージに関する間の抜けた』質問をしてはならない。相手は自分が利用されていると分かるのだから、情報源をバカにしていることになるのだ。そうではなく、価値に関する理論的な質問をし、見通しを示すのだ。これによって会話のダイナミズムが変わり、回答の質が高まる。それゆえわれわれは、自由回答式の質問をするのではなく、常に仮説を検証しようとしているのだ」

ポートフォリオで何か重大な失敗をしたときは、「家に帰って、妻と子供とハグをし、このビジネスにも常に明日はあること、つまり失敗から学べば、やがては成功することを思い出そうとするのだ」とファイドアは付け加える。そして、ファイドアと彼のチームは「われわれが経験の転換と呼ぶプロセス」に取り組む。「まずは自分たちの何が正しく、どう間違い、次の機会でよりうまくやるためにはどうするか、を前向きな視点から検証する。それが鍵だ。私が辛い経験を通じて学んだことの一つだが、もし朝の九時に『大バカ野郎、損させやがって、何考えてんだ』とだれかの失敗をとがめたら、会社のみんなはビクビクしながら働くことになる。だれもお金を稼ぐことを考えなくなり、自分もそれどころではなくなる。そして機会は失われるんだ」

アラガンとファイザーの間で提案されていたインバージョンの合併は、ファイドアが本書のインタビューに答えていた二〇一六年四月の月曜、午後遅くになって破談となった。財務長官のジェイコブ・ルーの発表がメディアを駆けめぐり、課税と合併に関する一連の規制が変更になることが伝えられた。隣にあったＴＩＧのトレーディングデスクでの話し声は一気に大きく、切羽詰まったものとなり、アナリストとトレーダーたちが額を突き合わせ、電話やコンピューターにかかりきりとなっていた。まもなく、会議室のドアから一人のアナリストがファイドアに合図を送ると、このアービトラージャーはすぐさま発表に目を通し、同僚たちと協議を行った。注目すべきは、ファイドアもほかの者たちもだれ一人として金切り声を上げたり、叫んだり、罵倒したりしなかったことである。ただ、協力して事に当たっていただけだったのだ。

一〇分もしないうちにファイドアは会議室に戻り、ニュースの説明をして、中座したことを詫び、そして事が落ち着いたあとでインタビューを行うことを提案したのである。二週間後、インタビューを再開すると、ファイドアは詳細を語り始めた。「ルーによる通知では、インバージョンの案件については過去三年間に遡及して適用するとされているのだが、『三年間遡及』という文字を見た瞬間、私は自分たちがだまされたことが分かった。その時点までの法体系とM&Aの実務では二年間と規定されていたのだ。企業の節税効果を期待して行われる合併を検討している場合、税法では二年間は冷却期間とし、計画の一部と考えるとされていた。だが、彼らはそのような二年間の検証期間はもはや適用されず、三年以内に実行されたあらゆる取引は結合の意図を持って行われたため当然違法とするというのだ。財務省のこの発表は、このような劇的な仮定に基づいており、すぐに私は、ファイザーが何を求めようとも案件は終わりだと思った」

トレードの観点からファイドアはこう続ける。「ファイザーは動かなかった。終値はわれわれのショートポジションから一％弱低いところにあった。一〇〇％カバーすることに迷いはなかった。その日の取引が終わり、もはや私にはファイザーをショートする権利はなかった。というのも、われわれの考えでは、もはや案件は終了しているのであり、あったとしても再編されたものとなるからだ。われわれが間違っているリスクは一％以下であった。先に述べたように、最初の取引が最良の取引である場合が多いが、それは結果が市場で決まらないかぎりにおいて、である。だが、今回は登場人物たちが何も語っていないのであるから、明らかに異なる。政府はただお触れを出しただけだ。トレードの反対側で、われわれはアラガンのポジションのうち二〇％を二二五ドルで売却したが、これはリスク・リワードの観点から行ったことである。そうして私は帰宅したのだ。翌日、アラガンは二四五ドルもの高値を付けたが、その後の二日間でわれわれは平均価格二三五ドルほどでポジションの大部分を売却した。つまり、ダウンサイドは三〇～四〇ドル、一二～一五％の損失となり、これはイラ立たしく、また痛いものであったが、それはそれである。市場は投資家の原価など気にしないのだ。それはどうでも良いことで、忘れてしまえばよい。幸いなことに、私が予想したとおり、その他のすべての案件は吹き飛んだ。スプレッドは大幅に拡大したので、われわれはそれに乗じたのだ」

ロケット・サイエンスではない

ファイドアはこう付け加える。「私はこれに取り組んで二三年になるが、損をしたのはたった八つの案件で、それもポートフォリオの一・五％を超えるか超えないかの規模のものであった。褒められた話ではないが、われわれが損失を管理していることは言うまでもなかろう。奇妙に聞こえるかもしれないが、われわれは即座に損失を受け入れることを目指している。本質的に言えば、市場よりも賢いなどと仮定しないことだ。それは愚か者のやり方である。そして、ポートフォリオを時間の経過に合わせて管理することだ。このビジネスでは、大振りした案件が破談となることで大損するのだ。この仕事で重要なのはロケットサイエンスではない。やる気、努力、勤勉が大切なのであって、エゴは不要だ。それゆえ、自分は人よりも賢く、正しく案件を理解していると考えていると、しばし失敗に終わることになるのだ。私は常に、自分は市場に対して正しいとは想定しないことでリスクを管理しようとしているのだ。われわれはチームとして懸命に働き、自分たちのリサーチについては互いに率直に語り合い、自分たちのポジションを絶えず再評価しようとしている。われわれが何年にもわたって測定していることの一つが、われわれがどれだけ早くポジションを解消できるかである。つまり、われわれの見解をポジティブからネガティブに変えることであるが、それが成功におおいに関係しているのだ。後に分かったことだが、われわれはダメになったすべての案件のうち六〇％しか保有しておらず、そのうち平均すると、案件が破談となる日までにわれわれは当初のポジションの三〇％以下しか保有していなかった。これは、プロセスに対するわれわれの一貫したアプローチを証明するものだ」

実際に、「合併に最大限のポジションを取っているとしたら、それはいかなる問題も、反トラスト法の問題もないと考えているか、さもなければバカなのだ」とファイドアは述べる。問題の気配を少しでも感じると、ＴＩＧはそのポジションを縮小している。リスクアービトラージファンドとしては、特別に分散を利かせたポートフォリオを運用しているわけではない。およそ二五銘柄で、それぞれ最大でも資産の五～六％といったところであろう。「だが、われわれは合併期日が近づけば、投資対象を集中させようとする」とファイドアは結論する。「われわれは合併アービトラージのスプレッドをバイ・アンド・ホールドする会社ではない。むしろ複雑なものに集中し、イベントに応じて取引する、創造力豊かな会社なのだ」

リスクアービトラージの大部分がアートであり、リスク管理はロケットサイエンスではないことをファイドアが承知していることは明らかだ。顧客のためにアルファを生み出すサービスにおいて、アートをたくみに操るために自ら用いる、厳格かつ思慮に富んだプロセスに彼の才能が見て取れるのである。

第16章

ジェイミー・ジンマーマン

Jamie Zimmerman

ライトスピードは、買収企業とターゲット企業だけでなく関連する業界についてもファンダメンタルズの調査を徹底的に行い、彼らがなぜ案件に取り組んでいるのか、彼らが何を考えているのか、登場人物はだれか、そして、その動機は何かを理解しようとする。ディストレスの案件でも同じようにたくさんの調査が必要になる。あまりに高い金額で他社を買ったがために、収拾がつかなくなって倒産した企業に出くわすことは、意に反して面白いものである。当初の委任状を振り返ってみて、彼らが達成すると口にしていたことと、実際の結果とを比べることができる。失敗しようとしてそのようなことを行う者はいない。だが、時にさまざまな理由から、失敗に終わるのである。

ジェイミー・ジンマーマンに生業は何かと尋ねると、彼女は即座にこう答える。「私は金融界のイベントに付随する価値を追い求める事件記者のようなものだ。数字は過去について多くを教えてくれるだけで、翌年、それらがどのようになるかは考えなければならない。もちろん、確実に分かる者などいないのであるが、分析し、予想することはできる」。そう彼女は力強く付け加える。

だが、二〇〇〇年に自ら立ち上げたヘッジファンドであるライトスピード・パートナーズで、イベントドリブン投資を通じて投資家の何十億ドルもの資産を運用する、率直かつ飾り気のないジンマーマンが自分からウォール街にその名を刻もうとしたことは一度もなかった。ニューヨーク州スカーズデールという裕福な地で育った彼女の学生時代の夢はけっしてそんな偏狭なものではなかった。ジンマーマンは女性初の最高裁判事になることを目指していたのだ。ジンマーマンが一九八一年に優等な成績でアマースト大学を卒業するほんの数カ月前、レーガン大統領の指名を受けたサンドラ・デイ・オコナーに先を越されはしたが、それでも彼女はくじけずにミシガン大学のロースクールに進学した。現在、五七歳になるジンマーマンは、在学中、その無尽蔵のエネルギーで投資サークルでも知られた存在であり、ほとんどの大学院生が一つの学位を修得している間に、JD（法務博士）と英文学の修士号を修得したのだ。彼女はまた、弁護士として生きることだけはしたくないという揺るぎない確信を持っていた。卒業後、あれこれ悩みながらも、ジンマーマンの文筆業への思いは変わらなかったが、「国防総省の事務職、銀行、スポーツ・イラストレイティドとあらゆるおかしな面接を受けた」。だが、真に琴線に触れるものはなかったのだ。

ジンマーマンは自分の時間を確保するために、一九八四年にニューヨーク州南地区の破産裁判所で書記官の職を得た。「一九七八年に法律が改訂されたばかりで、かなり新しく、裁判所がそれを咀嚼するにはしばらく時間がかかったのだが、私は当初からそれを研究していたので、ほかのだれよりも詳しかったのだ。だけど、私は自分が本当に何がしたいのか分からなかった。分かっていたことは、私がやりたいと考えていたことは自分を貧しくするばかりだということだ」とジンマーマンは説明する。

刺激を求めていたジンマーマンは、ある目的を胸にアマースト大学の五年目の同窓会に出席した。それは、仕事と人生とを楽しんでいるクラスメートを見つけだすことだった。医者は「過労」であることを彼女は発見する。ハーバード大学のＭＢＡ（経営学修士）を修得し、コンサルタントとなった者たちは「人里離れた場所にある工場の近くのハワード・ジョンソンにこもりっきりだし、投資銀行家たちは二四時間働いていた」。債券トレーダーとなったクラスメートだけが「経済的にも恵まれ、楽しそうで、『よし、私もそれをやってみよう』と思わせる生活をしていた」とジンマーマンは言う。調べれば調べるほど、計算ずくで賭けを行うという考えに深く魅了されたのだ、とジンマーマンは続ける。「彼らと結婚したいというのも、ただアドバイザーになるというのも違うと感じた。自分はリスクテイカーになりたいのだということが分かったのだ」

セグエを求め、転職を得る

その考えに基づいて行動しようとした彼女はすでにウォール街で働いていた友人に相談した、とジンマーマンは振り返る。彼らはコーポレートファイナンスの分野を勧めたが、彼女は「ほとんど偶然に」、L・F・ロスチャイルドのリスクアービトラージ部門に落ち着くことになる。ちなみに、これはアイバン・ボウスキーがインサイダー取引で逮捕されるほんの二週間前のことであった。ジンマーマンはこう付け加える。「私は、当時L・F・ロスチャイルドのリサーチ部門の共同責任者であったマイケル・ゴードンに採用されたのだが、彼の将来のパートナー（アンジェロ・ゴードンにおける）であり、当時はロスチャイルドのアービトラージ部門の責任者だったジョン・アンジェロが、そのとき私のやる気をたたえて、アービトラージ部門に加えたのだ。だが、最初は本当にただ眺めているだけだった。私はジャーナリズムに挑戦する前にいくばくかのお金を稼ぎたかったのだ」。だが、実際には、会話のなかで言葉や考えがものすごい勢いで転がり出し、予想外の関連づけをしたり、自分や他人の想定に切り込んでくるジンマーマンは、L・F・ロスチャイルドのアービトラージ部門で体験したスピードや興奮、挑戦にあっという間に引き込まれていった。

迅速な調査と、同じように迅速な判断を求める同社の文化が自分にはドンピシャであることを彼女は発見する。ジンマーマンの熱心さ、情熱、恐れ気のない声はまもなくして同僚たちの注目を集めるようになる。リスクアービトラージは「いくら、そしていつ、に関する戦略」であることを彼女はあっという間に理解した。「一つの有価証券を別の有価証券や現金と交換する、または収益化することであり」、リスクは偶然に出来するものではないのだ。さらに、一九八〇年代中盤のM＆Aブームがボウスキーのスキャンダル、またその後の捜査やマイケル・ミルケンのジャンクボンドマシンの崩壊によってひっくり返ったときにこのビジネスに入ったことは実際にジンマーマンにとって有利に働いたが、それは「破産法に関する自身の経験の結果」である。

彼女はおもに債券市場での機会をとらえるためにロスチャイルドに採用された、とジンマーマンは説明するが、「突如、ディストレスシチュエーションと企業倒産とがアービトラージ部門の人々の手に転がり込み始めると、彼らがそれを投資機会としてとらえたので、私の強みが生かせるようになったのだ。やがてわれわれは多忙を極めることになったが、私にとっては素晴らしいことだった」。LBO（対象企業の資産を担保とした借入金による買収）のすべてが白紙撤回されたことでディストレス投資の機会がもたらされたことに加え、一九八七年後半にはテキサコがチャプターイレブンによる保護を申請した。これは、当時史上最大の企業倒産であったのだ（この巨大石油会社は必死になって破産申請を行ったが、最終的には認められなかった。

一九八三年のゲッティ・オイルを巡る買収合戦でテキサコに負けたペンゾイルがテキサス州の裁判で勝ち取った巨額の賠償金を逃れようとしたのである）。

ジンマーマンは一九八八年にL・F・ロスチャイルドからディロン・リードに移り、アービトラージと企業倒産に集中する。彼女はやがて伝説的なアービトラージャーであるアラン・カーティスのもとで働くようになったのだ。「彼の要求水準は高かったが、偉大な師であった。私は彼から多くのことを学んだのだ」とジンマーマンは振り返る。彼女は二つの話を挙げて説明する。一つは彼女が投資していた金融機関の案件が、同社の自動車ローンのポートフォリオの一つで不正が発見されたとのニュースが伝えられて完全に失敗に終わったものである。「私は、その当時にしてみれば巨額の一〇〇万ドルをあっという間に失い、文字どおり吐きそうだった。友人たちは私が吐きそうかどうかと尋ねてきたほどだ。私はアランのオフィスに入って、震えていた。ボロボロだった。だが、彼はこう言ったのだ。『自動車ローンのポートフォリオに不正を見つけることができなかった。どうすれば分かったと思う。君は何も間違ったことはしていないよ』。そして、『だが、われわれがこの資金を失ったことは事実だ。さぁ、次の案件に取り掛かろうじゃないか』と付け加えたのだ」

ジンマーマンが語るアラン・カーティスの二つ目の物語も、二つの銀行の合併にかかるアービトラージ取引に関するものである。そのうちの一社がとある不動産の抵当権を行使していたことで、その区画で多額の費用がかかる環境浄化が求められたとしたら案件は遅延するのではないかという懸念が市場に起こっていたのだ。ジンマーマンは、状況を確認すべく広範な調査を行い、地元の役人や不動産業者、さらにはジャーナリストにまで電話をかけ、噂を検証しようとしたばかりか、この件を管轄する環境省に電話をかけることまでしたのだ。彼女は法律の素養を生かして電話で官僚と仲良くなり、仮に企業にその責任があったとしても、最大でも一〇〇万ドル程度であろうという規制当局の見解を引き出したのである。これに基づき、ジンマーマンは「プレーンバニラ（ありきたり）」な案件であると判断し、彼女の記憶によれば同社は四・九九％のポジションを固持したのだ。「だが、ある日株価が三六ドルから二八ドルに急落し、プレーンバニラと言っていた私はやりこめられた。あとで分かったことだが、私が会話をした記者の一人が案件が遅延するかもしれないという記事を書くことを決めていたのだ」。ジンマーマンは続ける。「そこで私は案件に絡むすべての人に電話をかけ、潜在的な法的責任の上限額に関するプレスリリースを発表すべきだと伝えた。だが、われわれは午後の間じっと耐えなければならなかった。リリースが発表されたのは翌朝で、売り圧力は和らぎ、株価は三六ドルまで再度上昇した。アランは、大損している間中、私に『なんでプレーンバニラなどと言ったんだ』と叫んでいた。でも、私は一歩も引かず、下落するなかで買い増しもした。もちろん、その後、株価が回復したあとでは、彼はわれわれがなぜもっと買わなかったのかと問うのだ。何はともあれ、自分自身にも他人にも厳しい人物がそばにいることは良いことだと思う。その点、アランは素晴らしかった」と言ってジンマーマンはクスリと笑う。

自分自身の仕事をしよう

ジンマーマンはこう振り返る。「私が学んだのは、自らの役割を果たすこと、自らやっていることを知ること、そして自分の判断に自信を持つことだ。何でも学ぶことで予測能力は高まるし、重要なのはパフォーマンスであって、体裁ではないのだ」。彼女は物思いにふけるようにこう述べる。「弁護士であることとはかなり違う。弁護士業では、外部の人間にどう見られるかが大きな関心事だった。だが、投資業界は正しい答えは何かということにだけ興味があるのだ。正しい答えに行きつくのであれば、電話口でどれほどバカみたいに思われようが問題ではない、私が言っていることは分かりますよね」

UALに対する大きなレバレッジを利かせた買収提案が航空会社の従業員たちの反対で失敗に終わった一九八九年後半の案件を、三〇年近くがたった現在、ジンマーマンが詳細に思い浮かべることはない。「私は駆け出しも駆け出しだったので、この案件には取り組んでいなかった。でもその後、案件への融資がまったくなくなってしまったことは覚えている。そしてディロン・リードの私の上司は引退したのだ（同社がUALの案件にアービトラージャーとして深く関与していたことは広く知られるところだ）。その時点で、私は転職を決意し、オッペンハイマーのディストレス部門とアメリカン・セキュリティーズのリスクアービトラージ部門の面接を受けた。アメリカン・セキュリティーズのニール・ゴールドスタインがアービトラージの仕事はもう二度と復活しないだろうから、オッペンハイマーに行ってディストレスに取り組むべきだと言ったのを覚えている。少なくともその後の四年間については彼が正しかった」

しかし、ジンマーマンはうれしそうにこう指摘する。一九九〇年初頭から半ばは「企業再編にとって素晴らしいものとなった。信じられないほどだ。だから私は、リスクアービトラージと債券と破産は、信用サイクルのまったく異なる部分に属すると常々考えている。少なくともQE（量的緩和政策）が事態をゆがめるまでは、どれかに頼ることで非常に面白い投資機会を得ることができたものだ。資金調達の案件がないときは、企業再編が多く、資金調達が多ければ、M&A、そしてリスクアービトラージの案件がたくさんあるのだ。イベント投資の分野には、お金を稼ぐ面白い案件が常に存在したのである」。手短に記すと、ジンマーマンは、トロント・ドミニオン銀行がリスクアービトラージやスペシャルシチュエーションでの新規事業開拓を任せるべく彼女を採用した一九九七年までオッペンハイマーにとどまった。だが、まさにその翌年、これら事業に対する同行の関心は意に反して薄弱であることが判明する。LTCM（ロング・ターム・キャピタル・マネジメント）があっという間に崩壊し、金融危機を招来すると、驚いた同行はイベントドリブンの分野への資本配分を削ったのだ。一九九七年後半に二人目の子供を授かっていたジンマーマンは、当然ながらこれをきっかけに、潜在的投資家を探り始めた。自らの会社を立ち上げるべきときだったのだ。

生みの苦しみ

そして彼女は二〇〇〇年一〇月に、ライトスピード・マネジメントとヘッジファンドのライトスピード・パートナーズを立ち上げた。当初の資金の多くはハイテク分野で働いていた友人たちを当てにしていたのだが、その計画はインターネットバブルの崩壊で崩れてしまった。結局、ライトスピードは四〇〇〇万ドルという控えめな資産でデビューすることになったが、その多くは彼女のかつての上司たちから調達したものだ。ジンマーマンが起業したタイミングは幸先の良いものではなかったことは明らかだ。だが、彼女はすでにもっと残酷な運命に直面していた。一九九八年初頭に夫が急死したのである。ジンマーマンはこう述べる。「実際に、その時点でとうの昔にだれかからシードマネーを入れてもらってなくてはいけなかったんだけど、夫が死なず、二人の幼い子供がいなかったらね。だれもが『おいおい、ちょっと待て、気は確か』と言った。でも最終的に私は『ええ、もう結構だ。私はこれが得意だし、起業するつもり』と言ったのよ」。彼女は息もつかせずこう付け加える。「ある時点で運用資産は三五億ドルまで増大した。凄いことよね。今はもう三五億ドルもないけど、もう一度そのくらいまで増えるでしょう」

アマースト大学を卒業した夏、友人と一緒にオレゴンからバージニアまでクロスカントリーの自転車を走らせた生粋のスポーツウーマンであるジンマーマンは、お気に入りの競技用自転車のブランドからライトスピードの名前を取ったのだが、ヘッジファンドのライトスピードはさほど急速に事業を加速させたわけではなかった。彼女は最初の一年で二二%を超える利益を上げたことが噂となって、資産が増えるものだと期待していたと恥ずかしそうに認めるのだが、ライトスピードの運用資産は二年目以降も十数%ほど増えたにすぎなかった。そこで彼女はマーケターを採用し、資産を増やそうとした。だが、ライトスピードがどうにかうまくいったのは二〇〇三年になってからであった。ジンマーマンは四五%というこれまでで最高のパフォーマンスを上げ、彼女のヘッジファンドの資産は一二カ月で一億二〇〇〇万ドルを超えた。その年の一二月、バロンズは「ディストレスの姫君（Damsel in Distress）」と題してジンマーマンのインタビューを取り上げた。それ以降、ライトスピードの資産は急増するが、二〇〇八年になってほかの多くのヘッジファンドと同様に、彼女もリーマン・ブラザーズの崩壊に不意打ちを食らってしまった。ヘッジをかけていたにもかかわらず、その年は二一%の減少であった。翌年、ジンマーマンは三〇%以上のパフォーマンスを上げ、以来立て直しを続けている。

破産からM&Aまですべての分野のイベントドリブン投資ができることがライトスピードの強みだ、とジンマーマンは強調する。「株式がどうなるかを理解し、一方で資本構成上の債務を返済できないときに何が起こるのかを理解すれば、投資家であるわれわれにとってはほとんど種明かしが済んでいるのだ」。彼女は続ける。実際に「われわれが利益を上げた債務再編の多くで、われわれは株式に転換される債券を買っていた」。彼女はアメリカン航空を例に挙げる。「同社が倒産したとき、われわれは大口の債券保有者だった。われわれは一ドルにつき一七セント、二〇セント、二三セントといった割安価格でたくさんの債券を買ったのだ。それらの債券は最終的に一ドルに付き一・二〇ドルほどまで上昇した。その後、われわれはその多くを株式に転換したのだ。われわれは航空業界のサイクルを適切にとらえたので、大きなリターンを手にすることになった。企業再編として始まった案件が、最終的に業界の統合につながったのだ」

投資手法としてのリスクアービトラージの大きな利点は、今日、マルチストラテジーを奉じるヘッジファンドの多くがアービトラージファンドとしてスタートしていることをみれば明らかだとジンマーマンは指摘する。彼女は「それはなぜか」と問うや、息つくひまもなく自らの質問に答える。「リスク管理システムだからだ。契約法に準拠していると仮定し、また弁護士や財務アドバイザーにお金を払っても、実際には契約を締結せず、取引を完了させないとも仮定する。それゆえ、リスクアービトラージにおいては、リスクをどう評価するか、ポジションの規模をどうするか、アップサイドはどれくらいか、それがいつ手に入るのか、一方で潜在的なダウンサイドは何か、ということが本当に重要となるのだ」。そして、サイクルの反対側、つまり破産処理においては、同じ契約の枠組みが逆に作用し得るのだ。

ほかのほとんどのヘッジファンドマネジャーとは対照的に、ライトスピードのポートフォリオではわずかばかりのレバレッジもめったに用いないので、「保守的」だといえるジンマーマンはリスクアービトラージの案件を見るにあたって最初に検討するのはその潜在的なダウンサイドだと繰り返し述べている。「あらゆる案件はつまるところトレードにすぎない。だから、どんなリスクをとっているのか、何が得られそうかと問うのである。要はリスクとリワードの問題だ。さらに、ダウンサイドとアップサイドに対する自らの見積もりにどの程度の確信があるか、ということだ」。ジンマーマンは続ける。「そして、買収合戦やそれに似たようなことが起これば幸運に恵まれるポジションを取りに行く前に、まずは『規模をどうするか』を決めなければならない」。潜在的な利益にだけ目を向けることは魅力的であるが、「何か間違えていることはないか、もし間違えていたら自分は何を失うのか、そして、もし間違えていたら自分はどこまでそれに耐え得るのかに目を向けることで、はるかに規律のとれたものとなるのだ」と彼女は指摘する。彼女は強い口調でこう結論する。「だれも自ら死を選ぶようなことはしたくない。改めて再戦を期すれば良いのだ。適切な規模のポジションを取っていれば、仮に何かが間違ったとしても、生き抜き、そして、どこかでそのお金を取り戻すことができる」

サイクルを通じてプレーする

彼女は「ライトスピードは、買収企業とターゲット企業だけでなく関連する業界についてもファンダメンタルズの調査を徹底的に行い、彼らがなぜ案件に取り組んでいるのか、彼らが何を考えているのか、登場人物はだれか、そしてその動機は何かを理解しようとする」と付け加える。ディストレスの案件でも同じようにたくさんの調査が必要になるが、「他社をあまりに高い金額で買ったがために、収拾がつかなくなって倒産した企業に出くわすことは、意に反して面白いものである。当初の委任状を振り返ってみて、彼らが達成すると口にしていたことと、実際の結果とを比べることができる。失敗しようとしてそのようなことを行う者はいないのだ。だが、時にさまざまな理由から、失敗に終わるのである」と彼女は認める。そして、ジンマーマンはこう続ける。「ラルコープを見てみればよい。同社は買収から四年もしないうちにポストをスピンアウトさせた。もしくは、二〇〇八年にエノディスを買ったマニトワックはどうか。これはうまくいったのだが、今やアクティビストたちの圧力を受けて同社を分割しようとしているのだ」

リスクアービトラージ、そしてすべてのイベントドリブン投資においてはタイミングも重要であるが、不確定な要素でもある、とジンマーマンは指摘する。「われわれは現在（二〇一六年夏）、グローバルスターでポジションを有しているが、規制設定に関する告示がなされてから、FCC（米連邦通信委員会）の八階で規制が回覧されるまでに三年半もかかっている。これは常軌を逸しており、バカバカしいまでに長い時間である。だが、いつ、どれだけという概念こそが収益率を決定するのだ。公開買い付けであることが分かれば、それは三〇日であるし、合併であればおそらくは九〇日であろうし、規制による極めて長いプロセスが関係すれば、九カ月または一年かかるということすらある。いずれにせよ、われわれはタイミングについては保守的であろうとしているし、それを勘案したうえで収益率を求めなければならないのは言うまでもない。だが、これはリスクアービトラージにだけ当てはまるのではない。すべての投資において真実であるはずだ。さもなければ、市場は望むところへ連れていってくれるという身勝手な想定に陥ることになる」。ジンマーマンは自らの意見をこう述べる。「私にとっては、案件に見られるリスクが高ければ高いほど、求める収益率は大きくなるのだ」

ジンマーマンがたくさんの仲間のアービトラージャーやイベント投資家と意見を異にするのはヘッジの問題である。「われわれはその点いい加減なことが多く、まったくヘッジしないか、ヘッジしてもごく部分的なものにすぎない。しかも、それは一＋一が三になるという確信がある場合だ。だが、徹底的なファンダメンタルズの調査を行ったあとでのみ、自分たちのダウンサイドが分かるのが常である」と彼女は言う。彼女の論理はこうだ。「ヘッジをすることで実際にはリスクが高まる場合がある。ファイザーとアラガンの案件で起こったことを見てみればよい」。二〇一六年春に財務省が突如税制を改め、提案されたインバージョンの合併を阻止したとき、「リスクアービトラージャーとして、慣行を無視し、買収側をショートせずにいたら、さほどの損を被らずに済んだのだ。というのも、買収者であるファイザーの株価は、案件が破談となったときに実際に上昇したのだ。今日、ファイザーは三四ドルほどであるが、財務省が案件をつぶす以前は二八ドルもの安値まで下落していたのである」と彼女は説明する。

イベントによるオーバーレイをかけたバリュー投資

愛車のメルセデスＡＭＧワゴン――この落ち着いた「ファミリーカー」のようなエクステリアは、高速道路で二一〇キロ超までスピードを出しても捕まらないための「完璧なカモフラージュ」だと彼女は言う――を運転しているときのようにスムーズにギアを切りかえるジンマーマンは、多くのリスクアービトラージャーが破産や企業再編にも取り組むのは、企業のバランスシートの複雑さが増していることに関係していると理論づける。アービトラージャーたちは価値を評価するために複雑な有価証券や難解な転換比率を進んで分析しなければならないのだと彼女は指摘する。「われわれはイベントのオーバーレイをかけたバリュー投資家なのだ」。だが、優位性のあるバリュー投資家だと彼女は強調する。「リスクアービトラージや企業再編の優れた点は、市場の流動性を待たずして資金化できることが多いということだ。額面一ドルに対して六〇セントで買った債券の借り換えをする者がいるかもしれない。それゆえ、これらの戦略は、マーケットニュートラルまたは市場と相関関係がない状態になれるという利点がある。ポジションを市場で売ることなく資金化することが可能であり、実際に売却する必要がないので、ポジションについての過ちも二つではなく一つ、つまり誤った買いだけで済むのだ」

何か避けることのできない失敗があっても、ジンマーマンがリスクアービトラージの世界の一般通念に必ずしも従うとは限らない。「われわれはダメになった案件を即座に売ることはしない。オーストラリアのトレジャリー・ワイン・エステーツが好例だ。二〇一四年にKKRによる買収話が出て、その後、ローヌ・キャピタルとTPGが追随した。KKRは五・三〇豪ドルでの買収を提案し、われわれはそれが実行されるだろうと考えていた。だが、彼らは土曜の夜に行われたオーストラリアからの電話会議で競売から手を引いたのだ。あれは九月のことで、私はハンプトンズから帰宅する途中だった。私はだれかの車のなかでこの会議を聞いていたのだが、株価はおよそ五・三〇豪ドルから四・二〇豪ドルまであっという間に下落してしまった。われわれは継続して保有することにした。もっと長期間保有すべきだった。というのも、われわれが最終的に売却したあとで株価は上昇したからだ。現在は九豪ドルだと思う。だが、これらの買い付けをはねつけた同社が正しかったことが後に判明する。彼らは新しいCEO（最高経営責任者）を雇い、彼が同社を再建したのだ。豪ドルの下落が大きな助けとなったことは言うまでもない。豪ドルが下落したことで、極東の高まる需要に応えるべくワインを輸出することができたのだ。彼らが競売を中止したのはまったく正しかったのだ。KKRやTPGにしてみれば、まさに逃した好機であった。彼らが買い付け価格を引き上げなかった理由はだれにも分からない。だが、いずれにせよ、案件がダメになったからといって、売るべきとは限らないのだ」

アッピィとの案件が破談になったあとのシャイアー・ファーマスーティカルズがもう一つの例だ、とジンマーマンは言う。「シャイアーは値を上げたと思う。保有を続けるにしても、カバーするにしてもリスク・リワードはどうかという感覚を持っていなければならないのだ」。オフィス・デポも同じである。二〇一六年にオフィス・デポとステープルズの案件が裁判所によってつぶされたあと、「われわれはステープルズをカバーしたが、オフィス・デポは引き続き所有していた。同社はEBITDA（利払い・税金・償却前利益）の四倍以下で取引されており、だれも同社を経営しようとはしていなかった。これがグロース株だと言っているのではないが、だからと言って明日消えてなくなるとも思わない。そのうち分かるでしょう」とジンマーマンは言う。インタビューを行った二〇一六年五月下旬、ジンマーマンは、計画されていたファイザーとのインバージョンによる合併が失敗に終わったばかりのアラガンに対するライトスピードのポジションを手放してはいなかった。「アラガンは、来週か再来週にジェネリック事業のテバ・ファーマスーティカルズへの売却資金である四〇〇〇万ドルを受け取り、自社株買いを始めれば、上昇するでしょう。それならなぜ今売るというのか。それからファイザーだけど、どうして急いでカバーする必要があるのだろうか。彼らが何かを買いたいと考えていることは明らかだ。このような会社はみな、メディビエーションのように開発中の製品を有し、キャッシュフローがない企業を買おうとする。ファイザーがそのような資産を買うにあたっていくら支払うことになると市場が考えているかはだれにも分からない。それなら、ショートをそのままにしておくのが最も良いかもしれないのだ（インタビューを行った時点でファイザーは一株当たり三五ドルを下回る価格で取引されており、メディビエーションを一四〇億ドル、一株当たり八一・五〇ドルで買収すると発表した二〇一六年八月二二日時点でもほとんど変わらなかった。一カ月が経過したころ、ファイザーは一株当たり三〇ドル弱で取引されていたが、本書が印刷に回る時点では三六ドルほどまで戻している）。アービトラージのポジションの取り方はひとつではないのだ」とジンマーマンは断言する。

ジンマーマンにとっては、リスクアービトラージの状況を分析する方法も一つではない。オフィス・デポとステープルズとの間で試みられた直近の合併計画では、ライトスピードは早い段階から案件には近づかなかった、と彼女は言う。「実のところ私はＦＴＣ（米連邦取引委員会）が計画を棄却すると思っていた」とジンマーマンは言う。というのも彼女は、五人のＦＴＣ委員の政治的背景、反トラスト法部門の責任者の法定記録、ＦＴＣのウェブサイトに職員が掲載していた政策方針書にあらかじめ目を通していたのだ。だが、議論が連邦裁判所に持ち込まれるや、ジンマーマンは自らの法律のバックグランドをおおいに生かして再評価を行った。訴訟の当事者たちは法廷で争うつもりはない、と彼女は判断したのだ。「当初からステープルズの主席弁護士は、経験の乏しいＦＴＣの代理人の周りでダンスを踊っているだけだった。判事はＦＴＣに不利な判決を下すだろうと考えていたのだが、後にわれわれが間違いであることが判明する」

全力で調査を行ったとしても、結果を正確に予想することは不可能なのであるから、ポートフォリオにおいて適正な規模のアービトラージのポジションを取ることは重要なのだ、とジンマーマンは主張する。そうすることがリスクアービトラージの実践には付きものの、ある種のリスク管理システムなのだ。彼女はこう述べる。「基本的に、案件に取り掛かるのは、それがうまくいくだろうと思うからだ。だが、失敗に終わっても、一カ月分の利益、またはそれがいくらであろうと短期間で取り戻すことができると思う額以上の損をしないよう、ポートフォリオにおけるポジションの規模を調整しなければならない」。ジンマーマンは続ける。「これらは本質的には賭けなのだ、ということを肝に銘じる必要がある。つまり、自分が必ずしも正しいとは限らないのだ。さらに、ポジションを間違えても、自らを鼓舞することができなければ、敗れ去ることになる。自らを奮い立たせ、次の案件に取り掛からなければならないのだ」。それは、失敗に終わったポジションの一部にしがみつくことを意味する場合もあろう。

アクティブだが、表立ってアクティビスト投資はしない

これまでのところライトスピードは、潜在的な案件を「急いで」実現させるために、表立ってアクティビストの立場を取るほかのリスクアービトラージャーと共同することを避けてきた。だが、それは、ライトスピードが経営陣に影響を与え得ると思われるときに、ジンマーマンが舞台裏で「責任ある株主」として振る舞うことを避けている、という意味ではない。「われわれがアクティブであることをだれも知らないだけだ。大きくなりすぎたり、騒ぎすぎれば、大量

の株式を保有していることをメディアで取り上げられて身動きが取れなくなってしまう。それは望ましくないので、われわれはアクティビスト投資と、自分たちが間違っていた場合に撤退できる能力とをバランスさせるべきだと考えているのだ。すべての投資ファンドは、多くの経営陣を知っており、彼らもたいていはわれわれの考えていることを知っている、という点ではアクティブだと私は考えている。それがわれわれの仕事だからだ」。あるケースで、ライトスピードはスピンオフした銘柄でポジションを有していたのだが、好転しそうになかったので、自分がＣＥＯにブランディング会社を雇うようけしかけたことがある、とジンマーマンは振り返る。後にＣＥＯがブランディング会社に電話をしても折り返されることがなかったので何も起こらずにいたことを知ったジンマーマンは、「われわれがそれらを紹介して、おおいに手を貸したのだ」と言う。

もう一つの例が、二〇一五年五月、オーストラリアを拠点とする採鉱機材の消耗品の国際的な供給業者で、当時少しばかり低迷していたブラッドケンで六％ほどのポジションを取ったときのことである。トレーディングデスクではそのティッカーであるＢＮＫ ＡＵで知られるブラッドケンは、ミルライナーやクローラー板の世界的リーダーであり、カナダ、インド、アメリカ、中国に世界でもトップクラスの製造工場を有している。ブラッドケンの収益の八〇％を占めるそれらの製品は、鉱業の「カミソリ刃」であるが、資本支出ではなく生産水準に影響を受けるものである。ケベックにある彼らのミルライナー工場は自動化され、その分野では最高のものである。カンザスの鋳物工場は列車のフレームや魚雷発射管など、巨大かつ複雑な部品を鍛造することができるユニークなものである。ジンマーマンが最初に同社株を取得したのは、ブラッドケンがパシフィック・エクイティ・パートナーズとコーク・インダストリーズによる一株当たり二・五〇豪ドルでの買収提案を不適切として退けたあとで、その株価は二・三五豪ドルほどに下落していた。その直後、つまり六月に、ブラッドケンはチリの企業グループであるシグド・コッパーズSAとチャンプ・プライベート・エクイティからなるコンソーシアムに、一株当たりたった二豪ドルで転換が可能で、任意償還が可能な転換権付き優先株を七〇〇〇万豪ドル発行した。ブラッドケンの会長であるニック・グライナーはチャンプの副会長でもあったのだ。「利益相反は明らかだ。取締役が株主の利益を最優先に考えて行動していないブラッドケンは一豪ドルまで下落した」とジンマーマンは言う。

メディアはすぐに飛びつき、ライトスピードはこのポジションで一一〇〇万豪ドルの「痛手」を被るだろうと示唆した。だがジンマーマンはあきらめず、ライトスピードのポジションを底値で一三％ほどまで増大させた（オーストラリアでは、一五％に達しなければインサイダーとはみなされない）。「一般に認識される倫理基準に反する」行為を理由にニューサウスウェールズ州首相の座を降りるよう圧力を受け、またアメリカのバイアウトファームであるキャッスル・ハーランが絡んだ買収における不正入札に関与したとして罰金を課せられていたブラッドケンのグライナーは、ジンマーマンに真摯に向き合おうとはせず、自らの行動は株主に好意的なものでしかないとした。これを受けたジンマーマンはオーストラリアでプロキシーファイトを行うことを決意し、ほかの株主たちに電話を掛け始める。数週間のうちに、ライトスピードは同社のすべての機関投資家に接触し、実際に公的な手続きを経ることなくブラッドケンの取締役会に交代を迫ることを得たのだ。グライナーと彼に同調するほかの二人の取締役たちは、ブラッドケンで長くCEOを務めたブライアン・ホッジスとともに辞任することに合意した。ライトスピードの支持を得て、引き続き取締役にとどまっていたフィル・アーナルがブラッドケンの新会長および暫定CEOに就任した。だが、役員会が混乱し、将来計画を持ったリーダーの不在が明らかとなるなかで、同社の株式は二〇一五年末には〇・四八五豪ドルまで下落してしまった。

ジンマーマンはこう振り返る。「その年の一二月、われわれはアーナルと取締役をオーストラリアに訪問し、その後、CEOの筆頭候補だったポール・ザッカーマンとニューヨークで面会した。われわれが集めた、だれが役立たずで、だれが同社の将来にとって重要かという情報とともに、どの買い手がどの資産を狙っているると思われるかに関するわれわれの考えのすべてをポールと共有した。われわれは彼が株式による報酬を得るべきだと最も強固に主張していたと思う。というのも、そうすることで彼が自分自身そして株主のためにたくさんのお金を稼ぐ動機づけになると考えていたからだ。二〇一六年二月一五日、ブラッドケンの新取締役会は、直近までフレッチャー・ビルディングの部門CEOを務めていたザッカーマンを三月一日付けで

CEOとして採用することを正式に決定した。一月にわれわれのオフィスでザッカーマンと面会していたので、われわれは彼が就任したことを大変に喜んだ。四月二六日、ザッカーマンはボストン・コンサルティング・グループを雇い入れ、『サプライチェーンの効率化とバックエンド費用の削減』に関するアドバイスを求めた。ブラッドケンは第2四半期末までに一豪ドルまで上昇した」

ジンマーマンは続ける。「その後の七月二七日に、ザッカーマンはブラッドケンのビジネスモデルと経営陣の再編を伝えるプレスリリースを発表し、五つあったセグメントを三つに削減し、複数の幹部を引退させた。二〇一六年八月二三日、ザッカーマンは投資家に向けて初めて業績予測を発表した。彼は、EBITDAに関するわれわれの予測値を追認し、費用削減の試算を説明したのだ」。ジンマーマンは、苦労が報われた満足感を隠そうともせず、こう結論する。「第3四半期が終わった数日後、ブラッドケンは日立建機による一株当たり三・二五豪ドルでの買収案を発表した。チャンプとシグドは保有分を株式に転換した。優先株は株式に転換されるのではなく、額面で償還されたので、われわれはさらに一株当たり〇・二五豪ドルを得ることになった。二〇一六年一〇月四日、ブラッドケンは三・二〇豪ドルまで上昇した」

ジンマーマンは、リスクテイクに伴う不確実性や、時に避けることのできない投資の失敗に直面してもとりわけ冷静でいられるのは、生涯を通じて競技スポーツに積極的に取り組んでいるおかげだと考えている。

アマースト大学で三つのスポーツに取り組んだ――その後もまったくペースを落としていないように見える――彼女は、自分が一年生の初めに「チーム全体を指導する長女のアスリート」のような存在だったことを覚えている。彼女はこう付け加える。「いつも私は自分の娘たちもそうなるようけしかけている。というのも、敗北の苦しみを感じるリスクを冒さずして勝利の喜びを感じることなどないことを学ぶことは大切だと信じているからだ。それを進んで乗り越えていけないとしたら、つまり、人生で重要なのは自分を励まし、歩み続けることなのであるから、負けても問題はないのだということを若いうちに学んでいなければ、それは本当の意味でハンデとなる。だれもが失敗する。失敗したあとに、自らを勇気づけ、前を向くことができるのか、それともあきらめてしまうのかが長期的には勝者と敗者を分けるのである」。彼女は繰り返し述べる。「敗北のリスクを進んでとることが、勝利の喜びを知る唯一の方法だ。たとえ常に勝ちを求めているとしても、けっして失敗しないと期待することは現実的ではない」

ウォール街での三〇年に及ぶ経験を引き合いに、ジンマーマンは自らのキャリアを振り返る。「最高裁判所で働くというアイデアは確かに素晴らしいものだった。まさに『社会に貢献する』というアイデアだ。だが、リスクテイカーとは対照的に、判事や弁護士として過ごす日々は私には向いていなかった。もしだれかが学生時代の私に『なぁ、ジェイミー、それは君がやるべきことじゃない』と言ってくれていたら、遠回りはせずに済んでいたかもしれない」。二人の娘を持つ母として、彼女はこう付け加える。「私は常々彼女たちにこう言っている。『学校でできるかぎりのことを学ばなければならない。なぜならだれも次に何が起こるかなんて分からないんだから。偏見を持たず、たくさんのスキルを身につけなければならない。そうすれば、世界は循環的に変化を続けているのだから、それを理解し、乗り越えていくことができる』」

素晴らしい教育だ。

第17章

キース・ムーア

Keith Moore

投資信託に投じられた資金のほとんどが、いわば駐車中の資金だ。人々は大きなリスクをとりたがらない。ほかのいかなる戦略でも、大きなリスクをとることなく大金を稼ぐことは難しい。だが、リスクアービトラージは、保守的に運用すれば、かなり安定して資金を膨らませることができる。

キース・ムーアが設定したわれわれとの面会場所は、都会の金ぴか高層ビルのなかではなく、ニューヨーク州ハンチントン郊外の駅からほど近い、由緒ある建物に囲まれたアイリッシュパブの静かな庭で、約束した時間も午後も半ばを過ぎたころだった。禿げ頭に眼鏡をかけて現れた彼は、ウォール街のリスクアービトラージのベテランにして、リスクアービトラージの実践に関する最も包括的なテキストの著者というよりも、大学の教授のような雰囲気だった。だが、キース・M・ムーアは博士であり、またCFA（米公認証券アナリスト）でもあるのだ。彼は「世界の覇者」を気取るようなマネはしない。

マグロ釣りから合併アービトラージの詳細に関する指導まで幅広い情熱を注ぐ、ロングアイランド生まれの彼は、過去四〇数年で素晴らしいキャリアを築いてきた。それは、NYSE（ニューヨーク証券取引所）のフロアから始まり、グラス・アンド・カンパニー、ニューバーガー・アンド・バーマン、DLJ（ドナルドソン・ラフキン・ジャンレット）、ジュピター・キャピタル（小規模のヘッジファンド）、ケルナー・ディレオと渡り歩き、その後、証券会社のMKMパートナーズのマネジングディレクター兼イベントドリブンのストラテジストに転じ、現在はFBNセキュリティーズに身を置いている。その間、彼は時間を見つけては、ロードアイランド大学で金融の博士号を修得し、同校だけでなく、セントジョーンズ大学やニューヨーク大学でも単位を修得している。一九九九年にジョン・ワイリー・アンド・サンズから発行された彼の権威ある教科書『リスクアービトラージ（Risk Arbitrage : An Investor's Guide）』の第二版が

ニューヨーク証券取引所（出所＝ウィキペディア・コモンズ）

全面的な改訂のもとハードカバーで出版されたばかりであるが、本書は世界中のＭＢＡ（経営学修士）プログラムで毎年参考文献に挙げられている。

「思うに私は、職業に関しても私生活に関しても、世界で最も幸運な男だ。私は素晴らしい妻、家族、そして友人に恵まれた。リスクアービトラージは素晴らしいビジネスだ。私がこのビジネスに心奪われてから何年もたつが、これほどの報いをもたらしてくれるとは思わなかった。困難ではあるがやりがいがあり、ウォール街で最も優秀な人々と競い合う事業だ。ハンチントンの駅で新聞を手にし、その日、何をすべきかを考えるのが待ち遠しくて仕方なかった。オフィスに行けば、それはまた刺激的だった」
スペシャリストのジェームズ・ギャラガーのもと、NYSEのフロアでサマージョブを始めると二週間もしないうちに、一六歳の少年は投資事業に夢中になり、「魚釣りの旅行代を稼ぐためにやっていた巨大企業の敷地の芝刈り」をあきらめたばかりか、エンジニアリングを学ぼうという計画を捨て、学校が休暇に入るたびにトレーディングデスクの周りで「ウロウロ」し始めるようになった、とムーアは言う。ムーアの両親の近所に住んでいたギャラガーはこの新参者を可愛がり、ジョー・グラスと働いていたベテランのリスクアービトラージャーであるアルバート・コーエンに紹介した。ギャラガーは若者にこうアドバイスする。「週に一度聞いたら、五回は耳にしたことになる。『アルバート・コーエンのもとで働くチャンスがあるなら、そうすべきだ』。そのうち分かるだろう」

まもなくギャラガーのトレーディング会社はグラス・アンド・カンパニーに買収され、若き大学生は余暇のすべてをグラスのアービトラージデスクのそばで過ごすようになり、「彼らがいったい何をやっているのかを理解しようと努める」ことになる。だが、新しい妻とともにニューヨークに戻り、ロードアイランド大学で理学士号を修得したとき、ムーアはタイミングが良くないことに気づいた。それは弱気市場に陥った一九七四年の夏だったのだ。「ジム・ギャラガーは私のことを好いてくれたし、だれも彼も私を気に入ってくれたのだが、仕事はなかった。仮に私がパートナーの息子であったとしても、一九七四年では何も起こらなかったのだ」。ムーアはウォール街での夢をいったん保留し、ケミカルバンクでクレジットアナリストとして働き始める。これは貸借対照表と損益計算書の核心を学ぶ有意義なものであることが分かった、とムーアは言う。「そして、やがてチャンスを得たときに、株式のビジネスにこのスキルを生かすことはとても容易だったのだ」

素晴らしい妻

ムーアは機会があるごとにグラス・アンド・カンパニーのトレーディングデスクに出入りを続けていたが、一年もしないうちに運が向いてきた。「アルバート・コーエンがニューバーガー・バーマンに移り、彼のアービトラージアナリストがスタンフォードのロースクールで教鞭を執るために退職したんだ。私は事務所に行って、正式にみんなと面会した。家に帰ると、妻には本当にうまくいったと話はしたが、それでも疑っていた。私はオフィスで多くの時間を過ごしてきたので、彼らが叫び、怒鳴り、部下に電話を投げつけるのを知っていたんだ」。普段はとても控えめな妻は「がんばって、このチャンスを何年も待っていたんじゃない」と答えた、とムーアは言う。そして彼は飛び込んだのだが、今日こう振り返る。「確かにニューバーガーで働くことは時にストレスの多いものだったが、得難い体験でもあった。私のすぐそばでいつもガミガミ叱られていた数人の若者たちは、今やウォール街で最も高い評価を受けるヘッジファンドのいくつかを運営している。われわれは信じられないほどに幸運だったのだ」

一九七〇年代後半、アービトラージのコミュニティーはいまだ小さなものだった、とムーアは振り返る。会社は八社か一〇社しかなく、ニューバーガーのアービトラージ部門はそのすべてと専用の電話回線でつながっていたのだ。「一つはベア・スターンズのエース・グリーンバーグ用、一つはゴールドマン・サックスのアービトラージ部門を率いていた後の財務長官ロバート・ルービン用といった具合だ。私はゴールドマンのランプが光るたびにおびえていた。その理由は分からない。ロバート・ルービンと個人的に会ったことはなかったが、電話口で彼はいつも私を王子のように扱っていた。何はともあれ、私は六〜七年の間、これらすべての人々とやり取りすることで仕事を覚えたのだ。辞めるのは容易ではなかった。アルバートは私にビジネス、人生、そして人との付き合い方を教えてくれた。大きな恩義があるのだ」

だが、ムーアが三〇歳になるころ、チャンスが訪れた。「ジョージ・ケルナーが彼のアービトラージチームとともに去ったばかりのDLJ（ドナルドソン・ラフキン・ジャンレット）の人が尋ねてきて、『あなたにわれわれのアービトラージビジネスを再開させてほしい』と言うのだ。そこで私はDLJに転職して、チームを作った。同社は素晴らしい会社で、また一九八〇年代はリスクアービトラージにとって素晴らしい時期だった。われわれは大成功したよ」。だが、それも一九八七年の暴落までの話であることは確かである。「教えるときは、『ささいなこと』と呼んでいるのだ」とムーアはいたずらっぽく言う。「だが、われわれはその年、暴落が起こるまでは記録的なパフォーマンスを上げていたのだが、すべてが吹き飛んでしまった」

　しかし、翌年、ムーアに再び運が巡ってくる。彼の師であるアルバート・コーエンがニューバーガー・バーマンを退職し、自身の会社を立ち上げた。そして、彼の後任を探していたニューバーガーはムーアに電話をかけてきた。彼とＤＬＪのアービトラージチーム全員がニューバーガー・バーマンにすぐに移ったが、ムーアは同社でリスクアービトラージを行うだけでなく、コンバーチブル・アービトラージやＮＹＳＥでのクローズドエンドファンドの店頭取引をポートフォリオに加えた。だが、すぐにムーアは自分がニューバーガーで微妙な状況に置かれていることを知る。「一九八七年の暴落で、ニューバーガーがアービトラージで多額の損失を出したことを知る必要がある。一九八九年にニューバーガーに移って二カ月もしないころ、ＵＡＬのパイロットや経営陣による同社買収が停滞するなかで、私はかなり高位にあるシニアパートナーのオフィスに呼ばれた。そして、彼は私にこう言ったのだ。『われわれが多額の損をしたという事実、そしてアービトラージのビジネスに戻ることを快く思っていない者たちがいるということに君がとても神経質になっていることは分かっている。だが、君には積極的であってほしい』」。ムーアはこう振り返る。「そのとき、自分が死に体だということが分かった。私は勝つことができなかった。もし私が積極的になれば、それらの人々が私を嫌うことになるし、積極的にならなければ、彼が私を嫌うことになる。そして、彼は社内では権力者なのだ」

プットに救われる

ムーアはこう付け加える。その時点で「われわれはすでにＵＡＬにポジションを持っており、私はいつものことだがダウンサイドを懸念していた。だが、ＵＡＬではわれわれのポジションすべてをカバーするプットを買っていたことを今でも覚えている。それはアウト・オブ・ザ・マネーのプットで、株価が二〇ドルほど下落しなければ行使されないものだった。価値は毎日のようにディケイしていった。あるとき、交渉が長引いていたので、私はトレーダー――素晴らしい女性だ――に向かって『手を引くべきかもしれない』と言った。彼女は『調べてみましょう』と答えた。それからさらに数日が経過したあと、私はまだポジションを有していることを知り、その理由を尋ねた。彼女は『買い手がいません、それに十分下落してますから、売る必要はないのではないですか』と言う。確かに、案件が破談となれば、これらのプットがわれわれすべての職を守ってくれることになるのだから、ポジションを維持すると判断することで手柄を得られたであろう。それまで私はプット取引をそのように考えたことなどなかった。最終的に一〇〇ドルほどで取引されたが、それでどうにか救われた。『積極的であれ』。だが、リスクアービトラージは素晴らしいビジネスだ」。

ムーアと彼のチームはその後六カ月間、ニューバーガー・バーマンにとどまったが、その間、彼は同社のパートナーたちに、「お金を駐車しておく安全な場所」を求める投資家に向けた代替案として、同社が提供する投資信託のラインナップにリスクアービトラージという選択肢を加えるよう売り込んでは失敗していた、と言う。彼らがその計画に従ってさえいれば、「彼らの運用資産は今日のそれが小さなものに見えるほどになっていたであろう」と考えるムーアは、リスクアービトラージに特化した幾つかの投資信託の成功を指摘する。そして、ムーアは「投資信託に投じられた資金のほとんどが、いわば駐車中の資金だ。人々は大きなリスクをとりたがらない。ほかのいかなる戦略でも、大きなリスクをとることなく大金を稼ぐことは難しい。だが、リスクアービトラージは保守的に運用すれば、かなり安定して資金を膨らませることができる」と付け加える。

一九九七年初頭、ムーアは立ち上げたばかりの小さなヘッジファンドに採用された。だが、リスクアービトラージも損を出すことがあるということをファンドの経営幹部が理解したのはその年の六月になってからで、一つには連邦裁判所が、ＦＴＣ（米連邦取引委員会）がオフィス・デポとステープルズによる当初の合併計画を阻止することを認めたことがその理由であったが、その後、ムーアは自らのキャリアの方向性を変えることになる。「資金を返して、それで終わりさ」とムーアは肩をすくめる。だが、すぐに彼は、いまや古典ともなっているリスクアービトラージのテキストを執筆する契約を交わし、「鬼のように書き始めた。私には息抜きが必要だったのだ。そのヘッジファンドでの経験で疲れ果ててしまったのだ」

学問に集中する

『リスクアービトラージ』が出版されるころには、ムーアはすでに博士号の研究活動にのめり込んでいた。彼は長らく副業として行っていた、NYUのスターンスクール・オブ・ビジネス（彼自身がMBAを修得した）の夜間コースでのアービトラージの講義を正式なものとしようと決意したが、そのためには博士の資格が必要だったのだ。彼は大学で教えるようになってから、学生たちとの交流を楽しんだが、やがて助手となったのが「拘留間違いなしのアイバン・ボウスキー」だった、とムーアは説明する。だが、今になって思えば、四〇代半ばで博士号を取るためにロードアイランド大学に戻ったことは「おそらく最もバカげた行為であったろう」。彼はセントジョーンズで四年間、助教授として経済学と金融を教えたが、「学者のなかには、ウォール街の出身者が自分たちの領域を犯すことを好ましく思わない者がいることを知った」。最終的にムーアは、旧友であるケルナー・キャピタル・マネジメントのジョージ・ケルナーの懇願に屈し、彼の会社に加わることとした。ムーアはケルナーの共同CIO（最高投資責任者）、KDCマージャー・アービトラージ・ファンドのファンドマネジャー、そしてリスク管理担当のディレクターとして働いていたが、数年後、セルサイドでのアービトラージのリサーチの可能性を追及することを決断する。二〇〇九年後半にMKMパートナーズのイベントドリブングループを率いる立場を得て、二〇一五年にはマネジングディレクター兼イベントドリブンのストラテジストとしてFNBセキュリティーズに移った。

リスクアービトラージで何度となく痛感する教訓の一つは、「事態が悪化するとき、そして私のこれまでの人生ではいつもそうなのだが、すべてがうまくいかなそうだとみぞおちがムカムカするようなときは、目をつむり買いを入れるべきときだ」というものだ、とムーアは言う。問題は「早すぎるかもしれない、ということだ。二〇〇七年、私が早すぎたことは確かだ。だが、みんなが同じ方向に進もうとしているときこそ、別の方向に進むべきときなのだ」とムーアは認める。ムーアはこう付け加える。「もうひとつ気づいたことは、ウォール街のやり方は私のキャリアを通じてますます洗練されてきているにもかかわらず、人々の振る舞いは変わらない、ということだ。リスクアービトラージ取引を行う人々はたくさんいるが、サイクルを一つ、または二つ潜り抜けるだけの長期にわたり取り組んでいる者は多くない。つまり、彼らは思慮に欠ける反応をしがちであり、それが機会を生み出すのだ。それは彼らが異なる対応をするという経験を欠いていることが理由の一つであろうが、機械的なリスク管理システムによって、多くのリスクアービトラージャーたちが意図せぬ判断を下さざるを得なくなっていることもあろう」

「マネジングパートナーが『この男とは五年間仕事をしているが、彼は優秀だ。彼が今売るべきだというなら、好きにさせるべきかもしれない』と言うようなことも過去にはあったが、今日そのような自由を得ることはない。それゆえ今週（連邦判事が、ステープルズとの合併を目指した二度目の試みを阻止した直後）、オフィス・デポは三・四〇ドルを付けたのだ」とムーアは言う。彼、そしてアービトラージコミュニティーの多くの者たちが、オフィス用品のスーパーマーケットの合併が破談となったことで、一度ならず二度も不意打ちを食らったのはまったく皮肉なことだとムーアは指摘する。大きな案件はおよそ二〇年ごとに破談となるが、これはアービトラージャーたちの経験不足、そして人間の本質が変わらないことを示す古典的な例だ、とムーアは断言する。

今日に至るも、ムーアは自ら雇った反トラスト法の弁護士と一緒に、裁判所でアービトラージの調査を行うことを好んでいる、と彼は言う。「私が手にした最も大きな機会のいくつかは、裁判所に行って、あらかじめ背景を把握しておいた裁判の内容に耳を傾け、そして自分の経験と常識に照らして、判事が判決を下す前に、彼らがどのような判断を下すかを見いだそうとするなかで手にしたものである。そのようなことが何回あったか分からないが、うまくいった。私は運が良かったのだよ」

法廷でのドラマ

彼が不運であったときを除けば、である。二〇一六年に再度提案されたオフィス・デポとステープルズの合併がその好例で、これはアクティビスト投資家のスターボード・バリューが発表の一年以上前から推し進めていたものである。当初は警戒していた、とムーアは振り返る。F

TCは、一九九七年の合併計画に対する先の反対意見を覆さなければならなくなるわけだ。取引が完了すれば、オフィス用品市場はたった一つの巨大企業に牛耳られ、市場の集中度は二倍になり、二番手よりも一五倍以上大きい企業が生まれることになるのだ。スターボード、ステープルズ、そしてオフィス・デポは、FTCが先に判断を下して以降、市場の様子は劇的に変化し、大型店はアマゾンやウォルマートなどと太刀打ちするために、合併による費用削減を必要としているのだ、と主張した。ムーアはこう言う。「私は顧客や友人たちとおおいに議論した。彼らは、FTCが事実上『コーポレート市場に問題はない』と述べた、二〇一三年のオフィス・マックスとオフィス・デポの合併にかかる資料を参照していた。だが、その資料を見てみると、ステープルズとオフィス・デポの競争があるがゆえに問題はないと読めた。私は資料を検討し、『二社しかないとしたら、問題はある』との結論に至ったのだ」

公判に到着した彼はFTCが勝つだろうとは思っていたが、先入観はもたないようにしようともしていた、とムーアは言う。「私は一〇日間座り、大変ではあったが一夜で四〇〇ページもの筆記録を読んだ。いまやセルサイドのアナリストなので、私が顧客に電話をかけなければ、彼らは発注してくれないのだ」。ムーアが裁判所で目にしたのは、FTCの代理人が犯した数多くの「凡ミス」である。「証言と判事の反応の様子から、ステープルズ側が有利なように思えたのだ」。ムーアの言うように、FTCが弁論を終えるまでに「判事の品定めをするのは容易でない」ことを痛感したけれども、彼はステープルズ側が負けるだろうとの結論に至っていた。彼は企業側の主席弁護人で、ワイル・ゴットシャル・アンド・メンジスのパートナーであるダイアン・サリバンによる弁論を待ちわびていた。彼女は、アメリカン・ローヤー誌が「ボディガード以上の存在」と評した人物である。

だが、「ステープルズとオフィス・デポの弁論はなかった。抗弁は差し控えられたのだ。その理由は理解していたと思う。形式的な説明はあったのだ。加えて、FTCの代理人たちの仕事はほんとうにひどいものだった」といまでも憤然とした様子でムーアは言う。ムーアが振り返るように、要するに傍聴人たちは最終弁論が行われるまで、この大型店の裁判に対する判事の反応を見定められなかったのである。その日、これまでは自分たちの弁護士を公判に送り込むだけで満足していたアービトラージャーのすべてが「群れをなして姿を現した。これは良いことだった。最終弁論における大型店の弁護団に対する判事の鋭い質問にアービトラージャーたちは動揺し、結果としていくばくかの資金を守ることができたのである」と彼は付け加える。判決を下すために判事が退席したとき、「私は顧客たちに、確率は六〇対四〇で分が悪いと伝えた。このような案件に手を出すならば、八〇％か九〇％の勝算は欲しい。残念ながら、六〇対四〇と分が悪いことが分かったのだ」とムーアは言う。ステープルズとオフィス・デポの案件について言えば、「三度目があるかどうかを気にする必要はないと思う」とムーアは付け加える。

教育の機会

だが、教授でもあるムーアは、失敗に終わった案件を教育の機会として利用している。「案件が破談になりそうなとき、もしまだ分からずにいるのだとしたら、清算価格がいくらになるかを把握する必要がある。機関投資家やセルサイドのアナリストが最終的に自分たちの遅れを取り戻したあとで、『まぁ、今はこのくらいで取引されているが、本来はもっと高くなるはずだ』と言える価格はいくらか、ということだ」。ムーアはこう述べる。「どういうわけか、人々は多額の損失を出しているさなかに、さっさとこの作業を行おうとしないのだ。彼らの多くがそれをこっそりとやろうとするが、それは人間の判断には良いことではない。なぜなら、そのときの感情とリスク管理とが先にたってしまうからだ」。清算価格と現在の時価との関係が、アービトラージャーが破談となった案件の銘柄を即座に売るべきかどうかを決するのだ、とムーアは忠告する。「私は師であるアルバート・コーエンを愛しているが、互いに同意できないこともある。というのも、彼は間違いを犯したときに、破談となった案件の銘柄を保有し続けたがるのだ」とムーアは振り返る。「彼は常にお金を取り戻せるとの自信があったのだ。長期的には彼は正しかった。でも、それは、①人々の感情が落ち着いたあとの予想株価と比較してお金を取り戻せる可能性、②それらのポジションをポートフォリオ全体の一部として規律をもってとらえることができるか――にかかっているのだ」。上げ潮はすべての船を持ち上げる、ということを心にとどめておくべきだ。

実際にムーアは博士研究の一部としてこの問題を取り上げている。「破談となった案件の銘柄を継続的に保有すると、長期的には優れた収益率を手にする傾向がある」と彼は記している。「だが、その収益率をいわゆる事象研究で分解する、つまりリターンを市場に起因するものと、銘柄固有のリターンとに分解すると、株価の回復のほとんどすべてがベータによるものであることが分かる。アルファは統計的に有意ではないのだ。だから、現実を直視しなければならないのだが、市場リターンで満足するならば、破談となった銘柄を継続保有すればよいのだ」

優れたアービトラージャーになるためには、ある種の専門的なスキルが必要になる、とこのリスクアービトラージの教授は言う。それは分析やモデリングに必要となる金融のバックグラウンドと、反トラスト法ならびに企業取引に関する法律面でのバックグラウンドの組み合わせである。「だが、それ以上にこのビジネスで生き残るために必要な最も重要な事柄の一つが、私も上司のアルバート・コーエンから学んだ規律である。規律を持っていなければ、容易に大きな誤りを犯すことになる。そして、大きな誤りを犯せば、他人に大きな損をさせることになる。そして、悪いことが起こるのだ」。ムーアは皮肉を込めてこうも指摘する。「あまりに用心深くてもうまくはいかないことも学んだ。このビジネスで最も面白いことは、はたから見れば、規律を欠いたがゆえに資金を吹き飛ばしたと思える人々が、再び採用され、おそらくは規律が厳しすぎるであろうライバルたちよりも容易に追加資金を調達することがある、ということだ。言い換えれば、私の生来の保守的な性質は、必ずしもアービトラージの世界では良いことではない、ということだ。より良いリターンを生み出すためには、規律を捨て去ることなく、より攻撃的になれ、と自分に言い聞かせなければならないのだ」

ムーアはこう考えている。ウォール街には、「絶好調と絶不調とを行ったり来たりする傾向がある。そして、それが自分自身、日々の行動、とりわけ判断に影響を与える。そのどちらにも対応できなければならないことを私は学んだ。すべてがうまくいっているならば、おそらくは少しばかりスロットルを戻すべきなのだ。なぜなら、その先に何があるかなど分からないからだ。対照的に、物事がうまくいかなくても、それは世界の終わりではない。そして、その先にはチャンスがある。より良いチャンスがあるものなのだ」。

しかし、教授は、アービトラージャーたちがトラブルを回避する手段として伝統的なポジションリミットを設けることを好まない。「たくさんの会社の資金を運用していたとき、いつもポジションリミットが与えられていた。まるで聖書のどこかに書いてあるかのようで、私にはまったく理解できなかった。だが、私はいつも一つの案件に投じるのは、活用できる資金の一〇%までとされていたのだ」。ムーアは繰り返しこう抗議したのだと言う。「まったく無意味だ。二〇ドル下がり得る銘柄に一〇%を投じることもできれば、五ドル下落する銘柄で一〇%を保有することもあり得る。全体での損失制限を設けたほうがはるかによい。だが、ウォール街ではだれもこれに与しなかった。私を除いてはね。だから、私は独自のルールを定めたのだ」。博士課程の学生として、ムーアはポートフォリオのアロケーションの評価基準を論文の調査対象の一つとした。「私は最大一〇％のポジションと、最大二％の損失ルールを比較検証した。その後、二つのルールの組み合わせを検証した。つまり、最大で二％の損失までは受け入れるが、一つのポジションに資本の一〇％以上は投じない、ということだ。シミュレーションの結果、私がそれとなく予想していたとおり、組み合わせたルールが最も良い結果となった。奇妙なことに、そのルールの下ではリスクが低下するに従って、リターンが拡大することも分かった。ビンゴだ。さして大きな値ではなかったがね」

近年、セルサイドのアドバイザーを務めるムーアは、ポートフォリオのアロケーションに関する問題に取り組む必要もなく、「とても賢い人々とのやり取りを楽しんでいる」という。「なかには恐ろしいばかりの人物もいるが、彼らは本当に優秀だ」。だが、フラストレーションがたまる仕事もある。例えば、①だれも電話を返してよこさない、②だれも私を知らず、また私も彼らのことが分からない外国市場での案件でアドバイスを求められる――といった具合だ。役に立ちたいとは思うが、リサーチができないのであれば、ダーティ・ハリーが言うように、「身の程を知らなければならないのだ」。

第2部

反対側からの視点——CEOたち

第18章

ウィリアム・スティリッツ

William Stiritz

「今すべてを動かしているマントラは株主価値であり、株主価値を増大させよ、である」―穀物業界の大物にして、競走馬―「最も厳しいゲームだ」―の馬主、そしてセントルイスの文化とライフスタイルをこよなく愛する八三歳のウィリアム・スティリッツはこう述べている。「機関投資家の資金を預かる外部のアドバイザーが、企業にどう行動すべきかを語る。そして、短期的に株主価値を最大化させろと常に主張する、取引好きなM＆A弁護士や投資銀行家、アクティビストやアービトラージャーたちの術中にはまるのだ。性急な取引は機関投資家たちのものとも言えよう。なぜなら、彼らは税金面には無関心なのだ。だが、長期間にわたって企業を保有する個々人、そしてそこで働く人々はまったく異なる利害を有している。だが、われわれはこの社会において、なすべき議論をしてこなかったのだ」

これを「過去に生きる年寄り」のノスタルジーだと早合点してはならない。さもなければ、よその家の手伝いをしていた子供が、一九四〇年代後半にオザーク高原の高校を卒業し、やがては三五年間にわたって六万一〇〇〇％（これに対し、S&P500のトータル・リターン・インデックスはたった三七五〇％にすぎない）もの累積リターンを投資家にもたらした「大物CEO（最高経営責任者）」へと変身を遂げることを可能とした資本主義経済に対する、スティリッツの深く、変わることのない感謝の念を見誤ることになる。ちなみに、独立系の市場調査会社であるファンドストラットが二〇一五年に行った計測によれば、アメリカの企業経営者のなかで彼を上回るアルファを生み出したのは、たった一人、メディア業界の大物であるジョン・マローン（どういうわけか、ウォーレン・バフェットは計測から漏れている）だけであった。

「引退した」という形容は、ウィリアム・スティリッツを説明するために用いられる言葉ではない。いまだビジネスや企業経営に従事する彼は、シリアルや朝食・栄養食品を扱う企業であり、二〇一二年初頭にラルコープ・ホールディングスからスピンアウトさせたポスト・ホールディングスの会長を務めている。そして、特筆すべきことに、同社はスピンアウト後の五年間に時価総額を四倍以上に増大させたのだ。一九九四年の（ラルストン・ピュリナからの）スピンアウト以来、ラルコープの会長を務めているスティリッツは、コナグラ・フーズによるラルコープに対する一連の「ベア・ハグ」買収をかわすべく、二〇一一年を通じて「ただ単にノーだ（Just Say No）」と言い続けた直後に、抜け目なくポストに乗り替えたのだ。

ラルコープの支配を巡る二〇カ月に及んだ戦いにおいて、コナグラを「勝者」とする記述も見受けられるが、コナグラによる征服はせいぜいピュロスの勝利にすぎないことが分かる。ラルコープに対するコナグラの四九億ドル、そして二度目の五二億ドル（その時点でターゲット企業の時価総額に対して二〇％以上のプレミアムが付けられていた）の買い付けをスティリッツがはねつけたあと、コナグラはラルコープに対する関心を失ったかのように見えた。二〇一一年後半、コナグラはより小規模で、無関係の買収にいくつか取り掛かったが、そのときスティリッツはラルコープからポスト・ホールディングスをスピンアウトさせ、ラルコープを、その年の前半にコナグラが執拗に追いかけていたプライベートブランドの食品事業「専業」にする準備をしていたのだ。だが、その後の二〇一二年一一月、コナグラはラルコープの残りの資産に対する五〇億ドル、一株当たりにすれば九〇ドルの現金による「ベア・ハグ」提案をもって舞い戻ってきた。引き継がれる債務を含めると、取引が完了すればコナグラにはなんと六八億ドルもの費用がかかることになるのだが、これによってシェフ・ボヤーディ・パスタのメーカーは、全米第一位のプライベートブランド食品のメーカーであることを宣言することが可能となったのだ。スティリッツがコナグラとの交渉を拒み、その後、ポストをスピンオフさせて以降、ラルコープ株のパフォーマンスに興味を失っていたウォール街のアービトラージャーやアクティビスト投資家たちも、大きな利益に大喜びであった。

だが、長年にわたりコナグラの本部があったネブラスカ州オマハ周辺のお祭り騒ぎはつかの間のものにすぎなかった。注目を集めた同社のプライベートブランド食品への参入は失敗であることがすぐに証明された。三年もしないうちに、コナグラでは、ブランド食品に改めて注力することをうたった新たなCEOが就任したが、彼はラルコープの残りの資産を、コナグラが支払った金額よりも低い四〇億ドルほどでツリーハウス・フーズに叩き売ってしまったのだ。この過程で、コナグラは創業の地を捨て、シカゴのマーシャンダイズマートに新たな本部を移すのだが、オマハの本部で働いていた一〇〇〇人を上回る従業員も合わせて解雇されてしまったのだ。

再生職人

資本を見事に操る伝説的な企業経営者としてだけでなく、スティリッツは二〇〇〇年から二〇〇六年には、セントルイスのウエストゲート・グループLLCを通じて、プライベートエクイティの世界にも手を出していた。彼は、「数年前にアービトラージファンドにも少しばかり出資し、戦略を学ぼうとした」と認める。彼はこう強調する。「リスクアービトラージが価格を合理的かつ効率的なものとするために市場でどのような役割を果たしているかを十分に理解することができた。だが、私の役割は株主全員の資産を管理することであり、既存株主を買い上げようとする一方的な『ベア・ハグ』は企業の存続にかかわる脅威となる可能性がある」

スティリッツが、彼独自の創造的かつ革新的な企業経営と価値創出の姿勢とを実際に適用し始めたのは一九八一年、ラルストン・ピュリナのバイスプレジデントとして、同社を再興すべく大胆な戦略を提案したときである。ラルストン株は少なくとも一〇年間にわたり低迷しており、スティリッツが楽しそうに振り返るには、役員のマリー・ウエルズ・ローレンス（広告会社ウエルズ・リッチ・グリーンの創業者）が支持してくれたおかげで、彼の計画はそれ以外の取締役たちの承認を勝ち得ることになる。その後、スティリッツは四六歳にして、全米ならびに世界中に何百もの無関係の事業を抱え、まったく利益を上げない食品コングロマリットのＣＥＯに就任する。

彼にとって夢のような仕事であった。つまり、「ラルストンの資産を収益力あるものにし、官僚主義がはびこる組織を、素晴らしい仕事を成し遂げる、創造力にあふれ、柔軟性があり、革新的なものへと変身させる方法を見いだすのだ」。若きＣＥＯは、鋭く価値を分析し、いつ終わるとも知れない、時宜を得た資産売却や合併またはスピンオフを見事に編み出すことで、チェッカーボードスクウェアと呼ばれたラルストンの本部に、明瞭さとキャッシュフローの増大、そして利益増大をもたらしてみせたのである。また、賢明にも彼は一九八〇年代初頭に割安となっていた自社株買いを始め、その手法が広く用いられ、また経営理念を脅かすようになるはるか以前に、株主のリターンを増大させたのだ。その間、分権型経営を強く支持するスティリッツは、低迷するラルストン・ピュリナの事業のうち、単独で経営したほうが良いと判断したものを組織し、新たに四つの企業を上場させた。それが、ラルコープ、アグリブランズ、エナジャイザー、そしてポストである。スティリッツはスピンアウトした企業すべての会長を務める一方で、二〇〇一年後半までラルストン・ピュリナの実権を握り続けていたが、ペットフード事業に対して拒むことができないと思われる買い付けを受けたのはそのときである。ラルストンの時価に三六%ものプレミアムを付け、重要なことに合併後のペットフード事業の本部をセントルイスにするという、スイスの食品大手ネスレからの「ベア・ハグ」に直面したスティリッツは一〇〇億ドルの現金による買収に合意したのだ。ラルストン・ピュリナの税引き前利益率は九%から一五%に増大し、ＰＥＲ（株価収益率）は二倍以上になったが、これは同社に投じられた一ドルが五七ドルに膨れ上がった計算になる。

裕福な生まれではない

アーカンソー州の北西部で祖父母によって育てられたスティリッツは、自らが育った場所はあまりに辺鄙なところで、そこから抜け出せる可能性だけでも「お金以上の価値があった」と言う。そして、実際に抜け出したときでさえ、「私がこれほどの成功を収められるとはだれも考えていなかっただろう」とスティリッツは付け加える。弁護士になるか、または地元のホームセンターを経営できたら大成功だと思われていただろう、と彼は思いを巡らせる。だが、スティリッツが、でたらめさと合わせ、人生最大の要素だと臆面もなく呼ぶ運が作用する。州立大学の二年目が終わった直後、スティリッツは海兵隊航空部隊の訓練プログラムに参加するのを取りやめ、最終的に海軍のパイロットになったのだ。部隊の法務官に任命された彼は、ロードアイランド州ニューポートにある米海軍法務部傘下の海軍法学校で、ハーバード法科大学院の卒業生数人を含むクラスメートたちと模擬裁判の準備をすることになった。スティリッツはこう振り返る。「模擬裁判のいくつかで、私は彼らを向こうに回して弁護士を務めた。この経験と、除隊後にビジネスの学位を取るために通ったノースウェスタン大学での経験から、自分はどのようなレベルでも競争できると気づき始めたんだ」

自らを「幼いころからあらゆる種類の本を読んだ大の読書家」だとするスティリッツは、海軍にいるときに読書の趣味が変わり、長い時間を図書館で過ごして、組織構造に関する書物を読んでいたと言う。彼は、「あらゆる種類のシステムがどのように機能するかを学んだが、海軍BUPERS（海軍人事局）のマニュアルに始まり、やがては企業組織のそれに引かれていった」と振り返る。制度設計に対するスティリッツの関心は、市民生活に戻ったあとも高まるばかりで、彼はノースウェスタン大学で勉強を続けた。「私の人生にとってはもう一つの大きな足掛かりだった。振り返ってみれば、『まぁ、あらゆる状況にある、あらゆるタイプの人々に対応するという幅広い経験だったわけで、それは株主が所有する企業の長として価値を創造するという無限の挑戦に対する完璧な準備だったのだ』と思う」

スティリッツはこう述べている。「私のバックグラウンドは珍しいものだ。今この素晴らしいオフィスに座って、美しい庭を眺めていられる唯一の理由は、これは思考ではなく、直感のようなものだが、新しい場所に移ったら、常に自分にこう問い掛けてきたことにある。『ここで何が起きているのか。この人々はなぜここにいるのか。実際に何が起こっているのか』とね。どのような環境なのか、そして自分はどう行動するのか、と推し測ろうとするだけだ」。スティリッツは続ける。「法律があり、規則があり、ガイドラインがあるが、それらすべては分析の対象であることを認識するようになった。『だから、ここで何が起きているのか、どのような環境なのか』となるわけだ。規則に縛られて生きているとしたら楽しくないだろう。人生において変わらないものなど多くはない、法律でさえもね。現実は主観的なもので、道徳とは石に刻まれたものというよりも、文化的なものなのだ。だから、批判的かつ分析的でなければならないのだ。だが、その前に運に恵まれ、批判的な分析を可能にするある種の才能や部族的なバックグラウンドが必要となる。そして、時間をかけて、受け入れ、変わり、同調する術を学ばなければならない。それ以上に、環境の変化の先を行かなければならないのだ」

スティリッツはまた、人生を通じて戦略や蓋然性を大切にしてきたことが成功の秘訣だとするが、これは早くから競争にさらされてきたことで植え付けられたものである。「高校生のとき、私はいつもアルバイトをしていたのだが、時間を見つけては随分ポーカーをやった。チェスもやったし、ブリッジも相当やった。デュープリケートブリッジもやった」が、これは単に最高点を取ることではなく、相対的な成績に焦点が当てられるのだ。実際に彼はアーカンソー大学でデュープリケートブリッジのチャンピオンになったことが「若いころに達成した大きな業績のひとつだ」と言う。スティリッツはまた、子供のころにポーカーテーブルで学んだスキル——オッズを計算し、相手の性格を読み、そしてオッズが有利なときには大きく賭ける覚悟——と、優れた資産配分を行うために必要なそれとの類似点をよく指摘することで知られている。彼は、リスクアービトラージの世界で成功するためにも同じスキルが重要だろうと敢えて意見する。「将来、アービトラージャーになりたいと思う者がじっくりと取り組むには、ポーカーは最良のゲームだろう。ポーカーではアービトラージャーに必要なスキルのすべてが求められると私は考えている。分析的でなければならず、カードの確率を計算できなければならず、そして性格を読み取ることができなければならないのだ。CEOや取締役会が何をしようとしているのか予想しなければならない。さらに、ゲームを続けるためにはお金を管理するスキルも必要になるのだ」

チャンスをつかむ

ピルズバリーおよびラルストンの広告を請け負う企業で短期間働いたあと、一九六三年にラルストンのマーケティング部門に入社したスティリッツは、同社の可能性に衝撃を受けた。「言ってみれば一八五〇年に幌馬車に乗った者がフロンティアにたどり着いて、『うぁ、この土地を見渡してみろ。全部俺のものになるんだ。土地の権利は俺のものになるんだ』と言ったようなものだよ。われわれが然るべきことをすれば、この会社にはそんなチャンスがあると気づいたんだ。当時はまだ、創業者の家族たちがラルストンを経営していたのだ。素晴らしい同族会社だった。とても家族的でね。すべての企業がこうであればいいと思ったよ」と彼は述べている。スティリッツは例としてこんな話をする。「一九三八年までオーストリア首相を務めていたクルト・フォン・シュシュニックがセントルイス大学で教鞭を執っていて、私は彼の下で歴史の勉強がしたいと思ったのだ。私は修士課程に申し込んで、学位を修得したんだが、なんとその費用をラルストンが支払ってくれたのだ。ビジネスとは関係のない学位だったが、そこでの研究からビジネスに深く関係する、すこぶる有益な教訓を得た。その点については、ドナルド・ダンフォースに感謝しなければならない。当時、創業者一族の第二世代に当たる彼が会社を経営していて、私から見れば家父長的な優秀なリーダーだったのだが、さして功績は認められなかった。後に彼は彼を無能だとする専門経営者たちの派閥に追い出されてしまったのだ」

一方で、ラルストン・ピュリナは同族支配も第三世代になると、「すっかり汚れてしまった」とスティリッツは認める。組織はまとまりを欠き、経営陣は内部闘争に明け暮れ、残念なことに経営者としての能力に欠ける「社内政治の猛者」が大勢を占めるようになってしまった。「実際のところ、彼らが得た経営の評価がCマイナスであったとしても、私にはそれすら驚きだ」

と言うスティリッツは、キャリアの早い段階で、ラルストンの官僚主義的な連中を導いていくことにはほとほと疲れ果てたと率直に認めている。「だれが大きな仕事を得て、だれが次の仕事を得て、だれがボスになるか、というダーウィン的な生存競争は難しい。あるとき私は保護観察処分とされたのだ。彼らは私を呼びだし、『君の立場は確約しない』と言ったのだ。それには少々まごついたが、私は自分のトゲのある態度を改めた。それを冷笑する者もいるだろうが、私は現実主義的だと思う。だが、時に攻撃的になってしまうので、私はそれを抑えることを学んだのだ」

スティリッツはこう続ける。だが、ラルストンの別の社員が「私が異なるものの見方をできることに気づいたのだ。私はそれを『移民の優位性』と呼んでいる。私は組織に関する前提に邪魔されることはなく、新鮮なものの見方ができた。そして、クビにならないようにするだけの人間関係のスキルも十分に学んでいたのだ」。やがて、彼がラルストンの経営のトップにまで上り詰めたことは記すまでもない。この二〇余年を通じて、彼が学んだ重要なことを、スティリッツはこう説明する。「組織人として大きな仕事を任される前に、人々とうまくやっていく必要がある。そのほかの大きな教訓は一貫して分析を行わなければならないということだ。分析をし、さらに分析をし、そして改めて分析をする。分析力を身につけて、与えられた前提に挑戦し続けなければならない。優れた事業を生みだそうと努め、人々を評価し、ウィン・ウィンの関係を生み出すべく交渉し、変化を起こさなければならないのだ」。彼はこう強調する。「私は、勝ち負けを決する交渉人というよりも、ウィン・ウィンを構築する交渉人だ。これには大きな違いがある。一〇歳か一二歳になるころには、厳しい駆け引きをするよりも、さして害がないならば相手に勝ちを譲ったほうがはるかに良いということを発見していたのだ」

今や五五年以上にわたる企業経営の経験を持ち、無数のM＆A取引を行ってきたスティリッツは、その理由をこう明言する。買い手であろうが、売り手であろうが、社長であろうが、アービトラージャーであろうが、外部からゲームの品定めをしようとするアクティビストであろうが、「変わらないものなど何もなく、すべては状況次第であり、二つとして同じ案件は存在しないのだ。それゆえ、このゲームに関係する個人または組織は批判的な分析力を持たなければならず、あらゆる結果を想像できなければならないのだ。彼らもまた、買収者とターゲット企業の双方の性格や組織的なバックグラウンドを理解しなければならないのである」

剪定ばさみを操る

ラルストンのCEOに就任すると、スティリッツが最も頻繁に手にする道具は剪定ばさみとなったが、彼はどこを切り落とすかについてまったく感情に流されることはなかった。セントルイスを本拠地とする同社が所有する地元のプロのアイスホッケーチーム、セントルイス・ブルースと「チェッカードーム」競技場を一九八三年にまず手放した。スティリッツ個人がグループのバイスプレジデント時代に担当していたジャック・イン・ザ・ボックスのレストランチェーンは一九八五年に売却される。その後、一九八六年には、ウィリアム・H・ダンフォースが一八九四年に立ち上げ、ラルストンの礎ともなったアメリカでの家畜飼料事業を行うピュリナ・ミルズが売却される。だが、スティリッツは買収でも腕試しを行い、一九八四年にはワンダー・ブレッドとホステス・スナックスを製造するコンチネンタル・ベイキングを、一九八六年にはエバーレディ・バッテリーを買収している。製パン業はスティリッツが思っていたよりも再建が難しかった。一九九五年にインターステート・ベーカリーズに売却されたホステスは二〇〇四年に破産している。だが、エナジャイザーと改名されたバッテリー事業は、二〇〇〇年にスピンオフし、スティリッツの名を高めることになる。

「多数の部門にわたる指揮系統を中央集権化している大企業の問題は、スピンアウトされた独立体としての企業よりも、創造力と柔軟性に欠けることだと言ってよいと思う。スピンアウトされた企業は何よりもやる気にあふれ、経営陣もより意識をもって自分たちの役割を考えるであろう。そのような企業の経営者たちは、例えばP&Gで製品X——月日とともにのろまになってしまった企業の例だ——を担当する上級プロダクトマネジャーよりも、熱心に取り組むのだ」。スティリッツはこう述べている。「かつてP&Gはお手本だった。一九六〇年か一九六一年に私が初めてゲームに参加したとき、同社はほかの経営陣たちのモデルと考えられていた。しかし、時間が経過するにつれ、経営は悪化し、柔軟性を欠いた、時代遅れなものとなってしまったのだ。最近になって少しばかり改善の兆しが見えてきてはいるが、私が批判しているように聞こえるとしたら、控えないとね。というのも、彼らの立場になってみないとね。おそらくはたから見たものと実際の環境は違うだろうから。とは言え、企業を阻害している多くのことを取り除くことで新しい組織が生まれるのだ」

ビジネスにどれだけの価値があるのか、そして、その価値はどのように増大させ得るかを即座に見定めるスティリッツの能力は、彼がラルストンの事業を合理化するうえで計り知れないほど役に立った。だが、彼は人並外れた能力をとりわけ否定する。「年ごとの損益計算書を見れば、どんなビジネスでもあっという間に評価できるだろう。二～三年のバックグラウンドとその年の状況、それからできればその後の長期的な計画が分かれば、一時間後には理解できるよ」。さらに、ひとたび事業の潜在的価値を把握したら、スティリッツはそれをラルストンの傘のなかか、もしくはその外側で実現するのが常である。コングロマリットのはみ出し者に市場が魅力的な価格を付けていることが分かれば、彼は売却する。だが、低迷している事業の長期的価値が、売却によって生み出される短期的なリターンを大きく上回る場合、スティリッツはスピンアウトに取り掛かることが多い。「私はスピンアウトの価値をおおいに信じている。第一に、税務上、株主にとって大きな利点があること、そしてより良い業績を目指した組織再編の究極的な形であるからだ」

彼が初めてスピンアウトさせたのは、一九九四年、シリアル、ベビーフード、クッキーやクラッカーなどのさまざまな事業、さらにはスキーリゾートまで運営していたラルコープである。スティリッツはこれを自分がこの手法を好む理由を示す「完璧な例」だと言う。「ラルコープは、元々ラルストン・ピュリナというコングロマリットに埋もれていた資産のケーススタディだ。経営レベルからすれば三つか四つ下の次元で取り組まれていた、取るに足らない趣味のようなビジネスで、市場シェアもリターンも低かった。これをどうするか。私はラルストンのなかでいろいろと試してみたが、どれもうまくいかなかった。そこで、最終的に私は『スピンアウトさせよう』と言ったのだ」。資産を株主にスピンアウトして、新しい会社を立ち上げようと役員会を説得した最初のＣＥＯは自分ではないと、スティリッツは認める。「異なる点は、私は新しい組織モデルを作る手段と考えていたのだ。私は会長としてラルコープにとどまり、経営にも口を出し、同社の資源を然るべく分配したのだ。だが、成功の鍵は、ラルコープやほかのスピンアウトさせた企業の経営陣に優れた人物たちを選んだことだ。何人か思い出すが、そのなかでも特に次の三人だ。エナジャイザーのパット・マルカーイー、アグリブランズのビル・アームストロング、そして最も重要なのがポスト・ホールディングスのロブ・ビターレだ。ロブとは、私が関係していたプライベートエクイティのベンチャー企業で出会った。彼と仕事をするなかで、私は自分がいままで企業を経営し、また多数の役員を務めてきたなかで出会った経営者のなかでも最も有能な人物だと思うようになったのだ。私が言いたいのは、複合企業を経営するうえでは、優れた経営陣を選びだすことが成功には欠かせない、ということだ」

金をつむぐ

スティリッツがラルコープのスピンオフに取り掛かったのは一九九四年だが、「数百万ドルの価値しかない事業だったが、最終的に五〇～六〇億ドルで売れた」と彼は振り返る。同様に、二〇一二年にラルコープからポスト・ホールディングスをスピンアウトさせたことで、これまでに「さらに四〇億ドルから五〇億ドルが生み出され、ゲームはまだ続いているのだ」と彼は指摘する。スピンオフの魔法は、古い会社から新しい会社を解放してあげることで生まれるのだ、とスティリッツは説明する。「古い組織図を捨て去り、新しく組織図を書き直す、そして、異なる株主と異なるマインドセットを持った新しい会社の新しい組織図を作るのだ」。スティリッツは「まるで小さなランプを持った子供がそれをこすったら、素晴らしい変化が起こったようなものだ」と言う。彼はこう続ける。「私がラルストン・ピュリナの組織に関係していたごくごく普通の人々でそれをやったら、彼らの性格が変化したのだ。これは見ていて面白い。スピンオフする前に、会議で見ていて、その能力を個人的にバカにしていたような人々も含まれるのだ。だが、仮に彼らが変身しなければ私はバカにされただろうが、彼らを異なる状況に置いたら素晴らしい経営者になったのだ。だから私はスピンオフが大好きなのだ」

そのような変化は、新会社の経営者に対する報酬体系の変化とはほとんど関係がない、とスティリッツは主張する。「インセンティブの問題ではない。五万五〇〇〇ドルではなく、何百万ドルも稼げる者がほかにいるという考えをこの社会は過大評価していると思う」。しばしためらい、言葉を選んだスティリッツはこう付け加える。「いや、人の心をとらえる新しい状況に関係がある。だから、彼は四六時中考えるのだ。真夜中に起き出すのだ。現在大きなストレスにさらされている彼は自分が正しいかどうかを心配しているのだ。だが、人々は責任を与えられ、自分で物事を動かすことを好む。また、官僚主義的な社内ゲームをやめたいと思っているのだ。私はその姿を何度も見てきた。ビーチ・ナッツ・ベイビー・フードでも、キーストーンでも、コロラドのスキーリゾートでもね。われわれが売り払う前のセントルイス・ブルースでさえそうだった」

一九九八年、スティリッツはラルストン・ピュリナの二度目のスピンアウトを準備する。アグリブランズと名を変えた組織は、ウィリアム・ダンフォースが国内で展開したピュリナ・ミルズをコングロマリットが二年前に売却したとき、同社に残っていた動物飼料事業の国際部門である。そこには「フィリピンや韓国での素晴らしいビジネスや、その他三九の在外企業が含まれ、そのすべてが旧態依然とした国内の動物飼料事業から派生したものであり、私はその時点で五億ドル前後の市場価値があると判断した。われわれは売却しようとしたのだが、だれも欲しがらない。それなら『私が引き受けて、CEOとして経営しようじゃないか』と考えたのだ。それは私の当時の個人的な計画にも合っていた。そこで、スピンアウトしたわけだ。本当のところ、最終的にラルコープとアグリブランズを対等合併させることが目的だったのだが、私はそれを達成することができなかった。数年後、われわれは対等合併を発表したのだが、そこで間違いを犯した。交換価値をアグリブランズ一株当たり三九ドルとしたことがそれだ。銀行家の一人がミネソタに飛んで、カーギル（農産物を扱う未公開の巨大コングロマリットで、当時の年間収益は五〇〇億ドルを超えていた）に競争入札を仕掛けるよう売り込んだのだ。ある朝、同社のCEOから電話をもらった。彼は『アグリブランズに買収提案を行うつもりです』と言うのだ。ベア・ハグから逃れようといろいろと試みてはみたが、切り抜けることができなかった。まず彼が五〇ドルを提案し、われわれは最終的に五五ドルとしたのだが、その後、私が取締役会にすぐに策定するよう指示したシルバーパラシュートのコスト分だけ減額された。すべての従業員はアグリブランズで一日でも働いていれば年間の給与を手にできることとした。そして二〇〇〇年末に、アグリブランズは買収されたのだ。私がある特定の銀行家にひどい目に合わされたことは事実だが、そのようなことになったのは自分自身を責めるべきだ。当時、今と同じだけの知識があったら、私はノーと言っていたはずなのだ」

より大きなゲームに取り組む

スティリッツはこう続ける。「かいつまんで言えば、私から見れば、自分がとった手立てが失敗に終わったのだ。本当にひどかった。だが、後にラルコープとコナグラの件に取り組んだ際にこの経験が役に立った。二度、三度と取り組めば、過去を振り返って何らかの類推や暗示を得られるようになるという大きな利点があるが、それゆえ、アグリブランズでの経験は後に私に大きな価値をもたらすものだったのだ」。アグリブランズの支配権を失ったことでスティリッツが痛感したのは、「ベア・ハグの問題は、その時点の時価総額を静的にしかとらえないことだ。経営陣の構想力や創造性、資産が持つ長期的な柔軟性の潜在的価値を無視しているのだ。特に、ただちに売却することの税務面での影響を勘案するならば、アクティビスト投資家やアービトラージャーたち、またベア・ハグを企てる買い手に対して、『ノーだ、出ていってくれ』と言ったほうが良いケースがほとんどだろうと私は思う」と彼は言う。

さらにこう続ける。この手法が前提とするのは、「人生にダイナミズムなどなく、変化もしないということだ。バンカーたちが持って来るいかなる価格よりも一株当たり一〇ドル高いのだから、お金を受け取れというわけだ。しかし、バンカーはジレンマに陥る。彼は取引をしたいのだ。そして、案件を後押しするアービトラージャーたちが常に存在する。だが、彼らの責任は自分たちの投資家のために少しでも多くのお金を稼ぐことだけであって、それ以上ではない。これらのドラマに登場するさまざまなプレーヤーたちは、私やいかなるCEOをもさして尊重することはない。彼らにはビッグピクチャーなどない、彼らが演じているのはやじ馬のような役割なのだ」

当然ながらスティリッツはアービトラージャーたちにさして時間を割くことはない。「彼らは彼ら自身のために働いているのだ。私にも理解はできる。それが彼らのゲームだ。だが、より大きなゲームにおいて彼らが果たす役割はわずかでしかない。だから、私は職種としてのアービトラージャーたちに対して、さして個人的な共感や感情移入はないのだ」と彼は言う。カーギルがアグリブランズに狙いを定めた際に彼に敵対したすべての勢力を振り返って、スティリッツは弁護士たちに最も手厳しい言葉をぶつける。だが、彼は「カウンセラーとしての弁護士たちの役割は限られたものにすぎないが、間違いなく重要なものである」と認識してはいる。彼はこう振り返る。「M＆Aにおいて弁護士は最も有力な立場にあり、こう言って役員会を脅し上げるのだ。『あなたがたは株主に対して責任を有しております。対等合併の契約書では三九ドルの価値と記されている株式に対して五〇ドルの買い付けを受けているのです。受け入れるべきです』とね。また、事態をひっかき回すアクティビストもいた。だが、カーギルの買い付けを受け入れる決断を役員会が下したその責任は私にある、考えるたびに後悔するがね。今でも時折、目を覚ますと、過去の経験を振り返ることがあるが、このことを思い出すことが多い。私は『まったく、なんてひどいまねをしたんだ。自分を恥ずべきだ』と言い聞かせているのだ」

そして、スティリッツは自らを責めるのをやめる。「実際問題として、CEOが過去にM＆Aというゲームに取り組んだことがない企業は、取引のターゲットとなるとおおいに不利な立場に置かれることになる。彼は、自分が突如巻き込まれたゲームを理解していないのだ。まるでポーカーのテーブルに新入りが座ったようなものだ。お金を稼ごうと思うなら、テーブルに二つ、三つマークを持っていなければならない。繰り返しゲームに参加しているベテランたち、つまり銀行家や弁護士たちは、ゲームがどのように進むかを分かっているんだ」。だが、彼はこう尋ねる。「もし私が『アービトラージャー』のつづりすら知らないとしたら、どうやってこのゲームを理解するのだろうか。株式はあっという間に限られた者たちの手に集まり、そこでは時間とリターン、そして確率と情報だけが問題となる。それは社会全体、さらに言えばすべての株主の役に立つことではないことが多いのだ」

スティリッツはすぐにこう言葉を継ぐ。「倫理を説いているかのように聞こえるかもしれないが、私こそ説教を受けるべきであろう。理論上、M&Aやアービトラージは、長期的には資源の効率的な配分を助けるのだ」。敵対的買収の恐怖は、寝ぼけた企業経営者の目を覚まさせるために必要なものだと、スティリッツは認める。「ちょっと待て、われわれは何か間違えているのかもしれない、これは取り除いたほうが良いのかもしれない。われわれの妨げになっているぞ、とね」

とは言え、優れた経営陣や取締役会のほうが利益――長期的な株主だけでなく、企業の命運と密接に関連するすべての利害関係者――を追及するには、はるかに優れた立場にあるとスティリッツが考えていることは明らかである。交渉の場で取り上げられることはまれであるとしても、「従業員や彼らのコミュニティーの利害も考慮しなければならないのだ」。たいていはこのようにして事態が進むとスティリッツは指摘する。「バンカーがやってきて、『彼らは八五ドルと提案していますが、九〇ドルまで引き上げられるでしょう』と言うんだ。バンカーたちの仕事、そして主たる役割は手数料を稼ぐことだ。これが、企業のすべての株主の利害に資することもあれば、そうでないこともある。投資銀行家が重要な役割――優秀な投資銀行家は貴重だ――を果たすことは確かだが、彼らは洗練された存在だ。私が言いたいのは、CEOはバンカーたちを賢く利用する能力を持たなければならない、ということだ。自分だけが窮地に追い込まれかねない、つまり弁護士は最初から満足だし、バンカーたちは手数料を稼ぎ、経営幹部はゴールデンパラシュートを手にするのだ。私はあの取引でたくさんのお金を稼いだけれども、アグリブランズの支配を維持していれば、長期的にはもっと良い結果を残したことだろう。価値という点からすれば、二倍、もしくは三倍にはできたはずだ」

目先の満足に興味はない

スティリッツは本心をこう述べる。「私はアクティビストの目の前の利益のために売却するのは好きではない。アメリカの株式会社資本主義におけるビッグプレーのなかでも、とりわけ褒められない特徴だと思う。この素晴らしいパイをついばんでいるプレーヤーはたくさんいるのだ。長期的な株主がいるが、彼らの利害がその一つである。そして、地域の消防署や組合や教員の資金を預かる機関投資家がいるが、彼らは税制的には優遇されている投資家であり、彼らはいつ利益を手にするかということについてはまったく関心がない。彼らは単に資金を別の何かに転がすだけなので、彼らには彼ら独自の利害があると言える。そして、おもに取引をすることに利害を有するほかの者たちがいる。投資銀行家、弁護士、アービトラージャーがそれだ」

スティリッツはこう強調する。「すべては状況次第なので、環境を読み解くことができなければならない。前進し、だれかに売るべきときもある。すべての案件が同じではないのだ。ほんの少しの違いである場合もあれば、劇的なまでに異なることもある。軽く見られることが多いが、最も重要な要素は、経営陣の想像力なのだ。選択肢を洗い出し、問題の解決を探るにあたっては、想像力が本当の力となり、それによってバカげた選択肢を後回しにすることができるのだ。われわれには何ができるのか。それを達成できる可能性はどれほどか、ということだ」。そして、少しばかり皮肉っぽく、「同時に、自分個人の利害は排除するようにしなければならない」と付け加える。

スティリッツが思い浮かべるのは、二〇一一年に始まった、およそ二年間におよぶコナグラによるラルコープ買収計画である。彼はこのエピソードを自らのキャリアの「メーンディッシュ」だと考えている。「あれは人生を通じて学んだ作り方で見事に焼き上げたケーキで、あれ以上のものは作れない」。スティリッツは続ける。「非常に面白いのが、状況が毎日のように変化し、コナグラは一つの提案をすると、後にその価格を引き上げるのだ。アービトラージャーのほとんどが間違った賭けをしたのではないかと思う。おそらく彼らは、ほどほどの価値、つまり当初の買い付け価格よりも三～四ドル高い価格で売却されると考えていたであろう。彼らは、私がアグリブランズのときの対処を誤ったことを根拠に、私の行動を予想していたのかもしれない。おそらく彼らは、買い付けが長期的な株主にもたらす結果を勘案していなかったのであろう。それゆえ、私がラルコープでの任期が終わりに近づいた際にノーと言ったことで、ウォール街の連中はいくばくかの損をしたかもしれない。だが、この話はここで終わりではない。コナグラは舞い戻ってきて、最終的にラルコープを買収したのだが、それは大きな間違いだったのだ」

けっして終わりではない

スティリッツはこう考える。「そのすべてが素晴らしいケーススタディであるが、最終的に得た教訓は、けっして終わりではない、ということだ。ゲームは続く。すべてが進展する。最終的に、コナグラは新しいＣＥＯのもとで見事な回復（ラルコープを放出したあと）を遂げたのだ。取引を推し進めた先のＣＥＯは……引退した。最近は組織に蓄積される記憶は短いものとなっている。一つのゲームが終われば、ドアは閉じられ、だれも認識もせず、その会社の歴史においてどのような役割を果たしたかを記憶もしなければ、気にすることもない。これが悲惨な現実だ。勝利を宣言することもできない。そして、進化は続くのだ」

スティリッツは改めてエピソードの詳細に焦点を当て、こう指摘する。「私がコナグラに関与したときに本当に役に立ったことなのだが、アグリブランズの件で、企業が『ジャスト・セイ・ノー（just say no）』の防衛策を採用した場合に、買収を試みる背景に関するホワイトペーパーを準備するよう法務担当の社員に依頼したことで、私は重要なことを学んだのだ。一九八〇年代にパラマウントにまつわる有名な判例があって、そこでは『ジャスト・セイ・ノー』が可能だと示されていたのだ。その他すべての戦術や、期差任期制度、コンフリクト条項などは一時的な効果しかない。『ジャスト・セイ・ノー』だけが、長期にわたり有効な防衛策なのだ。独立を保ちたければ、できるのだ。ただ、より良い業績へと導くことができる人物だと役員会から信頼を得ていれば、の話ではある。だが、ウォール街にはこの防衛策に対するバイアスがある。最終的に個人間の化学反応に帰結することが多い、つまり、『私はお前より大きいぞ』というわけだ。ほとんど動物の行動に逆戻りしているのだが、役員会でも支配力という形でそれが発揮されることを目にするだろう。そして、それこそがいわゆるベア・ハグにおいては有効なのだ」

コナグラのCEOであるゲイリー・ロドキンからの最初の電話に応じたあと、スティリッツは即座にラルコープの法務担当チームに用いるべき買収防衛策を調査させた。「私は法務部の資料を取締役に配り、会社の長期的価値が現在の価値を上回ると主張できるならば、『ジャスト・セイ・ノー』ができると示したんだ。もちろん、いくつかの信頼に足ると思われる仮定に依存することは確かだが、仮定はいじくることができるわけだ。アグリブランズのときは、私はこれをやらなかった。だが、ラルコープのケース、さらには同様の攻撃を受けているあらゆる企業に言えることだと思うのだが、提案されたこの悲惨な価格ではなく、企業にはXだけの価値があることを示す将来の利益予想を銀行家に出させることは可能なのだ。そうすれば、外部の弁護士が役員室にやってきて、取締役を脅そうと『えぇっと、私には何の利害もありませんが、株主に対する責任があります、云々』と言っても、腹の据わったCEOならば、弁護士に口をつぐむよう命令し、ほかの役員たちとより多くの情報を共有しながら会話することが可能となるのだ。客観性を持って取り組むことができるならば、たとえ提案された目の前の支払額が、例えば直近の価値よりも大きかったとしても、あくまでより良い長期的なリターンを求めるよう、彼らを説得すれば良いのだ」

長期的なゲームに取り組む

コナグラのベア・ハグに毅然と立ち向かうにあたり、スティリッツが取締役会を率いる「腹の据わった」CEOとしての役割を担ったことに疑いようはない。彼は「ラルコープは間違いなくその一例だった」と認める。敵対したということではない、とスティリッツは付け加える。「私はロドキンとの面会を延期し、ラルコープを彼の支配から救うための時間を稼ぐべく、次々に言い訳を並べ立てた。銀行家も取り込んだ。そして、そのときはクレディ・スイスだったが、銀行はまったく異なる取引を取締役会に勧めた。ラルコープの会長は私だったが、同社の共同CEOたちは私のスピンアウト計画に反対だったのだ。彼らはプライベートエクイティのグループに売却することを提案したが、これでは同社が高利子負債の負担を負うことになる。そして、交渉が進むなか、当然のことながら株主が大きく変化し、長期的な株主たちがアービトラージャーたちに株式を売却していった。ここでもCEOたる者は、独立した考えを持ち、自らの立場、評判、グループ――仲間たち、会社、そしてそこで働く人々――の指導者としての責務を、覚悟を持って『ジャスト・セイ・ノー』に賭けなければならない。覚悟を持って彼らにこう言わなければならない。『それは理解する、だが、私はこうするつもりだ。短期的に株価が一〇ドル、一五ドルまたは二〇ドルと下落するなら、そうさせればよい。長期的には、われわれはより多くの価値を生み出すのだ』と」

彼はこう続ける。「チャーチルの言葉は使いたくないのだが、何年にもわたって私が取り組んできたすべてにおいて、『最良の時間』だった。というのも、ポストのその後の成功と組織化モデルは、ビジネスはいかに組織されるべきかを四〇年以上にわたって研究してきた結果だからである。あれは、プライベートエクイティにおける企業モデルのバリュエーションの一つである。ポストの場合、KKRのようなモデルが利用できる。つまり、資産を最大限活用すべく経営を行い、それを迅速に実行するのだが、株主が保有する有価証券には柔軟性を持たせるのだ。それゆえ、投資家は管理費二％と成功報酬二〇％からなる費用を支払うこともなく、また一〇年もの期間にわたって拘束されることもない。プライベートエクイティの連中は満期までの間、資産を借りるわけだが、一方でポストは数世代にわたって繁栄することができる。この違いはやがて評価されるだろう」

余談として、スティリッツはこう述べる。「ジョン・ポールソンがラルコープで大きなポジションを持っていたアービトラージャーの一人であることは知っていたが、彼はわれわれが二〇一一年にコナグラを追い払ったときに売らなかったのだ。だが、コナグラが最初にやってきたときに私が一株当たり九八ドルでラルストンを即座に売却することを彼が期待していたことは確かである。ここでもまた、彼はアービトラージャー以上の存在であることを示した。彼はとどまったのだ。おそらくはリサーチの問題であろう。アービトラージャーの多くは、案件がダメになったときには、型どおり退却するだけだった。ポールソンはたくさんの情報を集め、バリュエーションを行い、継続保有し、われわれがスピンアウトさせたときにはポストの大株主となっていたのである。実際にジョンはここにも来て、私の家で夕食をともにし、シリアルの商売についてちょっとしたアドバイスをくれたりしている。私は『ジョン、それは君の専門じゃないよ』と言ったよ。その後、彼とはニューヨーク市で一度朝食をともにした。彼はもうポストを保有していないと思うが、しばらくは持っていたはずだ。だから、アービトラージャーといってもさまざまなのだ」

提案された案件にすぐに買いを入れるアービトラージャーの多くは、大部分の投資家よりも短期的な利益に対して税務面で有利な立場にあるのだ、とスティリッツは認めているが、「正直言って、長期的な株主にとってベア・ハグは不利になる。そして、企業で働く経営者や従業員の多くにとっても不利になることは間違いない。それらは『シナジーを与えられる』とされている。なんとも不毛な言葉だが、資本主義の負の側面だ。価値を算出する際に、われわれは常に『シナジー』を勘案する。われわれはＥＢＩＴＤＡ（利払い・税金・償却前利益）の六倍で何かを取得することができるが、それがいまやＥＢＩＴＤＡの一〇倍、一二倍、一四倍もの価値になる。だが、この『シナジー』は抽象的なものにすぎない。それを生身の人間に当てはめても、さして愉快ではない。企業体のリーダーには、目の前の『株主価値』だけでなく、そこで働く人々に対する責任があるのだ。だから私は、デラウェア州の裁判のくだらない判例以外にゲームには関係がないくせに、『あなたにはこの責任がある』と主張する外部の人間が入ってくるのが嫌なのだ。私は心のなかで『出ていけ』と思うのだ。彼らはじっくりと考えるようなことはしない。それは彼らの利害が狭隘なものでしかないからだ。彼らは株主、つまり税金を支払うことなく、資金を即座に回転させることができる機関投資家の観点からのみ企業にとって何が良いことなのかを定義しようとする。だが、公平に言えば、その役割において彼らができることは、観点を提示することだけだ。そのような状況に対処する最も良い方法を決めるのは、願わくは有能なＣＥＯに率いられた取締役会の仕事である。外部の者は、その企業の可能性について限られた知識しか持ち合わせていないのである」。

スティリッツはこう考える。実際に、「企業のディールメイキングのドラマに登場する演者の多くは限られた役割と時間しか持ち合わせていない。一方で、アラスカ州ジョーンズボロの現場監督として働いている者がクビになり、その者がアーカンソー州立教育大学かどこかに子供を通わせているとすると、彼の人生全体が変わってしまう。これが理屈の上であって、度がすぎることは分かっているがね。『創造的破壊』は経済力の源泉であり、限られた資源から最大の生産性を引きだすことになるのかもしれないが、人間からすれば、それは経済劇の悲哀でしかない」。

スティリッツはこうも述べる。「ミクロで見れば、私は幸運に恵まれ、企業という資本を分配するチェスに取り組み、成功することができた。だれかがやってきて買収を提案してきたら、お金をとるか、逃げるか、と常に問うている。その答えを見つけるのは、単に『あなたは株主に対して最大の責任を有しております』と命令する弁護士の話を聞くことよりもはるかに複雑なものだ。それはまったく無意味だ。そうすることは単に自らの責任を放棄するにすぎず、経営者としての能力のなさを認めることになるのだ」

だが、CEOとして長い経験を持つ彼が、ベア・ハグやほかの敵対的買収に直面した企業経営者たちの悲哀にまったく同情の念を抱かないわけではない。「一般的な経営陣のほとんどが、営業や財務または企画部門の出身で、彼らはM&Aの経験がないのだ。もちろん、私もその立場に立ったことがあるが、結果が心配で眠れなかったものだ。典型的なCEOが『さぁ、あなたに一〇〇ドルあげましょう、あなたの会社には九〇ドルの価値しかありませんがね』という提案に直面すると、たいていの場合、彼は引退が近づいているであろう自分自身の人生について考えるのだ。つまり『大金が手に入りそうだ、ゴールデンパラシュートはすでに手にしている。フロリダに家を買おう、妻はもうそのつもりだ』とね。言い換えれば、彼らは個人的な側面に目が行ってしまい、『オーケー、あなたの勝ちです』と言うのだ。彼らは会社を茨のなかに放りだし、笑いながら銀行に向かうのだ」

CEOは最終的な分析において、外部の人間ではなく、自分自身の相談相手に頼らなければならない、とスティリッツは明言する。彼らは自分たちのアドバイザーの動機を見定めるための優れた判断力を持つ必要がある、とスティリッツは付け加える。彼は例として、コナグラがラルコープに対する計画を初めて発表した直後のある朝、「突然に」電話をもらったことを振り返る。「過去に一緒に仕事をしたことがある銀行家からだった。彼が『街に出かける予定なのだが』と言うので、私は『いらっしゃい、コーヒーでも飲みましょう』と答えたんだ。彼は運転手付きの車で私の家までやってきて、『挨拶をするためだけに立ち寄った』んだ。コーヒーを飲んだのだが、あとになって、彼がそのときにした質問を考えると、彼は『われわれが買収提案をしたら、こいつはどんな反応をするだろう』かを推し量ろうとしていたのであろう。案の定、彼の会社は実際にコナグラのために働いていたことが後に分かった。ゲームの一部だったのだが、それを理解するまでには時間がかかるよ」。そして、彼はこう付け加える。「私がこれまで率いた取締役会、そして経営してきた会社での多くの経験を振り返ると、もう一度やり直したいと思うことが何度となくある。『あぁすりゃ良かった』という言葉が悲しく響くよ」

独立独歩

スティリッツの結論はこうだ。つまり、CEOは自分自身、そして自らの知識に頼らなければならないのだが、それが難しい。「経営者のほとんどが、それまでに頻繁にM&A取引に接したことがない、だから彼らは間違いを犯すのだ。企業の現在価値に限ったことではない。長期的に見れば、彼らは本当に大きな間違いを犯している。とりわけ、現金による買収の際の、長期または短期的なキャピタルゲイン課税を勘案できていない。だがら、株主の富という問題に対してひどい対応をしたことがあとになって分かることが多いのだ。たいていの場合、個人株主の視点から考えると、長期にわたってキャピタルゲインを生み出す、適応力にあふれた優れた経営陣の存在を前提とすれば、株式の保有を続けたほうがはるかに良いのだ」。彼はこう付け加える。「私も何度その間違いを犯してきたか分からない。売却し、キャピタルゲインを手にしたあとで、その企業がより大きな価値を持つようになったのを眺めてきた。これは、たくさんの取締役会を率い、また数多くの売買の判断を目にしてきた私の経験に基づいた話なのだ」

「敵対的な案件ではリスクがとりわけ高い」とスティリッツは考えている。「おそらく過去三〇年で、ベア・ハグを受けた企業のうち二五社、三〇社または五〇社を取り上げ、彼らが独立を維持したとしたらどのようになったかを徹底的に調査したら、『たぶん、彼らははるかに良い結果を残した』という結果になるだろう。彼らは状況の変化に対応し、取締役会はCEOを解任し、革新的な人物を登用すれば良かったただけかもしれない。だが、残念ながら、今日、ほとんどの取締役会がそのような能力を持ち合わせていない。われわれは過去三〇年にわたり、CEOにより多くを依存し、彼に従い、また彼が指導的な役割を果たすことを認める取締役会から、独立を主張するばかりのそれへの変化を目にしてきた。だれが『リードディレクター』という言葉を生みだそうとも、資本主義のシステムには何の得もないのだ。社外取締役からなる独立した取締役会よりも、CEOや彼が選んだ経営陣に会社の運営を任せるかつてのシステムのほうが良いのである。よくよく調べてみれば、今日経営陣の手を縛る、一連の新たな規則があることが分かる。それによってCEOは目の前の案件ではなく、企業のより大きな利害や継続性を考えることができないのだ」

目の前のお金を無視する

スティリッツは、株主価値を生み出してきた驚くほど長きにわたる自らの業績を運のおかげだとしているが、「目の前のお金を無視した」からだとも言う。だが、そのためには、会長としてであろうが、CEOとしてであろうが、役員会を従わせるために、強力かつ説得力をもって行動することが求められたのである。

「長期的な価値とは何か、という問題だ」とスティリッツは説明する。「現在価値の計算にどのようなアルゴリズムが用いられようとも、しょせんはヤマ勘、極めて主観的なものだと言っていいだろう。だからこそ、そのようなリスクをとり、それらの資産を異なる方法で生かすことができ、長期的にはうまくいくことに賭ける覚悟が必要なのだ。『われわれはできる。目の前の利益を追うことも、引退してフロリダに向かうこともしない』と言える自信を持つことだ。それを長きにわたってするまでのことだ。そのほうが人々の役に立つのだ。私はいまでもだれかにばったり会って、彼らに『かくかくしかじかに携わってくださったことをありがたく思っています。妻も私も、その素晴らしい経験のおかげで今は幸せに暮らしています』と言われると、少しばかりの満足を感じる。だが、改めて言うが、私のキャリアのほとんどは運のおかげだ。私はそんなにたたえられたいとは思わない。私はただ、あるべきときに、あるべき場所にいて、覚悟を持って計算づくのリスクをとり、時がたつのに合わせ、柔軟かつ創造的であろうとしただけのことだ」。だが、そのような幸せな巡り合わせに比べ、「時折、私が行った何かによってキャリアを台無しにされた仲間たちに会うこと――直接ではなく、ボディランゲージから読み取るだけでも――は容易ではない」とスティリッツは告白する。「繰り返しになるが、私は間違いを犯してきたし、もう一度やり直したいと思うようなこともしてきたのだ」

スティリッツは、ベア・ハグはうまく運用されている資産の潜在力を不当に扱う傾向にあるとの自らの主張を証明するために、スピンアウト後にポスト・ホールディングスのバリュエーションが劇的に増大したことを指摘する。「静的なベア・ハグは、『さぁ、これがあなたがたの価値だ、今日時点の数字に基づけばね』と言っているわけだが、現実とは異なる。ゲームは常に変化するのだ」と彼は繰り返し述べている。コナグラがラルコープのプライベート・ブランドの食品事業に対する興味を初めて公表したことで、同社はシリアルの事業には興味がないこともはっきりさせたのだ。コナグラの買い付けに対して「ジャスト・セイ・ノー」としたあとの状況を見定めたスティリッツは即座に過小評価されているシリアル事業をラルコープの株主にスピンアウトさせ、新たにポスト・ホールディングスという独立した組織を立ち上げ、その会長として任に当たれるよう準備したのである。

スティリッツの考えでは、「それ以降、ポストで生み出された価値は、すべて経営陣の専門性や独創性、想像力や柔軟性に基づくものであるが、それは『ジャスト・セイ・ノー』によって引き起こされたものなのだ。つまるところ、それは父親や母親のような存在から、『大丈夫、坊や、大丈夫だよ』と言われているようなものなのだ。環境は常に変化しているのだから、経営陣は必要な変化を起こす、と取締役会は思い切って信じることだ。経営に求められる最も重要な性質は、アイデアや代替案を生み出し、それらにハンデをつけ、最良の手段を選択することができる創造力であり、そして、社員たちにそれを実現してもらうことなのだ。つまり、優れた経営とはアートなのであるが、われわれはそれをないがしろにしていると思う。ポストにおける私の最高の業績はロブ・ビターレをリーダーに選んだことであり、すでに言ったとおり、彼は同社の大きな成功に最も貢献した人物の一人である」。

それでも、スティリッツはこう強調する。「繰り返しになるが、最も大きな変数は出たとこ勝負と運だ。すべては状況次第なのだ、と強調したい。当てにできるルールなど存在しないのだから、批判的な分析が鍵となる。最終的に、われわれは素晴らしい結果を喜んで自らの業績とするが、まったく異なる展開になる可能性も低くなかったのかもしれないのだ」

「一％の何十分の一の確率になんとかたどり着くことができた、つまり豊かな人生を謳歌することができたわれわれのすべては、国が進化、発展する正しいときに、正しい国にいただけのことなのだ。そしてわれわれは幸運にも、大きな富を手にすることになったのだ。だが、厳密には、われわれとはほとんど関係のないことなのだ。ただ、環境が正しく、われわれは偶然にも大穴を当てたにすぎないのだ。あらゆる困難にもかかわらず、われわれは今の状況にあるのであり、われわれは常にそのことを肝に銘じるべきである。できるかぎり謙虚であろうとすべきであり、それがすぎるということはないのだ」

スティリッツはすぐに言葉を継いで、改めてこう強調する。「今すべてを動かしている経営のマントラは『株主価値を増大させよ』である。これに疑問を呈する者はほとんどいない。だが、私の記憶では、ノースウェスタン大学時代に『企業を経営する者の究極の責任とは何か』と問うたときに、それには二重性があると聞かされた。つまり、『株主に対して責任を有するが、同時に、経営陣、さまざまな部門のリーダーたち、パートナーとしてともに働く人々、そして従業員に対しても責任を有している。それから、度合いは低くとも、コミュニティー、つまり環境や、企業から生活の糧を得ているその地域の人々に対しても責任があるのだ』と。以来、さまざまな経験をしてきたので見方が偏っているかもしれないがね。恥ずかしながら、私はそれを実践できていないと思うときがある。だが、自分が気まぐれな、目の前の株主価値ばかりに振り回されたときはおおいに後悔する」

スティリッツはこう結論する。より大きな問題は「すべては何のためか、ということだ。この国には三億人ほどの人々が暮らしているが、われわれは彼らに職を提供しようとしている。もし仕事がなければ、彼らはあらゆるトラブルに巻き込まれることになる。だからわれわれは、彼らに職をもたらすシステムを作りだそうとするのだ。そうするためには、長期的には、生産性を最大化させること、つまり事業を成功させることが答えではないのかと思っている。社会全体にとってはもっと優れた方程式があるべきで、それは人々の生活を良くすることができるのであれば、時に生産性を最大化させなくてもよいとするものではなかろうか」。

スティリッツは、彼が考えるすべての「株主」の長期的な利害に沿って株主価値を増大させることに焦点を当ててきた。そして、それは今も変わらない。だが、それは今日ではまれなことである。

第19章

ポール・モントローネ

Paul Montrone

私はいつも言うのだが、何か間違いが起こったとき、人には二つのタイプがいる。ひとつはだれかを非難する人、もうひとつは鏡を見つめる人だ。私は鏡の人間だ。何か間違いが起きても、私はだれも非難しない。鏡を見て、「自分は何を間違えたのか」「それから何を学んだのか」「もう一度取り組むときには、どのようにするか」と問うのだ。私は自分個人で責任を負う。そして学ぶのだ。

七六歳の銀髪ながら、予備役将校（ＲＯＴＣ）の若き訓練生だった半世紀前を思い起こさせるように、背が高く、背筋のピンと張ったポール・モントローネは、経験なくしては持ち得ない威厳に満ちた声でこう言った。幾度かの破産がありながらも、数えきれないほどの戦略的合併、買収、事業売却、スピンオフ、そしてリストラクチャリングのみならず、劇的なまでの内部成長、業界を牽引したＥコマースへの拡大など、長く、イベントにあふれたビジネスキャリアを通じてモントローネが上げた勝ち星は敗北をはるかに上回る数に上る。実験用具の歴史ある専門業者であるフィッシャー・サイエンティフィック・インターナショナルがヘンレイ・グループからスピンアウトされた一九九一年から、サーモ・エレクトロンと合併しサーモ・フィッシャー・サイエンティフィックとなった二〇〇六年まで、同社のＣＥＯ（最高経営責任者）を務めたモントローネは、ウォール街で「ディングマンの犬」と揶揄された同社を、科学界に資する世界的な大手企業へと変えた、絶え間ない取引を指揮してきたのだ。

モントローネがＣＥＯに就任した一九九一年には国内で試験管や遠心分離機などの製造販売を行う不採算企業であったフィッシャーは、二〇〇六年にサーモと合併するまでには世界に手を広げる企業となっていた。同社は一五〇カ国で、調査機関、検査機関、臨床検査室などに六〇万を超える製品とサービスを提供する支配的存在であり、年間売上高は七億六〇〇〇万ドルからおよそ六〇億ドルまで増大してきた。さらに、モントローネが率いた一五年間で、フィッシャーの純資産はおよそ二億ドルから一二〇億ドルに増大したが、これを株主の年間複利リターンに直せば、なんと二六％にもなる計算だ。

フィッシャー・サイエンティフィックのルーツは、一九〇二年にピッツバーグの若きエンジニアがその地域で初めて研究器具の商売を行った組織にさかのぼる。創業者のチェスター・フィッシャーと彼の息子たちは、その後およそ八〇年（一九六五年に公開した）にわたって同社を立派に経営してきた。だが、一九八一年、アライド・コーポレーション——同社はその後すぐにより大きな魚に目を向け始める——がフィッシャー・サイエンティフィックを丸のみする。ありふれた石油化学メーカーにすぎなかった同社の多角化を図ることで自らの気概を証明せんとするエドワード・L・ヘネシー・ジュニアに率いられたアライドが、ウォール街の合併ブームの絶頂期に主要プレーヤーとして名を上げるなか、この実験用品会社は一〇年にわたる経営の混乱と市場から無視される日々を耐え抜いたのである。その後、ヘネシーが行った取引のなかで広く知られているのは、一九八三年にアライドが「ホワイトナイト」としてベンディックス・コーポレーションを一八億ドルで買収した案件である。これは、事業そのものはうまくいっていたが、スキャンダルの色を帯び、新聞紙上を賑わせていたベンディックスのウィリアム・アジー会長が主導した敵対的買収から自らを守るためにマーティン・マリエッタが展開した「パックマンディフェンス」からベンディックスを救ったものであり、アービトラージャーが歓喜した土壇場での作戦であった。

その後、いまだ騒ぎが収まらない一九八五年、アライドはシグナル・カンパニーズとの五〇億ドルに上る大型合併を行った。この取引によって、新たにアライド・シグナル（後にアライドシグナル、そしてハネウェルとなる）と改名したコングロマリットにおいて航空宇宙産業が最大の事業セグメントとなった。また、これによって、メディア、投資家、従業員たちはアライド・シグナルの経営幹部を巡ってさまざまな憶測を働かせることになる。というのも、三人のM＆A界の大物による寄り合い所帯となったからであり、そのなかには控えめな人物、さらには畏敬の対象とされる者がいなかったのである。

Cスイートの陰謀

新たにアライド・シグナルの会長兼CEOとなったヘネシーとともにCスイートに収まったのが、シグナル・カンパニーズの会長であり、伝説的なコングロマリット経営者であるフォレスト・N・シャムウエーで、彼は合併会社の副会長となった。もう一人が、元投資銀行家で、直近ではシグナルの会長を務め、経営指南役として名高いマイケル・D・ディングマンである。ヘネシーはディングマンを取り込むにあたり、アライド・シグナルの会長として自分は五年後には身を引き、彼をアライド・シグナルのCEOにすることを約束していたのだ。マーケティングに秀で、案件の組成に才を発揮することでウォール街の注目を広く集めるディングマンは、アライド・シグナルの合併へとつながった秘密会合から交渉までを主導した人物と広く評判されていたのだ。

ほんの二年前、ディングマンは彼自身が一二年間にわたり率いてきた、ニューハンプシャー州を拠点とする製造会社ホイールラボラター・フライとシグナルによる一五億ドルに及ぶプレミアムなしでの株式交換による合併をやり遂げていた。古くからの友人であった二人のCEOによって立案されたこの案件によって、シャムウエーの過度に分散されていたホールディング会社がディングマンの「伝説的とも言われる経営陣」を一気に手に入れる手段として、ホイールラボラターはシグナルに組み込まれたのである。合併熱にあおられた一九八〇年代においては珍しかったプレミアムなしでの取引によって、案件の噂に乗って両社の株価を一気につり上げていたウォール街の投機家やアービトラージャーたちは不平をこぼし、傷をなめ合うことになってしまったのだ。それゆえ、この三人の幹部の茫々たる評判だけでも、アライド・シグナルのCスイートで大衝突が起こるであろうことが予想されたのだ。だが、こんなこともあった。ベンディックスを救済せんとする交渉のさなか、ヘネシーはベンディックスのウィリアム・アジーをアライドの会長にすることに合意したが、数日のうちに追い出してしまった。さらに、何もとがめられることなく、それらを些細なこととして無視することに成功していたが、ヘネシーは取締役会の権限を侵害し、ディングマンをCEOにすることを約束したのである。

このとき、この一触即発の組み合わせに、第四の手ごわい幹部が存在していたことはあまり認識されていなかった。ポール・モントローネである。基本的に、その時点の彼はディングマンの秘密兵器で、財務ならびにオペレーションの面で彼を助ける存在であった。ファイナンスの博士号を有し、一九六〇年代後半にロバート・マクナマラの懐刀としてペンタゴンで働くことでROTCの現役要件を満たしたモントローネは、一九七〇年以降、ディングマンのCFO(最高財務責任者)として、事実上の副官を務めてきたのだ。ホイールラボラターがシグナルと合併した際、この二人の経営幹部は経営陣全体をニューハンプシャーから脱出させ、ラホヤにあるシグナルの本部へと導いていった。モントローネは、ディングマンに解任されるまでシグナルの会長を務めていた仲間とともに同社の共同副社長に任命された。最終的に、ヘネシーとディングマンがアライド・シグナルの合併交渉を始めたとき、モントローネが決定的な立場にあることが判明する。

モントローネはこう振り返る。「外部の者はだれも知らなかったが、交渉の早い段階で案件はダメになっていたのだ。その後、ヘネシーが接触してきて、アジーの失敗のダメージを軽減すべく、私をアライドの会長にしようとした。私は彼に会うことには合意したが、そのとき私がやろうとした一番重要なことは、アライドシグナルの案件を復活させることで、私はそれをやり遂げたのだ」。モントローネの記憶に従えば、「『エド、私を採用したいならば、合併を実行することが最良の方法だよ』と私が言うと、彼は『そんなことできるのか、あまりに抵抗が多いぞ』と尋ねてきた。私は『やりきれると思うよ。いくつか微調整が必要なだけだよ』と答えた。そこで私はひそかに、ヘネシー、ディングマン、シャムウエーの議論を再開させ、最終的にアライド・シグナルの取引を実行させた。改めて軌道に乗せる手助けをしたんだよ」。

　だが、アライド・シグナルの新たな組織図が出来上がると、モントローネの新しい役職は横滑りしただけのように思われたが、これはまさに彼が望んだことだったのだ。モントローネはこう説明する。「極めて有力なCEOが三人いて、私はそれらの取引を少しばかりあおった仲介者だ。私は彼ら全員ととても良い関係にあったのだ。面白いことに、アライドとシグナルが合併すると、当時はそこにいた三人ともが私を最高執行責任者にしようとしたがったのだ」。頑なに拒否したとモントローネは言う。「私はそんな仕事をするつもりはない。あんな大物二人に仕えるような立場で仕事をしたくはない。すでに彼らとは何らかの形で仕事をしていたし、少なくとも二人の下で働いたことがあった。私は自分が成功するチャンスはゼロだと分かっていたのだ」。この案件を取り仕切ったファースト・ボストンのM＆A担当者であるブルース・ワッサーステインは容易に信じようとしなかった、とモントローネは言う。彼は、ワッサースタインに「信じられん、その職を蹴ったのか。この大舞台の最高執行責任者になれたんだぞ」と言われたことを覚えている。モントローネは「ブルース、放念してください。私は前線には立ちたくない。あの大将たちが後ろに立って、私を観察し、小突いてくるんですよ」と答えたという。彼はこう説明する。「彼らが互いに競い合い、自分が板挟みになることは分かっていた。だから、私は降りて、ほかの人間にやらせたんだ」

　これは素晴らしい行動であったが、モントローネや多くの観客たちが期待したCスイートの一触即発のメロドラマ――このようなディールメーカーが三人も同じ部屋にいるのだから、ほかに何が必要なのだろうか――は、もう一つの巨大な案件によって回避された。アライド・シグナルの会長という新たな立場を正式に引き受けたほんの一カ月後、ディングマンは一九八五年秋に秘密裏に開かれた取締役会で辞任を申し出たと言われていた。それよりも彼は、アライドシグナルが売却の準備を行っていた三五億ドルの資産――およそ二万五〇〇〇人を抱える三五の企業からなり、その事業は炭酸ナトリウムから不動産にまで及ぶ――に目を向けたのだ。自身の巨大化学会社と、シグナルの航空宇宙およびエンジニアリング事業との五〇億ドルに及ぶ合併に数年間を費やしたあと、ヘネシーは劇的な方針転換を行い、アライド・シグナルを航空宇宙、エレクトロニクス、化学の三つの産業に集中特化させることを決断する。ディングマンが手を挙げたことにヘネシーが驚いたか、それとも賢くも自ら辞めたように仕組むことができたと思ったかは分からない。だが、日ごろから事業再生の手腕を自慢していたディングマンは、公には何も語らなかったが、環境の変化に喜んでいたのだ。彼はスピンアウトの計画に専念し、レガッタで有名なイギリスの街の名にちなんで「ヘンリーグループ」と名づけたが、ウォール街の口さがない連中は皮肉を込めて「ディングマンの犬」と呼んだ。だが、問題が一つだけあった、ポール・モントローネである。

命拾い

ディングマンと、数多くの問題を抱えた事業を追い払えることを喜んだのは疑いようのないところであるが、ヘネシーはアライド・シグナルの交渉中、モントローネに大きな感銘を受け、モントローネがCOOの職を辞退したあとでさえ、彼を「母親」もろとも引き留めたがった。「ヘネシーは後継者としてのアジーとディングマンを追い出したあと、彼自身が取締役と少しばかり問題を抱えていることを理解していたのだ。だから、彼はディングマンに喜んでスピンアウトさせる一方で、私を将来の会長としてアライド・シグナルにとどまらせたかったのだ。そのとき私は自分が人質であると感じたが、エドとともに案件を完了させることに合意したのだ」。それゆえ、ディングマンが忠節な経営幹部の多くをヘンリーに移すことをヘネシーが即座に認めたとき、露骨にもモントローネはそのなかにいなかったのだ。実際に翌三月、ヘンリーのスピンオフ計画の詳細がSEC（米証券取引委員会）に申請されるときまで、ディングマンとモントローネが一貫して秘密裏に働きかけ、ヘネシーに折れるよう説得していたことが明らかになることはなかった。モントローネはヘンリーの会長に収まり、ディングマンがヘンリーに対する自らの持ち分を増大させるために設立したペーパーカンパニーであるニューハンプシャー・オークの四九％を取得した。

これでモントローネが安心したとするのは控えめにすぎる。ニューヨーク・タイムズの当時の記事では、アライド・シグナルに「感情的なトラウマ」を残したと取り上げられたが、彼はそれを克服する決心をしていたのである。だが、経営者としてのモントローネのスキルを高く買っていたのはヘネシーだけでないことは明らかだった。モントローネがアライド・シグナルから脱出する以前に出版されたフォーチュンの記事では、ヘッドハンターたちは、全米でCEOたるために必要な能力を持った四〇代の企業幹部一〇人の一人に彼を挙げたと伝えられた。後にヘンリーグループの会長となった際、モントローネはニューヨーク・タイムズに、引き続きディングマンと連携するチャンスを得て、新たな組織運営に挑戦できることに大満足していると語っている。「だれもが思いどおりにできることを夢見ているだろうが、それは少しばかり理想主義的だと私は思う。だが、マイクと私は十分なまでの関係にあるので、実際問題として、私はかなりやりたいようにやれるのだ」(『ニューヨーク・タイムズ』一九八六年三月三日付け[Kenneth N. Gilpin and Lee A. Daniels, "Business People; Allied-Signal Executive Shifting to Henley Post."])。

今になって思えば、「私はディングマンを理解していたし、彼が私をたくみに操れること、そして私が彼を同じようにできることを理解していたのだ」とモントローネは振り返る。さらに、モントローネはこう続ける。「マイクはウォール街に対するマーケティングに優れた才を持っていただけでなく、優秀な戦略家でもあった。マイクは財務管理の実務やその重要性を認識してもいたし、実際に管理がどれほど重要かを理解していたんだ。元来われわれは素晴らしいチームだった。互いに相補っていたんだよ」

下済み時代

ディングマンとの一九七〇年代の経験を振り返って、モントローネはこう述べる。「われわれは、小さな産業向けのクリーニング会社にすぎなかったホイールラボラター――ホイールラボラターとは産業機器を研磨して清掃するために用いられる機械のことである――を買って、時間をかけて当時はやりだった環境会社へと転換した。だが、まずはエクイティ・コーポレーションからホイールラボラター・フライを作り出さなければならなかったのだ」。一九六八年、ディングマンはパートナーとともに五〇万ドル超の買収資金をかき集め、問題を抱えていたクローズドエンド型の古い投資会社を買収していた。先の経営陣のもと、エクイティ・コーポレーションはただ公開企業に投資するのではなく、支配的な立場を取っていたことで、証券当局と衝突していたのだ、とモントローネは説明する。それゆえ、ディングマンがエクイティを事業会社であることをSECに認めてもらうには一九七〇年末までかかったのだ。だが、彼は時間を無駄にはしなかった。ディングマンはエクイティ・コーポレーションを、同社が大きな持ち分を有していた別の三社と合併させた。そのうちの二つがホイールラボラターとフライだったのだ。「一九七一年のこの合併まで、四社合併という例はなかったと思う。だが、そのとき、マイクはウォール街からスティーブ・シャルマンと言う一人の男を引き入れた。マイクは経営チームを集める必要があることを分かっていたのだ」とモントローネは言う。

モントローネは、ディングマンがこのプロセスに取り掛かった一九七一年六月に当時まだエクイティ・コーポレーションと呼ばれていた同社の副社長兼CFOとして採用されたのだが、後にホイールラボラター・フライで同等のポジションを得ることになる。彼はこう続ける。「戦略のビジョンを持っていたのはマイクだ。一九七〇年に大気浄化法が議会を通過し、マイクはホイールラボラターの機械（だが、工場内に大量のほこりを生み出してしまう）に付属していた『織布濾過集塵装置』が大気汚染を防ぐ装置になることに気づいたのだ。当時はまだそう呼ばれてはいなかったが、実態はそのとおりだった。そこでマイクは『さぁ、大気汚染ならしっかりとした足場があるんだから、われわれは環境企業になろう』と言ったんだ。それからわれわれは水質汚染に進み、その後、廃棄物発電に進出したんだ」。実際に、一九八三年にシグナル・カンパニーズに一五億ドルで売却した企業を作り上げたのは、「すべてマイクのビジョンだった。私は、だれ一人可能性を見いだせないなかで、偉大な戦略家から学んでいたんだ」とモントローネは繰り返す。

「ディングマンの犬」

シグナルとホイールラボラターの合併から三年が経過した一九八六年八月、投資家たちは戦略的なビジョンに賭け、「ディングマンの犬」に一二億ドルという驚くほどの資金を投じた。ヘンリーのＩＰＯ（新規株式公開）で、ホイールラボラターを含めたアライド・シグナルが船出となったのだ。ヘンリー・グループの新規株式公開は、グループを構成する企業群が多額の赤字を計上していたにもかかわらず、事業会社のそれとしては当時全米で最大の引受額となり、公募資料によると、調達された資金は将来の不特定の買収に充てられるとされていた。実際に翌月、ヘンリーは、病院向けに静脈注射の点滴装置を製造しているＩＭＥＤ・コーポレーションを一億六三〇〇万ドルで買収し、同社の科学事業を拡大させた。

だが、当初ヘンリーでディングマンとモントローネが力を注いだのは、同社の三つの主要部門、つまりフィッシャー・サイエンティフィック・グループ、ホイールラボラター・テクノロジーズ・グループ、そしてその他製造部門へと事業を整理統合することであった。その後、三つすべての部門で数多くの戦略的買収や部分的な売却を行ったが、特筆すべきは、翌年にホイールラボラター・テクノロジーズの七〇〇〇万株ほどを新規公開させたことで、それによって一億一九〇〇万ドルを調達した。これはヘンリーが長きにわたって繰り広げた案件の最初の例である。それらは基本的に、ディングマンがインキュベーターとなって株主価値を最大化すべく独創的な取引を考え出したのだが、それによってディングマンと彼に忠節な幹部たちが保有する株式の持ち分も増大したことは偶然ではない。非支配持ち分の公募を通じて、定期的に事業が公開されるのだが、それと同時に、調達された資金は別の投資へと向けられるのだ。あらゆる点から見て、投資家やブローカーたちはそれを好感し、スピンオフされた単一業種の企業を運営するリスクをヘンリーと共有することになる機会にプレミアムを支払うことが常であった。

一九八〇年代後半、モントローネはホイールラボラター・テクノロジーズの会長兼CEOとヘンリーの会長という複数の役割を同時に演じた。ヘンリーからスピンオフしたことで、ホイールラボラターは成長著しい廃棄物発電事業に重点的に取り組み、その過程で産廃業界での影響力を高めていった。常に戦略を練り、関係構築に気を配ってきたモントローネは、業界のリーダーであるウエイスト・マネジメントが自分の会社と大きなシナジーを生むパートナーとなり得ると即座に判断する。「そこでわれわれは彼らをターゲットとしたのだ。われわれは十分な規模と影響力を持っていたので、彼らもわれわれを意識せざるを得なかったのだ」。彼はまたいくつかのプロジェクトでホイールラボラターとウエイスト・マネジメントを共同させ、ウエイスト社の主要幹部を社員旅行に招待し、この産廃物処理の巨人が最終的に一九九〇年の取引でホイールラボラターを買収し、過半数を所有する子会社とするまで関係を構築していったのだ。モントローネが指揮した一九八七年から一九九〇年までのホイールラボラターの株主利益率は年複利で二二%にもなった。「われわれの案件のほとんどすべてはわれわれが狙いを定めたものであり、われわれは常に戦略を練っていたのだ」とモントローネは振り返る。

独自の道

翌年、フィッシャー・サイエンティフィックがヘンリーからスピンアウトしたとき、モントローネは同社のCEOを引き受けることになった。ヘンリーと彼の長年のボスであるディングマンがデリバティブ（ある特定の条件のもと同社の一五％を取得できるオプション）を通じたわずかな持ち分しか有しない企業のトップにやっと就任したモントローネは、世界的な科学機器企業における彼独自の戦略的ビジョンを入念に練り始めた。彼の戦略は、即座にフィッシャーの営業モットーを変えさせたことに表れている、とモントローネは言う。「われわれが取り組み始めたとき、フィッシャーは自らを『北米最古にして最大の科学機器のディストリビューターである』と説明していた。それは確かなことではあった」。そして、彼はこの売り込み文句を分解する。「よろしい、最古、というのは素晴らしい。最大のというのも良いことだ。ディストリビューターというのはさほど素晴らしいことではない。北米のというのも同様だ。われわれはキャッチフレーズを変えなければならないと気づいた。だから、自らを『科学に資する世界的リーダー』と呼んだのだ。これがわれわれが提案した最初のことであるが、私はヒューレット・パッカードやIBM、または大企業群が『なにゆえ世界的リーダーだと言うのかね、科学の役に立っているのはわれわれだよ』と言ってくるだろうと思っていた。だが、だれも何も言ってこない。われわれが受けた唯一の反発はSECからのものだった。ある申請資料にそのセリフを書いたら、彼らが『この文言を入れたいのなら、あなたがたが世界的リーダーであることをわれわれに証明しなければならない』と連絡してきた。そこでわれわれはその文言を資料から外したんだ。それだけのことだった。『科学に資する世界的リーダー』はわれわれのマーケティングのマントラとなったよ」

この新しいキャッチフレーズはフィッシャー・サイエンティフィックにおける彼の戦略的ビジョンを構築するうえで大きな影響力を持った、とモントローネは説明する。というのも、世界的な企業であることに力点を置き、「単なるディストリビューターではなく、顧客のためにできることは何でもやっていくのだと明言したからだ。それがわれわれが企業を築き上げていくうえでのテーマとなった。あらゆる手立てを講じるようになったよ。僕のなかに小さなセールスマンがいるんだ」と、ペンシルベニア州スクラントンで育ち、地元のイエズス会系の大学であるスクラントン大学（優秀な成績で卒業し、卒業生総代にも選ばれ、ROTCにも参加した）を苦労して卒業し、さまざまな職を経験してきたモントローネは説明する。だが、大学での彼のお気に入りの仕事は書籍の戸別販売で、この仕事を通じて彼は戦略を構築することの価値、そして顧客に直接会うことの価値を学んだのである。

「当時、『グレート・ブックス・オブ・ザ・ウエスタン・ワールド（Great Books of the Western World）』と呼ばれるコレクションがあった。私自身のために一セット欲しかったのだが、そのために取れる方法は戸別に売ることだった。だから、私は最高のセールスマンの一人になったよ。大好きだった。当時は実際にドアをノックできるような時代だった。今もしドアをノックしたら撃たれる可能性もある。われわれの社会も変わってしまったんだ。だが、当時はみんなドアまで出てきて、礼儀正しく対応してくれた。営業について多くのことを学んだ。われわれは売り込み文句と、六つか八つの『クロージング』をメモにしてあった。例えば、何か一つがうまくいくまで、そのうちの一つを順番に試みること。もし最後の一つになってしまったら、『あなたがこれらの本を欲しくないことは理解しました、つまり人生の落伍者になりたいというわけですね』ということを丁寧に伝える、つまり、ちょっとばかり侮辱するわけだ。相手を辱めて買わせる最後の手段だね。それが失敗に終わったら退散する。営業とクロージングの心理についてたくさんのことを学んだ、つまり相手を精神的に導いていくわけだ」

グレート・ブックスはブリタニカ百科事典の一部をなすものだった、と振り返るモントローネは、同社の営業ツールを活用する術を即座に学んだ。「一ドルだったと思うが、すでに百科事典を購入している人々のリストを買うことができ、実際にグレート・ブックスの説明書を提供するという広告に反応を示した人々の名前は確か二ドルで買うことができた。私はさっそくそのリストで実験したよ」。そのデータをもとにモントローネは営業戦略を立てた。「よし、まずは二ドルで名前を買おう、それが興味のある人に巡り合える可能性が最も高いからね。ブリタニカ百科事典の所有者のリストも素晴らしかった。私は出任せでドアをノックするのをやめたんだ。われわれが手にする手数料は悪くなかったので、一ドル二ドルの価値はあったのだ」。モントローネにとっては決定的な教訓だった。「広告は元が取れる。人々は営業文句に完全に心を奪われる。それを知って、ショックだった。まだ大学生だったからね。でも、それは有効だった。大成功だったよ」

早期に実態を把握する

その後、もうひとつ重要な教訓をもたらす「バカげたことが起こった」と、モントローネは言う。「彼らが新しい営業部長を採用したとき、私はまだ大学生で非常勤の営業マンだった。彼は非常勤の社員を望んでいなかったんだ。当時、歩合制の営業マンだったので、私が販売しないかぎり彼には何の費用負担もなかったし、私はその地域で一番の営業マンの一人だったのだ。だが彼が就任すると、彼は最も優秀な営業マンの一人をクビにした、私だよ。信じられないくらいバカげた経営判断だ。でも私は『それで仕事がうまくいくというなら、いいじゃないか』と自分に言い聞かせたよ」

大学を卒業後、ビジネスの世界にも軍役にも行きたくないが、MBAの学費を捻出することができなかったモントローネは自分のコネを頼った。「最近ならネットワーキングと呼ぶのだろうが、当時はただ私が構築した仕事上の人間関係だよ」。コロンビア大学に知り合いを持つ、とある元大学教授がコロンビアのファイナンスの博士課程で学費の補助金を得られることを聞きつけた。その教授はモントローネに申し込むよう勧めたのだ。「私は調査や研究には常日ごろから興味はあったが、学者になろうとは考えたこともなかった。だが、私が大学院にいる間に新たな分野として登場したばかりのオペレーションズリサーチに強い関心を抱くようになったんだ」

三年後、博士号を修得し、軍役に服さなければならなかったモントローネは再び幸運に恵まれる。「コロンビア大学の教授が、ランド研究所を退社して、ペンタゴンでオペレーションズリサーチをやっていたアラン・エントベンを知っていることをどうにか突き止めた。そして、彼が私に救いの手を差し伸べてくれたのだ。今日でも、その教授に会うと、いつも彼は『モントローネ、君は私のおかげでベトナムで死なずに済んだんだ』と言うよ。私はオペレーションズリサーチの研究を終え、コロンビアを修了したのだが、まさにマクナマラ率いるペンタゴンでオペレーションズリサーチはスイートスポットだったのだ」。米国防長官府のシステム分析官に任命されたモントローネは、戦時シミュレーションのモデル化、費用効率の研究や兵站に取り組んだ。「私は最新のコンピューターを利用していたが、ペンタゴンの地下にはだれも見たことがないような巨大なコンピューターがあふれていて、そのすべてが繋がっていたんだ」。モントローネは頭を振り、自分は当時、それら連結されたコンピューターが予兆する技術革命を理解できなかった、と顔をしかめる。「本当にバカだと思う。私はただコンピューターを増やして、大きくしているだけだとしか思わなかったんだ。当時は一九六〇年代後半で、アップルが創業されるのが一九七六年だよ」。とは言え、彼は自らの主たる任務は完遂した。「私は大尉として軍役を離れたのだが、納税者のお金を節約することでわが国の役に立ったんだ、おかしな話だがね。そして、ROTCのとき以外は軍服をまとわずに済んだんだ」

教訓を応用する

だが、営業ならびに軍役で早い時期に得た教訓は役に立ったとモントローネは認めている。「私は常に顧客との接触を保ち、彼らの考え方を理解しようとしてきた、たとえCEOであってもね」。彼はこう付け加える。実際に、「二〇〇六年にフィッシャー・サイエンティフィックを売却しようとした理由の一つに、フィッシャーがあまりに大きくなったため、そのような個人的な接触を保つことが難しくなったことがある。顧客に会って、実際に何が起きているかを把握することが難しくなったんだ」。モントローネはこう指摘する。「私はあのような巨大企業には極めて同情的だ。CEOは単なる管理者、人事担当、さらには取締役会を運営する機械になってしまって、何が起きているかを理解するためには部下たちに依存することになってしまった。だが、巨大企業では、だれもホームランバッターになりたがらない。すると、何人かの優れた社員と、あとは平均以下の社員ばかりになってしまうのだが、私はそれでは嫌だ」。モントローネはこう振り返る。一五〇〇人以上の営業マンを抱えたフィッシャーにおいて少しでも顧客に直接会おうとするなかで、「私は、それが軍隊と同じであることに気づいたので、かつての軍の教科書を引っ張り出してきた。われわれは組織の上から下へ、下から上へとコミュニケーションを図る必要があると考えたのだ。軍には多くの優れた点がある。もちろん、くだらない面もあるのだが、私が顧客の体験に直に触れることができなくなったので、大将がどのようにして前線で何がが起きているのかを把握しているのかを改めて学ばなければならないと考えたのだ」。大将には前線から本部へとリポートを上げる通信士がいることをモントローネは再発見する。「そこでわれわれは、すべての営業地域に、営業マンからの情報を収集し、それをフィッシャーの幹部へと提供する管理者を置いたのだ。そうすることで、われわれ幹部はいながらにして、顧客と何が起きているか、特に競合他社とどうなっているかをある程度把握することができるようになった。だが、それも会社が大きくなればなるほど難しくなる」

それでもなお、CEOの主たる関心事は価値の創造であるべきだ、とモントローネは考える。「何かに過大な金額を支払うならば、価値を創造することにはならない。過大な金額を支払わないとしても、業務を遂行しなければならないのだ」。彼は、自分が監督しているときにフィッシャーが業務執行上の問題にぶつかったことは何度かある、と認める。「われわれは『費用削減につながるので、六～一二カ月をかけて実行するつもりだ』と言って取引を行うのだが、それが達成できないことがある。するとウォール街はうんざりして、株価は下落する。それゆえわれわれの株が一直線に上昇することはなかった、ジグザグに進むのだ」。ウォール街は短期的なことに焦点を当てたがる、とモントローネは言う。「だが、私は短期的な結果をさほど心配したことはない。私は大口の投資家とは接触を保ってきたので、彼らは何が起こっているかを理解していたし、ファンダメンタルズのアナリストがいれば、彼らとも接してきた。短期的に株価が下落することは常にあり得ることだ。だが、ある程度の期間にわたってそれなりの業績を残していけば、業界でも上位に返り咲くことになり、投資家も認めてくれるだろう」

モントローネは、それなりの意味はあるとしても、自分は「ビジネスコンサルタントや経営指南本といった種類のものが好きではない」と明言する。それでも彼は、経営学の泰斗であるピーター・ドラッガーが「事業における五つの大罪」と呼ぶものを記した、ウォール・ストリート・ジャーナルの論説（一九九三年一〇月二一日付け）の切り抜きを持っていた。彼はこう述べる。フィッシャーが企業を買収したり、経営陣を一新したときにはいつも、「私は会議の場でこれを配り、『これを読め』と言ってきた。ドラッカーが挙げる大罪の一つが、『利益幅信奉』だ。もう一つが、昨日崇拝だ」。モントローネはこう説明する。「事業をダメにする二つの方法を語っているわけだが、GM（ゼネラルモーターズ）とコダックがその最たる例だ」

モントローネは続ける。「公開企業（上場企業）はとりわけ利益幅信奉に弱いところがある。それゆえ、常に私は公開企業と競争する未公開会社を好むのだ。公開企業は一株当たり利益などを心配しなければならない。つまり、短期的な投資家に気を配らなければならないわけだが、それらすべてが少なくとも部分的にCEOの行動を左右することになる。一方、未公開会社なら『さぁ、チャンスだ。今年の利益は度外視して、それに取り組もう』と言えるのだ。そして公開会社を追い越すことになる」

公開会社の憂鬱

さらに、多くの公開企業ではリターンよりも「プロセス」が重要になってきている、とモントローネは示唆する。「私からすれば、今日、株式を公開する唯一の理由は、桁外れのマルチプルを得られれば、資本コストがそれだけ安くなる、ということだ。コツコツと仕事に励む普通の会社なのであれば、公開することは不利益でしかないと私は考える」。今日の企業は、彼がフィッシャー・サイエンティフィックを経営していたときよりもレバレッジ――ストラクチャードファイナンスによって自己資金を犠牲にすることなく資金を調達することができる――を利用する機会が多い、と彼は付け加える。「とても大きな変化だ。税制が追いついていないほどにね」。キャリアの早い段階においては、彼は投資適格の信用格付けとそれに伴う低い借り入れコストを手に入れようと躍起になっていた、とモントローネは振り返る。だが、「面白いことに、ジャンクボンド市場が発達したことで、私は投資適格を欲しいとも思わなくなった。フィッシャーのように後に携わった会社では、常に投資適格を下回るように比率を維持したのだ。私は買収のせいで格下げされるリスクは望まなかった。そうなれば、突然すべての者たちがあの会社で何かおかしなことが起きていると思うであろう」。

これは、モントローネがニューハンプシャーに拠点を置く信託会社であり、マルチファミリーオフィスのパースペクタ・トラストでの投資に用いる見識である。「われわれが取り組んでいることの一つにジャンクボンドがある。これは幅広くポートフォリオを構築するようなものではなく、深遠な調査と分析に基づいた、極めて厳選されたものである。だが、時折『この債券は本来投資適格なはずなのに、ジャンク扱いだ』という問題を見つける。そこで、われわれはその理由を探す。たいていの場合、私がCFOに電話を入れると、彼は『当社は投資適格になることを求めていません』と答えるのだ。それはよく理解できる。だが、それは投資機会であり、その債券は過小評価されているのだ」

事業で長期的に優れたリターンを生み出すためには、第一に運が必要だ、とモントローネは言う。「それ以上に、今日私が望む事業の基準は三つからなる。つまり、大きな業界の一部でありたい、追い風を受けていたい、そして中国との競争は避けたい、だ」。ほとんど息もつかぬ間に彼はこう説明する。「向かい風を受けている企業では大きなお金を稼げない、というのではない。だが、トップに立つためには戦略が必要で、それはさほど面白いものではない、ということだ」。フィッシャー・サイエンティフィックは、彼が理想とする企業の要件三つをすべて満たしていたのだ、と彼は懐かしそうに振り返る。「巨大な産業にあって、追い風を受けていた。つまり、ヘルスケアとサイエンスだ。そして競争はさほど厳しくなかった。われわれはディストリビューターとして始めたが、それ自体が外国勢との競争はほとんどなかった。ディストリビューションというのはローカルな事業なのだ。われわれは徐々に製造にも手を広げていったが、そこでは海外との競争があった。だが、それはヨーロッパにおける競争だ。アジアでのそれではない。実際のところ、われわれがアジアへの進出を主導したのだ。われわれの目的は業界内でより大きな立場を得ることだったので、常に業界を注意深く観察していた。そして常に戦略を練っていたのだ。われわれは歩を進めるたびに価値を付加しなければならなかった。それには多くの規律が必要なのだ」。モントローネはこう続ける。「何かに過大な価格を支払ったり、何かバカげたことをすれば、後退することになり、再び追いつくためにはしばらく時間がかかることになるのだ」

若いころのシステム・オペレーションズ・リサーチの経験が、キャリアを通じた白らの分析手法にどのような影響を与えたかを説明するにあたり、モントローネはフィッシャーが有機化学に手を広げた例を取り上げる。「われわれが買収したときは基本的にディストリビューターだったのだが、図らずもフィッシャーはすでにいくつかの顧客向けに無機化学薬品を製造していたのだ」と彼は言う。フィッシャーの支配を確立すると、モントローネはすぐに同社の事業がどのように成長するかの分析に取り掛かった。「われわれはまず極めて強固な顧客基盤に目をつけ、それを通じて市場への浸透度を高めたいと考えた。では、どのようにして。一つはっきりしていた方法は、有機化学薬品も流通させることであった。シグマ・アルドリッチがその分野のリーダーだった。彼らは直販を行っていたんだ。営業部隊はなく、市場での立場も強く、またブランド力も大きい。われわれは彼らに会って、『御社の製品の流通をやりたい』と言ったんだ。彼らの答えはおおむね『あなたがたは不要です、自分たちで十分です』というものだった。その後、何度か当たってみたが無駄だった」。だが、モントローネはあきらめず、世界に目を向け、有機化学薬品のライバル企業を探したのだ。「われわれは、ジョンソン・エンド・ジョンソンの小さい子会社がヨーロッパで有機化学薬品を製造しているのを見つけた。その事業は彼らの戦略とは合っていなかったんだ。われわれは検証を進め、最終的に同社を買収した。そして、フィッシャーは有機化学薬品の製造と流通に進出したわけだ」

マイルストーンだった、とモントローネは断言する。というのも、この買収によって「われわれが持つ最大の資産が強化された、つまり流通網の力だ。流通業者であるわれわれは顧客の事業に大きな影響を及ぼす。われわれの業界では、フィッシャーのブランドは強力であったが、より多くの製品とサービスを提供することでそれをさらに強化してきたのだ。また、必要とあれば、果敢に製造に乗り出し、流通させる製品を手に入れたのである。直販を行う企業は、たとえわれわれが彼らの製品を流通させることができないにしても、フィッシャーの強力な競合となった。有機化学薬品に進出したことで、シグマ・アルドリッチには劇的な影響を及ぼした。彼らもまた営業部隊を抱え、事業のやり方を変えざるを得なくなったのだ。われわれは彼らの顧客とも何らかの形で接していたが、そのような顧客たちは代替案を探していたのだ。シグマ・

アルドリッチは有機化学薬品の分野で非常に強力な存在だったので、同社の顧客たちは競争しようなどとは考えもしなかったのだ。そして、われわれが自社の名を冠した競合商品を持って突然登場するとブームとなった。シグマ・アルドリッチはわれわれの流通網の力を過小評価しており、利益幅信奉を続けていたのだ」。そして、最終的にシグマ・アルドリッチは屈服し、自分たちの営業活動に流通業者を入れることにしたのである。

リターンに集中する

モントローネはまた、フィッシャーでの自らの成功の要因は、ＣＦＯとしての経験を有していたにもかかわらず、「諸経費をカットしようとしなかったことだ。実際に、私は諸経費が好きなのだ」。彼は、コカ・コーラの有名なニューコークの失敗に関する事後検証記録からこの見識を得たと言う。コカ・コーラは、マーケティングは費用としてではなく、投資ととらえるべきだということを身をもって学んだのだ。「だから私は、マーケティングであろうが、調査であろうが、人件費であろうが、あらゆる諸経費を投資と考えている。諸経費を最小化するだけでは十分ではない。リターンを生むことに資金を投入しなければならないのだ。最も大きな効果を生む投資は人材である。ハイテク企業はそれをよく承知している。だから彼らは人に投資をしているのだ」。そして、彼はこう言葉を継ぐ。「もちろん、お金を無駄遣いしようとしているのではない。優れた投資とするために、強力な財務管理が必要だと常々主張している」

「優秀なCEOは常に戦略を練っている。自らの企業、自らの業界で何が起こるかを前もって考えておかなければならない。どこで何が起こっているのか。競合他社の動きを常に見ておくのだ」とモントローネは言う。実際に、彼はフィッシャーでそのための役職を設けたわけだが、「あらゆるライバル企業、顧客、新しい何か、あらゆる案件、それがどれほど些細なものであっても、すべてのイノベーションと、すべての動きを把握したいのだ」と飾らずに言う。彼は自身の右腕とも呼べるパートナーのポール・マイスターをその担当にした。「私が彼らに言ったのは、何か動きがあり、われわれがそれについて知らないとしたら、お前らはやられることになる、ということだった。社内だけでなく、自分たちを取り巻く世界で起こっていることを把握することが狙いだ。それがダイナミズムの一部となるのだ」。そのグループはその後、何度となく存在価値を証明して見せたが、とりわけ「人々がハイテクとあらば何にでも資金を投じたインターネットブームのさなか」が顕著だった、とモントローネは言う。「われわれはある特定のハイテク企業にウォール街が資金を投じていることに気づいたが、『オーケー、これは無視できない』と考えた。アマゾンが本を在庫することにし、やがて倉庫の建設を始めて、バーンズ・アンド・ノーブルやボーダーズを打ちのめすときに行ったことと同じようなことがわれわれの業界で起こる可能性があったのだ」

「それは科学機器やヘルスケア製品のオンライン調達システムで、ウォール街がその開発に資金を投じていたのだ」とモントローネは説明する。公開企業であるフィッシャー・サイエンティフィックはそのような規模の資金調達に応じることはできなかったのだ、とモントローネは振り返る。「そこでわれわれは、科学やヘルスケアの分野において流通や商品供給などさまざまな事業を営む七つの企業を取りまとめ、本質的には同じことに取り組む新たな企業の設立資金を拠出することで合意したのだ」。各企業が個別にプロジェクトの資金を手当てしようとすれば、彼らの利益は急減してしまっただろう、とモントローネは言う。「だからわれわれは皆で少しずつ出資したのだ。われわれは、ウォール街が資金を出している企業と少なくとも同程度の競争力ある企業を立ち上げるために技術者の一団を採用した。われわれはそれをやり遂げ、彼らを打ち負かしたのだ。われわれは皆、すでに市場での立場や取引関係を確立しており、また同様のテクノロジーを有してもいたので、彼らはその後の資金が調達できなかったのだ」。この新たな取り組みの使命は完遂したので、流通業者のグループは一段落だ、とモントローネは言う。「われわれはこの新しいテクノロジーを共有したが、それを利用する者もいれば、利用しない者もいた。だが、われわれは自分たちのビジネスを戦略的に守るため、ライバルとなる調達システムを攻撃せざるを得なかったのだ」

戦略の最終段階

根気強いネットワーカーであるモントローネは、自らの企業を差別化する戦略を常に練りながらも、ホイールラボラター時代から、ゴルフではなく、ニューハンプシャー州の湖畔にある彼の家で毎年行われるボッチーのトーナメントに仕事の関係者を招待している。長年にわたり、不動産業界の大物や最高裁判事ばかりでなく、ウォール街や実業界からの参加もあるこの排他的な集まりは、彼と彼の経営幹部チームが初めてサーモ・エレクトロンを潜在的な買収対象とみなし始めたときに、さらなる戦略的重要性を持つようになった。「われわれは同社のCEOであるマライン・デッカーをボッチーのトーナメントに招待したんだ」。フィッシャーはすでにサーモ製品の幾つかの流通を行っていたので、招待しても驚かれることはなかった、とモントローネは説明する。「それが数年間続いたので、取引に取り掛かったときにはコールド・コールではなかったのだ。われわれはすでに関係ができており、少しばかりの信頼もあった」とモントローネは指摘する。二〇〇六年の取引では、通常とは異なり、より規模の小さいサーモが最終的に買収側となったが、けしかけたのはフィッシャーだとモントローネは主張する。「あの時点で、われわれにはシナジーが期待できるチャンスがほかに二～三あったのだが、サーモを選んだ主たる理由は、われわれのバリュエーションを増大させることができることにあった」

そのときまでに、株式市場の特徴が劇的に変化していたことは明らかだった、とモントローネは言う。昔は、「アナリストがやってきて、われわれと話をしたものだ。だが、フィッシャーを経営していた最後の数年間、アナリストに会うことはほとんどなかった。新たな時代、モデリングの時代だよ」とモントローネは振り返る。熟練のモントローネから見て、これは市場のマルチプルという点において、経営者が自らを差別化する能力にわずかながらも悪い影響を与えてきた、という。「ヘンリーまたはホイールラボラターの際立った特徴は、マイク・ディングマンの存在にあった。われわれの株価は、マイクの存在ゆえに常にプレミアムが付いていたのだ。彼はほかとは異なる取り組みをしていたからね」。だが、モントローネはこう続ける。「フィッシャーでの最後の数年間、ウォール街が企業を追いかけることからモデル化に切り替えたことで、まったく異なるパターンが出来した。つまり、企業としてわれわれが何をしようと、マルチプルに差をもたらすことができなくなった。われわれは一つの業界にひとくくりにされ、その業界のマルチプルを与えられることになったのだ。実際に、それが企業にとって良いことであるならば、資金が業績の悪い企業に向かったことだろう。業績が悪いと、株価は一時的に下落する可能性がある。その後、ほどほどの回復を示すかぎり、マルチプルはすぐにその業界のレンジに戻るのだ」

このダイナミズムに嫌気がさしたモントローネは、最後の取引でフィッシャーをウォール街のバリュエーションという拘束から抜け出させる決心をした。彼は、モデル化を行う者たちと立場を逆転させ、業界標準に基づいて一律にバリュエーションを行うウォール街の方法を逆手に取ろうとしたのだ。「サーモはハイテク企業と考えられていたので、規模はわれわれの半分ほどしかなかったが、マルチプルははるかに大きかったのだ。そこで、われわれが彼らを買うのではなく、彼らにわれわれを買わせたのだ」。モントローネはこう付け加える。「われわれが身売りをし、先方の経営陣が買収をするという点からすればリスクの高い取引だった。当時、われわれの株主の多くはアービトラージャーなどの短期的投資家ではあったが、長期的投資家もまだたくさんいた。われわれが交渉していた非課税の株式交換によって、彼らには合併後の会社の株式を渡すことになった。実際に合併を行い、合併後の会社のマルチプルはなんとか上昇したが、費用削減とシナジーを実現させるには、かなりの覚悟が求められた。それゆえ、われわれはサーモをさらによく理解する必要があったので、役員にとどまり、ポール・マイスターが会長に就任したのだ」。モントローネはさらに「私は降りるつもりだったので、われわれの忠節な株主たちに、われわれが彼らを切り捨てようとしているとは思われたくなかったのだ」と付け加える。

この戦略はモントローネが期待した以上の結果となった。「問題は、サーモのそれの二倍にもなるフィッシャーの利益をわれわれが手にできるか、そして企業を合併させたことで、市場がフィッシャーの利益にサーモの高いマルチプルを適用するかどうか、であった。私は役員に『おそらく半分は付けてくれるだろう』と言ったのだが、間違っていた。市場は満額のマルチプルを付けたのだ。今までで一番驚いたよ。モデル化をする連中は、フィッシャーの利益をサーモのそれに足し合わせ、そして合計した利益にサーモの高いマルチプルを適用したんだ。そして、フィッシャーの利益貢献分に対するマルチプルは上昇を続けた。業界のマルチプルがものをいったのだ。そして、すべての業界別ＥＴＦ（上場投資信託）がこの動きに拍車をかけたのだ」

モントローネは肩をすくめて、こう振り返る。「正しくもあり、間違ってもいると思う。だが、これが現代の資本主義なのだ。だから、それを利用するべきだろう」

第20章

ピーター・マコーズランド

Peter McCausland

アービトラージャーのなかには、あからさまに短期的な利益を追及する者がいる。ゴールドマン・サックス出身で、派手なオフィスをかまえる者もいる。イートン・パーク・キャピタル・マネジメントの連中（エリック・ミンディック）のようにだ。それから、ジョン・ポールソンがいる。私はポールソン氏と話をするのが好きだった。彼は私の話に耳を傾けてくれているように思えた。だが、その翌日、彼らはわれわれに賛成票は投じないと言ってきたのだ。かなり筋の通っていると思われるアービトラージャーも少しは存在する。世界のパッケージガス業界についての議論に取り組もうとした者も何人かいるが、イートン・パークの連中のようにデラウェア州会社法の話をしたがる者もいる。だが、そのすべては策略だったのだ。会話の目的は、われわれがプレッシャーを感じる弱点を探すことにあったのだ。その過程で、アービトラージャーのなかには本当に悪い奴がいる、素晴らしい人物は皆無であるが、幾人かはまともだ、とわれわれは考えていた。だが、議決権を投じる段になると、まともな人間は存在しないことが分かった。すべてのアービトラージャーやアクティビストは潜在的な取引に資金を投じるが、われわれはその取引と戦っているのだ……われわれのケースで言えば、アービトラージャーたちは長期的な視点で経営している企業に相対していたのだ。

ウォール街のリスクアービトラージャーやアクティビストが、ピーター・マコーズランドのヒットパレードでは上位に位置しないことは明らかである。だが、熟練の弁護士でもあるマコーズランドがかつてはM&A専門の法律事務所を経営していたことを考えると奇妙に思えるかもしれない。マコーズランドが、三三年にわたる企業経営において、本業の成長だけでなく、およそ五〇〇件にも上る買収を通して自らの企業を築き上げていったことを知れば、ますます不思議に思うかもしれない。マコーズランドが、二〇一五年に起こった彼の会社に対する一〇三億ドルの買収交渉に自ら臨み、その後、同社を去った――これによって彼の個人資産はなんと一〇億ドルも増大した――ことを知ったら、おそらくは彼のウォール街に対する軽蔑は気がふれているとして無視されるであろう。

二八億ドルの債務引き受けを含むこの取引では、マコーズランドが一九八二年に設立した企業に一三四億ドルのエンタープライズ・バリューが付けられた。これは、あとにも先にも、パッケージガスの流通業界における統合で支払われたいかなる金額よりもEBITDA（利払い・税金・償却前利益）に対するマルチプルが大きいばかりでなく、たった四年前にマコーズランドと彼の会社の取締役が拒否したことでおおいに非難を浴びた悪名高い買収提案の二倍以上の価格である。ついでに記せば、この取引は、発表前の同社の一カ月の平均株価に対して五〇%以上、五二週平均に対して二〇%超のプレミアムに相当した。一九八六年のIPO（新規株式公開）で株式を取得し、長期にわたり保有を続けた数少ない幸運な株主に対して、同期間にS

&P500が七〇〇%のリターンを上げるなか、マコーズランドが創業したこの会社は一万三〇〇〇%という驚異的なリターンをもたらしたのである。そして、マコーズランド自身がそのような長期保有者の一人であったのだ。

この六七歳の企業経営者はいまやジェントルマンファーマーであり、彼の家族が保有するフィラデルフィア近郊の一八二ヘクタールの農園を訪れるときには、蝶ネクタイにカーキ色のズボンを好んで身につける。彼は一年のほとんどをフロリダで過ごし、ナンタケット島でも余暇を楽しんでいる。冒頭の調子にもかかわらず、マコーズランドは癇癪持ちでも、気難しい人物でもない。それとは程遠い人物だ。だが、彼が三〇年以上にわたり育んできた企業こそがエアガスであり、年間三〇〇万ドルの売り上げしかないコネチカットの工業用ガスの流通業者を、年間五五億ドルの収益を持つパッケージガス業界を支配する企業にまで成長させたのだ。それこそがエアガスである。彼はけっして同社を売ろうとしなかった。ウォール街とおおいに戦い、先の「はなはだしく割安な」合併提案をはねつけたあとに、マコーズランドはこう説明している。「非常勤の会長に退き、またエアガスの独立を維持することを望んでいたのだ。だが、そうするチャンスはほとんどなかった」

戦線を敷く

ペンシルベニア州ラドノールを拠点とするエアガスは、全米で、工業用、医療用、特殊ガスならびに関連製品やサービスを提供する大手であった。二〇〇九年から二〇一一年にかけて、エアガスは近年でも、最も長く、最も醜い、敵対的買収のターゲットとなっていた。同じくペンシルベニア州を拠点に、工業用ガスや特殊な原材料の製造・流通を行うエア・プロダクツの経営陣は、金融危機以前は六〇ドル超で安定的に取引されていたエアガス株が四八ドル程度まで低迷するなか、折を見ては敵対的買収を仕掛けていた。アレンタウンに本社を構え、時にはエアガスの供給業者となり、時にはライバルともなるエア・プロダクツは、一四〇〇以上の拠点と、全米で一〇〇万を超える顧客との深い関係を有するエアガスの比類なき流通網を熱望していたのだ。

だが、両社は長年にわたるフレメニーであった。「彼らが素晴らしい会社だと思えるものは何一つなかった」とマコーズランドは断言する。「私は彼らのことを昔から知っていたが、彼らの文化はわれわれのそれとは正反対だ。終わり良ければすべて良し、というものだが、それは長い目でみれば痛手となる。朝の四時まで電話会議をして、夜通し近況報告を読んだ。だが、われわれはやられっぱなしになるつもりはなかった。私は全身全霊をかけて取り組んだんだ」

エアガスの取締役会がエア・プロダクツの不愉快な打診に全力で戦うことを決すると、その後、一八カ月近くにわたる買収劇は、M&Aにまつわるほとんどすべての事柄を引き起こすことになる。買収者側にはJ・P・モルガンとクラバス・スウェイン・アンド・ムーアがつき、被買収者側にはゴールドマン・サックス、バンク・オブ・アメリカ、そしてワクテル・リプトン・ローゼン・アンド・カッツがついた。当初、秘密裏に行われた交渉はきっぱりとはねつけられ、その後のより安い価格での公開買い付けも即座に拒絶された。資金が十分に手当てされた公開買い付けが行われ、買い付け価格は一株当たり六〇ドルから七〇ドルまで三度にわたり、からかっているかのように引き上げられた。不正かつ下品な振る舞いだとの非難が数多く寄せられた。そして、プロキシーファイトの結果、驚きを隠せないエアガスの役員会のうち三人が交代させられ、わずかな間ではあったが、マコーズランドも席を奪われた。その後、エア・プロダクツが選んだ取締役がエアガス側につくという皮肉な展開があった。敵対的買収が試みられるなかで、エアガスの価値は一株当たり七八ドルが上限だとするいくつかの第三者による分析が発表され、またデラウェア州の均衡法裁判所では何度となく訴え、訴えられるという展開を見せ、敵対的買収が公表されてから一年以上が経過したあと、エアガスの取締役会が買収を阻止すべくポイズンピルを活用することを嫌々ながらも支持し、不適切だと考える買収提案を拒絶することはエアガスの取締役会の受託者責任にかなうものだとする一五八ページにわたる判決文が発表された。最終的に、エア・プロダクツは何も手にすることなくこそこそと立ち去り、二年後、アクティビストのビル・アックマン率いるパーシング・スクエア・キャピタル・マネジメントが同社の低迷する株式を手にすると、CEO（最高経営責任者）は解任されてしまったのだ。

一方、マコーズランドとエアガスは仕事に戻った。二〇一一年の年次報告書のなかで、この創業者は株主に宛てて次のように記している。

渋滞からやっと抜け出し、目の前の広々とした道路を目にしたような気分である。安堵という言葉以上のものがある。自らの運命を取り戻したような楽観と自由を感じている。これがエアガスの今日の現状である。世界的なリセッションとわれわれの会社に対するエア・プロダクツの失敗に終わった敵対的買収は過去のものとなり、われわれはあるべき立場に立ち返ったのだ。つまり、成長のプラットフォームであり、業界に類を見ない組織文化である経営モデルを忠実に実行していくのだ。

しかし、二〇一五年の初頭になると、再びエアガスに紛れもない暗雲が立ち込めた。エア・プロダクツからの内々での打診を再び払いのけていたちょうどそのときに、アクティビスト投資家として有名なエリオット・マネジメントのポール・シンガーがエアガスで大きなポジションを構築したことをマコーズランドはおずおずと眺めていた。不吉な前兆を読み取ったマコーズランドは、エアガス取締役会の支持を得て、静かに行動を起こし、「エアガスに適切な価値を見いだし、重要なことにわれわれの文化と成長可能性とを信じてくれる素晴らしい企業」を探し始めた。マコーズランドは、フランスのエア・リキードが相応しい相手だと知る。一三〇億ドル超のバリュエーションだけが彼の心をとらえたのではなかった。マコーズランドはこう述べる。「エア・リキードは、エアガスで失われる職は四つか五つにすぎないと即座に発表した。シナジーがあったのはエア・リキードがヒューストンで行っていた事業だ。そこでは八〇〇人がレイオフされた。彼らは、卸売りとパッケージガスの事業をエアガスのラドノール本部に移したのだが、それでわれわれの五五億ドルの売り上げが二〇億ドルちょっと増えた。彼らはヒューストンからの巨大なパイプラインシステムを引き続き運営するつもりでいたのだが、われわれの社員はさらに大きなバルク売りとパッケージガスの事業を行うことになる。エア・リキードがわれわれのビジネスモデル、プラットフォーム、社員たちを引き受けようとしていることと、そしてエア・リキードがそれらすべてに満足していることを誇りに思う。それだけでも、エアガスがもはや独立した企業ではなくなるという失望のいくばくかは相殺されるのだ」

信頼の問題

マコーズランドはこう考えている。「アクティビスト投資が、経営陣を入れかえるべきときにやらなかったり、めちゃくちゃな買収を承認したりするような取締役がいる、劣悪な会社を再生させる助けになったことはない、などと言うつもりはない。すべてのアクティビスト投資を非難することはできない。だが、私が常々主張しているのは、コーポレートガバナンスにおいても、アクティビスト投資においても、万能な解決法など存在しないということだ。エア・プロダクツはビル・アックマンを迎え入れ、組織を再編させるに値したのかもしれない。というのも、彼らはかなり長いこと株主に迷惑をかけてきたからね。だが、あの時点で株価が低迷していたとはいえ、エアガスのような会社でも年複利で一八％ものリターンを投資家に提供してきていたのだから、われわれは少しばかり信用してもらってもよかったはずなのだ。株主は、長年にわたってある程度のパフォーマンスを残してきている経営陣を信頼してやるべきだろう」

彼はさらに詳しく述べる。「私は、わが社の株価が市場や大企業よりも大きく下落したことはない、などと言うつもりはない。われわれは小型株であり、市況産業のなかでも中規模に位置していた。だが、わが社の株は常に市場よりも大きく上昇し、リターンはかなり安定していたのだ。つまり、わが社の売り上げの三分の二を占め、まさに事業の牽引役と言えるガスとシリンダーのレンタルにおいて、既存店売り上げがマイナスとなった年は一度もなかった。ガスの売り上げとシリンダーのレンタルが実に一四％も減少したグレートリセションのときまではね。だが、その低迷のあおりを最も受けた二〇一〇年三月三一日付けの年度決算では、わが社の営業活動によるキャッシュフローは史上最大となったのだ」。マコーズランドはこう説明する。エアガスは「かなり劇的に費用の削減を行った。それまでにはめったになかったことで、というのもわれわれは常に費用に関してはかなり厳格であったし、それまで人員などの削減を行ったことは一度もなかった。だが、金融危機のさなか、われわれは雇用を一〇％削減した。運転資本ならびに資本支出も減少した。われわれは債務の返済も行った。そして、シリンダーのレンタル事業は増大を続けていた。これはビジネスの面白い点の一つだ」。

エア・プロダクツを撃退したことに伴う動揺と費用にもかかわらず、リセッション下でエアガスのキャッシュフローが堅調で、翌会計年度には利益が急回復したのは、自然とそうなったわけでも、偶然の産物でもないとマコーズランドは説明する。「これは、ＣＯＯ（最高執行責任者）であるマイク・モリニーニ率いるわれわれの社員がいかに素晴らしいかを証明するものである。われわれは彼らに『さぁ、われわれはエア・プロダクツを撃退することに集中する。君たちは企業を運営し、利益を出してほしい。自分たちでコントロールできることに集中してほしい。われわれはわれわれができることでベストを尽くす』と言ったのだ。そして彼らは自分たちの責務を全うし、アウトパフォームしたのだ。素晴らしいことだ。われわれが勝利を得たとき、私は彼らにこの勝利は彼ら一人一人のおかげだとはっきりと伝えた。敵対的買収が仕掛けられている間、わが社の大株主の多くが去っていったが、自分たちの持ち株を売らずに会社を救ったのは、エアガスの社員たちだったのだ。彼らは一生懸命にがんばったのだから、それを伝えてあげなければならなかったのだ」

会社が見事に回復したのは、「長年にわたって自分たちのビジネスモデルと哲学を発展させてきたこと」の報いである、とマコーズランドは断言する。また、何年間も「フラットな組織で、可能なかぎり顧客に親身な意思決定を行う、分権化され、起業家精神にあふれる運営体制」を育んできたおかげでもある。マコーズランドは自慢げにこう付け加える。不当な圧力のなかで、エアガスが高いパフォーマンスを示したことは、「長年にわたり試行錯誤を繰り返しながら、自分たちの目標や目的、そして報酬とを見事に整合させてきたことの証明である。われわれの報酬体系はかなりレバレッジの利いたもので、平均的な企業よりもかなりリスクが高いのだ。つまり、上位四〇〇人は、年に一度ボーナスを満額受け取るとすると、現金による報酬の五〇％をボーナスが占めることになる。さらに、わが社のストックオプション制度はほかの大会社の制度とは異なり、経営幹部にたくさん割り当てられるのではない。組織に広く浸透させているのだ。というのも、ストックオプションを手にすることで従業員たちは自分たちがオーナーであるかのように感じるからだ」。さらに、事業が回復し得たのは、それまでの三〇年間、エアガスが持てる時間と意識とを「顧客の満足度を高め、彼らと最良の関係を構築することにつぎ込んできたこと」が要因である、とマコーズランドは言う。それには、外販、社内の営業サポート、電話セールス、Eコマース、カタログ販売、積極的なテレマーケティング、大口口座向けの戦略的プログラムなど、多角的な営業チャネルの構築も含まれる。「わが社には、食品冷凍機メーカーや鉄鋼メーカー、溶接工を支援するプロセススペシャリストがいる。わが社には溶接工向けの大きなグループが存在する。サプライチェーンの専門家もいる。われわれは本当に長い時間をかけて顧客との付き合い方を発展させてきたのだ。われわれは本当に長い時間をかけて四八〇件の買収を行い、業務プロセスの標準化、改善に取り組んできたのである」。同時に、「エアガスは独自に、スモール・バルク・ガス・プログラム、全国規模の流通センター、耐久消費財の物流の高度化、国内の特殊ガスのプラットフォームなども展開させていった。本質的にも一流の事業会社となったのだ」と創業者は断言する。

徹底したデューデリジェンス

統合が進む業界においても、エアガスが三〇年余りのうちに行った四八〇件という買収は驚異的なペースである。それらは小さな案件とは限らないのだ。数多くの圧縮ガスの独立系流通業者に加え、ライバル企業であるピューリタン・ベネット、BOC、リンド、エア・プロダクツのパッケージガス事業、安全機器の電話セールスを行うIPCO、装置レンタルのレッド・D・アーク、リンドのアメリカにおけるバルクガス事業なども時間をかけて取り込んでいったのだ。マコーズランドは若きM&A弁護士として、「企業を買うかどうかの判断はビジネスマンが下すが、その価格が適正かどうか確かめるのが私の仕事だ、と常々考えていた」と説明する。さらに「合意した価格は五〇〇〇万ドルであるかもしれない。だが、あらゆる偶発債務を想定すれば、実際の価格ははるかに高いものともなり得たかもしれない。また、その会社のビジネス慣行がひどいものであったら、訴訟を起こされることもある。だから、私はエアガスで買収計画を進めるあたって、徹底的にデューデリジェンスを行うことを教義の一つとしていた。もう一つは契約書の文言に細心の注意を払うことで、そうすれば、仮に何かが起こったら、責任はかつてのオーナーのものとなる。われわれはすべての案件でそれを厳格に行ったのだ」。

論より証拠と言われるが、エアガスは本当に厳格だった。何度も買収を行った企業のほとんどが、何年にもわたって「経常外」の費用や償却を繰り返す結果となる一方で、エアガスの財務諸表は驚くほど減損とは無縁である。マコーズランドはこう述べる。「ラトランド・ツールという会社を売却したとき、一度に多額の減損を計上した。われわれはわが社の事業と相性が良いと思ってその会社を買ったのだが、実際はそうではなかった。われわれが犯した唯一の大きな過ちだった。だが、われわれは長年にわたって多額の利益を出してきたし、企業の歴史を通じても、GAAP(一般に公正妥当と認められた会計原則)による利益と独自の調整後利益との差は二%に満たなかった」。比較のために、彼は大嫌いなエア・プロダクツではGAAPと調整後利益との差は「四〇~五〇%にもなるのだ」とそれとなく口にする。投資家の多くは「特別費用は重要ではないと考えるが、長期的に考えれば極めて重要なものなのだ」とマコーズランドは指摘する。

エアガスの創業者は、「企業は株主のものであり、究極的には彼らの投資価値を増大させるよう経営しなければならない」とためらうことなく認める。だが、こうも警告する。「顧客を開拓しても、彼らを大切にしない、そして従業員たちも同じようにしないとしても数年間は大丈夫かもしれない。だが、長期的には価値を創造することはできないだろう。それこそが長期的に経営するか、短期的に経営するかということであり、投資の世界は短期的なことに大きく焦点を当てている。彼らは常にプレッシャーを受けている。彼らは短期的な結果で報酬が決まってしまう。ウォール街には何百万ドルも稼ごうとする詐欺まがいの連中がたくさんいることを知っているだろう」

保守的な価値観

マコーズランド家が所有するフィラデルフィア近郊の農場を訪れた者なら、彼の好みは間違いなく長期的な価値に傾いていることに何の疑いも持たないであろう。母屋は、金ぴか時代の建築家ホレイス・トランスバウアー（数あるなかでも、フィラデルフィア美術館、ニューヨーク・イブニング・ポストビル、ハーバード大学のワイドナー記念図書館が有名）が設計した大邸宅を徹底的に改修したものである。建物の構造は一七六四年当時のままで、一八三〇年代に増築が行われたが、「一九一二年にジョージ・ワイドナーが購入したときにトランスバウアーにすべてを改装させ、彼が本当に特別な建築物に作り変えたのだ」とマコーズランドは言う。この著名建築家は、室内にテニスコートを設け、馬や羊の小屋を建てたりしたのだが、超がつく大金持ちで、フィラデルフィアの路面電車ならびに鉄道の大立者の息子であるワイドナーがそこでの生活を享受することはなかった。彼はタイタニック号とともに沈んでしまったのだ。

この大邸宅の歴史を語るにあたり、本当に特別なのはそのロケーションである。都心の雑踏と高層ビル群からほんの二四キロほど、幹線道路の喧噪からほんの数分のところに位置し、森や牧草地からなる一八〇ヘクタールもの田園風景に囲まれ、「エルデンハイムファーム」として長く知られている。この土地では、植民地時代から農業が行われているのだ。「開発業者に売却され、取り壊されそうになっていたので、妻と私は二〇〇九年に賭けに出て、買うことにしたのだ」とマコーズランドは説明する。地元の環境保護基金も乗り出してきたこの取引をまとめるにあたり、マコーズランド夫妻は、農地をオープンスペースとして永久に保存することに合意した。二〇一五年、彼らは成年となった子供たちに農場を信託し、フロリダへと引っ越したのだ。若い世代は、地元の奉仕団体と一緒に「もう一度人々と原産地をつなぐ」農場として運営している。農業活動によって季節の果物や野菜、ハーブが育てられ、農場のスタンドで販売されるとともに、家畜として賞を受賞したモーガン種の馬や、放し飼いの鶏、またミツバチたちの住まいともなっているのだ。

ある意味これは、マコーズランドが一九八〇年代初頭に液化石油ガス業界に魅せられることになる、古き良き保守的な価値観の実在例である。「私は弁護士として工業用ガスの会社のために働いていたのだが、そのビジネスで好きだと思えることがたくさんあった。主たる資産はクロモリ鋼製の高圧ガスボンベなのだが、これが事実上、永久に利用できる。われわれも二〇世紀初頭に製造されたかなり古いものを持っているが、いまだに利用できるのだ。別の主たる資産は低温貯蔵機だが、これは三〇～五〇年はもつ。これらは稼働する部品もなければ、めったに動かされることもない。いくばくかの運転資本を投入すればよいだけの、素晴らしいビジネスだったのだ。また、発展がとても漸進的なビジネスだということも気に入った。出かけていって、フルスイングする必要などなかったのだ」。この比喩に、マコーズランドはエアガスの社員たちに教え込んだ考え方を思い出した。「ビジネスは塁に出ることが大切だ。ヒットだろうが、フォアボールだろうが、デッドボールだろうが、その方法は重要ではない。取り組んでいるかぎり、時には悪球を避けなければならないこともあれば、バットが折れてもヒットになることもあるのだ。このある種の漸進主義が私にはとても魅力的だった。フライホイールが回り出すまで、こっちで一歩、あっちで一歩と積み上げていくことができる。そして、すべての化学反応もまた面白いと思ったのだ」

「興味がない」

「もうひとつの魅力はエアガスの信じられないくらい多岐にわたる顧客ベースだ」とマコーズランドは続ける。そこには、病院もあれば、診療所や歯科医や溶接工もいる。冷却材、アンモニア、プロセス薬品、特殊化学品などを産業で用いる利用者もいる。「その多様性に対応するために、われわれは極めて分権化されたビジネスモデルを構築したのだ。つまり、顧客と直接やり取りをしなければならない前線の人々に多くの自主性と責任を持たせたのである。さまざまな意味で、ローカルなビジネスであり、ローカルなレベルでどれだけうまくやれるかが最終的に成否を決めるのだ。例えば、顧客は自分のために素晴らしい仕事をし、問題を解決し、さらなる成功を得られるようなことをしてもらえるならば、喜んで価格の引き上げを受け入れるであろう。そうするためには、自主性と責任を進んで受け入れる人材、公開会社として株主に対応するために必要な情報を進んで伝えるような人材を育てなければならない。だから、われわれのビジネスモデルと哲学を構築するには非常に長い時間がかかったのだ」

マコーズランドは、エア・プロダクツがやってきたとき、退却しようとは少しも思わなかったとはっきりと主張する。「第一、われわれには大きな成長余力があった。われわれのビジネスはその時点で軌道に乗っていたし、わが社初のエンタープライズ・ソフトウェア・システムであるSAPをすべての買収会社に適用しようとしていた。なすべきことはたくさんあり、株主のために多くの価値を創出できると確信していたのだ。次に、金融危機のさなか、わが社の株価は四〇ドル台という安値まで下落していたので、エア・プロダクツの買い付けのタイミングは極めて日和見的だったのだ。われわれは、大きく落ち込んだ株価に対して三〇%、四〇%のプレミアムを付けられても売りたいなどとは思わなかった。というのも、それでも以前の株価よりもはるかに低いのである。最後に、われわれはエア・プロダクツをよく知っていたが好きではなかったのだ。彼らのバルクガスの売り上げや取扱量は大きなもので、巨大なパイプライン事業もやってはいた。二〇〇二年初頭、彼らがパッケージガス事業をわれわれに売却したとき、彼らはわれわれの望みを聞いてやったのだというような振る舞いをしたのだ。だが、実際は、彼らはあの事業をほったらかしていたのだ。われわれは、あの会社が高価な特殊ガスを大量に取り扱っており、正しく経営すれば大きな価値を持ち得ることが分かっていたので、ともかくも取引したのだ。当時、エア・プロダクツはわが社の長年にわたるサプライヤーの一つであり、パッケージガス事業を買ったあとでは最大のサプライヤーの一つとなった。あの取引には、われわれが彼らにより多くの仕事を与えてやったという側面もあるのだ」

しかし、さらなる取引から、サプライヤーと顧客の気心知れた関係が生まれることはなかった。マコーズランドはこう述べる。「彼らは一九九〇年代中盤から後半にかけて、われわれに対してひどい仕打ちをしたので、われわれはエア・プロダクツから仕入れていたいくつかのバルク製品を取って代えるべく、オクラホマとアーカンソーに空気分離装置をいくつか建設したのだ」。これらのバルクガスの工場が立ち上がり、操業を始めると、「彼らのもう一社の大口顧客」が仕入れ先をエアガスに乗り替える判断を下したことが判明した、とマコーズランドは振り返る。「あれは彼らに対する警告ともなり得たのだろう」と彼は反芻する。だが、エアガスは、エア・プロダクツのバルクガス市場をものにしようなどとはまったく考えていなかった。「われわれは、自社の強みであるパッケージガス事業を拡大することのほうが興味があったし、全国的なプラットフォームを築き上げるためにやるべきことがたくさん残っていたのだ」

マコーズランドは続ける。「二〇〇二年にエア・プロダクツのパッケージガス事業を買収した後、二〇〇四年にはBOCグループのパッケージガス部門を買い、二〇〇七年にはリンドのパッケージガスとバルクガス事業を買収したのだ」。この最後の取引によって、バルクガス市場におけるエアガスのシェアは一夜にして一〇％まで増大し、図らずもエア・プロダクツの大きなライバルとなり、また、エアガスはアメリカで垂直統合を行った、たった二つのガス供給業者の一社となったのだ。マコーズランドが説明するとおり、「リンドはパッケージガス事業を売却したくはなかったのだが、BOC買収の承認を得るためにFTC（連邦取引委員会）は同社のバルク部門を売却するよう要求した。そして、彼らは、われわれがバルク部門を買うことをFTCが認めることを知っていたのだ。そこで、われわれは、パッケージガス事業も手に入れられるなら、バルク部門を買うと彼らに伝えたのだ。彼らは買収によって多額の負債を抱えていたので合意したんだよ」。結果として、二〇一〇年が幕を開けると、エアガスは全米で一六のバルクガスの空気分離装置を運営し、販売されるガスの三〇％近くを生産するようになった。そして、エア・プロダクツと真っ向から相対する立場に立ったのである。

エア・プロダクツが初めて内密に買収を提案してきたのが二〇〇九年一〇月の半ばであり、そのとき同社CEOのジョン・E・マクグレードは、一株当たり六〇ドルでの株式交換を口頭で提案してきた、とマコーズランドは説明する。だが、これは「侮辱的な」提案だとエアガスの取締役会は即座にはねつける。一カ月が過ぎたころ、マクグレードはマコーズランドに一方的な手紙を送りつけ、同じ買収価格を繰り返し提案した。ここでもまたエアガスの取締役会がこの提案を拒絶すると、マクグレードは一二月の中旬になって、一株当たり六二ドル、現金と株式による買収を提案する書状を送りつけてきた。マコーズランドとエアガスの取締役会は再度拒絶する。これらの交渉はすべて内々で行われたのだが、エア・プロダクツはクリスマス休暇中はそれ以上何も言ってこなかった。二〇一〇年一月四日、マコーズランドは、提案はエアガスを「甚だしく過小評価している」とする書状をマクグレードに送りつけた。だが、エア・プロダクツは「ジャスト・セイ・ノー（just say no）」という回答を聞き入れようとはしなかった。二月四日、エア・プロダクツのCEOはエアガスに対し、一株当たり六〇ドルの現金による正式な敵対的、かつ価格を引き上げての買収提案を行う書状を返してきた。翌朝、マクグレードは書状を公開し、マスコミに対して、この提案がこれまで何度か私的に行われた提案と同様にはねつけられることがあれば、敵対的なプロキシーファイトに打って出る準備があると語ったのだ。

スパーリングの始まり

マクグレードによる「低め」の公開買い付けは、書状が送られてきた日の四三・五三ドルというエアガス株の終値に対して三八％のプレミアムが付いた価格ではあったが、グレートリセッション直前のエアガスの時価を下回るものだった、とマコーズランドはバカにしたように指摘する。債務を含めると、エア・プロダクツの買い付けはおよそ七〇億ドルであった。エアガスの創業者はこう付け加える。「われわれのチャンスが大きくないことは分かっていた。ただ、戦わずして引き下がりたくなかったのだ。それに、エアガスのすべての取締役は私を全面的に支持してくれた」。二四時間以内に双方が提訴した。エア・プロダクツは二月四日の夜にデラウェア州均衡法裁判所に駆け込み、マコーズランドは取締役会が買い付けを検討することを不当に妨害することで「私腹を肥やそうとしている」と非難した。翌日の午後、エアガスは反撃に出て、エア・プロダクツの弁護士であるクラバスを利益相反ならびに機密保持違反のかどでペンシルベニア州裁判所に訴えた。「クラバスはエア・プロダクツの顧問を長いこと務めていた」とマコーズランドは認める。「だが、彼らは一〇年間にわたり、資金調達に関してわが社の代理人も務めていて、エアガスの二〇の案件を担当していたのだ。実際に、エア・プロダクツは敵対的買収を仕掛けるにあたってクラバスを利用するだろうが、クラバスは債券発行でわれわれの代理人を務めていたのだ。その債券発行に関する報酬を受け取ったあと、クラバスは『ところで、これ以上は一緒に働けません』と言ってきた。だからわれわれは彼らを訴えたのだが、和解の条件は教えるわけにはいかない」。そして、「エアガスの取締役会がそれを承認した、ということ以外はね」と彼は付け加える。

二月九日、エアガスが六〇ドルでの買収提案を正式に拒絶すると、その二日後、エア・プロダクツは資金を満額準備したうえで六〇ドルでの公開買い付けを仕掛けてきた。醜い戦いは始まったばかりであった。一週間後、エア・プロダクツはデラウェア州での訴訟内容を修正し、買収提案を拒絶したエアガスの取締役会は誠意をもって行動していないと非難した。また、エアガスの主たる投資銀行であるゴールドマン・サックスもエア・プロダクツの直近の割り当てを受けているのであるから、同様の利益相反を犯しているとほのめかすことで、クラバスの利益相反に対するエアガスの「腹黒い」非難に対する反論を試みたのだ。

ローブロー

七年が経過した今でも見るからに怒りの収まらないマコーズランドは、その後の「ローブロー」を振り返る。翌朝、彼は「エアガスのボスは何を考えていたのか」とするニューヨーク・タイムズの見出しに気づいた、という。スティーブン・ダビドフ・ソロモンとピーター・J・ヘニングによる二〇一〇年二月一二日付けのタイムズの記事は、エア・プロダクツによるデラウェアでの修正後の訴状から抜粋したことが明白なものだったが、マコーズランドの敵は、彼が一月五日にエアガス株三〇万株を取得するオプションを行使したことで、善管注意義務違反を犯した、と伝えた。その記事では、マコーズランドが行動を起こしたのは「エアガスがエア・プロダクツによる二度目の友好的な買収提案を拒絶した翌日だ」と続いていたのだ。そして、思慮深い記者は記事が言うところのマコーズランドの「目の前の未実現利益」を算出し、「オプションの行使が彼に税制面で有利に働くのは確かであり、インサイダー取引に問われる可能性もある。マコーズランド氏がこのオプションを行使した際、彼はエアガスに関する非公開の重大な情報を手にしていたのだ……」と意見した。そして、記事ではこう付け加えられていた。「チャレラ対合衆国に対する最高裁判決で示された、いわゆる『古典的な』インサイダー取引の理論では、企業の将来計画または見通しに関する機密情報を有していながら、自らの会社の株式を売買する経営者または取締役は株主に対する善管注意義務違反を犯していることになる。ここで思いつく疑問は、インターセプトされてチャンスをつぶしたブレット・ファーブが問われるものと同じである。つまり、『彼は何を考えていたのか』」

「インサイダー取引ときた」。マコーズランドはこう説明する。「すべての通信社がこれを取り上げた、『マコーズランド、インサイダー取引で告訴』とね。私の子供たちもそれを目にした。私はエアガスの顧問弁護士からも、ワクテルからもオプション行使の承認を得ていたし、私はそれらのオプションを割り当てられ、その株式も私のために確保されていた、というのが真実だ。私は、定められた行使価格を支払い、株式を発行する旨会社に伝えれば良かったのだ。私は議決権を増やしたかったから実行したのだ。それに、株式を売らなかったのだ」。弁護士然とした彼の振る舞いがそれを明確にしているが、マコーズランドはこう説明する。「連邦の判例では、オプションを行使しただけではインサイダー取引とはならない。エア・プロダクツは本当に用心深かった。彼らは訴状のなかで私がインサイダー取引の規制に違反しているとは言わなかったのだ。彼らは、私はインサイダーであり、オプションを行使した、とだけ言ったのだ。彼らはそれをメディアが興味を持つように説明し、買収騒動の間中、ニューヨーク・タイムズの『ディール・プロフェッサー』のコラムニストと密接に連携したのだ。だが、それが連中のやり方だ。彼らは、私は堅物で、けっして会社を売らないだろうし、取締役会を支配しているのだ、と主張したのだ。すべてがその調子だった。私は、わが社の株主のために長年にわたって一生懸命に働いてきたのだが、エア・プロダクツはわれわれが降参すると思っていたのだ」

だが、エアガスは一歩も譲らず、二月二二日に、エア・プロダクツの「著しく割安で、極めて日和見的な」買収提案を正式に拒絶するとともに、買収者による「個人攻撃と人を欺くような主張」を公然と非難したのである。エア・プロダクツは同様の対応手段を取り、あらゆるレベルでの全面戦争の準備が整えられたが、それがさらに一年もの間続いたため、短期志向のウォール街のアービトラージャーたちをがっかりさせた。マコーズランドはこう認める。「わが社のアドバイザーたちですら、われわれが独立を維持できるチャンスはわずかでしかないと考えていた。彼らは『エア・プロダクツに買われることはないかもしれないが、これであなたがたが独立を維持できる可能性はかなり低い』と言う。ニューヨーク・タイムズの『ディール・プロフェッサー』コラムも同意見で、エアガスが独立企業として存続するには『奇跡が必要だ』と記したのだ」

アービトラージャーたちの手に

だが、エアガスの創業者は立ち止まろうとはしなかった。おそらく彼は、エアガスが二〇余年にわたって「大きな株主価値を創造し」、率直にコミュニケーションを図ってきたトラックレコードは、戦いに巻き込まれた株主たちにも受けは良いはずだと無邪気にも考えていたのだ。一方で彼は、エア・プロダクツが、ニューヨーク・タイムズのコラムニストが後に「見事だ」とした戦略を通してエアガスを不利な立場に追いやっていくのを、うんざりしながら眺めていた。ちなみに、その戦略とは「エアガス株の半数近くが、買い付けに喜んで応じる有力な株主となるアービトラージャーたちの手にわたるよう買い付け価格を操作した」(『ニューヨーク・タイムズ』二〇一一年二月一六日付けのスティーブン・ダビドフ・ソロモンの記事)ことである。マコーズランドはずばり言う。「エア・プロダクツのCFO(最高財務責任者)であるポール・ハックはアービトラージャーたちに買い付け価格を引き上げるつもりだと伝えたようだが、どれだけ引き上げるかは伝えなかったのだ。彼らに株を買い増してもらおうとしたことは明らかで、彼はアービトラージャーたちを操ろうとしたのだ。連邦証券法では、買い主が特定の相手に私的に情報を流すことを禁じているはずだ。だが、彼が買値を引き上げるたびに、古くからの株主の売りが増え、アービトラージャーたちの株式保有が増えていったのである。そして、あっという間に六〇％が短期資金の手に落ちた。ファンダメンタルズ系のファンドの多くはただ言い値で売るだけだった。なぜなら、彼らは自分たちはとても賢いと考えているので、資金を動かせばいつでも利益が得られると思っているのだ。そして、買い付けに応じれば、彼らの四半期業績も向上することになる」

エアガスとマコーズランドは、法廷闘争における初期の小競り合いではほとんど負けていた。三月、裁判を担当するデラウェア州判事のウィリアム・B・チャンドラー三世は、エア・プロダクツの要求どおりに訴訟の公判予定日を決定したが、それによってエアガスは年次総会の開催日の選択肢がおおいに制限されてしまった。その後、エアガスは年次総会の日取りを九月一五日に決定する。五月中旬までに、エア・プロダクツはエアガスの取締役候補を指名し、自ら望む三つの定款変更の詳細をつづった委任状を提出した。そのなかで最も重大だったのが、九名の取締役の任期がバラバラで、年次総会のたびに三人が改選となるエアガスに対して、二〇一一年の年次総会の日取りを一月に行うよう強要したことだ。これは二〇一〇年の年次総会から四カ月ほどしか経過しないことになる。実際に、この変更によってエア・プロダクツがエアガス取締役会の席の三分の二を手に入れるチャンスが生まれることになる。攻撃と反撃に彩られた長く、暑い夏が幕を開け、両社とも、そのときまでにエアガス株の多数を握っていたアービトラージャーたちのご機嫌をうかがうべく努力していた。

大量のホットマネーがエアガス株に流入したことで、「株主の大多数が、われわれに戦いをやめて、会社を売却してほしいと考えていたことは間違いない」とマコーズランドは認める。「だが、取締役会はすべての株主を代表しているのであり、それに取締役会は期差任期制度をとっていたのだ」。マコーズランドは、買収闘争のさなか、エアガスの期差任期制度を守ったことでひどく非難されたのだが、彼はいまでも後悔してはいない。「期差任期制度は非民主的で、株主のためにならないと言うが、それはまったくもっておかしい。アメリカの上院は、議席の三分の一が二年ごとに改選されるのであり、期差任期制度と同じようなものだ。上院も、デラウェア州会社法で認められている期差任期制度条項も、継続性を支持する民意の影響を抑えるガバナンス体制の例なのだ」

株主としてのアービトラージャー

マコーズランドは、エア・プロダクツとの戦いが苦しいものであったことを否定しない。「私の人生のなかではひどい時間だった。われわれは長年にわたり素晴らしいリターンを提供してきたにもかかわらず、株主たちは誠意を示してくれなかったので、かなり不公平な扱いを受けていると感じていた。株主たちは、アービトラージャーたちに株式を売るのではなく、われわれに忠実であり続けるはずだと考えていた。それが最も残念なことだった。私に言わせれば、アービトラージャーはあくまでアービトラージャーなのである。彼らを説得しようと努め、優れた投資テーマを持ってはいたけれども、そこに忠誠心のようなものはまったく期待していなかった。実のところ、彼らが求めるたびに面会しなければならないことが不満であった。だが、われわれのアドバイザーたちは、アービトラージャーたちはすでにわが社の株主になったのだから、そうする義務があると言うのだ。そこで、われわれは彼らとのあらゆる時間は電話で済ませた。なかには本当にひどい奴もいた。大ぼら吹きで、脅したり、おだてたりしてくるのだ。われわれは全員を特別扱いした、というのも彼らを説得できると期待していたからだ。だが、アービトラージャーやアクティビストたちは、発生した取引に投資しているので、長期的な成長に向けたわれわれの計画に耳を傾けようとはしなかった。ところで、この極めてストレスの多い時期にあって、本当に素晴らしいことが一つあったことに言及しなければならない。時代遅れのエアガス取締役会がどう振る舞ったか、である。大きな圧力を受けながらも、彼らは本当に素晴らしかった。特に、会長となったジョン・バン・ローデン、経営陣と一緒にアービトラージャーたちと面会していたリー・トーマスは素晴らしかった。そして、取締役会全体が防衛に力を尽くし、彼らは皆、エアガス株主のために素晴らしい仕事をしたのである」

マコーズランドは振り返る。その夏を通じて、「私はおそらく一〇回はニューヨークに出かけていった。われわれは、イートン・パークやポールソン・アンド・カンパニーなど最も大口のアクティビストにわれわれを支持するよう説得しようとしたのだ。それから、われわれの委任状勧誘者の事務所で、より小口のアービトラージャーの一団とも面会した。確か一度に一〇人くらいだ。それらの面会に何人かの役員を連れていったことも一～二度あった。彼らには膨大な時間を無駄遣いした。私は『みなさん、私はあなたがたがアービトラージファンドであることを承知しています。でもあなたがたは素晴らしい会社に投資をしたのです』と言ったのだが、だれもわれわれに賛成票を投じなかった。彼らは、われわれのビジネスモデルやポイズンピル、期差任期制度について議論しようとする。わが社のライバル企業は強くなっていると言い、わが社の業績について話したがる。だが、彼らが本当にやりたかったのは、われわれにさらなるプレッシャーをかけること、そして弱点を見つけることだったのだ」。

彼は続ける。「彼らは疑念と不安の種をまきたかったのだ。そして私は、株主に対して想像し得るかぎりで最悪の罪を犯したと非難する手紙を受け取ったのだ」。ある出来事に今でも心を痛めている。「われわれはある男に会いに行った。彼は一流の人物で、アービトラージャーたちの指導者的存在だと聞いていた。面会の席では完璧なまでに誠実だった。そして彼は、私の株主に対する対応方法に関するこのひどい手紙を書いたのだ。心底腹が立ったよ。だから、私は返事をしなかったのだ」。そしてマコーズランドは肩をすくめて、こう述べた。「だが、戦いが始まってからの傾向を考えれば、この手紙に驚くべきではなかった。だが、私はそれまで敵対的な案件に取り組んだことがなかったのだ。アービトラージャーのなかにも話の分かる者はいると考えていた。今起きていることがバカげていることを彼らに理解させれば良いと考えていた。年複利で一八％ものリターンを上げてきた会社なのだ。世界で最も優れた市場で、最大の独立系パッケージガス会社なのだ。仮に売却されるとするなら、株価が低迷しているなかでの敵対的買収にされるがままになるのではなく、買い付け価格を最大化できるような環境で売却できないのだろうか。私はそう考えて取り組んできた。理性のありそうな奴もいたが、われわれを支持した者は皆無だったのだ」

機関投資家の偽善

マコーズランドを驚かせたのは、株主となっていたインデックスファンドが程度の差こそあれ、自動的にアービトラージャー側についたことだ。「今やインデックスファンドは、私のなかでアービトラージャーのカテゴリーにある。おそらく、最悪の部類のアービトラージャーからは一番離れた存在であろうが、彼らはそのカテゴリーにあるのだ」。エアガスの創業者はこう続ける。「一例を挙げよう。われわれは、高い評価を受けている大手機関投資家に会いに行って、彼らが運用するインデックスファンドでわれわれに賛成票を投じてもらおうとした。私はそれまでに同社の会長とCEOに会ったことがあったのだ。エアガスは彼らを通じておよそ一〇億ドルほどの四〇一kを運用していた。それで、彼ら経営幹部は同社のコーポレートガバナンスの担当者やその他三〇人ほどを呼び入れ、われわれは売り込みを行った。だが、彼らはわれわれを支持しなかった。彼らは私を会長から解任することに票を投じたのだ。彼らは面会の場でそうするつもりだと言ったのだ。だから私は尋ねたよ。「なぜだ、われわれは株主に対して年複利で一八％ものリターンを生んできた。われわれはまったくもってガラス張りだし、スキャンダルも、利益修正も一度もない。完璧な受託者だと。そして、こう付け加えた。『これは悪い取引なのだ』」

マコーズランドは続ける。「機関投資家のコーポレートガバナンスの責任者はこう返答した。『われわれはインデックスファンドなんです。つまり、エアガスよりもエア・プロダクツを多く保有しています。そして、あなたがたにとって悪い取引ということは、彼らにとっては良い取引なのですから、われわれの受益者にとっては良い取引なのです』。だから、私はこう言ったのだ。『今日はそれでも良いでしょう。明日も有効かもしれません。でも、優れたガバナンスを報いないのであれば、どうして優れたガバナンスを期待できるのでしょうか。〝どこかの会社が略奪をしようとも、自分たちはその一部を保有しているかぎり、利益は増えるだろうからかまわない〟というなら、長期的に考えて、企業経営者たちがあなたがた株主のために身を粉にして働くことをどうして期待できましょうか』」

息もつかせず、マコーズランドはこう主張する。「そこには言語に絶する偽善がある。彼らは今日、大規模なコーポレートガバナンス部隊を有している。それが短期主義以外の何物でもないのだ。システム全体が壊れている。つまり、推奨しているのは取引であり、トレードなのだ。機関投資家のポジションではいかなるときも小さな会社よりも大きな会社が優先され、大会社にとって都合が良いと思われる取引ならば、彼らは無条件に賛成票を投じるのだ。まったくのナンセンスだ。取引を奨励しているにすぎない。それじゃ、まるっきりアービトラージャーと同じだ。彼らはまとまりそうな案件に投資をしているのであり、長期的な視点で企業に投資しているのではない。これは、事業を行ううえで最も大切である顧客と社員たちが求めていることと、言うなれば長期的なコミットメントとは完全に相反するのであるから、本当に悲しいことだ」

九月一五日の株主総会が刻一刻と迫りくるなか、委任状を集計したところエアー・プロダクツに敗北しそうであることが明らかとなったエアガスはヘイルメアリーを投じた。同社は、株主が買収者の提案を退けたら、翌六月に年次総会を召集し、期差任期制度の廃止と大多数の改選を決議すると発表したのだ。また、エアガスはデラウェア州裁判所に、エアー・プロダクツによる定款変更の提案は法的要件を満たしていないとする書面を提出した。当初からエアガスは時間稼ぎをしていたのだが、「期差任期制度であるかぎり、少なくともさらに7四半期はエアー・プロダクツの低い買い付け価格を自社の利益をもって打ち負かし続けなければならなかったのだ」

とマコーズランドは説明する。だが、ほんの一週間後、エア・プロダクツも一斉射撃を開始する。同社はエアガスに対する買い付け価格を一株当たり六五・五〇ドルの現金、総額五四億八〇〇〇万ドルへと引き上げたのである。

否決される

採決の日がやってきた。委任状を集計すると、ファストマネーが勝利を収めていた。エア・プロダクツが指名した役員が選任され、マコーズランドの議席は一時的に保全されはしたが、エアガスの次回の年次総会の日取りを前倒しすることも含めた定款変更も承認されてしまった。マコーズランドは「最悪の状態だった。われわれは取締役会やすべてに対する支配権が失われるのを目の当たりにしたのである」と振り返る。極めて腹立たしかったが、彼はあきらめなかった。エア・プロダクツが勝ち取った定款変更には抜け穴があり、「全国的に認められたコーポレートガバナンスの専門家」がマコーズランドの適合性を認めるかぎり、エアガスの取締役会は新たに議席を追加し、会長ではないにしてもマコーズランドがその任に戻ることを可能としていたのだ。「そこでわれわれはある弁護士に一〇万ドルを支払って、会社を立ち上げ、経営し、取締役会会長を務め、ほかのいくつかの上場会社の役員を務めてきた私はその任にふさわしい、と言ってもらったのだ。そして、いくつか大口の機関投資家を含むわが社の株主はそれに賛成票を投じたのだ。私をそんな目に遭わせるなんてバカバカしいかぎりだ。彼らは会社の売却を望んでいたんだ」

株主投票の三週間後、デラウェア州均衡法裁判所が新しい定款を支持したことで、エアガスチームの未来は惨憺たるもののように思えた。マコーズランドはこう述べる。「最悪だった。裁判所は四カ月を一年と規定したんだ。実際に彼は、われわれは二〇一〇年の総会から四カ月も経過しないうちに次回の年次総会を開催しなければならんと言ったんだ。会計年度すら終わらないうちにだよ」。裁判所はエアガスの定款のうち「あいまいだ」とされた部分を裁定の根拠とした。「だが、それは本当にバカげている」とマコーズランドは抗議する。「エア・プロダクツが提案した定款でもまったく同じ文言が用いられていたし、ほかの公的書類でも、役員任期は三年だとしていたのだ。だが、彼らの弁護士たちは、期差任期制度による買収防衛策を弱体化させる方法としてデラウェアの法曹界で議論されていたこの理論を思いついたのだ」

その年の初め、ウォール街のセルサイドのアナリストたちは、買収対象となった企業に対するリサーチカバレッジを外したことでマコーズランドの怒りを買った。「自分たちはファンダメンタルズに基づいて取引されている銘柄だけをフォローするという言い訳だ。私は彼らに『わが社の利益を見てみろ』と呼びかけ続けたが無駄だった。公開買い付けはどうなっているか、ターゲット企業の潜在力はどうか、その価値が買い付け価格を上回るまでにどれくらいの時間がかかりそうか、と取り組むべき、理解すべき問題はたくさんあるのだ」。数人のアナリストが買収価格に対して当初懸念を表明していたが、マコーズランドの記憶に残っているのは、「『この会社には買い付け価格以上の価値がある』と言ってわれわれから離れずにいた者は一人もいなかった。ここでもまた、ほとんどの者たちがエア・プロダクツもカバーしていたのだ」

潮目が変わる

だが、マコーズランドとエアガスのインベスターリレーション担当役員のジェイ・ウォーリーはあきらめなかった。プロキシーファイトでの敗北後、彼ら二人は協力してアナリストとの電話にあたり、「われわれの利益は増大を続けているのであるから、彼らを恥じ入らせて、再びカバレッジを行わせようとした」。およそ三週間にわたってひっきりなしに電話をかけ、やっと三人のアナリストに調査リポートを出させることができた、とマコーズランドは言う。「そのうち二つで、エア・プロダクツの買い付け価格を上回るターゲット価格が示された。それらが発表されると、ほかの連中も飛びついてきた。だが、そのときには最終判決まで九〇日を切っていたのだ」。思いがけないタイミングだった。エアガスの法務チームは、デラウェア州の裁判所にアナリストたちの見積もりを何とか提示することができ、「向こう一二カ月の目標株価は買い付け価格を上回るとする外部の人々が存在することの証拠とした。九〇ドルとしたものもあったのだ」とマコーズランドは振り返る。

一方で、エアガスは、エア・プロダクツによる定款変更を支持する均衡法裁判所の判決を不服として、デラウェア州の高等裁判所に訴えた。そして、重要なことに、マコーズランド、彼の法律チーム、エアガスにとどまった古株の取締役たちは新参者の役員たちに働きかけを行ったのだ。マコーズランドはこう振り返る。「われわれは彼らを窮地に立たせたのだ。彼らはわれわれに味方することを望まなかったが、一〇月の最終週に至ってもはや彼らに選択肢はなかったのだ」

エア・プロダクツは自分たちが推薦した役員たちにそれぞれ一〇万ドルを支払い、プロキシーファイトではエア・プロダクツに味方することで合意していたが、新たに選出された取締役は最終的にエア・プロダクツによる一株当たり六五・五〇ドルの買い付けは「著しく不適当である」とすることに、エアガスにとどまっていた古株の役員とともに賛成したのだ。あるニュース記事が報じたとおり、案件に投機していたヘッジファンドのなかには、エアガスの取締役会によるこの決議で「心臓発作」を起こしそうになった者もいたであろう。だが、マコーズランドは用心深くも、この決議はワクテル・リプトンの「素晴らしいアドバイス」によるものだとした。彼はこう詳述する。「三人の新任役員は自分たちに弁護士を付けたいと主張したので、われわれはそうさせてやった。その後、彼らは新しい投資銀行家を加えたいと主張した。新たに参画したクレディ・スイスは、一株当たり七八ドルというより高いバリュエーションを付けた。これはわれわれがそれまでに提示されていた二つの価格よりも高いものだ。これを受けて、新任役員の一人はこう言ったのだ。『自分たちの身を守らなければならん』」

そして、エアガスの取締役会は、エア・プロダクツのCEO宛てに、ある種の最後通牒を急いで書き上げ、そのなかでこう記したのだ。「貴職ならびに貴社CFOによる裁判での口述書を興味深く拝読しましたが、……エア・プロダクツはでき得るかぎり安い価格でエアガスを買収しようとしております。対照的に、われわれは可能なかぎり高い価格を求める義務を負っております……。わが社取締役会のすべての者たちが、エアガスの価値はいかなる売却においても一株当たり七〇ドルを上回るものと確信しております。われわれ取締役会は、エア・プロダクツ社が交渉の結果、このバリュエーションに一致する価格での取引が行われ得ると考える十分な理由をお示しくだされば、エア・プロダクツ社との交渉を行うことを承認することで全会一致しておりますことをお知らせするために本状をしたためる次第であります」。翌週、エアガスの法務チームは、エアガスの価値は少なくとも一株当たり七八ドルはあるとする主張を取締役会に公式に発表させた。特定の数字を提示することではなく、「裁判所に対し、われわれがただノーと言っているのではないこと、そしてわれわれはけっして売らないと言っているのではないことを明確にすることが目的だった」とマコーズランドは説明する。

プロキシーファイトに敗れて以来、エアガスに喪章をつけていたウォール街や金融コメンテーターの多くにとって本当のサプライズは数週間後にやってきた。一一月二三日、デラウェア州高等裁判所は五対〇で定款に関する均衡法裁判所の判決をひっくり返したのだ。今になっても心からホッとした様子を見せるマコーズランドはこう熱く語った。彼らは「期差任期制度はデラウェア州法の産物であり、元来のエアガスの定款が役員の任期を三年と定めていることは明らかである」とした。「均衡法裁判所の判決ははっきりと棄却されたのだ」

だが、法廷闘争はその後もダラダラと続き、裁判の焦点はエアガスによるポイズンピルの正当性と、不適切だと思われる買収提案に直面した取締役会に新株予約権の償還を拒む権利があるかどうかに移っていった。一二月三日、均衡法裁判所はエアガスとエア・プロダクツ双方に追加の弁論を行うよう促し、いまや問題は価格に収束していることを広くほのめかした。六日後、エア・プロダクツはエアガスに対し、一株当たり七〇ドルの「最良にして最後の」提案を発表した。この提案は敵の策略であり、買収者がターゲット企業の株主にプレミアムを支払うとする案件に背を向けると脅しているなら、ポイズンピルを制限するよう裁判所に圧力をかけようとしたのだとマコーズランドは説明する。エアガスの取締役会は毅然としていた。一二月二二日、同取締役会（エア・プロダクツが推薦した三人の新任役員を含む）は、七〇ドルの買い付け提案を「不適切」だとして全会一致で棄却し、エアガスには少なくとも一株当たり七八ドルの価値があると改めて発表したのだ。

司法手続き……

ボールは裁判所の手に戻された。一月二五日、問題に関する「ミニ裁判」が召集された。しかし、チャンドラー判事が冗長な判決文を発表したのは二〇一一年二月一五日になってからであった。エアガスとエア・プロダクツの最初の衝突が起こってから一八カ月近くが経過したことになる。「彼はわれわれのポイズンピルが有効だと裁定したくなかったのだ」とマコーズランドは考えている。「だが、彼は判例に従わなければならないのだから、そうせざるを得なかったのだ。そこで彼は五一四の脚注が付いた一五〇ページにも及ぶ判決理由をまとめた。判例に従うために、である。彼はわれわれに有利な判決を下しただけでなく、エアガスの取締役たちは『そうあるべき受託者』であり、大変に素晴らしい、と書いたのだ」。エア・プロダクツのマクグレードは、エアガスの「凝り固まった」取締役会に関する不愉快な声明を発表し、「われわれは買い付けから撤退し、次なる行動に移ることを決意した」と結論した。一方で、エアガスの顧問を務めたワクテルのアドバイザーたちは、「『チームミラクル』と書かれた、天使の羽付きの帽子を勝利チーム全員のために作って」お祝いしたのだ、とマコーズランド振り返る。

このエアガスの創業者は、彼の弁護士たち、「素晴らしい役員会とエアガスの従業員たち」、そして、自らの幸運に感謝している。「プロキシーファイトに敗れ、私がほかの二人の役員と一緒に取締役会を追われたとき、仮にエア・プロダクツが買い付け価格を七五ドルまで引き上げていたら、わが社の役員会はそれを受け入れていたかもしれない」。彼はこう振り返る。そのあとですら、「われわれは銀行家たちから、彼らが価格を引き上げていたら、検討しなければならなかっただろうと意見された。彼らはわれわれを買うべきだった。彼らには本当にわれわれが必要だったのだ。結局、エアガスは最終的に一株当たり一四三ドルで買われることになった。エア・プロダクツの『最良にして最後の』価格の二倍以上である」。

マコーズランドとエアガスの取締役会がこの災難をどのようにして潜り抜けたかをみると、この物語にはさらなる狡猾さが潜み隠れていることが分かる。皮肉にも、エアガスをその手から逃したあと、エア・プロダクツに災難が降りかかるなかで、チャンスは訪れた。マコーズランドがまとめる。「彼らの業績は振るわず、特別損失を計上し続け、株価は下落する一方だった。ウォール街は彼らを嫌った。その後、ビル・アックマンが一〇％を取得し、プロキシーファイトもないままに彼は役員の席を三つ手に入れた。再編された取締役会はCEOを解雇し、セイフォラ・ガセミ——彼はブリティッシュ・オキシジェン・カンパニーで働いていたので、私は三〇年ほど前から彼を知っていた——を連れてきて、彼に指名委員会を率いさせた。彼が役員に就任したあと、われわれはエルデンハイムファームでディナーをともにした。その後、彼は自らをエア・プロダクツの新CEOに指名したのだ。セイフィがその職に就いた日、彼は私に電話をよこした。数週間後、彼はナンタケット島まで飛んできて、そこにある私の家を訪ねてきたんだ。一緒にランチを食べたよ」

友人との食事

ある種のルーティンになっていた、とマコーズランドは振り返る。「一年の間、数カ月ごとにセイフィは私をディナーに誘い、議論したい新しい問題があると言うのだ。その後、一五年の春、彼は私を『緊急の』ランチに呼び出した。場所はフィラデルフィアのダウンタウンにある、リッテンハウス・ホテルだった。彼は席に着くや『ピーター、君は会社を失うことになるだろう』と言うんだ」。エアガスの創業者は続ける。「彼はアクティビスト投資で知られたエリオット・マネジメントのポール・シンガーが会いに来たのだ、と言う。セイフィが言うには、シンガーは『マコーズランドはもうダメだ、彼の成長の日々は終わったのだ』と言ったらしい。そして『君にエアガスを買ってもらいたい』と。シンガーはまた、機関投資家もすでに自分に付いてきていると言ったとセイフィは付け加えたんだ」。マコーズランドは、「じゃあ、彼にあっち行けと言ってくれよ」と返事をしたと言う。だが、セイフィは「ダメだ、私は彼と一時間話をした」と答えた。マコーズランドは「君は会社を買いたくないと言わなかったのか」と尋ねた。そしてガゼミは「売りに出てるなら興味はある」と言ったことを認めた。マコーズランドは即座に「おぉ、ありがとう、セイフィ」と切り返したことを覚えている。彼は頭をふりながら「セイフィは友人だと思っていたのだがね」と付け加えた。

だが、すでにマコーズランドはシンガーがエアガスにポジションを持っていることを知っていた。「先に業界の別の会社のCEOから電話があって、エリオットが会いに来て、同じことを言ったと教えてくれたのだ。『マコーズランドはもうダメだ、ひどい経営者だ』とね」。だが、業界の別のリーダーは「私はシンガーの誤りを指摘したよ。私は彼に、君は業界内で最高の経営者だと言っておいた」とマコーズランドに伝えていたのだ。それゆえ、あらかじめ注意していたマコーズランドはリッテンハウスでガゼミに「まぁ、シンガーは怖くないよ」と伝えたのだ。翌週、シンガー率いるエリオット・マネジメントはSECに13Fを提出したが、そこには二〇一五年第1四半期にエアガスで大量の株式を取得したことが示されていた。第2四半期、「彼らがあっという間にいなくなってしまった」ことにマコーズランドは驚いた。「売ったんだ、その理由は分からないが、彼らは少額の損を被って去っていった。連中は大量の株式を買っていたんだ」

だが、エア・プロダクツの古き友人はそうやすやすと引き下がらなかった。「セイフィは数回にわたって面会を乞い、プレミアムなしの株式交換を提案した。私は『セイフィ、君のところの株式は欲しくないし、プレミアムなしでは絶対に売らない』と言ったのだ」。その後も面会は続いたとマコーズランドは振り返る。そして、「最終的に彼は一五％か二〇％の小さなプレミアムを提案してきたが、それでも株式交換だった。そして彼はガス事業以外の二つの部門のスピンオフや売却について話をしてきた、だから私にはまだ時間が残されていると思ったんだよ」。

マコーズランドは静かに取り掛かった。「私は一〇件ほどのグループと話をした。本当に興味を示したのがエア・リキードだった。われわれは公開情報をいくつか共有したが、一般的には普通は思いつかない方法で蓄積した情報だったので、彼らは本当に興奮していたよ」。だが、エア・プロダクツも忙しくなってきた。マコーズランドはこう続ける。「セイフィが改めてディナーに誘ってきた。彼は投資銀行家が作成した書類を持ってきて、われわれ二つの会社の株主のうち八六％が重複していることを示すページを引き抜いた。そして彼は『ピーター、君のところの株主はこれを求めている』と言った。つまり『すぐに彼らに会いに行くぞ』ということだ。『だけど、セイフィ、君は絶対に敵対はしないと言っただろ』と私が言うと、彼は『あぁ、敵対的買収は望んでいないよ』と返事をしたよ」

そのディナーが終わると、彼は家に帰り、「取締役会と弁護士に改めて相談した。だが、一方で、われわれとの取引に対するエア・リキードの関心は高まるばかりだったのだ」とマコーズランドは言う。そこで彼はガゼミに電話をかけ、もう一度話を引き伸ばした。そして彼に、エアガスの取締役会は一一月上旬にアリゾナに休暇に出るので、そのとき提案について議論すると伝えた。エア・プロダクツのＣＥＯがその約束を疑ったので、マコーズランドは「セイフィ、この一年半の間に君が話したことはすべて取締役会に伝えているよ」と伝えたと言う。ガゼミは待つことに合意した。

秘密会合

マコーズランドは本格的に動きだし、エア・リキードの五人からなるチームと「この農場で、私や私のチームと一日半をともに過ごす手配をした。彼らは大変に興味を持っていた。だが、私は、エア・リキードとエアガスとが一緒になる前に、エア・プロダクツが何もしてこないことを確実にしなければならなかった。さもなければ、エア・リキードは身を引いてしまいかねない。外国の会社は総じて競合する案件を嫌うのだ。だから私はセイフィに電話をかけて、『君が言っていた三億ドルのシナジーを役員会に伝えるのに、もっと情報が必要なんだ』と伝えた。セイフィは再びリッテンハウス・ホテルでのランチを提案してきたので、われわれはエアガスの取締役会がアリゾナに集まる前の金曜日に会うことで合意した。セイフィは自分の弁護士とエア・プロダクツでガス事業を担当している男を連れていきたいと言ってきた。そこで、われわれは午前一〇時に集まり、面会のあとにランチを取るつもりで、彼らのプレゼンテーションに耳を傾けた。三億ドルのコスト削減効果はいつの間にかたった二億ドルとなっていた。残りの一億ドルは売り上げのシナジーからもたらされるとされた。われわれはいくつか質問をしたが、面会は四五分で終わってしまったよ」。マコーズランドはこう付け加える。彼のチームが退席しようとしたとき、「セイフィは『ランチはどうする』と聞いてきたが、動揺しているようだった。その前の週、バリアントでビル・アックマンが大失敗をしていたので、セイフィはアックマンにわれわれを追いかけさせる必要があったのかもしれない。彼は本当に不安そうだったので、私は『アリゾナでの会議までわれわれは休みだよ』と言ったんだ」

ガゼミは、アリゾナでのエアガスの役員会に備えて自分が飛び回っていることを知らなかったのだ、とマコーズランドは説明する。「その前の週、IOMA（国際酸素製造者協会）の会議で私はローマにいた。ヨーロッパにいる間、私は業界のCEOたちに会っていたが、エア・リキードのCEOであるブノア・ポティエにひそかに会うためにパリにも飛んでいたんだ。彼とは旧知の間柄だったが、われわれは取引について議論したかったのだ。それから翌木曜日、エア・プロダクツとのランチが予定されていた前日にニューヨークに飛んで、エア・リキードのナンバー2であるピエール・デュフォーと実際に契約を結んだんだ。だから、その金曜日にエア・プロダクツと面会したときには、実のところわれわれはエア・リキードと原則合意に至っていたんだよ。唯一の問題は、アリゾナでの取締役会までに弁護士たちがそれを書面にまとめ上げられるかどうかだった。だが、当然ながら彼らはそれをやり遂げ、われわれはアリゾナでエア・リキードとの取引にサインをしたんだ」

マコーズランドはこう振り返る。「あれはデカかった。二度も危機一発で逃げられるとは思っていなかったので、一年半にわたり良い案件はないかと探した結果だ。そして、短期間のうちに、一連の会議を行い、実行したのだ。主たる条件は、銀行家も弁護士も入れずに交渉した。秘密を守るために、われわれはエア・リキードの経営幹部たちとだけですべてを実行したのだ」。

マコーズランドは、エアガスがエア・リキードに吸収されるのを見るのは、彼自身も長らく仕えてきてくれた仲間たちにとっても寂しいものであったと言うが、一方でこうも認めている。「多くの者たちが裕福になった。これは、長年にわたる信じられないほどの努力と献身に対する報酬である。われわれに忠実だった株主にとっては嬉しい驚きであり、また報酬でもあったが、価格はエア・プロダクツの『最良にして最後の』買い付け価格の二倍以上だったのだ」

彼らの成功は、ひとつに狡猾さ、ひとつに運のおかげだとマコーズランドは考えている。エアガスは、アメリカ全土で事業を行う唯一の巨大産業ガス会社だったのだ。業界内の四つのグローバルプレーヤーはみな途上国、とりわけアジアに大きな投資を行ってきたが、「それらはまったくうまくいかなかった」と彼は考えている。「中国はめちゃくちゃくちゃだった。南米はかつては素晴らしい経済状態にあったブラジルもめちゃくちゃ。対照的に、われわれは純粋な会社だった。ガスの販売とレンタルが三分の二を占め、優れたプラットフォームを持ち、素晴らしい事業を行っているのだ。だから、アメリカにおけるわれわれの大きな立場、一四〇〇カ所に及ぶ市場でのプレゼンス、一〇〇万人の顧客の存在は、長年にわたり『アメリカは脱工業化の段階にあり、産業はこの国から離れていっている』と聞かされたあとでは、極めて魅力的なものとなっていたのだ。いずれにせよ、突如、世界は変わり、人々は『アメリカへのイクスポージャーを増やさなければならない』と言い出した。それがわれわれが優れた価格を手にした理由である」

マコーズランドはこう指摘する。もうひとつの理由は「われわれの業界の優れた会社には常に高いマルチプルが付けられていたことだ。過去の高値は一二・五倍か一三倍だったので、私はEBITDAの一四倍は欲しいと思った。エアガスはその会社よりも優れていたからね」。実際に、マコーズランドはこう豪語する。「エア・リキードがデューデリジェンスを行ったとき、彼らはわが社がこれほどクリーンだとは思わなかったのだ。パリにいるファイナンスの責任者は私にこう言った。『ほとんどの買収で、あちこちに余剰金を積み上げる場所があったでしょうに、御社にはまったくありませんね』『われわれはたくさんの会社を買ってきましたが、あらゆる種類の余剰金がありました。でも、御社の社員は本当に素晴らしいですし、貸借対照表は本当にクリーンです。御社の財務は最高水準です』と彼女は熱くなっていたよ」

「それを聞いて私は最高の気分だったが、彼らも最高の気分だったと思うよ」

付録1――リスクアービトラージの決定木

最初の五つの疑問

1．スプレッドはどれほどか、年率リターンはどれほどか
2．規制上の問題または障害は何か
3．合併契約の条件は何か
4．その案件の戦略的合理性は何か
5．案件が破談となった場合のダウンサイドはどれほどか

企業の分析

1．買い手はだれか

●買い手の財政状態はどうか、貸借対照表、債務負担能力はどうか
●評判はどうか、過去の買収の歴史はどうか
●買い手の規模はどうか、この買収が買い手の戦略や組織構造を大幅に変えるか

●なぜ買い手は合併を望むのか、戦略的理由か、財政的理由か
●買収者はターゲット企業の株式を保有しているか、どれほど保有しているか

2．売り手はだれか

●売り手の財政状態はどうか
●売り手の事業の種類は何か、買い手と同じか
●合併を求める売り手側の理由は何か
●売り手に係争中の訴訟または環境面での義務はあるか

3．合併後の会社について

●取引によって発行済み株式は増えるか減るか、一株当たり利益が増大する分岐点はどこか
●シナジーや費用削減効果はあるか、どの程度か
●プロフォーマの財務諸表はどのようになるか、戦略的合理性はあるか

資金調達

1．合併の資金はどのように賄われるか、株式か、現金か、LBOか

2. 資金調達の準備はできているか、条件付きか、銀行から約束を取り付けているか
3. 彼らは資金調達が問題にならないとの自信を持っているか
4. 株式による取引の場合、株式はどれだけ発行されるか、大きく希薄化するか

背景

1. 友好的な案件か、敵対的な案件か
2. 合併はどのように出来したか、だれがだれにアプローチをかけたのか
3. 売り手が自らを売りに出しのか、そうであれば、その理由は何か
4. ほかの買い手は関与していたか、より高い買値がつく可能性はどれほどか
5. 競売は行われたか、どのように行われたか、封印入札か非公開入札か
6. それぞれの企業の投資銀行および法律顧問はだれか

条件

1. 合併を完了させるための条件は何か
2. デューデリジェンスは完了しているのか、それとも要求されている段階か

3．資金調達を条件とした合併か
4．合併にはいかなる許認可が必要か
5．ターゲット企業での総会決議は必要か、また最低買い付け条件はあるか、買収者側の決議は必要か
6．それぞれの企業が合併を完了させるための条件はなにか

規制の問題

1．ハート・スコット・ロディノ反トラスト改正法
●事業で重複するところはあるか
●公開買い付けに一五日、合併に三〇日
2．FTC（米連邦取引委員会）または司法省の認可
●合併は競争を制限するものとされるか、水平統合か、垂直統合か
●合併会社の市場シェアは何％になるか
3．SEC（米証券取引委員会）が合併にかかる委任状を承認しなければならない

●どのくらいの期間がかかるか
●委任状を精読する、Q&A、背景、予測、条件

4. 州による承認
●保険
●公益事業

5. 特定の業界における許認可
●銀行――FRB（米連邦準備制度理事会）
●公益事業――FERC（米連邦エネルギー規制委員会）
●通信――FCC（米連邦通信委員会）

6. 海外の規制当局による許認可
●EU（欧州連合）の承認
●中国国家市場監督管理総局（SAMR）の承認
●その他外国の承認

リスク・リターンの問題

1．案件のスプレッドはどれほどか、年率リターンはどれほどか
2．案件が破談となったら株価はどうなるか、ダウンサイドはどれほどか
3．案件がまとまらない可能性はどれほどか、どのような問題が起こり得るか
4．別の買い手が登場して、より高い買値をつける可能性はどれほどか
5．取引は決定しているのか、予備的合意か、それとも事前協議の段階か

付録2――取引例

例1（2007年1月）

モレキュラー・デバイセズ・コーポレーション（MDCC　35.18ドル　店頭）は、カナダの分析機器メーカーであるMDS（MDZ　17.30ドル　NYSE）による買収に合意した。モレキュラー・デバイセズは、ハイコンテント・スクリーニング、細胞解析、生化学検査用の高性能測定器を提供している。契約ではMDCCの株主は1株当たり35.50ドルの現金を受け取ることになり、取引総額はおよそ6億1500万ドルとなる。この取引は規制当局の認可ならびにMDCC株の過半が買い付けに応じることが必要であり、2007年第1四半期に完了する予定である。

• MDCC	$35.500
• 正味配当金・空売りの金利	0.000
	35.500
• 取得（2007年1月29日）	34.950
• 取引コスト	.005
	34.955
• 粗利益	$0.545
• 粗利益率	1.56%
• 保有期間（2007年3月13日完了）	43日
• 年率リターン	13.05%

例2（2007年2月）

ニュー・リバー・ファーマスーティカルズ（NRPH　63.25ドル　店頭）は、イギリスの製薬会社シャイアー（SHP　1080ペンス　ロンドン）による買収に合意した。ニュー・リバーとシャイアーはADHD（注意欠陥・多動性障害）治療薬のVYANASEを共同開発していたが、買収によりシャイアーはVYANASEの経済的価値をすべて手にすることになる。合意した条件では、ニュー・リバーの株主は1株当たり64.00ドルの現金を受け取ることになり、取引総額はおよそ26億ドルとなる。買収には、シャイアーの株主による承認、ニュー・リバーの発行済み株式の過半が買い付けに応じること、ならびに反トラスト法に関する承認が必要であり、2007年第2四半期に完了する予定である。

• NRPH	$64.000
• 正味配当金・空売りの金利	0.000
	64.000
• 取得（2007年2月22日）	63.050
• 取引コスト	.005
	63.055
• 粗利益	$0.945
• 粗利益率	1.49%
• 保有期間（2007年4月13日完了）	50日
• 年率リターン	10.72%

例3（2007年3月）

ダラー・ゼネラル（DG　21.15ドル　NYSE）はプライベート・エクイティ・ファームのコールバーグ・クラビス・ロバーツによる買収に合意した。ダラー・ゼネラルは8260の店舗を有するディスカウントストアであり、食品、菓子、日常的な医薬品、クリーニング用品といった日常的に消費、買い足される消費財を販売している。合意した条件では、ダラー・ゼネラルの株主は1株当たり22.00ドルの現金を受け取り、取引総額はおよそ73億ドルとなる。取引にはダラー・ゼネラルならびに規制当局の承認が必要であり、2007年第3四半期に完了する予定である。

• DG	$22.000
• 正味配当金・空売りの金利	0.050
	22.050
• 取得（2007年3月14日）	20.920
• 取引コスト	.005
	20.925
• 粗利益	$1.125
• 粗利益率	5.37%
• 保有期間（2007年6月14日完了）	122日
• 年率リターン	15.84%

例4（2007年4月）

グローバル・イメージング・システムズ（GISX　28.89ドル　店頭）は、ゼロックス（XRX　18.90ドル　NYSE）による買収に合意した。中小企業向けにオフィス機器やサービスを提供するグローバル・イメージングは、コピー機、ファクス機、プリンター、ネットワーク統合サービスなどのオフィス機器の自動化サービスを提供している。契約では、グローバル・イメージングの株主は1株当たり29.00ドルの現金を受け取り、取引総額はおよそ15億ドルとなる。取引にはグローバル・イメージング株式の過半が買い付けに応じること、ならびに規制当局の承認が必要であり、2007年第2四半期に完了する予定である。

• GISX	$29.000
• 正味配当金・空売りの金利	0.000
	29.000
• 取得（2007年4月3日）	28.610
• 取引コスト	.005
	28.615
• 粗利益	$0.385
• 粗利益率	1.34%
• 保有期間（2007年5月8日完了）	35日
• 年率リターン	13.84%

例5（2007年5月）

アクアンティブ（AQNT　63.79ドル　店頭）は、ソフトウエアの巨人のマイクロソフト（MSFT　30.69ドル　店頭）による買収に合意した。アクアンティブは、デジタル・マーケティングの技術を提供するインターネット広告の会社である。合意した条件では、アクアンティブの株主は1株当たり66.50ドルの現金を受け取り、取引総額はおよそ60億ドルとなる。取引にはアクアンティブならびに規制当局の承認が必要であり、2007年上半期中に完了する予定である。

• AQNT	$66.500
• 正味配当金・空売りの金利	0.000
	66.500
• 取得（2007年5月25日）	63.810
• 取引コスト	.005
	63.815
• 粗利益	$2.685
• 粗利益率	4.207%
• 保有期間（2007年9月20日完了）	118日
• 年率リターン	12.84%

例6（2007年6月）

コマッグ（KOMG　31.89ドル　店頭）は、ストレージ製造企業のウエスタンデジタル・コーポレーション（WDC　19.20ドル　NYSE）による買収に合意した。コマッグは、主にデジタルデータの高性能記憶媒体として用いられる薄膜ディスクを提供している。合意した条件では、コマッグの株主は1株当たり32.25ドルの現金を受け取り、取引総額はおよそ10億ドルとなる。取引には、株式の過半が買い付けに応じること、ならびに規制当局の承認が必要であり、2007年第3四半期に完了する予定である。

• KOMG	$32.250
• 正味配当金・空売りの金利	0.000
	32.250
• 取得（2007年6月29日）	31.720
• 取引コスト	.005
	31.725
• 粗利益	$0.525
• 粗利益率	1.650%
• 保有期間（2007年8月7日完了）	39日
• 年率リターン	15.76%

例7（2007年7月）

シャパラル・スティール・カンパニー（CHAP　84.04ドル　店頭）は、ジェルダウ・アメリスティール・コーポレーションによる買収に合意した。テキサスを拠点とするシャパラルは、構造用の鉄骨や棒鋼の製造を行うとともに、リサイクル事業も行っている。契約では、シャパラルの株主は1株当たり86.00ドルの現金を受け取り、取引総額はおよそ44億ドルとなる。取引には、シャパラルの株主、ならびに規制当局の承認が必要であり、2007年第4四半期には完了する予定である。

• CHAP	$86.000
• 正味配当金・空売りの金利	0.100
	86.100
• 取得（2007年7月27日）	82.630
• 取引コスト	.005
	82.635
• 粗利益	$3.465
• 粗利益率	4.190%
• 保有期間（2007年9月30日完了）	65日
• 年率リターン	23.25%

例8（2007年8月）

チェックフリー・コーポレーション（CKFR　46.23ドル　店頭）は、情報管理会社のファイサーブ（FISV　46.52ドル　店頭）による買収に合意した。チェックフリーは、オンライン・バンキングや電子決済、それらに付随するインフラならびにサービスを提供する企業である。合意した条件では、チェックフリーの株主は1株当たり48.00ドルの現金を受け取り、取引総額はおよそ44億ドルとなる。取引にはチェックフリーの株主ならびに規制当局の承認が必要であり、2007年第4四半期には完了する予定である。

• CKFR	$48.000
• 正味配当金・空売りの金利	0.000
	48.000
• 取得（2007年8月20日）	45.500
• 取引コスト	.005
	45.505
• 粗利益	$2.495
• 粗利益率	5.483%
• 保有期間（2007年12月1日完了）	103日
• 年率リターン	19.16%

例9（2007年9月）

アプリックス（APLX　17.78ドル　店頭）は、カナダのビジネス用ソフトウェア会社のコグノス（COGN　41.53ドル　店頭）による買収に合意した。アプリックスは、業績管理やビジネスインテリジェンスに用いられる事業分析ソフトの開発を行い、オペレーティング、営業、マーケティング、人事部門における戦略策定、業績予想、事業統合、リポーティングや分析の支援を行っている。合意した条件では、アプリックスの株主は1株当たり17.87ドルの現金を受け取り、取引総額はおよそ3億3900万ドルとなる。取引には規制当局の承認、ならびにアプリックス株の過半が買い付けに応じることが必要であり、2007年第4四半期には完了する予定である。

• APLX	$17.870
• 正味配当金・空売りの金利	0.000
	17.870
• 取得（2007年9月5日）	17.570
• 取引コスト	.005
	17.575
• 粗利益	$0.295
• 粗利益率	1.670%
• 保有期間（2007年10月16日完了）	41日
• 年率リターン	14.94%

例10（2007年10月）

ナブテック（NVT　77.20ドル　NYSE）は、フィンランドの携帯電話メーカーであるノキア（NOK　39.72ドル　NYSE）による買収に合意した。ナブテックは、自動車装置、携帯ナビ、インターネット上の地図アプリ向けの包括的なデジタル地図情報、ならびに政府または企業へのサービスを提供する大手企業である。合意した条件では、ナブテックの株主は1株当たり78.00ドルの現金を受け取り、取引総額はネットキャッシュでおよそ77億ドルとなる。取引にはナブテックの株主ならびに規制当局の承認が必要であり、2008年第1四半期には完了する予定である。

• NVT	$78.000
• 正味配当金・空売りの金利	0.000
	78.000
• 取得（2007年10月22日）	75.550
• 取引コスト	.010
	75.560
• 粗利益	$2.440
• 粗利益率	3.230%
• 保有期間（2008年1月31日完了）	101日
• 年率リターン	11.56%

例11（2007年11月）

ジェンライト・グループ（GLYT　94.25ドル　店頭）は、ロイヤル・フィリップス・エレクトリックス（PHG　41.61　NYSE）による買収に合意した。ジェンライトは、商業施設、工業施設、住宅市場向けの照明機器ならびに関連製品の製造を行っている。合意した条件では、ジェンライトの株主は1株当たり95.50ドルの現金を受け取り、取引総額はおよそ27億ドルとなる。取引は、株式の過半が買い付けに応じること、ならびに規制当局の承認が必要であり、2008年第1四半期に完了する予定である。

• GLYT	$95.500
• 正味配当金・空売りの金利	0.000
	95.500
• 取得（2007年11月27日）	94.000
• 取引コスト	.005
	94.005
• 粗利益	$1.495
• 粗利益率	1.590%
• 保有期間（2008年1月10日完了）	44日
• 年率リターン	13.01%

例12（2007年12月）

アダムズ・レスピラトリー・セラピューティクス（ARXT　59.70ドル　店頭）は、イギリスを拠点とするレキット・ベンキーザー（RB　2914ペンス　ロンドン）による買収に合意した。アダムズは、マシネックスやデルシムのブランド名で、もっぱら呼吸器疾患の治療薬の開発、販売、マーケティングに特化した事業を行っている。合意した条件では、アダムズの株主は1株当たり60ドルの現金を受け取り、取引総額はおよそ23億ドルになる。取引にはアダムス株の過半が買い付けに応じること、ならびに規制当局の承認が必要であり、2008年第1四半期に完了する予定である。

• ARXT	$60.000
• 正味配当金・空売りの金利	0.000
	60.000
• 取得（2008年1月4日）	59.500
• 取引コスト	.005
	59.505
• 粗利益	$0.495
• 粗利益率	0.840%
• 保有期間（2008年1月23日完了）	19日
• 年率リターン	15.92%

例13（2008年1月）

ベンタナ・メディカル・システムズ（VMSI　89.05ドル　店頭）は、製薬・ヘルスケア企業のロシュ・ホールディングス（ROG　195.8スイスフラン　ロンドン）による買収に合意した。ベンタナは、ガンや伝染病の標本の採取・作成を自動化する機材や試薬の開発、製造、販売を行っている。ベンタナは、2007年6月に発表されたロシュによる75.00ドルでの敵対的買収をはねつけたが、その後に行われたデューデリジェンスの結果、ロシュは1株当たり89.50ドル、総額約34億ドルでベンタナを買収することに合意した。規制当局の承認はすでに得られていたので、取引にはベンダナ株の過半が買い付けに応じる必要がある。当該取引は、2008年第1四半期に完了する予定である。

• VMSI	$89.500
• 正味配当金・空売りの金利	0.000
	89.500
• 取得（2008年1月23日）	88.860
• 取引コスト	.005
	88.865
• 粗利益	$0.635
• 粗利益率	0.715%
• 保有期間（2008年2月7日完了）	15日
• 年率リターン	17.16%

例14（2008年2月）

チョイスポイント（CPS　48.40ドル　店頭）は、イギリスの出版社リード・エルゼビア（REL 637ペンス　ロンドン）による買収に合意した。チョイスポイントは、企業、政府機関、NPO向けに、DNA鑑定、背景調査、薬物検査、データの可視化や分析、テレサービス、データベースや選挙活動の管理サービスを提供している。合意した条件では、チョイスポイントの株主は1株当たり50ドルの現金を受け取り、取引総額はおよそ4億ドルになる。取引にはチョイスポイントの株主ならびに規制当局の承認が必要であり、2008年の夏に完了する予定である。

• CPS	$50.000
• 正味配当金・空売りの金利	0.000
	50.000
• 取得（2008年2月27日）	48.050
• 取引コスト	.005
	48.055
• 粗利益	$1.945
• 粗利益率	4.040%
• 保有期間（2008年7月15日完了）	139日
• 年率リターン	10.5%

例15（2008年3月）

ブレードロジック（BLOG　28.05ドル　店頭）は、ビジネス・ソフトウェア・メーカーのBMCソフトウェア（BMC　32.52ドル　NYSE）による買収に合意した。ブレードロジックは、企業、サービスプロバイダー、政府機関向けに、事業費の削減を目的とした、物理サーバーや仮想サーバーの閲覧、設定、パッチ、監査ならびに修復を行う、データセンターの自動化ソフトを提供している。契約では、ブレードロジックの株主は1株当たり28ドルの現金を受け取り、取引総額はおよそ8億ドルになる。取引には、株式の過半が買い付けに応じること、ならびに規制当局の承認が必要であり、2008年第2四半期には完了する予定である。

• BLOG	$28.000
• 正味配当金・空売りの金利	0.000
	28.000
• 取得（2008年3月17日）	27.500
• 取引コスト	.005
	27.505
• 粗利益	$0.495
• 粗利益率	1.800%
• 保有期間（2008年4月17日完了）	31日
• 年率リターン	20.9%

例16（2008年4月）

ライフセル・コーポレーション（LIFC　50.78ドル　店頭）は、キネティック・コンセプト（KCI　39.66ドル　NYSE）による買収に合意した。ライフセルは、整形外科や女性泌尿器科の手術、または火傷や歯周病などの治療における軟組織修復向けのバイオ製剤を供給している。合意した条件では、ライフセルの株主は1株当たり51.00ドルの現金を受け取り、取引総額はおよそ17億ドルとなる。取引には、株式の過半が買い付けに応じること、および規制当局の承認が必要であり、2008年第2四半期に完了する予定である。

• LIFC	$51.000
• 正味配当金・空売りの金利	0.000
	51.000
• 取得（2008年4月24日）	50.500
• 取引コスト	.005
	50.505
• 粗利益	$0.495
• 粗利益率	0.980%
• 保有期間（2008年5月19日完了）	25日
• 年率リターン	14.1%

例17（2008年5月）

エレクトロニック・データ・システムズ（EDS　24.49ドル　NYSE）は、ヒューレット・パッカード（HPQ　47.06ドル　NYSE）による買収に合意した。エレクトロニック・データ・システムズは、ITサービス、ビジネスプロセス管理、経営コンサルティングや、コンピューター、ネットワーク、情報システム、情報処理設備、ビジネスオペレーション、それらに関連する人事などを含めたEビジネスのサービスを提供している。合意した条件では、EDSの株主は1株当たり25ドルの現金を受け取り、取引総額はおよそ139億ドルとなる。取引には、規制当局ならびにEDS株主の承認が必要となり、2008年下半期には完了する予定である。

• EDS	$25.000
• 正味配当金・空売りの金利	0.050
	25.050
• 取得（2008年5月21日）	24.290
• 取引コスト	.005
	24.295
• 粗利益	$0.755
• 粗利益率	3.100%
• 保有期間（2008年8月31日完了）	102日
• 年率リターン	11.0%

例18（2008年6月）

スーペリア・エセックス・インク（SPSX　44.63ドル　店頭）は、韓国のケーブル会社LSコーポレーションによる買収に合意した。スーペリア・エセックスは、通信、エネルギー、自動車、工業ならびに商業、および住宅のエンド・マーケット向けにさまざまなワイヤーやケーブルの製造、販売を行っており、同社の製品には、電線、絶縁線、銅線および光ファイバーの通信用ケーブルなどが含まれる。合意した条件では、スーペリア・エセックスの株主は1株当たり45ドルの現金を受け取り、取引総額はおよそ9億ドルとなる。取引には、スーペリア・エセックス株の過半が買い付けに応じること、ならびに規制当局の承認が必要であり、2008年第3四半期に完了する予定である。

• SPSX	$45.000
• 正味配当金・空売りの金利	0.000
	45.000
• 取得（2008年6月30日）	44.630
• 取引コスト	.005
	44.635
• 粗利益	$0.365
• 粗利益率	0.818%
• 保有期間（2008年7月31日完了）	31日
• 年率リターン	9.50%

例19（2008年7月）

フィラデルフィア・コンソリデイティッド・ホールディングス・コーポレーション（PHLY　58.45ドル　店頭）は、東京海上ホールディングス（8766　4080円　東証）による買収に合意した。フィラデルフィア・コンソリデイティッドは、特殊商業資産保険ならびに災害保険商品の企画、販売、引き受けを行っている。合意した条件では、PHLYの株主は1株当たり61.50ドルの現金を受け取り、取引総額はおよそ47億ドルとなる。取引にはPHLY株主ならびに規制当局の承認が必要であり、2008年末までに完了する予定である。

• PHLY	$61.500
• 正味配当金・空売りの金利	0.000
	61.500
• 取得（2008年7月24日）	58.250
• 取引コスト	.005
	58.255
• 粗利益	$3.245
• 粗利益率	5.570%
• 保有期間（2008年12月1日完了）	130日
• 年率リターン	15.43%

例20（2008年8月）

ユニオンバンカル・コーポレーション（UB　73.68ドル　NYSE）は、三菱UFJフィナンシャル・グループ（8306　839円　東証）による買収に合意した。サンフランシスコを拠点とするユニオンバンカル・コーポレーションは、610億ドルの資産と、カリフォルニア、オレゴン、ワシントンに337の支店を構える金融持ち株会社である。合意した条件では、ユニオンバンカルの株主は1株当たり73.50ドルの現金を受け取り、取引総額はおよそ101億ドルとなる。取引には最低買い付け条件がついているが、日本またはアメリカの金融当局による認可や反トラスト法に関する承認は不要である。なお、当該取引ではファイナンシング・アウト条項はついていない。

• UB	$73.500
• 正味配当金・空売りの金利	0.520
	74.020
• 取得（2008年8月18日）	73.180
• 取引コスト	.005
	73.185
• 粗利益	$0.835
• 粗利益率	1.14%
• 保有期間（2008年9月26日完了）	39日
• 年率リターン	10.53%

例21（2008年9月）

クリオカス・テクノロジーズ（CYT　8.23カナダドル　トロント）は、医療機器メーカーのメドトロニック（MDT　50.10ドル　NYSE）による買収に合意した。クリオカスは、心房細動の治療に用いられる冷凍カテーテルを開発している。合意した条件では、クリオカス・テクノロジーズの株主は1株当たり8.75カナダドルの現金を受け取り、取引総額はおよそ4億カナダドルとなる。取引には、クリオカスの株主ならびに規制当局の承認が必要であり、2008年第4四半期に完了する予定である。

• CYT	C$8.750
• 正味配当金・空売りの金利	0.000
	8.750
• 取得（2008年9月29日）	8.300
• 取引コスト	.005
	8.305
• 粗利益	C$0.445
• 粗利益率	5.36%
• 保有期間（2008年11月12日完了）	44日
• 年率リターン	43.84%

例22（2008年10月）

インクローン・システムズ（IMCL　68.76ドル　店頭）は、イーライ・リリー・アンド・カンパニー（LLY　33.82ドル　NYSE）による買収に合意した。インクローンは、増殖因子阻害薬や血管新生阻害薬など、ガン患者向けの治療薬の開発、販売を行っている。合意した条件では、インクローンの株主は1株当たり70ドルの現金を受け取り、取引総額はおよそ60億ドルになる。取引には、規制当局の承認ならびに発行済み株式の過半が買い付けに応じることが必要であり、2008年11月末までに完了する予定である。

• IMCL	$70.000
• 正味配当金・空売りの金利	0.000
	70.000
• 取得（2008年10月16日）	67.360
• 取引コスト	.005
	67.365
• 粗利益	$2.635
• 粗利益率	3.912%
• 保有期間（2008年11月21日完了）	36日
• 年率リターン	39.12%

例23（2008年11月）

オムリックス・バイオファーマスーティカルズ（OMRI　24.88ドル　店頭）は、ジョンソン・エンド・ジョンソン（JNJ　58.58ドル　NYSE）による買収に合意した。オムリックスは、たんぱく質由来のバイオサージェリー製品や受動免疫療法の製品の開発・製造・販売を行っている。合意した条件では、オムリックスの株主は1株当たり25ドルの現金を受け取り、取引総額はおよそ5億ドルになる。取引には、発行済み株式の過半が買い付けに応じること、ならびに規制当局の承認が必要であり、2008年後半または2009年初頭に完了する予定である。

• OMRI	$25.000
• 正味配当金・空売りの金利	0.000
	25.000
• 取得（2008年11月25日）	24.600
• 取引コスト	.005
	24.605
• 粗利益	$0.395
• 粗利益率	1.600%
• 保有期間（2008年12月29日完了）	34日
• 年率リターン	16.94%

例24（2008年12月）

メンター・コーポレーション（MNT　30.93ドル　NYSE）は、ヘルスケアの巨人ジョンソン・エンド・ジョンソン（JNJ　59.83ドル　NYSE）による買収に合意した。メンターは、整形外科や再建外科などの手術、ならびに泌尿器科で用いられる特殊な医薬製品を広範に開発・製造・販売している。合意した条件では、メンターの株主は1株当たり31.00ドルの現金を受け取り、取引総額はおよそ11億ドルになる。取引には、発行済みのメンター株の過半が買い付けに応じること、ならびに反トラスト法に関する承認が必要であり、2009年初頭に完了する予定である。

• MNT	$31.000
• 正味配当金・空売りの金利	0.000
	31.000
• 取得（2008年12月5日）	30.500
• 取引コスト	.005
	30.505
• 粗利益	$0.495
• 粗利益率	1.622%
• 保有期間（2009年1月23日完了）	49日
• 年率リターン	11.92%

例25（2009年1月）

アドバンスト・メディカル・オプティクス（EYE　21.97ドル　NYSE）は、アボット（ABT　55.44ドル　NYSE）による買収に合意した。アドバンスト・メディカル・オプティクスは、白内障などの眼科治療やレーシック、その他眼科向けの製品を開発している。契約では、AMOの株主は1株当たり22ドルの現金を受け取り、取引総額はおよそ30億ドルになる。取引には、発行済みのAMO株の過半が買い付けに応じること、ならびに規制当局の承認が必要であり、2009年第1四半期に完了する予定である。

• EYE	$22.000
• 正味配当金・空売りの金利	0.000
	22.000
• 取得（2009年1月13日）	21.470
• 取引コスト	.005
	21.475
• 粗利益	$0.525
• 粗利益率	2.45%
• 保有期間（2009年2月24日完了）	42日
• 年率リターン	20.96%

例26（2009年2月）

ファーマネット・ディベロップメント・グループ（PDGI　4.94ドル　店頭）は、プライベート・エクイティ・ファームのJLL・パートナーズによる買収に合意した。ファーマネットは、アーリー・ステージおよびレイト・ステージの企業に対するコンサルティングを提供し、フェーズIでは、治験ならびにバイオ分析、フェーズII、III、およびIVでは、臨床開発のコンサルティングを行っている。契約では、ファーマネットの株主は1株当たり5.00ドルの現金を受け取り、取引総額はおよそ2億5000万ドルとなる。取引には、ファーマネット普通株の過半が買い付けに応じること、ならびに規制当局の承認が必要であり、2009年第1四半期には完了する予定である。

• PDGI	$5.000
• 正味配当金・空売りの金利	0.000
	5.000
• 取得（2009年2月5日）	4.790
• 取引コスト	.005
	4.795
• 粗利益	$0.205
• 粗利益率	4.28%
• 保有期間（2009年3月20日完了）	43日
• 年率リターン	35.79%

例27（2009年3月）

CVセラピューティクス（CVTX　19.88ドル　店頭）は、ギリアド・サイエンシズ（CILD　46.32ドル　店頭）による買収に合意した。CVセラピューティクスは、主に分子循環器病学を用いて、心血管疾患の治療を目的とした低分子薬の発見・開発・商業化に取り組むバイオ製薬会社である。契約では、CVTXの株主は1株当たり20ドルの現金を受け取り、取引総額はおよそ14億ドルとなる。取引には、発行済み株式の過半が買い付けに応じること、ならびに規制当局の承認が必要であり、2009年第2四半期には完了する予定である。なお、当該取引にはファイナンシング・アウト条項はついていない。

• CVTX	$20.000
• 正味配当金・空売りの金利	0.000
	20.000
• 取得（2009年3月16日）	19.650
• 取引コスト	.005
	19.655
• 粗利益	$0.345
• 粗利益率	1.76%
• 保有期間（2009年4月16日完了）	31日
• 年率リターン	20.38%

例28（2009年4月）

サン・マイクロシステムズ（JAVA　9.16ドル　店頭）は、オラクル・コーポレーション（ORCL　19.34ドル　店頭）による買収に合意した。サン・マイクロシステムズはソフトウェアならびにネットワーキング・ハードウェアの開発・販売を行っている。合意した条件では、サンの株主は1株当たり9.50ドルの現金を受け取り、取引総額はおよそ75億ドルとなる。取引にはサンの株主ならびに規制当局の承認が必要であり、2009年第3四半期には完了する予定である。

• JAVA	$9.500
• 正味配当金・空売りの金利	0.000
	9.500
• 取得（2009年4月28日）	9.120
• 取引コスト	.005
	9.125
• 粗利益	$0.375
• 粗利益率	4.11%
• 保有期間（2009年8月10日完了）	104日
• 年率リターン	14.30%

例29（2009年5月）

VNUS・メディカル・テクノロジーズ（VNUS　28.96ドル　NYSE）は、コビディエン（COV　35.72ドル　NYSE）による買収に合意した。VNUS・メディカル・テクノロジーズは、静脈瘤の原因となる進行性疾患である静脈逆流疾患に対して低侵襲治療を行う医療機械の開発大手である。契約では、VNUSの株主は29ドルの現金を受け取り、取引総額はおよそ4億4000万ドルとなる。取引には、株主ならびに規制当局の承認が必要であり、2009年第2四半期に完了する予定である。

• VNUS	$29.000
• 正味配当金・空売りの金利	0.000
	29.000
• 取得（2009年5月8日）	28.680
• 取引コスト	.005
	28.685
• 粗利益	$0.315
• 粗利益率	1.10%
• 保有期間（2009年6月17日完了）	40日
• 年率リターン	9.88%

例30（2009年6月）

アダックス・ペトロリアム・コーポレーション（AXC CN　49.33カナダドル　TSE）は、中国石油化工（シノペック）（SNP　75.86ドル　NYSE）による買収に合意した。アダックス・ペトロリアムは、中東およびアフリカで原油ならびにガスの開発・生産に取り組んでいる。合意した条件では、アダックスの株主は1株当たり52.80カナダドルの現金を受け取り、取引総額はおよそ83億カナダドルとなる。取引にはアダックスの発行済み株式の66.66%を上回る承認と、カナダと中国の両国での承認が必要となる。買い付けは2009年8月中旬に終了する予定である。

• AXC CN	C$52.800
• 正味配当金・空売りの金利	0.100
	52.900
• 取得（2009年6月24日）	49.000
• 取引コスト	.010
	49.010
• 粗利益	C$3.890
• 粗利益率	7.94%
• 保有期間（2009年8月24日完了）	61日
• 年率リターン	46.84%

例31（2009年7月）

ノーベン・ファーマスーティカルズ（NOVN　16.48ドル　店頭）は、久光製薬（4530　3270円　東京）による買収に合意した。ノーベン・ファーマスーティカルズは、経皮薬物送達に特化した処方薬の研究開発を行っている。合意した条件では、ノーベンの株主は1株当たり16.50ドルの現金を受け取り、取引総額はおよそ4億3000万ドルとなる。取引には、発行済み株式の過半が買い付けに応じること、ならびに規制当局の承認が必要であり、2009年第3四半期に完了する予定である。

• NOVN	$16.500
• 正味配当金・空売りの金利	0.000
	16.500
• 取得（2009年7月21日）	16.340
• 取引コスト	.005
	16.345
• 粗利益	$0.155
• 粗利益率	0.95%
• 保有期間（2009年8月19日完了）	29日
• 年率リターン	11.77%

例32（2009年8月）

シャーロットルッセ・ホールディングス（CHIC　17.39ドル　店頭）は、アベント・インターナショナル・コーポレーションによる買収に合意した。シャーロットルッセは、若い女性をターゲットとした低価格の洋服やアクセサリーの専門小売店をモールを中心に展開し、アメリカとプエルトリコで500を超える店舗を有している。合意した条件では、シャーロットルッセの株主は1株当たり17.50ドルの現金を受け取り、取引総額はおよそ4億ドルとなる。取引には、規制当局の承認ならびに発行済み株式の過半が買い付けに応じることが必要であり、2009年第4四半期に完了する予定である。

• CHIC	$17.500
• 正味配当金・空売りの金利	0.000
	17.500
• 取得（2009年8月28日）	17.350
• 取引コスト	.005
	17.355
• 粗利益	$0.145
• 粗利益率	0.84%
• 保有期間（2009年9月28日完了）	31日
• 年率リターン	9.70%

例33（2009年9月）

セプラコール（SEPR　22.90ドル　店頭）は、大日本住友製薬（4506　979円　東証）による買収に合意した。セプラコールは、中枢神経領域、呼吸器領域における医療用医薬品を専門とする製薬会社である。契約では、セプラコールの株主は1株当たり23ドルの現金を受け取り、取引総額はおよそ30億ドルとなる。取引には規制当局の承認ならびに発行済み株式の過半が買い付けに応じることが必要であり、2009年第4四半期に完了する予定である。

• SEPR	$23.000
• 正味配当金・空売りの金利	0.000
	23.000
• 取得（2009年9月14日）	22.790
• 取引コスト	.005
	22.795
• 粗利益	$0.205
• 粗利益率	0.90%
• 保有期間（2009年10月13日完了）	29日
• 年率リターン	11.16%

例34（2009年10月）

スタレント・ネットワークス（STAR　33.74ドル　店頭）は、ネットワーク装置メーカーのシスコ（CSCO　22.81ドル　店頭）による買収に合意した。スタレントは、移動体通信事業者が利用者にマルチメディアサービスを提供する際に用いるインフラストラクチャー設備を提供している。契約では、スタレントの株主は1株当たり35ドルの現金を受け取り、取引総額はおよそ30億ドルとなる。取引には規制当局ならびにスタレント株主の承認が必要であり、2010年上半期には完了する予定である。

• STAR	$35.000
• 正味配当金・空売りの金利	0.000
	35.000
• 取得（2009年10月22日）	33.650
• 取引コスト	.005
	33.655
• 粗利益	$1.345
• 粗利益率	4.00%
• 保有期間（2009年12月18日完了）	101日
• 年率リターン	14.25%

例35（2009年11月）

バーリントン・ノーザン・サンタフェ・コーポレーション（BNI　98.30ドル　NYSE）は、バークシャー・ハサウェイ（BRK/A　1万600ドル　NYSE）による買収に合意した。バーリントン・ノーザンはアメリカおよびカナダにおいて鉄道を運営している。合意した条件では、バーリントンの株主は1株当たり100ドルの現金とバークシャーの普通株を受け取り、取引総額はおよそ440億ドルとなる。取引には、バークシャー以外が保有するバーリントン・ノーザン・サンタフェ株のうち66.66%に当たる承認と規制当局の承認が必要であり、2010年第1四半期には完了する予定である。

• BNI	$100.000
• 正味配当金・空売りの金利	0.660
	100.660
• 取得（2009年11月5日）	96.980
• 取引コスト	.005
	96.985
• 粗利益	$3.675
• 粗利益率	3.79%
• 保有期間（2010年2月11日完了）	98日
• 年率リターン	13.92%

例36（2009年12月）

リビングストン・インターナショナル・インカム・ファンド（LIV-U　9.47カナダドル　トロント）がカナダ年金基金投資委員会の買収に合意した条件はより良いものとなっていた。リビングストンは、アメリカおよびカナダにおける100の主要な国境、海港、空港などで、税関や輸送・統合物流のサービスを提供している。新たな合意のもと、リビングストンの株主は1株当たり9.50カナダドルの現金を受け取り、取引総額はおよそ5億カナダドルとなる。リビングストンは先にCPPIBによる1株当たり8カナダドルでの買収に合意していた。取引はリビングストンの受益者の承認が必要であり、2010年第1四半期に完了する予定である。

• LIV-U	C$9.500
• 正味配当金・空売りの金利	0.000
	9.500
• 取得（2009年12月21日）	9.430
• 取引コスト	.005
	9.435
• 粗利益	C$0.065
• 粗利益率	0.70%
• 保有期間（2010年1月19日完了）	29日
• 年率リターン	8.69%

例37（2010年1月）

ブリンクス・ホーム・セキュリティー・ホールディングス（CFL　41.00ドル　NYSE）は、タイコー・インターナショナル（TYC　35.43ドル　NYSE）による買収に合意した。ブリンクスは、ブロードビュー・セキュリティーのブランド名で、住宅および企業向けのセキュリティーシステムを提供している。合意した条件では、ブリンクスの株主は42.50ドルの現金とタイコーの普通株を受け取り、取引総額はおよそ20億ドルとなる。取引には、ブリンクスの株主ならびに規制当局の承認が必要であり、2010年半ばに完了する予定である。

• CFL	$42.500
• 正味配当金・空売りの金利	0.000
	42.500
• 取得（2010年1月29日）	40.930
• 取引コスト	.005
	40.935
• 粗利益	$1.565
• 粗利益率	3.82%
• 保有期間（2010年4月30日完了）	91日
• 年率リターン	15.12%

例38（2010年2月）

ボーン・アンド・カンパニー（BNE　11.13ドル　NYSE）は、RR・ドネリー・アンド・サンズ・カンパニー（RRD　19.89ドル　NYSE）による買収に合意した。ボーンは世界中で、株主対策、マーケティングやコンプライアンスに関するコミュニケーション・サービスを提供している。合意した条件では、ボーンの株主は1株当たり11.50ドルの現金を受け取り、取引総額はおよそ4億5000万ドルとなる。取引にはボーンの株主ならびに規制当局の承認が必要であり、2010年半ばに完了する予定である。

• BNE	$11.500
• 正味配当金・空売りの金利	0.055
	11.555
• 取得（2010年2月24日）	11.100
• 取引コスト	.005
	11.105
• 粗利益	$0.450
• 粗利益率	4.05%
• 保有期間（2010年6月15日完了）	111日
• 年率リターン	13.14%

例39（2010年3月）

サウスウエスト・ウオーター・カンパニー（SWWC　10.44ドル　ナスダック）は、J・P・モルガン・アセット・マネジメントによる買収に合意した。サウスウエスト・ウオーターは上水ならびに排水処理システムの管理、運用を行う企業であるが、そのうち自社で保有するものもあれば、公共事業として規制を受けるもの、また契約に基づいて管理しているものもある。合意した条件では、サウスウエストの株主は1株当たり11.00ドルの現金を受け取り、取引総額はおよそ4億5000万ドルとなる。取引には、サウスウエストの株主ならびに規制当局の承認が必要であり、2010年後半または2011年初頭に完了する予定である。

• SWWC	$11.000
• 正味配当金・空売りの金利	0.050
	11.050
• 取得（2010年3月8日）	10.300
• 取引コスト	.005
	10.305
• 粗利益	$0.745
• 粗利益率	7.13%
• 保有期間（2010年11月15日完了）	252日
• 年率リターン	10.18%

例40（2010年4月）

ATSメディカル（ATSI　3.98ドル　ナスダック）は、メドトロニック（MDT　43.69ドル　NYSE）による買収に合意した。ATSメディカルは、心臓弁や凍結技術など、心臓外科に焦点を当てた製品の開発・製造・販売を行っている。合意した条件では、ATSの株主は1株当たり4ドルの現金を受け取り、取引総額はおよそ3億7000万ドルになる。取引には、ATS株主ならびに規制当局の承認が必要であり、2010年第3四半期に完了する予定である。

• ATSI	$4.000
• 正味配当金・空売りの金利	0.000
	4.000
• 取得（2010年5月10日）	3.930
• 取引コスト	0.005
	3.935
• 粗利益	$0.065
• 粗利益率	1.652%
• 保有期間（2010年7月15日完了）	66日
• 年率リターン	9.010%

例41（2010年5月）

サイベース（SY　64.33ドル　NYSE）は、SAP（SAP　42.43ドル　NYSE）による買収に合意した。サイベースは、データウェアハウス、クラウドコンピューティング、埋込み形計算システム向けのソフトウェアの開発・販売を行っている。契約では、サイベースの株主は1株当たり65ドルの現金を受け取り、取引総額はおよそ580万ドルとなる。取引には発行済み株式の過半が買い付けに応じることならびに規制当局の承認が必要であり、2010年半ばに完了する予定である。

• SY	$65.000
• 正味配当金・空売りの金利	0.000
	65.000
• 取得（2010年5月25日）	64.000
• 取引コスト	0.005
	64.005
• 粗利益	$0.995
• 粗利益率	1.560%
• 保有期間（2010年7月22日完了）	58日
• 年率リターン	9.650%

例42（2010年6月）

アメリカン・イタリアン・パスタ（AIPC　52.87ドル　ナスダック）はラルコープ・ホールディングス（RAH　54.80ドル　NYSE）による買収に合意した。アメリカン・イタリアン・パスタ・カンパニーはデュラム小麦とパスタ製造技術を用いて、北米で乾燥パスタの製造・販売を行っている。合意した条件では、AIPCの株主は1株当たり53ドルの現金を受け取り、取引総額はおよそ12億ドルになる。取引には発行済みのAIPC株の過半が買い付けに応じること、ならびに規制当局の承認が必要であり、2010年第4四半期に完了する予定である。

• AIPC	$53.000
• 正味配当金・空売りの金利	0.000
	53.000
• 取得（2010年6月21日）	52.600
• 取引コスト	0.005
	52.605
• 粗利益	$0.395
• 粗利益率	0.751%
• 保有期間（2010年7月22日完了）	31日
• 年率リターン	8.720%

例43（2010年7月）

アメリクレジット・コーポレーション（ACF　24.11ドル　NYSE）は、ゼネラルモーターズによる買収に合意した。アメリクレジットは、自動車ローン債権の買い付け、証券化、回収に特化した全国規模の消費者向け金融会社である。合意した条件では、アメリクレジット株主は1株当たり24.50ドルの現金を受け取り、取引総額はおよそ33億ドルとなる。取引には、アメリクレジット株主ならびに規制当局の承認が必要であり、2010年末までに完了する予定である。

• ACF	$24.500
• 正味配当金・空売りの金利	0.000
	24.500
• 取得（2010年7月22日）	23.850
• 取引コスト	0.005
	23.855
• 粗利益	$0.645
• 粗利益率	2.704%
• 保有期間（2010年11月15日完了）	116日
• 年率リターン	8.391%

例44（2010年8月）

マカフィー（MFE　47.05ドル　NYSE）は、インテル・コーポレーション（INTC　17.67ドル　ナスダック）による買収に合意した。マカフィーはネットワークセキュリティーを中心としたコンピューターセキュリティー製品の開発・販売を行っている。合意した条件では、マカフィー株主は1株当たり48ドルの現金を受け取り、取引総額はおよそ77億ドルとなる。取引には、マカフィーの株主ならびに規制当局の承認が必要であり、2010年第4四半期に完了する予定である。

• MFE	$48.000
• 正味配当金・空売りの金利	0.000
	48.000
• 取得（2010年8月20日）	46.950
• 取引コスト	0.005
	46.955
• 粗利益	$1.045
• 粗利益率	2.226%
• 保有期間（2010年11月30日完了）	102日
• 年率リターン	7.855%

例45（2010年9月）

ザ・スチューデント・ローン・コーポレーション（STU　29.70ドル　NYSE）は、ディスカバー・フィナンシャル・サービセズ（DFS　16.68ドル　NYSE）による買収に合意した。ザ・スチューデント・ローン・コーポレーションは学資ローンのオリジネーター兼債権者であり、その他教育資金関連の商品を提供している。合意した条件では、スチューデント・ローンの株主は1株当たり30ドルの現金を受け取り、取引総額はおよそ6億ドルとなる。取引には、スチューデント・ローン株主ならびに規制当局の承認が必要であり、2010年第4四半期に完了する予定である。

• STU	$30.000
• 正味配当金・空売りの金利	0.000
	30.000
• 取得（2010年9月28日）	29.500
• 取引コスト	0.005
	29.505
• 粗利益	$0.495
• 粗利益率	1.678%
• 保有期間（2010年12月15日完了）	78日
• 年率リターン	7.743%

例46（2010年10月）

ザ・ジンボリー・コーポレーション（GYMB　65.06ドル　ナスダック）は、プライベート・エクイティ・ファームのベイン・キャピタル・パートナーズによる買収に合意した。ジンボリーは0歳から7歳までの子供を対象とした衣服やアクセサリーのデザイン・製造・販売を行っており、アメリカ、カナダ、ヨーロッパに店舗を展開している。合意した条件では、ジンボリーの株主は1株当たり65.40ドルの現金を受け取り、取引総額はおよそ18億ドルとなる。ジンボリーは、2010年11月10日までの40日間に、第三者からの買収提案を求める可能性がある。取引には発行済み普通株の66%以上が買い付けに応じること、ならびに規制当局の承認が必要であり、2010年第4四半期に完了する予定である。

• GYMB	$65.400
• 正味配当金・空売りの金利	0.000
	65.400
• 取得（2010年10月21日）	64.900
• 取引コスト	0.005
	64.905
• 粗利益	$0.495
• 粗利益率	0.763%
• 保有期間（2010年11月23日完了）	33日
• 年率リターン	8.320%

例47（2010年11月）

ビュサイラス・インターナショナル（BUCY　89.16ドル　ナスダック）は、キャタピラー（CAT　84.60ドル　NYSE）による買収に合意した。ビュサイラスは、露天掘りおよび坑内採掘を行う鉱山業界向けに高性能の鉱山設備を設計・製造している。契約では、ビュサイラスの株主は1株当たり92ドルの現金を受け取り、取引総額はおよそ86億ドルとなる。取引には、ビュサイラスの株主ならびに規制当局の承認が必要であり、2011年中旬に完了する予定である。

• BUCY	$92.000
• 配当金	0.025
	92.025
• 取得（2010年11月23日）	89.000
• 取引コスト	0.005
	89.005
• 粗利益	$3.020
• 粗利益率	3.393%
• 保有期間（2011年4月15日完了）	143日
• 年率リターン	8.542%

例48（2010年12月）

アプライド・シグナル・テクノロジー（APSG　37.89ドル　ナスダック）は、レイセオン・カンパニー（RTN　46.34ドル　NYSE）による買収に合意した。アプライド・シグナルは、世界的なセキュリティーの強化を目的とした情報・監視・偵察（ISR）に関連する製品やシステム、サービスを提供している。合意した条件では、アプライド・シグナルの株主は1株当たり38.00ドルの現金を受け取り、取引総額はおよそ5億ドルとなる。取引には発行済みのアプライド・シグナル普通株の過半が買い付けに応じること、ならびに規制当局の承認が必要であり、2011年第1四半期に完了する予定である。

• APSG	$38.000
• 配当金	0.000
	38.000
• 取得（2010年12月20日）	37.770
• 取引コスト	0.005
	37.775
• 粗利益	$0.225
• 粗利益率	0.596%
• 保有期間（2011年1月28日完了）	38日
• 年率リターン	5.643%

例49（2011年1月）

マッセイ・エナジー（MEE　62.86ドル　NYSE）は、アルファ・ナチュラル・リソーセズ（ANR　53.73ドル　NYSE）による買収に合意した。マッセイ・エナジーは、主にアメリカでボイラー炭や原料炭の生産・販売を行い、電力・工業・冶金業界に顧客を持つ。合意した条件では、マッセイの株主は1株当たり10ドルの現金とANRの1.025株を受け取り、取引総額はおよそ85億ドルとなる。取引には規制当局ならびに両社株主の承認が必要であり、2011年第2四半期に完了する予定である。

• MEE	ANRの空売り（1.025×53.73ドル）	$55.070
	現金	10.000
• 配当金		0.060
		65.130
• 取得（2011年1月31日）		62.860
• 取引コスト		0.010
		62.870
• 粗利益		$2.260
• 粗利益率		3.595%
• 保有期間（2011年5月31日完了）		120日
• 年率リターン		10.934%

例50（2011年2月）

ベックマン・コールター（BEC　83.13ドル　NYSE）は、ダナハー・コーポレーション（DHR　50.60ドル　NYSE）による買収に合意した。ベックマン・コールターは生化学検査装置の製造を行っている。合意した条件では、ベックマンの株主は1株当たり83.50ドルの現金を受け取り、取引総額はおよそ58億ドルとなる。取引には、ベックマンの発行済み普通株の過半が買い付けに応じること、ならびに規制当局の承認が必要であり、2011年第2四半期に完了する予定である。

• BEC	$83.500
• 配当金	0.190
	83.690
• 取得（2011年2月24日）	82.820
• 取引コスト	0.005
	82.825
• 粗利益	$0.865
• 粗利益率	1.044%
• 保有期間（2011年4月30日完了）	65日
• 年率リターン	5.865%

例51（2011年3月）

ルーブリゾール・コーポレーション（LZ　133.96ドル　NYSE）は、バークシャー・ハサウェイ（BRK/A 12万5300ドル　NYSE）による買収に合意した。ルーブリゾールは、自動車や工場の潤滑油として用いられる添加剤の開発、製造、販売を行っている。合意した条件では、ルーブリゾールの株主は1株当たり135ドルの現金を受け取り、取引総額はおよそ90億ドルとなる。取引にはルーブリゾールの株主ならびに規制当局の承認が必要であり、2011年中旬に完了する予定である。

• LZ	$135.000
• 配当金	0.360
	135.360
• 取得（2011年3月24日）	133.700
• 取引コスト	0.005
	133.705
• 粗利益	$1.655
• 粗利益率	1.238%
• 保有期間（2011年6月15日完了）	83日
• 年率リターン	5.443%

例52（2011年4月）

ナショナル・セミコンダクター（NSM　24.12ドル　NYSE）は、テキサス・インスツルメンツ（TXN　35.53ドル　NYSE）による買収に合意した。ナショナル・セミコンダクターは、情報家電、パソコン、消費者、通信業界向けに、アナログおよびミクスト・シグナルのさまざまな集積回路を設計、開発、製造、販売している。合意した条件では、ナショナル・セミコンダクターの株主は1株当たり25ドルの現金を受け取り、取引総額はおよそ65億ドルとなる。取引にはナショナル・セミコンダクターの株主ならびに規制当局の承認が必要であり、2011年下半期に完了する予定である。

• NSM	$25.000
• 配当金	0.000
	25.000
• 取得（2011年4月20日）	24.080
• 取引コスト	0.005
	24.085
• 粗利益	$0.915
• 粗利益率	3.799%
• 保有期間（2011年9月30日完了）	163日
• 年率リターン	8.507%

例53（2011年5月）

インターナショナル・コール・グループ（ICO　14.53ドル　NYSE）は、アーチ・コール（ACI　29.89ドル　NYSE）による買収に合意した。インターナショナル・コールは、アパラチア中部およびイリノイ州で石炭の採掘を行っている。合意した条件では、インターナショナル・コールの株主は1株当たり14.60ドルの現金を受け取り、取引総額はおよそ34億ドルとなる。取引には、発行済み株式の過半が買い付けに応じること、ならびに規制当局の承認が必要であり、2011年第2四半期に完了する予定である。

• ICO	$14.600
• 配当金	0.000
	14.600
• 取得（2011年5月2日）	14.430
• 取引コスト	0.005
	14.435
• 粗利益	$0.165
• 粗利益率	1.143%
• 保有期間（2011年6月14日完了）	43日
• 年率リターン	9.703%

例54（2011年6月）

ビージェイズ・ホールセール・クラブ（BJ　50.35ドル　NYSE）は、CVCキャピタル・パートナーズとレオナルド・グリーン・アンド・パートナーズからなるコンソーシアムによる買収に合意した。ビージェイズ・ホールセールは、アメリカ東部で会員制の卸売りチェーンを展開し、生鮮食品や雑貨、ガソリンスタンドなどを提供している。合意した条件では、ビージェイズの株主は1株当たり51.25ドルの現金を受け取り、取引総額はおよそ28億ドルとなる。取引は、ビージェイズならびに規制当局の承認が必要であり、2011年第4四半期に完了する予定である。

• BJ	$51.250
• 配当金	0.000
	51.250
• 取得（2011年6月29日）	50.250
• 取引コスト	0.005
	50.255
• 粗利益	$0.995
• 粗利益率	1.980%
• 保有期間（2011年10月10日完了）	103日
• 年率リターン	7.016%

例55（2011年7月）

ペトロホーク・エナジー・コーポレーション（HK　38.19ドル　NYSE）は、BHPビリトン（BHP 91.55ドル　NYSE）による買収に合意した。ペトロホーク・エナジーはアメリカで天然ガスと原油の開発、生産を行う石油・ガス会社である。合意した条件では、ペトロホークの株主は1株当たり38.75ドルの現金を受け取り、取引総額はおよそ150億ドルである。取引には規制当局の承認ならびに発行済み株式の過半が買い付けに応じることが必要であり、2011年第3四半期に完了する予定である。

• HK	$38.750
• 配当金	0.000
	38.750
• 取得（2011年7月29日）	38.190
• 取引コスト	0.005
	38.195
• 粗利益	$0.555
• 粗利益率	1.453%
• 保有期間（2011年8月19日完了）	21日
• 年率リターン	25.256%

例56（2011年8月）

オートノミー・PLC（AU　25.20ポンド　ロンドン）は、大規模なリストラクチャリングの一環として、ヒューレット・パッカード（HPQ　26.03ドル　NYSE）による買収に合意した。オートノミーは、eメール、ウェブサイト、および非構造化データにおける情報を自動で処理するソフトウェアを制作しているエンタープライズソフトウェア企業である。合意した条件では、オートノミーの株主は1株当たり25.50ポンドの現金を受け取り、取引総額はおよそ70億ポンドとなる。さらに、HPは同社のパソコン事業をスピンアウトさせる意向を表明している。取引には4つの法域における規制当局の承認が必要であり、2011年10月に完了する予定である。

• AU/LN	£25.500
• 配当金	0.000
	25.500
• 取得（2011年8月23日）	24.850
• 取引コスト	0.025
	24.875
• 粗利益	£0.625
• 粗利益率	2.513%
• 保有期間（2011年10月17日支払い）	55日
• 年率リターン	16.678%

例57（2011年9月）

グッドリッチ・コーポレーション（GR　120.68ドル　NYSE）は、ユナイテッド・テクノロジーズ（UTX　70.53ドル　NYSE）による買収に合意した。グッドリッチは、商用航空、軍事航空、一般航空ならびに宇宙産業に対して、部品、システムおよびサービスを提供している。合意した条件では、グッドリッチの株主は1株当たり127.50ドルの現金を受け取り、取引総額はおよそ184億ドルとなる。取引にはグッドリッチ株主ならびに規制当局の承認が必要であり、2012年上半期に完了する予定である。

• GR	$127.500
• 配当金	0.580
	128.080
• 取得（2011年9月11日）	120.900
• 取引コスト	0.005
	120.905
• 粗利益	$7.175
• 粗利益率	5.934%
• 保有期間（2012年3月31日完了）	183日
• 年率リターン	11.836%

例58（2011年10月）

デイライト・エナジー（DAY CN　9.85カナダドル　トロント）は中国石油化工集団（600500 CH　7.92元　上海）による買収に合意した。デイライト・エナジーはカナダのアルバータ州ならびにブリティッシュ・コロンビア州で石油と天然ガスの開発、生産を行っている。合意した条件では、デイライト・エナジーの株主は1株当たり10.08カナダドルの現金を受け取り、取引総額はおよそ22億カナダドルとなる。取引にはデイライト・エナジーの株主ならびにカナダの規制当局の承認が必要であり、2011年後半または2012年初頭に完了する予定である。

• DAY CN	C$10.080
• 配当金	0.000
	10.080
• 取得（2011年10月20日）	9.850
• 取引コスト	0.005
	9.855
• 粗利益	C$0.225
• 粗利益率	2.283%
• 保有期間（2012年1月15日完了）	87日
• 年率リターン	9.579%

例59（2011年11月）

アドバンスト・アナロジック・テクノロジーズ（AATI　5.74ドル　ナスダック）は、スカイワークス・ソリューションズ（SKWS　16.31ドル　ナスダック）による変更後の条件での買収に合意した。アドバンスト・アナロジックは、コードレス電話、ノートおよびタブレット・コンピューター、スマートフォン、デジタルカメラ、デジタル・オーディオ・プレーヤーなどの携帯用電子機器に用いられるパワーマネジメントICを供給している。改定後の合意条件では、AATIの株主は1株当たり5.80ドルの現金を受け取り、取引総額はおよそ2億ドルとなる。取引には発行済み株式の過半が買い付けに応じる必要があり、2012年1月に完了する予定である。

• AATI	$5.800
• 配当金	0.000
	5.800
• 取得（2011年11月30日）	5.740
• 取引コスト	0.005
	5.745
• 粗利益	$0.055
• 粗利益率	0.957%
• 保有期間（2012年1月10日完了）	41日
• 年率リターン	8.523%

例60（2011年12月）

シノビス・ライフ・テクノロジーズ（SYNO　27.83ドル　ナスダック）は、バクスター・インターナショナル（BAX　49.48ドル　NYSE）による買収に合意した。シノビスは、さまざまな手術で用いられる軟組織修復向けのバイオ医薬品ならびに医療機器を供給している。合意した条件では、シノビスの株主は1株当たり28ドルの現金を受け取り、取引総額はおよそ3億2500万ドルとなる。取引には、シノビスの株主ならびに規制当局の承認が必要であり、2012年第1四半期に完了する予定である。

• SYNO	$28.000
• 配当金	0.000
	28.000
• 取得（2011年12月27日）	27.780
• 取引コスト	0.005
	27.785
• 粗利益	$0.215
• 粗利益率	0.774%
• 保有期間（2012年2月14日完了）	49日
• 年率リターン	5.764%

例61（2012年1月）

インヒビテックス（INHX　25.52ドル　ナスダック）は、ブリストル・マイヤーズ・スクイブ（BMY　32.24ドル　NYSE）による買収に合意した。インヒビテックスはC型肝炎の治療を含む新型の抗生物質の発見・開発・商業化に取り組むバイオ製薬会社である。合意した条件では、インヒビテックスの株主は1株当たり26.00ドルの現金を受け取り、取引総額はおよそ25億ドルになる。取引には、発行済み株式の過半が買い付けに応じること、ならびに規制当局の承認が必要であり、2012年第1四半期に完了する予定である。

• INHX	$26.000
• 配当金	0.000
	26.000
• 取得（2012年1月11日）	24.350
• 取引コスト	0.005
	24.355
• 粗利益	$1.645
• 粗利益率	6.754%
• 保有期間（2012年2月10日完了）	30日
• 年率リターン	82.177%

例62（2012年2月）

タレオ・コーポレーション（TLEO　45.82ドル　ナスダック）は、オラクル・コーポレーション（ORCL　29.25ドル　ナスダック）による買収に合意した。タレオは、一時雇用、時間給従業員、専門家職員用のクラウドベースの人事管理用ソフトウェアを提供している。合意した条件では、タレオの株主は1株当たり46ドルの現金を受け取り、取引総額はおよそ19億ドルになる。取引にはタレオの株主ならびに規制当局の承認が必要であり、2012年半ばに完了する予定である。

• TLEO	$46.000
• 配当金	0.000
	46.000
• 取得（2012年2月9日）	45.550
• 取引コスト	0.005
	45.555
• 粗利益	$0.445
• 粗利益率	0.977%
• 保有期間（2012年4月5日完了）	56日
• 年率リターン	6.367%

例63（2012年3月）

ビテラ（VT CN　15.91カナダドル　トロント）は、グレンコア・インターナショナル・PLC（BLEN LN　3.894ポンド　ロンドン）による買収に合意した。ビテラは、穀物の荷役、ターミナルの運営、小売り、および穀物加工などを行う企業である。合意した条件では、ビテラの株主は1株当たり16.25カナダドルの現金を受け取り、取引総額はおよそ75億カナダドルとなる。取引にはビテラ株主ならびに規制当局の承認が必要であり、2012年半ばに完了する予定である。

• VT CN	C$16.250
• 配当金	0.075
	16.325
• 取得（2012年3月20日）	15.800
• 取引コスト	0.005
	15.805
• 粗利益	C$0.520
• 粗利益率	3.290%
• 保有期間（2012年8月31日完了）	164日
• 年率リターン	7.320%

例64（2012年4月）

アルデア・バイオサイエンス（RDEA　31.87ドル　ナスダック）は、アストラゼネカ（AZN　43.90　NYSE）による買収に合意した。アルデアは、痛風に対する高尿酸血症治療薬など、重病治療に用いられる低分子治療薬の開発に焦点を当てたバイオテクノロジー企業である。合意した条件では、アルデアの株主は1株当たり32ドルの現金を受け取り、取引総額はおよそ13億ドルになる。取引には、アルデアの株主ならびに規制当局の承認が必要であり、2012年第3四半期に完了する予定である。

• RDEA	$32.000
• 配当金	0.000
	32.000
• 取得（2012年5月7日）	31.700
• 取引コスト	0.005
	31.705
• 粗利益	$0.295
• 粗利益率	0.930%
• 保有期間（2012年6月20日完了）	44日
• 年率リターン	7.720%

例65（2012年5月）

アリバ（ARBA　44.93ドル　ナスダック）は、SAP AG（SAP　57.32ドル　NYSE）による買収に合意した。アリバは、調達・契約・支払いなど企業の支出やサプライヤーとの関係の管理・分析を可能とするソフトやサービス、ネットワークなどを提供している。合意した条件では、アリバの株主は1株当たり45ドルの現金を受け取り、取引総額はおよそ43億ドルとなる。取引には、アリバ株主ならびに規制当局の承認が必要であり、2012年第3四半期には完了する予定である。

• ARBA	$45.000
• 配当金	0.000
	45.000
• 取得（2012年6月5日）	44.630
• 取引コスト	0.005
	44.635
• 粗利益	$0.365
• 粗利益率	1.044%
• 保有期間（2012年8月1日完了）	57日
• 年率リターン	6.690%

例66（2012年6月）

ヒューズ・テレマティクス（HUTC　11.95　店頭BB）は、ベライゾン・コミュニケーション（VZ　44.44ドル　NYSE）による買収に合意した。ヒューズ・テレマティクスは、リアルタイムの音声ならびにデータ通信サービスを可能とする機器の設計ならびに製造を行っており、自動車向けに活用されているほか、自動車以外の活用方法も開発中である。合意した条件では、ヒューズ・テレマティクスの株主は1株当たり12ドルの現金を受け取り、取引総額はおよそ14億ドルとなる。ヒューズの普通株の62%を保有するアポロ・マネジメントは取引に賛成票を投じることに合意し、株主としての承認を保証している。取引にはハート・スコット・ロディノ反トラスト改正法に基づく承認とともに、少数株主に対して書面による情報開示が求められる。取引は2012年第3四半期に完了する予定である。

• HUTC	$12.000
• 配当金	0.000
	12.000
• 取得（2012年6月1日）	11.800
• 取引コスト	0.005
	11.805
• 粗利益	$0.195
• 粗利益率	1.652%
• 保有期間（2012年7月26日完了）	55日
• 年率リターン	10.962%

例67（2012年7月）

アメリグループ・コーポレーション（AGP　89.88ドル　NYSE）は、ウェルポイント（WLP　53.29ドル　NYSE）による買収に合意した。アメリグループは複数の州において、主にメディケアおよびメディケイド加入者に対するマネージドケアを提供する企業である。合意した条件では、アメリグループの株主は1株当たり92ドルの現金を受け取り、取引総額はおよそ44億ドルとなる。取引には、アメリグループ株主ならびに連邦の規制当局の承認が必要であり、2013年初頭に完了する予定である。

• AGP	$92.000
• 配当金	0.000
	92.000
• 取得（2012年7月10日）	89.450
• 取引コスト	0.005
	89.455
• 粗利益	$2.545
• 粗利益率	2.845%
• 保有期間（2012年12月31日完了）	174日
• 年率リターン	5.968%

例68（2012年8月）

タリソン・リチウム（TLH CN　6.49カナダドル　トロント）は、ロックウッド・ホールディングス（ROC　47.34ドル　NYSE）による買収に合意した。タリソンはオーストラリア南西部にある高品位を誇るグリーンブッシェズ鉱山でリチウムを生産している。合意した条件では、タリソンの株主は1株当たり6.50カナダドルを受け取り、取引総額はおよそ6億5000万カナダドルとなる。取引にはタリソン株主ならびに規制当局の承認が必要であり、2012年第4四半期に完了する予定である。

• TLH CN	C$6.500
• 配当金	0.000
	6.500
• 取得（2012年8月23日）	6.420
• 取引コスト	0.005
	6.425
• 粗利益	C$0.075
• 粗利益率	1.167%
• 保有期間（2012年10月31日完了）	69日
• 年率リターン	6.175%

例69（2012年9月）

メディシス・ファーマスーティカルズ（MRX　43.27ドル　NYSE）は、バリアント・ファーマスーティカルズ（VRX　55.27ドル　NYSE）による買収に合意した。メディシスは、皮膚科、小児科、足病治療に焦点を当てた製薬会社である。合意した条件では、メディシス株主は1株当たり44ドルの現金を受け取り、取引総額はおよそ25億ドルとなる。取引にはメディシス株主ならびに規制当局の承認が必要であり、2012年後半または2013年初頭に完了する予定である。

• MRX	$44.000
• 配当金	0.200
	44.200
• 取得（2012年9月21日）	43.420
• 取引コスト	0.005
	43.425
• 粗利益	$0.775
• 粗利益率	1.785%
• 保有期間（2013年1月15日完了）	116日
• 年率リターン	5.616%

例70（2012年10月）

PSSワールド・メディカル（PSSI　28.62ドル　ナスダック）は、マクケッソン・コーポレーション（MCK　93.31ドル　NYSE）による買収に合意した。PSSワールド・メディカルは、アメリカで現場の介護者に対して医療用品やサービスを提供している。合意した条件では、PSSワールドの株主は1株当たり29ドルの現金を受け取り、取引総額はおよそ21億ドルとなる。取引には、PSS株主ならびに規制当局の承認が必要であり、2012年後半または2013年初頭に完了する予定である。

• PSSI	$29.000
• 配当金	0.000
	29.000
• 取得（2012年11月14日）	28.460
• 取引コスト	0.005
	28.465
• 粗利益	$0.535
• 粗利益率	1.880%
• 保有期間（2013年1月31日完了）	78日
• 年率リターン	8.795%

例71（2012年11月）

メトロポリタン・ヘルス・ネットワークス（MDF　11.24ドル　NYSE）は、ヒュマーナ（HUM　65.41ドル　NYSE）による買収に合意した。メトロポリタン・ヘルスは、フロリダで、メディケア・アドバンテージ、メディケイド、その他顧客向けにヘルスケアサービスを提供する企業である。合意した条件では、メトロポリタンの株主は1株当たり11.25ドルの現金を受け取り、取引総額はおよそ7億5000万ドルとなる。取引にはメトロポリタン株主ならびに規制当局の承認が必要であり、2012年第4四半期に完了する予定である。

• MDF	$11.250
• 配当金	0.000
	11.250
• 取得（2012年11月8日）	11.130
• 取引コスト	0.005
	11.135
• 粗利益	$0.115
• 粗利益率	1.033%
• 保有期間（2012年12月22日完了）	44日
• 年率リターン	8.567%

例72（2012年12月）

YMバイオサイエンシズ（YMI　2.87ドル　NYSE）は、ギリアド・サイエンシズ（GILD　73.45ドル　ナスダック）による買収に合意した。YMバイオサイエンシズは、骨髄線維症の治療への適用が期待されるCYT387を開発する創薬会社である。合意した条件では、YMIの株主は1株当たり2.95ドルの現金を受け取り、取引総額はおよそ5億ドルとなる。取引にはYMI株主ならびに規制当局の承認が必要であり、2013年第1四半期に完了する予定である。

• YMI	$2.950
• 配当金	0.000
	2.950
• 取得（2012年12月12日）	2.890
• 取引コスト	0.005
	2.895
• 粗利益	$0.055
• 粗利益率	1.900%
• 保有期間（2013年2月5日完了）	55日
• 年率リターン	12.608%

例73（2013年1月）

MAPファーマスーティカルズ（MAPP　24.77ドル　ナスダック）は、アラガン（AGN　105.01ドル　NYSE）による買収に合意した。MAPファーマスーティカルズは、呼吸器ならびに中枢神経疾患の治療薬を開発するバイオ製薬会社で、現在の主たる薬剤候補は片頭痛の治療に用いられるLEVADEXである。合意した条件では、MAPの株主は1株当たり25.00ドルの現金を受け取り、取引総額はおよそ8億ドルとなる。取引には、発行済み株式の過半が買い付けに応じること、ならびに規制当局の承認が必要であり、2013年第1四半期に完了する予定である。

• MAPP	$25.000
• 配当金	0.000
	25.000
• 取得（2013年1月23日）	24.710
• 取引コスト	0.005
	24.715
• 粗利益	$0.285
• 粗利益率	1.153%
• 保有期間（2013年2月28日完了）	36日
• 年率リターン	11.692%

例74（2013年2月）

ハインツ（HNZ　72.43ドル　NYSE）は、バークシャー・ハサウェイ（BRK/A　15万2600ドル　NYSE）とブラジルのファミリー・オフィスである3G・キャピタルによる買収に合意した。H・J・ハインツはケチャップ、調味料、ソース、冷凍食品、スープなどの加工食品の製造販売を行っている。合意した条件では、ハインツの株主は1株当たり72.50ドルの現金と0.515ドルの現金配当を二度受け取り、取引総額はおよそ280億ドルとなる。取引には、ハインツの株主ならびに規制当局の承認が必要であり、2013年半ばに完了する予定である。

• HNZ	$72.500
• 配当金	1.030
	73.530
• 取得（2013年2月21日）	72.200
• 取引コスト	0.005
	72.205
• 粗利益	$1.325
• 粗利益率	1.835%
• 保有期間（2013年7月15日完了）	144日
• 年率リターン	4.651%

例75（2013年3月）

ガーデナー・デンバー（GDI　75.11ドル　NYSE）は、プライベート・エクイティ・ファームのKKR（KKR　19.32ドル　NYSE）による買収に合意した。ガーデナー・デンバーは、産業機械として用いられる真空ポンプやコンプレッサーの世界的メーカーである。合意した条件では、ガーデナー・デンバーの株主は1株当たり76.00ドルの現金を受け取り、取引総額はおよそ39億ドルとなる。取引にはガーデナー・デンバーの株主ならびに規制当局の承認が必要であり、2013年第3四半期に完了する予定である。

• GDI	$76.000
• 配当金	0.050
	76.050
• 取得（2013年3月14日）	74.750
• 取引コスト	0.005
	74.755
• 粗利益	$1.295
• 粗利益率	1.732%
• 保有期間（2013年8月15日完了）	154日
• 年率リターン	4.106%

例76（2013年4月）

D・E・マスター・ブレンダーズ・1753・NV（DE NA　12.04ユーロ　アムステルダム）は、ヨー・A・ベンキーザー（JAB）による買収に合意した。D・E・マスターは、2012年にサラ・リーからスピンオフした、オランダのコーヒーおよび紅茶メーカーである。JABはコーヒー・メーカーを数社買収しており、近年ではピーツ・コーヒー・アンド・ティ、カリブ・コーヒー・カンパニーを買収している。JABは、2012年に15％の株式を取得した後、3月にD・E・マスター・ブレンダーズに買収の提案を行った。合意した条件では、D・E・マスターの株主は1株当たり12.50ユーロの現金を受け取り、取引総額はおよそ80億ユーロとなる。取引には、発行済み株式の過半が買い付けに応じること、ならびに規制当局の承認が必要であり、2013年中旬に完了する予定である。

• DE NA	€12.500
• 配当金	0.000
	12.500
• 取得（2013年4月25日）	12.100
• 取引コスト	0.012
	12.112
• 粗利益	€0.388
• 粗利益率	3.203%
• 保有期間（2013年8月30日完了）	127日
• 年率リターン	9.207%

例77（2013年5月）

NVエナジー（NVE　23.44ドル　NYSE）は、バークシャー・ハサウェイ（BRK/B　114.07ドル　NYSE）の子会社であるミッドアメリカン・エナジー・ホールディングスによる買収に合意した。NVエナジーは、ネバダ州で発電ならびに電力の配給、天然ガスの輸送ならびに配給を行っている。合意した条件では、NVエナジーの株主は1株当たり23.75ドルの現金を受け取り、取引総額はおよそ100億ドルとなる。取引には、株主ならびに規制当局の承認が必要であり、2014年第1四半期に完了する予定である。

• NVE	$23.750
• 配当金	0.380
	24.130
• 取得（2013年5月30日）	23.420
• 取引コスト	0.005
	23.425
• 粗利益	$0.705
• 粗利益率	3.010%
• 保有期間（2014年1月31日完了）	246日
• 年率リターン	4.465%

例78（2013年6月）

イグザクトターゲット（ET　33.72ドル　NYSE）は、セールスフォース・ドットコム（CRM　38.18ドル　NYSE）による買収に合意した。イグザクトターゲットはインディアナ州インディアナポリスを拠点とするクラウドベースのデジタル・マーケティングのプラットフォームである。合意した条件では、イグザクトターゲットの株主は1株当たり33.75ドルの現金を受け取り、取引総額はおよそ25億ドルとなる。取引には、発行済み株式の過半が買い付けに応じること、ならびに規制当局の承認が必要であり、2013年7月末までに完了する予定である。

• ET	$33.750
• 配当金	0.000
	33.750
• 取得（2013年6月10日）	33.590
• 取引コスト	0.005
	33.595
• 粗利益	$0.155
• 粗利益率	0.461%
• 保有期間（2013年7月12日完了）	32日
• 年率リターン	5.263%

例79（2013年7月）

ソースファイヤー（FIRE　75.43ドル　ナスダック）は、シスコ（CSCO　25.59ドル　ナスダック）による買収に合意した。ソースファイヤーは、企業や政府機関向けにサイバーセキュリティーのサービスを提供している。合意した条件では、ソースファイヤーの株主は1株当たり76.00ドルの現金を受け取り、取引総額はおよそ27億ドルとなる。取引には、株主ならびに規制当局の承認が必要であり、2013年下半期中に完了する予定である。

• FIRE	$76.000
• 配当金	0.000
	76.000
• 取得（2013年7月23日）	75.300
• 取引コスト	0.005
	75.305
• 粗利益	$0.695
• 粗利益率	0.923%
• 保有期間（2013年10月15日完了）	84日
• 年率リターン	4.010%

例80（2013年8月）

オニキス・ファーマスーティカルズ（ONXX　123.58ドル　ナスダック）は、アムジェン（AMGN　108.94ドル　ナスダック）による買収に合意した。オニキス・ファーマスーティカルズは、ガン治療薬の開発に特化したバイオ製薬会社である。合意した条件では、オニキスの株主は1株当たり125ドルの現金を受け取り、取引総額はおよそ100億ドルとなる。6月、アムジェンはオニキスを1株当たり120ドルの現金で買収することを提案し、オニキスに戦略上の代替案を模索するようけしかけた結果、アムジェンが買収することになった。取引には、発行済み株式の過半が買い付けに応じること、ならびに規制当局の承認が必要であり、第4四半期前半に完了する予定である。

• ONXX	$125.000
• 配当金	0.000
	125.000
• 取得（2013年8月29日）	123.600
• 取引コスト	0.005
	123.605
• 粗利益	$1.395
• 粗利益率	1.129%
• 保有期間（2013年10月1日完了）	33日
• 年率リターン	12.483%

例81（2013年9月）

モレックス・インコーポレイティド（MOLX/A　38.28ドル　ナスダック）は、コーク・インダストリーズによる買収に合意した。モレックスは企業および消費者向けにコネクターや電子部品を製造している。合意した条件では、モレックスの株主は1株当たり38.50ドルの現金を受け取り、取引総額はおよそ72億ドルとなる。取引には、株主ならびに規制当局の承認が必要であり、年末までに完了する予定である。

• MOLXA	$38.500
• 配当金	0.480
	38.980
• 取得（2013年9月10日）	38.300
• 取引コスト	0.005
	38.305
• 粗利益	$0.675
• 粗利益率	1.762%
• 保有期間（2013年12月31日完了）	112日
• 年率リターン	5.743%

例82（2013年10月）

エジェン・グループ（EDG　11.97ドル　NYSE）は、住友商事（8053　1275円　東証）による買収に合意した。エジェンは、パイプやバルブ、その他関連部品などエネルギー産業およびインフラ向けの製品を取り扱う世界的な卸売業者である。合意した条件では、エジェンの株主は1株当たり12.00ドルの現金を受け取り、取引総額はおよそ9億ドルとなる。取引には規制当局の承認が必要であり、2013年末までに完了する予定である。

• EDG	$12.000
• 配当金	0.000
	12.000
• 取得（2013年10月2日）	11.900
• 取引コスト	0.005
	11.905
• 粗利益	$0.095
• 粗利益率	0.798%
• 保有期間（2013年11月21日完了）	50日
• 年率リターン	5.825%

例83（2013年11月）

バイロファーマ・インコーポレイティド（VPHM　49.51ドル　ナスダック）は、シャイアー・PLC（SHPG　135.81ドル　ナスダック）による買収に合意した。バイロファーマは、遺伝性血管性浮腫などの希少疾患の治療薬開発を行うバイオ製薬会社である。合意した条件では、バイロファーマの株主は1株当たり50.00ドルの現金を受け取り、取引総額はおよそ42億ドルとなる。取引には、株主ならびに規制当局の承認が必要であり、2014年初頭に完了する予定である。

• VPHM	$50.000
• 配当金	0.000
	50.000
• 取得（2013年11月11日）	49.420
• 取引コスト	0.005
	49.425
• 粗利益	$0.575
• 粗利益率	1.163%
• 保有期間（2014年2月10日完了）	91日
• 年率リターン	4.666%

例84（2013年12月）

UNSエナジー・コーポレーション（UNS　59.85ドル　NYSE）は、フォーティス（FTS CN 30.45カナダドル　トロント）による買収に合意した。UNSはアリゾナ州において発電設備や電力・ガスの供給網を有する企業である。合意した条件では、UNSの株主は1株当たり60.25ドルの現金を受け取り、取引総額はおよそ43億ドルとなる。取引には株主ならびに規制当局の承認が必要であり、2014年末までに完了する予定である。

• UNS	$60.250
• 配当金	1.740
	61.990
• 取得（2013年12月12日）	58.850
• 取引コスト	0.005
	58.855
• 粗利益	$3.135
• 粗利益率	5.327%
• 保有期間（2014年12月31日完了）	379日
• 年率リターン	5.130%

例85（2014年1月）

ビーム（BEAM　83.30ドル　NYSE）は、サントリー・ホールディングスによる買収に合意した。ビームは、メイカーズ・マーク・バーボン、ピナクルウオツカ、サウサテキーラ、ジン・ビーム・バーボンなどのブランドを有する高級酒造メーカーである。合意した条件では、ビームの株主は1株当たり83.50ドルの現金を受け取り、取引総額はおよそ160億ドルとなる。取引には、株主ならびに規制当局の承認が必要であり、2014年第2四半期に完了する予定である。

• BEAM	$83.500
• 配当金	0.225
	83.725
• 取得（2014年1月13日）	83.050
• 取引コスト	0.005
	83.055
• 粗利益	$0.670
• 粗利益率	0.810%
• 保有期間（2014年4月15日完了）	92日
• 年率リターン	3.200%

例86（2014年2月）

ジョス・A・バンク・クロージャーズ（JOSB　62.08ドル　ナスダック）は、メンズ・ウェアハウス（MW　53.79ドル　NYSE）からより良い条件での買収提案を受け、同社がデューデリジェンスを行うことに合意した。3月、ジョス・A・バンクはメンズ・ウェアハウスによる買収に合意したが、これは「パックマンディフェンス」を成功裏に活用した成果である。ジョス・A・バンクは、全米で600の小売店舗を有する紳士服メーカーである。改善された合意内容では、ジョス・A・バンクの株主は1株当たり65.00ドルの現金を受け取り、取引総額はおよそ18億ドルとなる。取引には、発行済み株式の過半が買い付けに応じること、ならびに規制当局の承認が必要であり、2014年第3四半期に完了する予定でる。

• JOSB	$65.000
• 配当金	0.000
	65.000
• 取得（2014年3月13日）	64.200
• 取引コスト	0.005
	64.205
• 粗利益	$0.795
• 粗利益率	1.238%
• 保有期間（2014年6月10日完了）	89日
• 年率リターン	5.078%

例87（2014年3月）

ノルディオン（NDZ　11.52ドル　NYSE）は、プライベート・エクイティ・ファームのGTCRが保有するステリジェニックスによる買収に合意した。ノルディオンは、医療用放射性同位体および滅菌技術を提供する世界的なヘルスサイエンス企業である。合意した条件では、ノルディオンの株主は1株当たり11.75ドルの現金を受け取り、取引総額はおよそ7億5000万ドルとなる。取引には、株主ならびに規制当局の承認が必要であり、2014年下半期に完了する予定である。

• NDZ	$11.750
• 配当金	0.000
	11.750
• 取得（2014年4月23日）	11.470
• 取引コスト	0.005
	11.475
• 粗利益	$0.275
• 粗利益率	2.397%
• 保有期間（2014年8月15日完了）	120日
• 年率リターン	7.289%

例88（2014年4月）

カラカル・エナジー（CRCL LN　5.43ポンド　ロンドン）は、グレンコア・エクストラータ・PLC（GLEN LN　3.185ポンド　ロンドン）による買収に合意した。カラカルは石油・ガスの開発会社で、アフリカのチャドで事業を行っている。合意した条件では、カラカルの株主は1株当たり5.50ポンドの現金を受け取り、取引総額はおよそ8億ポンドとなる。取引には、株主ならびに規制当局の承認が必要であり、2014年第2四半期に完了する予定である。

• CRCL LN	£5.500
• 配当金	0.000
	5.500
• 取得（2014年4月25日）	5.410
• 取引コスト	0.005
	5.415
• 粗利益	£0.085
• 粗利益率	1.562%
• 保有期間（2014年6月30日完了）	66日
• 年率リターン	8.638%

例89（2014年5月）

オーロラ・オイル・アンド・ガス・リミテッド（AUT AU　4.18豪ドル）は、同社株主がより高い価格を求めたことが奏功し、より良い条件でのベイテックス・エナジー・コーポレーション（BTE CN　45.29カナダドル　トロント）による買収に合意した。オーロラは、テキサス州のイーグル・フォード・シェールでの生産および同州の他の鉱区で開発を行う石油・ガス会社である。改訂された条件では、オーロラの株主は1株当たり4.20豪ドルの現金を受け取り、取引総額はおよそ25億豪ドルとなる。取引には、株主ならびに規制当局の承認が必要であり、2014年第2四半期に完了する予定である。

• AUT AU	A$4.200
• 配当金	0.000
	4.200
• 取得（2014年2月7日）	4.080
• 取引コスト	0.005
	4.085
• 粗利益	A$0.115
• 粗利益率	2.815%
• 保有期間（2014年6月13日完了）	126日
• 年率リターン	8.155%

例90（2014年6月）

ヒルシャー・ブランズ（HSH　62.30ドル　NYSE）は、タイソン・フーズ（TSN　37.54ドル　NYSE）による買収に合意した。ヒルシャー・ブランズはジミー・ディーン、ボール・パーク、ヒルシャー・ファームなどのブランドを展開する食品会社である。合意した条件では、ヒルシャー・ブランズの株主は1株当たり63.00ドルの現金を受け取り、取引総額はおよそ84億ドルとなる。ヒルシャー・ブランズは、5月にピナクル・フーズを買収することに合意後、買収合戦の対象となり、当初5月27日にピルグリムス・プライドが1株当たり45ドルでのヒルシャー買収を提案していた。取引は、発行済み株式の過半が買い付けに応じること、ならびに規制当局の承認が必要であり、2014年第3四半期に完了する予定である。

• HSH	$63.000
• 配当金	0.000
	63.000
• 取得（2014年6月30日）	62.300
• 取引コスト	0.005
	62.305
• 粗利益	$0.695
• 粗利益率	1.115%
• 保有期間（2014年8月30日完了）	61日
• 年率リターン	6.675%

例91（2014年7月）

トゥルーリア（TRLA　60.53ドル　NYSE）は、ジロウ（Z　143.53ドル　ナスダック）による買収に合意した。トゥルーリアは、販売用の住宅向け不動産検索エンジンを運営するとともに、その他不動産に関する情報やサービスを提供している。合意した条件では、トゥルーリアの株主はトゥルーリア株1株に対して、0.444株のジロウ株を受け取り、取引総額はおよそ35億ドルとなる。取引には、トゥルーリアおよびジロウの双方の株主、ならびに規制当局の承認が必要であり、2015年に完了する予定である。

• TRLA（1TRLA＝0・444Z［149.87ドル］）	$66.540
• 配当金	0.000
	66.540
• 取得（2014年7月29日）	62.200
• 取引コスト	0.040
	62.240
• 粗利益	$4.300
• 粗利益率	6.909%
• 保有期間（2015年2月15日完了）	201日
• 年率リターン	12.546%

例92（2014年8月）

インターミューン（ITMN　73.45ドル　ナスダック）は、ロシュ・ホールディングAG（RHHBY 36.51ドル　店頭）による買収に合意した。インターミューンは、呼吸器疾患および線維症向けの薬品開発に取り組むバイオテクノロジー企業であり、主たる薬品であるEsbrietは特発性肺線維症の治療薬として数カ国で承認され、現在アメリカでも審査が行われている。合意した条件では、インターミューンの株主は1株当たり74.00ドルの現金を受け取り、取引総額はおよそ85億ドルとなる。取引には、発行済み株式の過半が買い付けに応じること、ならびに規制当局の承認が必要であり、2014年中に完了する予定である。

• ITMN	$74.000
• 配当金	0.000
	74.000
• 取得（2014年8月27日）	73.150
• 取引コスト	0.005
	73.155
• 粗利益	$0.845
• 粗利益率	1.162%
• 保有期間（2014年9月26日完了）	30日
• 年率リターン	14.138%

例93（2014年9月）

TRWオートモーティブ・ホールディングス（TRW　101.25ドル　NYSE）は、ZFフリードリヒスハーフェンAGによる買収に合意した。TRWは、アクティブおよびパッシブ・セーフティ・システムなどの自動車用システム、モジュール、部品を世界的な自動車メーカーに提供している。合意した条件では、TRWの株主は1株当たり105.60ドルの現金を受け取り、取引総額はおよそ130億ドルとなる。取引には、TRW株主ならびに規制当局の承認が必要であり、2015年第1四半期に完了する予定である。

• TRW	$105.600
• 配当金	0.000
	105.600
• 取得（2014年10月16日）	100.140
• 取引コスト	0.005
	100.145
• 粗利益	$5.455
• 粗利益率	5.447%
• 保有期間（2015年3月31日完了）	166日
• 年率リターン	11.977%

例94（2014年10月）

アスロン・エナジー（ATHL　58.30ドル　NYSE）は、2014年9月29日にエンカナ・コーポレーション（ECA　18.63ドル　NYSE）による買収に合意したと発表した。アスロンは、パーミアン・ベーズンに鉱区を有する石油および天然ガスの開発・生産を行う企業である。合意した条件では、アスロンの株主は1株当たり58.50ドルの現金を受け取り、取引総額はおよそ70億ドルとなる。取引には、発行済み株式の過半が買い付けに応じること、ならびに規制当局の承認が必要であり、2014年11月12日に完了した。

• ATHL	$58.500
• 配当金	0.000
	58.500
• 取得（2014年10月15日）	57.400
• 取引コスト	0.005
	57.405
• 粗利益	$1.095
• 粗利益率	1.907%
• 保有期間（2014年11月12日完了）	28日
• 年率リターン	24.866%

例95（2014年11月）

アラガン（AGN　213.89ドル　NYSE）は、アクタビスPLC（ACT　270.61ドル　NYSE）による買収に合意した。アラガンは医薬品、バイオ医薬品、医療機器、眼科やエステに用いられる一般用医薬品の開発、販売を行うヘルスケア企業である。合意した条件では、アラガンの株主はアラガン株1株に対して129.22ドルの現金とアクタビスの普通株0.3683株を受け取り、取引総額はおよそ650億ドルとなる。2014年4月にバリアント・ファーマスーティカルズがアラガン株1株に対して48.30ドルの現金とバリアントの普通株0.83株、言い換えれば、およそ450億ドルでの一方的な買収提案をしたことで、アラガンは「インプレー」となった。バリアントは提案内容のうち現金部分を増大させ、またアラガンを交渉の席につかせるべく裁判に訴えようとしていたが、一方でアクタビスによる取引と競合するつもりはないと示唆してもいた。

• AGN（1AGN=129.22ドル+0.3683ACT［259.75ドル］）	$224.890
• 配当金	0.050
	224.940
• 取得（2014年11月21日）	209.090
• 取引コスト	0.005
	209.095
• 粗利益	$15.845
• 粗利益率	7.578%
• 保有期間（2015年4月30日完了）	160日
• 年率リターン	17.287%

例96（2014年12月）

キュビスト・ファーマスーティカルズ（CBST　100.65ドル　ナスダック）は、メルク・アンド・カンパニー（MRK　56.79ドル　NYSE）による買収に合意した。キュビストは抗生物質の開発および商品化に焦点を当てたバイオ製薬会社である。合意した条件では、キュビストの株主は1株当たり102.00ドルの現金を受け取り、取引総額はおよそ83億ドルとなる。取引には、発行済み株式の過半が買い付けに応じること、ならびに規制当局の承認が必要であり、2015年1月に完了する予定である。

• CBST	$102.000
• 配当金	0.000
	102.000
• 取得（2014年12月16日）	96.730
• 取引コスト	0.005
	96.735
• 粗利益	$5.265
• 粗利益率	5.443%
• 保有期間（2015年1月21日完了）	36日
• 年率リターン	55.183%

例97（2015年1月）

NPSファーマスーティカルズ（NPSP　45.86ドル　ナスダック）は、シャイアーPLC（SHPG　219.26ドル　ナスダック）による買収に合意した。NPSは希少疾患患者向けの治療薬の開発に焦点を当てたバイオ製薬会社である。合意した条件では、NPS株主は1株当たり46.00ドルの現金を受け取り、取引総額はおよそ50億ドルとなる。取引には、発行済み株式の過半が買い付けに応じること、ならびに規制当局の承認が必要であり、2015年第1四半期に完了する予定である。

• NPSP	$46.000
• 配当金	0.000
	46.000
• 取得（2015年1月15日）	45.570
• 取引コスト	0.005
	45.575
• 粗利益	$0.425
• 粗利益率	0.933%
• 保有期間（2015年2月20日完了）	36日
• 年率リターン	9.455%

例98（2015年2月）

ホスピーラ（HSP　87.54ドル　NYSE）は、ファイザー（PFE　34.32ドル　NYSE）による買収に合意した。ホスピーラは静脈麻酔および注射剤を販売している。合意した条件では、ホスピーラの株主は1株当たり90.00ドルの現金を受け取り、取引総額はおよそ170億ドルとなる。取引には株主ならびに規制当局の承認が必要であり、2015年第3四半期に完了する予定である。

• HSP	$90.000
• 配当金	0.000
	90.000
• 取得（2015年2月19日）	87.440
• 取引コスト	0.005
	87.445
• 粗利益	$2.555
• 粗利益率	2.922%
• 保有期間（2015年7月15日完了）	146日
• 年率リターン	7.305%

例99（2015年3月）

カタマラン・コーポレーション（CTRX　59.54ドル　ナスダック）は、ユナイテッドヘルス・グループ（UNH　118.29ドル　NYSE）による買収に合意した。カタマランは、POSによる請求権管理、処方箋やリベートの管理システムなどの薬剤給付管理サービスを提供している。合意した条件では、カタマランの株主は1株当たり61.50ドルの現金を受け取り、取引総額はおよそ130億ドルとなる。取引には株主ならびに規制当局の承認が必要であり、2015年第4四半期に完了する予定である。

• CTRX	$61.500
• 配当金	0.000
	61.500
• 取得（2015年4月7日）	59.200
• 取引コスト	0.005
	59.205
• 粗利益	$2.295
• 粗利益率	3.876%
• 保有期間（2015年10月31日完了）	207日
• 年率リターン	6.835%

例100（2015年4月）

TNTエクスプレス・NV（TNTE NA　7.62ユーロ　アムステルダム）は、フェデックス・コーポレーション（FDX　169.57ドル　NYSE）による買収に合意した。TNTは中小企業を対象とした国際的な物流会社である。合意した条件では、TNT株主は1株当たり8.00ユーロの現金を受け取り、取引総額はおよそ50億ドルとなる。取引には、発行済み株式の80%以上が買い付けに応じること、ならびに規制当局の承認が必要であり、2016年第1四半期に完了する予定である。

• TNTE NA	€8.000
• 配当金	0.000
	8.000
• 取得（2015年4月17日）	7.590
• 取引コスト	0.005
	7.595
• 粗利益	€0.405
• 粗利益率	5.3332%
• 保有期間（2016年5月25日完了）	304日
• 年率リターン	6.402%

例101（2015年5月）

オムニケア（OCR　95.29ドル　NYSE）は、CVSヘルス・コーポレーション（CVS　102.38ドル　NYSE）による買収に合意した。オムニケアは、高齢者向けの調剤サービスやコンサルティング、その他補助的なサービスを提供している。合意した条件では、オムニケアの株主は1株当たり98.00ドルの現金を受け取り、取引総額はおよそ130億ドルとなる。取引には株主ならびに規制当局の承認が必要であり、2015年末ごろに完了する予定である。

• OCR	$98.000
• 配当金	0.220
	98.220
• 取得（2015年6月22日）	94.300
• 取引コスト	0.005
	94.305
• 粗利益	$3.915
• 粗利益率	4.151%
• 保有期間（2015年12月31日完了）	192日
• 年率リターン	7.892%

例102（2015年6月）

アルテラ・コーポレーション（ALTR　51.20ドル　ナスダック）は、インテル・コーポレーション（INTC　30.42ドル　ナスダック）による買収に合意した。アルテラは、プログラム可能な半導体、チップ、デバイスなどの設計、製造を行っている。合意した条件では、アルテラの株主は1株当たり54.00ドルの現金を受け取り、取引総額はおよそ170億ドルとなる。取引には、株主ならびに規制当局の承認が必要であり、2016年初頭に完了する予定である。

• ALTR	$54.000
• 配当金	0.540
	54.540
• 取得（2015年7月13日）	50.150
• 取引コスト	0.005
	50.155
• 粗利益	$4.385
• 粗利益率	8.743%
• 保有期間（2016年3月31日完了）	262日
• 年率リターン	12.180%

例103（2015年7月）

レセプトス（RCPT　227.86ドル　ナスダック）は、セルジーン・コーポレーション（CELG　131.25ドル　ナスダック）による買収に合意した。レセプトスは、多発性硬化症、潰瘍性大腸炎などの免疫疾病に対する治療薬の開発に焦点を当てたバイオ製薬会社である。合意した条件では、レセプトスの株主は1株当たり232.00ドルの現金を受け取り、取引総額はおよそ70億ドルとなる。取引には、発行済み株式の過半が買い付けに応じること、ならびに規制当局の承認が必要であり、2015年中に完了する予定である。

• RCPT	$232.000
• 配当金	0.000
	232.000
• 取得（2015年7月22日）	228.450
• 取引コスト	0.005
	228.455
• 粗利益	$3.545
• 粗利益率	1.552%
• 保有期間（2015年8月24日完了）	33日
• 年率リターン	17.163%

例104（2015年8月）

プレシジョン・キャストパーツ・コーポレーション（PCP　230.25ドル　NYSE）は、バークシャー・ハサウェイ（BRK/A　20万2531.00ドル　NYSE）による買収に合意した。プレシジョン・キャストパーツは、航空宇宙産業向けの特殊な金属部品やガスタービン部品を製造している。合意した条件では、プレシジョン・キャストパーツの株主は1株当たり235.00ドルの現金を受け取り、取引総額はおよそ370億ドルとなる。取引には株主ならびに規制当局の承認が必要であり、2016年第1四半期に完了する予定である。

• PCP	$235.000
• 配当金	0.060
	235.060
• 取得（2015年8月26日）	228.750
• 取引コスト	0.005
	228.755
• 粗利益	$6.305
• 粗利益率	2.730%
• 保有期間（2016年1月31日完了）	158日
• 年率リターン	6.307%

例105（2015年9月）

TECOエナジー（TE　26.26ドル　NYSE）は、イメラ（EMA CN　44.27カナダドル　トロント）による買収に合意した。TECOは主たる子会社であるタンパ・エレクトリックを通じてフロリダ州で一般向け電力供給を行い、ニューメキシコ州では天然ガスの流通も手がけている。合意した条件では、TECOの株主は1株当たり27.55ドルの現金を受け取り、取引総額はおよそ100億ドルとなる。取引には、株主ならびに規制当局の承認が必要であり、2016年半ばまでに完了する予定である。

• TE	$27.550
• 配当金	0.770
	28.320
• 取得（2015年9月9日）	26.490
• 取引コスト	0.005
	26.495
• 粗利益	$1.825
• 粗利益率	6.888%
• 保有期間（2016年6月30日完了）	295日
• 年率リターン	8.523%

例106（2015年10月）

ライト・エイド・コーポレーション（RAD　7.88ドル　NYSE）は、ウォルグリーン・ブーツ・アライアンス（WBA　84.68ドル　ナスダック）による買収に合意した。ライト・エイドはアメリカ、そしてワシントンDCでドラッグストアをチェーン展開している。合意した条件では、ライト・エイドの株主は1株当たり9.00ドルを受け取り、取引総額はおよそ170億ドルとなる。取引には株主ならびに規制当局の承認が必要であり、2016年下半期には完了する予定である。

• RAD	$9.000
• 配当金	0.000
	9.000
• 取得（2015年10月30日）	7.900
• 取引コスト	0.005
	7.905
• 粗利益	$1.095
• 粗利益率	13.852%
• 保有期間（2016年9月30日完了）	336日
• 年率リターン	15.048%

例107（2015年11月）

エアガス（ARG　138.20ドル　NYSE）は、エア・リキード・SA（AI FP　115.50ユーロ　パリ）による買収に合意した。エアガスは、産業、医療用のガスや耐久消費財を提供している。合意した条件では、エアガスの株主は1株当たり143.00ドルの現金を受け取り、取引総額はおよそ130億ドルとなる。取引には、株主ならびに規制当局の承認が必要であり、2016年中旬に完了する予定である。

• ARG	$143.000
• 配当金	1.800
	144.800
• 取得（2015年11月24日）	138.400
• 取引コスト	0.005
	138.405
• 粗利益	$6.395
• 粗利益率	4.620%
• 保有期間（2016年6月30日完了）	219日
• 年率リターン	7.701%

例108（2015年12月）

キューリグ・グリーン・マウンテン（GMCR　89.98ドル　ナスダック）はジェイコブス・ダウ・エグバーツBVによる買収に合意した。キューリグは、家庭および事業用のコーヒー・メーカーならびに1杯ずつコーヒーを入れる「Kカップ」の設計および製造を行っている。合意した条件では、キューリグの株主は1株当たり92.00ドルの現金を受け取り、取引総額はおよそ140億ドルとなる。取引には、株主ならびに規制当局の承認が必要であり、2016年第1四半期に完了する予定である。

• GMCR	$92.000
• 配当金	0.325
	92.325
• 取得（2015年12月11日）	89.150
• 取引コスト	0.005
	89.155
• 粗利益	$3.170
• 粗利益率	3.556%
• 保有期間（2016年2月29日完了）	95日
• 年率リターン	13.661%

例109（2016年1月）

バクスアルタ（BXLT　40.01ドル　NYSE）は、シャイアーPLC（SHPG　168.30ドル　ナスダック）による買収に合意した。バクスアルタは、血友病、免疫疾患、腫瘍などの治療薬の開発、販売に焦点を当てるバイオ製薬会社である。合意した条件では、バクスアルタの株主は1株当たり18.00ドルの現金とシャイアーのADR0.1482株を受け取り、取引総額はおよそ360億ドルとなる。取引にはバクスアルタとシャイアー双方の株主、ならびに規制当局の承認が必要であり、2016年半ばに完了する予定である。

• BXLT（1BXLT＝18ドル+0.1482SHPG［177.02ドル］）	$44.230
• 配当金	0.040
	44.270
• 取得（2016年1月21日）	40.400
• 取引コスト	0.005
	40.405
• 粗利益	$3.865
• 粗利益率	9.566%
• 保有期間（2016年6月30日完了）	161日
• 年率リターン	21.686%

例110（2016年2月）

ADT・コーポレーション（ADT　40.37ドル　NYSE）は、アポロ・グローバル・マネジメントLLC（APO　15.55ドル　NYSE）による買収に合意した。ADTは、一般家庭ならびに企業に対して、セキュリティーや監視サービスを提供する企業である。合意した条件では、ADT株主は1株当たり42.00ドルの現金を受け取り、取引総額はおよそ120億ドルとなる。取引には株主ならびに規制当局の承認が必要であり、2016年6月までに完了する予定である。また、ADTは「ゴーショップ（Go-Shop）」条項により40日間にわたって、より高い買収提案を探すことが認められている。

• ADT	$42.000
• 配当金	0.000
	42.000
• 取得（2016年2月25日）	40.200
• 取引コスト	0.005
	40.205
• 粗利益	$1.795
• 粗利益率	4.465%
• 保有期間（2016年6月30日完了）	126日
• 年率リターン	12.933%

例111（2016年3月）

バルスパー・コーポレーション（VAL　107.02ドル　NYSE）は、シャーウィン・ウィリアムズ（SHW　284.67ドル　NYSE）による買収に合意した。バルスパーは、コーティング剤や塗料の開発・製造・販売を行っている。合意した条件では、バルスパー株主は1株当たり113.00ドルの現金を受け取り、取引総額はおよそ120億ドルとなる。また、規制当局の特定の判断次第では、株主が受け取る現金は1株当たり105.00ドルとなる。取引には、株主ならびに規制当局の承認が必要であり、2017年第1四半期末までに完了する予定である。

• VAL	$113.000
• 配当金	0.990
	113.990
• 取得（2016年2月25日）	106.700
• 取引コスト	0.005
	106.705
• 粗利益	$7.285
• 粗利益率	6.827%
• 保有期間（2016年12月31日完了）	276日
• 年率リターン	9.029%

例112（2016年4月）

セント・ジュード・メディカル（STJ　76.20ドル　NYSE）は、アボット・ラボラトリーズ（ABT　38.90ドル　NYSE）による買収に合意した。セント・ジュードは、さまざまな治療や疼痛治療に用いられる心臓血管用の医療機器を製造している。合意した条件では、セント・ジュードの株主は1株当たり46.75ドルの現金とアボットの普通株0.8708株を受け取り、取引総額はおよそ300億ドルとなる。取引にはセント・ジュード株主ならびに規制当局の承認が必要であり、2016年第4四半期に完了する予定である。

• STJ（1STJ＝46.75ドル+0.8708ABT［41.27ドル］）	$82.680
• 配当金	0.160
	82.840
• 取得（2016年4月28日）	78.860
• 取引コスト	0.005
	78.865
• 粗利益	$3.975
• 粗利益率	5.040%
• 保有期間（2016年11月15日完了）	201日
• 年率リターン	9.153%

例113（2016年5月）

セレーター・ファーマスーティカルズ（CPXX　30.08ドル　ナスダック）は、ジャズ・ファーマスーティカルズ（JAZZ　151.56ドル　ナスダック）による買収に合意した。セレーターは腫瘍治療に焦点を当てたバイオ製薬会社で、急性骨髄性白血病（AML）治療の薬剤候補を有している。合意した条件では、セレーター株主は1株当たり30.25ドルの現金を受け取り、取引総額はおよそ15億ドルとなる。取引には、発行済み株式の過半が買い付けに応じること、ならびに規制当局の承認が必要であり、2016年第3四半期に完了する予定である。

• CPXX	$30.250
• 配当金	0.000
	30.250
• 取得（2016年5月31日）	29.980
• 取引コスト	0.005
	29.985
• 粗利益	$0.265
• 粗利益率	0.884%
• 保有期間（2016年7月12日完了）	42日
• 年率リターン	7.680%

例114（2016年6月）

リンクトイン・コーポレーション（LNKD　189.59ドル　NYSE）は、マイクロソフト・コーポレーション（MSFT　50.54ドル　ナスダック）による買収に合意した。リンクトインは、ビジネスのネットワーク構築や人材サービスを目的としたSNSプラットフォームを提供する企業である。合意した条件では、リンクトイン株主は1株当たり196.00ドルの現金を受け取り、取引総額はおよそ250億ドルとなる。取引には、株主ならびに規制当局の承認が必要であり、2016年末までに完了する予定である。

• LNKD	$196.000
• 配当金	0.000
	196.000
• 取得（2016年6月29日）	189.600
• 取引コスト	0.005
	189.605
• 粗利益	$6.395
• 粗利益率	3.373%
• 保有期間（2016年11月15日完了）	139日
• 年率リターン	8.857%

例115（2016年7月）

ARM・ホールディングス・PLC（ARM LN　16.72ポンド　ロンドン）は、ソフトバンク・グループ・コーポレーション（9984　5703円　東証）による買収に合意した。ARMホールディングスは、エレクトロニクス企業向けに自社が保有する知的財産やマイクロプロセッサーの設計をライセンス提供している。合意した条件では、ARM株主は1株当たり17.00ポンドの現金を受け取り、取引総額はおよそ240億ポンドとなる。取引には、株主ならびに規制当局の承認が必要であり、2016年末までに完了する予定である。

• ARM LN	£17.000
• 配当金	0.038
	17.038
• 取得（2016年7月29日）	16.710
• 取引コスト（0.1%）	0.017
	16.727
• 粗利益	£0.311
• 粗利益率	1.859%
• 保有期間（2016年9月30日完了）	63日
• 年率リターン	10.772%

例116（2016年8月）

メディビエーション（MDVN　80.56ドル　ナスダック）は、ファイザー（PFE　34.80ドル　NYSE）による買収に合意した。メディビエーションはガン治療薬を開発するバイオ製薬会社である。合意した条件では、メディビエーション株主は1株当たり81.50ドルの現金を受け取り、取引総額はおよそ140億ドルとなる。取引には、株主ならびに規制当局の承認が必要であり、2016年下半期に完了する予定である。

• MDVN	$81.500
• 配当金	0.000
	81.500
• 取得（2016年8月22日）	80.400
• 取引コスト	0.005
	80.405
• 粗利益	$1.095
• 粗利益率	1.362%
• 保有期間（2016年10月15日完了）	54日
• 年率リターン	9.205%

例117（2016年9月）

ビタエ・ファーマスーティカルズ（VTAE　20.92ドル　ナスダック）は、アラガンPLC（AGN　230.31ドル　NYSE）による買収に合意した。ビタエ・ファーマスーティカルズは、乾癬、その他自己免疫疾患、アトピー性皮膚炎などの治療薬を開発する、臨床段階のバイオテクノロジー企業である。合意した条件では、ビタエ株主は1株当たり21.00ドルの現金を受け取り、取引総額はおよそ5億ドルとなる。取引には、発行済み株式の過半が買い付けに応じること、ならびに規制当局の承認が必要であり、2016年第4四半期に完了する予定である。

• VTAE	$21.000
• 配当金	0.000
	21.000
• 取得（2016年9月19日）	20.850
• 取引コスト	0.005
	20.855
• 粗利益	$0.145
• 粗利益率	0.695%
• 保有期間（2016年10月24日完了）	35日
• 年率リターン	7.251%

例118（2016年10月）

NXP・セミコンダクター・NV（NXPI　100.00ドル　ナスダック）は、クアルコム（QCOM　68.72ドル　ナスダック）による買収に合意した。NXPは、モバイル通信、家電、セキュリティー・アプリケーション、車載エンタテイメントおよびネットワーク向けの半導体やソフトウェアの設計を行っている。合意した条件では、NXP株主は1株当たり110.00ドルの現金を受け取り、取引総額はおよそ460億ドルとなる。取引には、株主ならびに規制当局の承認が必要であり、2017年末までに完了する予定である。

• NXPI	$110.000
• 配当金	0.000
	110.000
• 取得（2016年10月31日）	100.000
• 取引コスト	0.005
	100.005
• 粗利益	$9.995
• 粗利益率	9.995
• 保有期間（2017年9月30日完了）	334日
• 年率リターン	10.922%

例119（2016年11月）

メンター・グラフィックス（MENT　36.55ドル　ナスダック）は、ジーメンスAG（SIE GR　106.60ユーロ　フランクフルト）による買収に合意した。メンター・グラフィックスは電子系設計やシステムテスト向けのソフトウェアおよびハードウェアを供給している。合意した条件では、メンター・グラフィックス株主は1株当たり37.25ドルの現金を受け取り、取引総額はおよそ40億ドルとなる。取引には株主ならびに規制当局の承認が必要であり、2017年第2四半期に完了する予定である。

• MENT	$37.250
• 配当金	0.110
	37.360
• 取得（2016年11月18日）	36.500
• 取引コスト	0.005
	36.505
• 粗利益	$0.855
• 粗利益率	2.342
• 保有期間（2017年4月30日完了）	163日
• 年率リターン	5.245%

例120（2016年12月）

クラーコア（CLC　82.47ドル　NYSE）は、パーカー・ハネフィン（PH　140.00ドル　NYSE）による買収に合意した。クラーコアは、移動式・産業用・環境用の濾過機を製造している。合意した条件では、クラーコア株主は1株当たり83.00ドルの現金を受け取り、取引総額はおよそ40億ドルとなる。取引には株主ならびに規制当局の承認が必要であり、2017年第1四半期には完了する予定である。

• CLC	$83.000
• 配当金	0.250
	83.250
• 取得（2016年12月20日）	82.300
• 取引コスト	0.005
	82.305
• 粗利益	$0.945
• 粗利益率	1.148%
• 保有期間（2017年2月23日完了）	65日
• 年率リターン	6.447%

例121（2017年1月）

アリアド・ファーマスーティカルズ（ARIA　23.82ドル　ナスダック）は、武田薬品工業（4502　4723.00円　東証）による買収に合意した。アリアドは、希少ガン患者向けの治療薬の開発・商業化に焦点を当てたバイオ製薬会社である。合意した条件では、アリアド株主は1株当たり24.00ドルの現金を受け取り、取引総額はおよそ50億ドルとなる。取引には、発行済み株式の過半が買い付けに応じること、ならびに規制当局の承認が必要であり、2017年第1四半期に完了する予定である。

• ARIA	$24.000
• 配当金	0.000
	24.000
• 取得（2017年1月20日）	23.750
• 取引コスト	0.005
	23.755
• 粗利益	$0.245
• 粗利益率	1.031%
• 保有期間（2017年2月17日完了）	28日
• 年率リターン	13.445%

例122（2017年2月）

ミード・ジョンソン・ニュートリション（MJN　87.79ドル　NYSE）は、レキット・ベンキーザー（RB LN　73.11ポンド　ロンドン）による買収に合意した。ミード・ジョンソンは、エンファミルブランドの乳児用調製乳など、小児科向け栄養食品を製造している。合意した条件では、ミード・ジョンソンの株主は1株当たり90.00ドルの現金を受け取り、取引総額はおよそ190億ドルとなる。取引には両社株主ならびに規制当局の承認が必要であり、2017年第3四半期に完了する予定である。

• MJN	$90.000
• 配当金	0.825
	90.825
• 取得（2017年2月21日）	87.500
• 取引コスト	0.005
	87.505
• 粗利益	$3.320
• 粗利益率	3.794%
• 保有期間（2017年8月15日完了）	175日
• 年率リターン	7.913%

例123（2017年3月）

モービルアイ・N・V（MBLY　61.40ドル　NYSE）は、インテル・コーポレーション（INTC　36.07ドル　ナスダック）による買収に合意した。モービルアイは、主に自動運転システムに用いられるコンピュータービジョンや機械学習装置の開発を行っている。合意した条件では、モービルアイの株主は1株当たり63.54ドルの現金を受け取り、取引総額はおよそ150億ドルとなる。取引には、発行済み株式の95%が買い付けに応じること、ならびに規制当局の承認が必要であり、2017年下半期に完了する予定である。

• MBLY	$63.540
• 配当金	0.000
	63.540
• 取得（2017年3月24日）	60.800
• 取引コスト	0.005
	60.805
• 粗利益	$2.735
• 粗利益率	4.498%
• 保有期間（2017年8月15日完了）	144日
• 年率リターン	11.401%

例124（2017年4月）

エイコーン（AKRX　33.45ドル　ナスダック）は、フレゼニウス・SE・アンド・カンパニー（FRE GY　74.41ユーロ　ミュンヘン）による買収に合意した。エイコーンは、ジェネリック薬品の開発、製造を行っている。合意した条件では、エイコーン株主は1株当たり34.00ドルの現金を受け取り、取引総額はおよそ50億ドルとなる。取引には株主ならびに規制当局の承認が必要であり、2017年後半に完了する予定である。

• AKRX	$34.000
• 配当金	0.000
	34.000
• 取得（2017年4月24日）	32.900
• 取引コスト	0.005
	32.905
• 粗利益	$1.095
• 粗利益率	3.328%
• 保有期間（2017年10月30日完了）	189日
• 年率リターン	6.427%

例125（2017年5月）

C・R・バード（BCR　307.43ドル　NYSE）は、2017年4月、ベクトン・ディッキンソン・アンド・カンパニー（BDX　189.23ドル　NYSE）による買収に合意した。C・R・バードは、血管、泌尿器、腫瘍ならびに外科領域で専門的に用いられる医療技術の開発・製造を行っている。合意した条件では、C・R・バード株主は1株当たり222.93ドルの現金と、ベクトン・ディッキンソンの普通株0.5077株を受け取り、取引総額はおよそ240億ドルとなる。取引には株主ならびに規制当局の承認が必要であり、2017年下半期に完了する予定である。

• BCR（1BCR＝222.93ドル+0.5077BDX［184.77ドル］）	$316.740
• 配当金	−0.480
	316.260
• 取得（2017年5月22日）	307.260
• 取引コスト	0.005
	307.265
• 粗利益	$8.995
• 粗利益率	2.928%
• 保有期間（2017年10月15日完了）	146日
• 年率リターン	7.319%

例126（2017年6月）

ホール・フーズ・マーケット（WFM　42.11ドル　ナスダック）は、アマゾン・コム（AMZN　968.00ドル　ナスダック）による買収に合意した。ホール・フーズはオーガニック食品のスーパーマーケットで、アメリカ、カナダ、イギリスでおよそ460店舗を展開している。合意した条件では、ホール・フーズ株主は1株当たり42.00ドルの現金を受け取り、取引総額はおよそ140億ドルとなる。取引には、株主ならびに規制当局の承認が必要であり、2017年下半期に完了する予定である。

• WFM	$42.000
• 配当金	0.000
	42.000
• 取得（2017年7月19日）	41.730
• 取引コスト	0.005
	41.735
• 粗利益	$0.265
• 粗利益率	0.635%
• 保有期間（2017年8月31日完了）	43日
• 年率リターン	5.390%

例127（2017年7月）

ドミニオン・ダイヤモンド・コーポレーション（DDC　14.08ドル　NYSE）は、ザ・ワシントン・カンパニーズによる、より高値での買収に合意した。ドミニオン・ダイヤモンドは、カナダ・ノースウエスト準州において2つのダイヤモンド鉱山の権益を有している。契約では、ドミニオン・ダイヤモンドの株主は1株当たり14.25ドルの現金を受け取り、取引総額はおよそ12億ドルとなる。2月、ワシントンは1株当たり13.50ドルでドミニオンを買収すべく敵対的な買い付けを行ったが、それによってDDCは身売りを進めるようになった。取引には株主ならびに規制当局の承認が必要であり、2017年第4四半期に完了する予定である。

• DDC	$14.250
• 配当金	0.000
	14.250
• 取得（2017年8月10日）	14.080
• 取引コスト	0.005
	14.085
• 粗利益	$0.165
• 粗利益率	1.172%
• 保有期間（2017年10月15日完了）	66日
• 年率リターン	6.479%

例128（2017年8月）

カイト・ファーマ（KITE　177.90ドル　ナスダック）は、ギリアド・サイエンシズ（GILD　83.71ドル　ナスダック）による買収に合意した。カイト・ファーマは、ガン患者向けの革新的な免疫療法を開発している。合意した条件では、カイト・ファーマの株主は1株当たり180.00ドルの現金を受け取り、取引総額はおよそ120億ドルとなる。取引には発行済み株式の過半が買い付けに応じること、ならびに規制当局の承認が必要であり、2017年第4四半期に完了する予定である。

• KITE	$180.000
• 配当金	0.000
	180.000
• 取得（2017年8月29日）	178.200
• 取引コスト	0.005
	178.205
• 粗利益	$1.795
• 粗利益率	1.007%
• 保有期間（2017年10月2日完了）	34日
• 年率リターン	10.813%

例129（2017年9月）

ロックウェル・コリンズ（COL　130.71ドル　NYSE）は、ユナイテッド・テクノロジーズ・コーポレーション（UTX　116.08ドル　NYSE）による買収に合意した。ロックウェル・コリンズは政府機関や航空機メーカーにアビオニクスや情報システムを提供している。合意した条件では、ロックウェル・コリンズ株主は1株当たり140.00ドルの現金と、カラー条項に応じてユナイテッド・テクノロジーズの普通株を受け取り、取引総額はおよそ300億ドルとなる。取引には株主ならびに規制当局の承認が必要であり、2018年第3四半期には完了する予定である。

• COL	$140.000
• 配当金	0.990
	140.990
• 取得（2017年10月3日）	132.000
• 取引コスト	0.005
	132.005
• 粗利益	$8.985
• 粗利益率	6.807%
• 保有期間（2018年6月30日完了）	270日
• 年率リターン	9.201%

例130（2017年10月）

アドバンスト・アクセラレーター・アプリケーションズ・SA（AAAP　81.00ドル　ナスダック）は、ノバルティスAG（NVS　82.58ドル　NYSE）による買収に合意した。アドバンスト・アクセラレーターは、さまざまな分野の医薬品の開発を行っている。合意した条件では、アドバンスト・アクセラレーター・アプリケーションズの株主は1株当たり82.00ドルの現金を受け取り、取引総額はおよそ40億ドルとなる。取引には、発行済み株式の80％以上が買い付けに応じること、ならびに規制当局の承認が必要であり、2018年第1四半期に完了する予定である。

• AAAP	$82.000
• 配当金	0.000
	82.000
• 取得（2017年10月30日）	80.500
• 取引コスト	0.005
	80.505
• 粗利益	$1.495
• 粗利益率	1.857%
• 保有期間（2018年2月15日完了）	108日
• 年率リターン	6.276%

例131（2017年11月）

カビウム（CAVM　85.48ドル　ナスダック）は、マーベル・テクノロジー・グループ（MRVL　22.34ドル　ナスダック）による買収に合意した。カビウムは、ネットワーク・アプリケーションに用いられる半導体の設計、開発を行っている。合意した条件では、カビウム株主は1株当たり40.00ドルの現金と、マーベルの普通株2.1757株を受け取り、取引総額はおよそ60億ドルとなる。取引には両社株主ならびに規制当局の承認が必要であり、2018年半ばに完了する予定である。

• CAVM（1CAVM＝40ドル＋2.1757MRVL［22.40ドル］）	$88.740
• 配当金	−0.260
	88.480
• 取得（2017年12月4日）	85.750
• 取引コスト	0.005
	85.755
• 粗利益	$2.725
• 粗利益率	3.178%
• 保有期間（2018年5月15日完了）	162日
• 年率リターン	7.160%

例132（2017年12月）

リーガル・エンターテイメント・グループ（RGC　23.01ドル　NYSE）は、シネワールド・グループ（CINE LN　6.01ポンド　ロンドン）による買収に合意した。リーガル・エンターテイメント・グループはアメリカで500を超える映画館を運営している。合意した条件では、リーガルの株主は1株当たり23.00ドルの現金を受け取り、取引総額はおよそ40億ドルとなる。取引には両社株主ならびに規制当局の承認が必要であり、2018年上半期に完了する予定である。

• RGC	$23.000
• 配当金	0.220
	23.220
• 取得（2017年12月8日）	22.700
• 取引コスト	0.005
	22.705
• 粗利益	$0.515
• 粗利益率	2.268%
• 保有期間（2018年3月5日完了）	87日
• 年率リターン	9.516%

付録3――方法論に関する注記

二〇一五年の末ごろ、マリオ・ガベリが、その重要性を正しく評価されていないリスクアービトラージに対する彼のビジョンや情熱を、M&Aにおけるひとつの機能としてだけでなく、金融界が拠って立つ価値やバリュエーションに対する正しい理解にまで昇華させてほしいと私を説得したことで、本書は形をなし始めたのだ。すでにガベリは、取り上げたい大きな成功を収めたアービトラージャーのリストとともに、合併アービトラージの現実を「反対側から」辛辣に見ているであろうと思われる何人かの大成功した企業経営者たちと話をすることで、彼らを対比させるというアイデアを持っていたのだ。われわれは協力して本書のインタビューを受けるべき人物のリストを増やしていったが、その後、ガベリの見事な説得力によって、彼らはプロジェクトに参加することに合意してくれたのだ。

本書を構成する人物像は、私が二〇一六年二月から二〇一七年六月までの間に、「合併の達人たち（マージャーマスター）」と、たいていは彼らのオフィスで行った率直かつ個人的なインタビューに基づくものである。すべての会話は一時間以上にわたって続いた。ほとんどの場合、インタビューは二時間以上にわたり、それらをすべて録音していたのだ。

ガベリと私は、インタビューを受ける人物のキャリアや合併アービトラージの方法論について、すべての者に答えてほしい質問のリストを作成し、彼らが自分たちの考えをまとめる一助となるよう、最初の面会に先立って、この合併の達人たちすべてに渡しておいた。そのリストのおかげで、リスクアービトラージにおける同じ問題やテーマに関する別々のインタビューが緩やかながら組織立ったものとなった。だが、その質問状に無分別に従ったわけではない。インタビューのほとんどは一対一で行われた。自分たちの記憶を補強するためにファイナンスや法務、メディア担当の部下を同席させる者も何人かいたが、彼らが発言を求められたことはほとんどなかった。インタビューでの私の役割は、相手が自由に語れるようにし、あとは耳を傾けることであった。補足的な質問をしたり、必要に応じて話を仕向けたりもしたが、基本的に合併の達人たちが自らの物語を語るに任せていたのだ。

すべてのインタビューに先立って、ガベリの合併アービトラージのチームが、インタビューを受ける人物の多くに関する有益な背景説明をしてくれたのだが、そこでは彼らの最近の投資活動に対する洞察や、喜んで話をするであろう案件についての提案などもあった。私自身はインタビューに備え、合併の達人たちそれぞれの公開されている経歴の主要な点を洗い直すことが多かったが、たいていの場合は、ウォール・ストリート・ジャーナル、バロンズ、フォーブス、フォーチュン、とりわけニューヨーク・タイムスの過去の記事をオンラインでくまなく調べ、彼らの名前が見だしを飾った案件の当時の解説を見直していた。リスクアービトラージや自らのキャリアに関する注目すべき著作のあるギ・ワイザー・プラット、キース・ムーア、カレン・ファイナーマンの場合は、それを読んでおいた。また、ＧＡＭＣＯが過去に出版していたレジーナ・ピタロの名著『アービトラージの極意――Ｍ＆Ａの舞台裏で取り組む賢明な運用術とは？』（ガベリ・ジャパン）にも改めて目を通した。

合併の達人たちとの最初のインタビューが終わると、専門家による録音の文字起こしが行われ、そして私の本当の仕事が始まるのだ。初めに、自分で録音を聞いて、原稿の校正を行う。次に、それら意識の流れによる会話の記録を、インタビューを受けた者たちの人生譚を正確に反映する、分かりやすいプロフィールへと再構成するのだ。ノースウェスタン大学のメディル・スクールで学び、バロンズの記者および編集長として四半世紀を過ごし、その後、かつてWelling@Weeden、現在はWelling on Wall St. と呼ばれる独立系投資ジャーナルの編集者として二〇年に及ぼうとする自らの経験を考えれば、私の文書の書き方はまさに記者のそれである。

本書の膨大な引用は、ジャーナリズムの素晴らしい伝統に基づくものである。それらはインタビューを受けた者たちの言葉であり、最初のインタビューや、時にはその後複数回にわたって行われたインタビューで記録された会話（それらも録音され、文字起こしされ、校正されている）のまさに断片である。これは、時に話を整理したり、分かりやすくするために脱線部分を切り取ったりしていない、ということでも、その後の調査や事実確認で記憶が誤っていることが分かったときに、インタビューを受けた者の許可を得て事実（名前や日付けなど）の誤認を正したりしていない、ということではない。

確かに、語られた話やその全体像を検証し、また特定の案件やそれらが出来したウォール街という世界における本人の姿を見直すためにはオンラインや図書館での膨大な追跡調査が必要であった。当時のマスコミの説明や、ほかの著者が記したウォール街の歴史を掘り下げたことで、特定の詳細な情報が肉づけされている場合には、文中でそれらの名前を挙げている。
最後に、リスクアービトラージというビジネスに焦点を当てた三〇冊に及ぶ年代順のスクラップブックは有益な情報源となり、時間を大幅に節約することができた。ギ・ワイザー・プラットは一九六〇年代後半に彼の父が経営するワイザー・プラット・アンド・カンパニーに入社して以来、そのコレクションを維持・拡張させているのだ。本当にありがたいことに、ギは私がコネティカットにある彼のオフィスの物置き兼ライブラリーで数え切れないほどの時間を過ごし、それらの冊子に没頭し、デジタル時代以前のウォール街の歴史に関する説明を読みあさることを許してくれたのだ。ギの宝の山から得た情報については、本書ではそのオリジナルの情報源の名前を挙げている。ありがとう、ギ。

ケイト・ウェリング

二〇一八年五月

■著者紹介

ケイト・ウェリング（Kate Welling）

独立系金融誌のウェリング・オン・ウォール・ストリートを発行している。著名な金融ジャーナリストで、バロンズ紙の編集長を務めていたこともある。

マリオ・ガベリ（Mario Gabelli）

ガムコ・インベスターズの会長兼CEO（最高経営責任者）。一流の合併アービトラージャーであり、アメリカでもトップクラスの資金運用者・投資家の一人である。

■監修者紹介

長岡半太郎（ながおか・はんたろう）

放送大学教養学部卒。放送大学大学院文化科学研究科（情報学）修了・修士（学術）。日米の銀行、CTA、ヘッジファンドなどを経て、現在は中堅運用会社勤務。全国通訳案内士、認定心理士。『先物市場の高勝率トレード』『アセットアロケーションの最適化』『「恐怖で買って、強欲で売る」短期売買法』『トレンドフォロー戦略の理論と実践』『フルタイムトレーダー完全マニュアル【第３版】』『T・ロウ・プライス――人、会社、投資哲学』『「株で200万ドル儲けたボックス理論」の原理原則』『アルゴトレードの入門から実践へ』のほか、訳書、監修書多数。

■訳者紹介

藤原玄（ふじわら・げん）

1977年生まれ。慶應義塾大学経済学部卒業。情報提供会社、米国の投資顧問会社在日連絡員を経て、現在、独立系投資会社に勤務。業務のかたわら、投資をはじめとするさまざまな分野の翻訳を手掛けている。訳書に『なぜ利益を上げている企業への投資が失敗するのか』『株デビューする前に知っておくべき「魔法の公式」』『ブラックスワン回避法』『ハーバード流ケースメソッドで学ぶバリュー投資』『堕天使バンカー』『ブラックエッジ』『インデックス投資は勝者のゲーム』『企業に何十億ドルものバリュエーションが付く理由』『ディープバリュー投資入門』『ファクター投資入門』『実践ディープバリュー投資』（パンローリング）などがある。

2020年２月３日　初版第１刷発行

ウィザードブックシリーズ㉙1

M&A　買収者の見解、経営者の異論
——リスクアービトラージの実務と戦略と規律

著　者　ケイト・ウェリング、マリオ・ガベリ
監修者　長岡半太郎
訳　者　藤原玄
発行者　後藤康徳
発行所　パンローリング株式会社
〒160-0023　東京都新宿区西新宿 7-9-18　6階
TEL 03-5386-7391　FAX 03-5386-7393
http://www.panrolling.com/
E-mail　info@panrolling.com
編　集　エフ・ジー・アイ（Factory of Gnomic Three Monkeys Investment）合資会社
装　丁　パンローリング装丁室
組　版　パンローリング制作室
印刷·製本　株式会社シナノ

ISBN978-4-7759-7260-1